ŒUVRES COMPLÈTES DE J. MICHELET

L'OISEAU

LA MER

ÉDITION DÉFINITIVE, REVUE ET CORRIGÉE

PARIS
ERNEST FLAMMARION, ÉDITEUR
26, RUE RACINE, PRÈS L'ODÉON

Tous droits réservés.

L'OISEAU — LA MER

IMPRIMERIE E. FLAMMARION, 26, RUE RACINE, PARIS.

ŒUVRES COMPLÈTES DE J. MICHELET

L'OISEAU

LA MER

ÉDITION DÉFINITIVE, REVUE ET CORRIGÉE

PARIS
ERNEST FLAMMARION, ÉDITEUR
26, RUE RACINE, PRÈS L'ODÉON

Tous droits réservés.

L'OISEAU

AVANT-PROPOS

COMMENT L'AUTEUR FUT CONDUIT A L'ÉTUDE DE LA NATURE

A mon public ami, fidèle, qui m'écouta si longtemps, et qui ne m'a point délaissé, je dois la confidence des circonstances intimes qui, sans m'écarter de l'histoire, m'ont conduit à l'histoire naturelle.

Ce que je publie aujourd'hui est sorti entièrement de la famille et du foyer. C'est de nos heures de repos, des conversations de l'après-midi, des lectures d'hiver, des causeries d'été, que ce livre peu à peu est éclos, si c'est un livre.

Deux personnes laborieuses, naturellement réunies après la journée de travail, mettaient ensemble leur récolte, et se refaisaient le cœur par ce dernier repas du soir.

Est-ce à dire que nous n'ayons pas eu quelque autre collaborateur? Il serait injuste, ingrat de n'en pas parler. Les hirondelles familières qui logeaient sous notre toit se mêlaient à la causerie. Le rouge-gorge domestique qui voltige autour de moi y jetait des notes tendres, et parfois le rossignol la suspendit par son concert solennel.

Le temps pèse, la vie, le travail, les violentes péripéties de notre âge, la dispersion d'un monde d'intelligence où nous vécûmes, et auquel rien n'a succédé. Les rudes labeurs de l'histoire avaient pour délassement l'enseignement, qui fut l'amitié. Leurs haltes ne sont plus que le silence. A qui demander le repos, le rafraîchissement moral, si ce n'est à la nature?

Le puissant dix-huitième siècle, qui contient mille ans de combats, à son coucher, s'est reposé sur le livre aimable et consolateur (quoique faible scientifiquement) de Bernardin de Saint-Pierre. Il a fini sur ce mot touchand de Ramond : « Tant de pertes irréparables pleurées au sein de la nature!... »

Nous, quoi que nous ayons perdu, nous demandions autre chose que des larmes à la solitude, autre chose que le dictame qui adoucit les cœurs blessés. Nous y cherchions un cordial pour marcher toujours en avant, une goutte des sources intarissables, une force nouvelle, et des ailes!

Cette œuvre quelconque a du moins le caractère d'être venue comme vient toute vraie création vivante. Elle s'est faite à la chaleur d'une douce incubation. Et elle s'est rencontrée une et harmonique, justement parce qu'elle venait de deux principes différents.

Des deux âmes qui la couvèrent, l'une se trouvait

d'autant plus près des études de la nature qu'elle y était née en quelque sorte, et en avait toujours gardé le parfum et la saveur. L'autre s'y porta d'autant plus qu'elle en avait toujours été sevrée par les circonstances, retenue dans les âpres voies de l'histoire humaine.

L'histoire ne lâche point son homme. Qui a bu une seule fois à ce vin fort et amer y boira jusqu'à la mort. Jamais je ne m'en détournai, même en de pénibles jours; quand la tristesse du passé et la tristesse du présent se mêlèrent, et que, sur nos propres ruines, j'écrivais 93, ma santé put défaillir, non mon âme ni ma volonté. Tout le jour, je m'attachais à ce souverain devoir, et je marchais dans les ronces. Le soir, j'écoutais (non d'abord sans effort) quelque récit pacifique des naturalistes ou des voyageurs. J'écoutais et j'admirais, n'y pouvant m'adoucir encore, ni sortir de mes pensées, mais les contenant du moins et me gardant bien de mêler à cette paix innocente mes soucis et mon orage.

Ce n'était pas que je fusse insensible aux grandes légendes de ces hommes héroïques dont les travaux, les voyages, ont tant servi le genre humain. Les grands citoyens de la patrie, dont je racontais l'histoire, étaient les proches parents de ces citoyens du monde.

De moi-même, depuis longtemps, j'avais salué de cœur la grande révolution française dans les sciences naturelles; l'ère de Lamarck et de Geoffroy Saint-Hilaire, si féconds par la méthode, puissants vivificateurs de toute science. Avec quel bonheur je les retrouvai dans leurs fils légitimes, leurs ingénieux enfants qui ont continué leur esprit!

Nommons en tête l'aimable et original auteur du *Monde des oiseaux*, qu'on aurait dès longtemps proclamé l'un des plus solides naturalistes s'il n'était le plus amusant. J'y reviendrai plus d'une fois; mais j'ai hâte, dès l'entrée de ce livre, de payer ce premier hommage à un très grand observateur qui, pour ce qu'il a vu lui-même, est aussi grave, aussi *spécial* que Wilson ou Audubon.

Il s'est calomnié lui-même en disant que, dans ce beau livre, « il n'a cherché qu'un prétexte pour parler de l'homme ». Nombre de pages, au contraire, prouvent suffisamment qu'à part toute analogie, il a aimé, observé l'oiseau en lui-même. Et c'est pour cela qu'il en a fixé de si puissantes légendes, de fortes et profondes personnifications. Tel oiseau, par Toussenel, est maintenant et restera à jamais une personne.

Toutefois, le livre qu'on va lire part d'un point de vue différent de celui de l'illustre maître.

Point de vue nullement contraire, mais symétriquement opposé.

Celui-ci, autant que possible, ne cherchant que l'oiseau dans l'oiseau, évite l'analogie humaine. Sauf deux chapitres, il est écrit comme si l'oiseau était seul, comme si l'homme n'eût existé jamais.

L'homme! nous le rencontrions déjà suffisamment ailleurs. Ici, au contraire, nous voulions un *alibi* au monde humain, la profonde solitude et le désert des anciens jours.

L'homme n'eût pas vécu sans l'oiseau, qui seul a pu le sauver de l'insecte et du reptile; mais l'oiseau eût vécu sans l'homme.

L'homme de plus, l'homme de moins, l'aigle régnerait également sur son trône des Alpes. L'hirondelle ne ferait pas moins sa migration annuelle. La frégate, non observée, planerait du même vol sur l'Océan solitaire. Sans attendre d'auditeur humain, le rossignol dans la forêt, avec plus de sécurité, chanterait son hymne sublime. Pour qui? Pour celle qu'il aime, pour sa couvée, pour la forêt, pour lui-même enfin, qui est son plus délicat auditeur.

Une autre différence entre ce livre et celui de Toussenel, c'est que tout *harmonien* qu'il est et disciple du pacifique Fourier, il n'en n'est pas moins un chasseur. La vocation militaire du Lorrain éclate partout.

Ce livre, au contraire, est un livre de paix, écrit précisément en haine de la chasse.

La chasse à l'aigle et au lion, d'accord; mais point de chasse aux faibles.

La foi religieuse que nous avons au cœur et que nous enseignons ici, c'est que l'homme pacifiquement ralliera toute la terre, qu'il s'apercevra peu à peu que tout animal adopté, amené à l'état domestique, ou du moins au degré d'amitié ou de voisinage dont sa nature est susceptible, lui sera cent fois plus utile qu'il ne pourrait l'être égorgé.

L'homme ne sera vraiment homme (nous y reviendrons à la fin du livre) que lorsqu'il travaillera sérieusement à la chose que la terre attend de lui :

La pacification et le ralliement harmonique de la nature vivante.

« Rêves de femme », dira-t-on. — Qu'importe ?

Qu'un cœur de femme soit mêlé à ce livre, je ne vois aucune raison pour repousser ce reproche. Nous l'acceptons comme un éloge. La patience et la douceur, la tendresse et la pitié, la chaleur de l'incubation, ce sont choses qui font, conservent, développent une création vivante.

Que ceci ne soit pas un livre, mais soit un être ! à la bonne heure. Il sera fécond dès lors, et d'autres en pourront venir.

On comprendra mieux, du reste, le caractère de l'ouvrage, si on prend la peine de lire les quelques pages qui suivent et que je copie mot à mot :

« Je suis née à la campagne ; j'y ai passé les deux tiers des années que j'ai vécu. Je m'y sens rappelée toujours, et par le charme des premières habitudes, et par le goût de la nature, sans doute aussi par le cher souvenir de mon père qui m'y éleva et fut le culte de ma vie.

« Ma mère étant malade et fatiguée de plusieurs couches successives, on me laissa très longtemps en nourrice chez d'excellents paysans qui m'aimèrent comme leur enfant. Je restai vraiment leur fille ; frappés de mes façons rustiques, mes frères m'appelaient *la bergère.*

« Mon père habitait, non loin de la ville, une maison fort agréable qu'il avait achetée, bâtie, entourée de plantations, voulant, par le charme du lieu, consoler sa jeune femme de la grandiose nature américaine qu'elle venait de quitter. L'habitation, bien exposée, au levant et au midi, voyait chaque matin le soleil se lever sur un coteau de vignes, et tourner, avant la chaleur, vers les cimes lointaines des Pyrénées, qu'on aperçoit dans les beaux temps. Les ormeaux de notre France, mariés aux acacias d'Amérique, aux lauriers roses et aux jeunes cyprès, brisaient les rayons de la lumière et nous l'envoyaient en rayons adoucis.

« A notre droite un bosquet de chênes, fermé d'une épaisse charmille, nous abritait du nord et de l'aigre vent du Cantal. A gauche, dans un vaste horizon, s'étendaient les prairies et les champs de blé. Un ruisseau courait sous les genêts à l'abri de quelques grands arbres ; léger filet d'eau, mais limpide, marqué le soir à l'horizon par un petit ruban de brume qui trainait sur ses bords.

« Le climat est intermédiaire ; la vallée, qui est celle du Tarn, participant des douceurs de la Garonne et des sévérités de l'Auvergne, n'a pas encore les productions méridionales qu'on trouve pourtant à Bordeaux. Mais le mûrier et la soie, la pêche fondante et parfumée, les raisins succulents, les figues sucrées et les melons en plein vent annoncent qu'on est dans le

Midi. Les fruits surabondaient chez nous; une partie de l'habitation était un immense verger.

« Je sens mieux au souvenir tout le charme de ce lieu, son caractère varié. Il ne laissait pas que d'être sérieux et mélancolique en lui-même et par les personnes. Mon père, quoique agréable et vif, était un homme déjà âgé et d'une santé chancelante. Ma mère, belle, jeune et austère, avait la digne tenue de l'Amérique du Nord, et de plus la prévoyance et l'économie active que n'ont pas toujours les créoles. Le bien que nous occupions, ancien bien de protestants qui avait passé par plusieurs mains avant de venir aux nôtres, gardait encore les tombes de ses anciens propriétaires, simples tertres de gazon, où les proscrits cachaient leurs morts sous un épais bouquet de chênes. Je n'ai pas besoin de dire que ces arbres et ces sépultures, conservés par l'oubli même, furent dans les mains de mon père religieusement respectés. Des rosiers, plantés de sa main, marquaient chaque tombe. Ces parfums, ces fraîches fleurs, cachaient le sombre de la mort, en lui laissant toutefois quelque chose de sa mélancolie. Nous y étions comme attirés, malgré nous, quand venait le soir; émus, nous priions souvent pour les âmes envolées, et s'il filait une étoile, nous disions : « C'est l'âme qui passe. »

« J'ai vécu dix ans, de quatre à quatorze, dans ce lieu aimé, parmi les joies et les peines. Je n'avais guère de camarades. Ma sœur, plus âgée de cinq ans, était déjà la compagne de ma mère que je n'étais encore qu'une petite fille. Mes frères, assez nombreux pour jouer entre eux sans moi, me laissaient souvent isolée aux heures de récréation. S'ils couraient les champs, je ne les suivais que du regard. J'avais donc des heures solitaires où j'errais près de la maison dans les longues allées du jardin. J'y pris, malgré ma vivacité, des habitudes contemplatives. Je commençais à sentir l'infini au fond de mes rêves, j'entrevis Dieu, mais le Dieu maternel de la nature, qui regarde tendrement un brin d'herbe autant qu'une étoile. Là, je trouvai la dernière source des consolations, je dis plus, du bonheur.

« Notre maison aurait offert à un esprit observateur un très aimable champ d'étude. Tous les êtres semblaient s'y donner rendez-vous sous une protection bienveillante. Nous avions une belle pièce d'eau poissonneuse près de l'habitation, mais point de volière, mes parents ne supportant pas l'idée de mettre en esclavage des êtres qui vivent de mouvement et de liberté. Chiens, chats, lapins, cochons d'Inde vivaient paisiblement ensemble. Les poules apprivoisées, les colombes entouraient sans cesse ma mère, et venaient manger dans sa main. Les moineaux nichaient chez nous; les hirondelles y bâtissaient jusque sous nos granges, elles voletaient dans les chambres même, et chaque printemps revenaient fidèlement sous notre toit.

« Que de fois aussi j'ai retrouvé, dans des nids de chardonnerets arrachés de nos cyprès par les vents d'automne, de petits morceaux de mes robes d'été perdus dans le sable! Chers oiseaux que j'abritais alors sans le savoir dans un pli de mon vêtement, vous avez aujourd'hui un abri plus sûr dans mon cœur, et vous ne le sentez pas!...

« Nos rossignols, plus sauvages, nichaient dans

les charmilles solitaires ; mais, sûrs d'une hospitalité généreuse, ils arrivaient cent fois le jour sur le seuil de la porte, demandant à ma mère, pour eux et leur famille, les vers à soie qui avaient péri.

« Au fond du bois, aux troncs des vieux arbres, le pivert travaillait obstinément ; on l'entendait encore fort tard quand tous les bruits avaient cessé. Nous écoutions dans un silence craintif les coups mystérieux du travailleur infatigable mêlés à la voix traînante et lamentable du hibou.

« Ma plus haute ambition eût été d'avoir à moi un oiseau, une tourterelle. Celles de ma mère, si familières, si plaintives, si tendrement résignées au temps de la couvée, m'attiraient vivement vers elles. Si la petite fille se sent mère par la poupée qu'elle habille, combien plus par une créature vivante qui répond à ses caresses ! J'eusse tout donné pour ce trésor. Mais il en fut autrement ; la colombe ne fut pas mon premier amour.

« Le premier fut une fleur dont je ne sais pas le nom.

« J'avais un petit jardin, sous un très grand figuier dont l'ombre humide rendait toutes mes cultures inutiles. Fort triste et fort découragée, j'aperçois un matin, sur une tige d'un vert pâle, une belle petite fleur d'or !... Bien petite, frissonnante au moindre souffle, sa faible tige sortait d'un petit bassin creusé par les pluies d'orage. La voyant toujours frémir, je supposai qu'elle avait froid, et je lui fis une ombrelle de feuilles... Comment dire les transports que me donnait ma découverte ? Seule j'avais la connaissance de son existence, et seule sa possession. Le jour, nous n'avions l'une pour l'autre que des regards. Le soir, je me glissais près d'elle, le cœur plein d'émotion. Nous parlions peu, de peur de nous trahir. Mais que de tendres baisers avant le dernier adieu!... Ces joies, hélas! ne durèrent que trois jours. Une après-midi ma fleur se replia lentement pour ne plus se rouvrir... Elle avait fini d'aimer.

« Je gardai pour moi mes regrets amers, comme j'avais gardé ma joie. Nulle autre fleur ne m'aurait consolée : il fallait une vie plus vivante pour rendre l'essor à mon cœur.

« Tous les ans, ma bonne nourrice venait me voir et m'apportait quelque chose. Une fois, d'un air mystérieux, elle me dit : « Mets la main dans mon panier. » Je croyais y trouver des fruits, mais je sens un poil soyeux et quelque chose qui frémit. C'est un lapin! Je l'enlève et me voilà courant de tous côtés pour annoncer la bonne nouvelle. Je serrais ce pauvre animal avec une joie convulsive qui faillit lui être fatale. Le vertige me troublait la tête. Je ne mangeais plus; mon sommeil était plein de rêves pénibles; je voyais mourir mon lapin sans pouvoir faire un pas pour le secourir... C'est qu'il était si beau, mon lapin, avec son nez rose et sa fourrure lustrée comme un miroir! Ses grandes oreilles nacrées et mobiles qu'il époussetait sans cesse, ses cabrioles pleines de fantaisies avaient, je dois l'avouer, une part de mon admiration. Dès le point du jour, je m'échappais du lit de ma mère pour revoir mon favori et le porter dans quelque plant de choux. Là, il mangeait gravement ses feuilles vertes, jetant sur moi de longs regards que je trouvais pleins de tendresse; puis, se dressant sur ses pattes de derrière, il présentait au soleil son petit ventre blanc comme la neige, et lissait ses belles moustaches avec une dextérité merveilleuse.

« Cependant la médisance se fit jour sur son compte : on lui trouva peu de physionomie et beaucoup de gourmandise. Aujourd'hui je pourrais convenir de la chose; mais, à sept ans, je me serais battue pour l'honneur de mon lapin. Hélas! il n'était guère besoin de disputer avec lui, il devait vivre si peu! Un dimanche, ma mère étant partie pour la ville avec ma sœur et mon frère aîné, nous errions, nous, les petits, dans l'enclos, quand une détonation se fit entendre. Un cri étrange, semblable au premier vagissement d'un enfant, la suivit de près. Mon lapin venait d'être blessé d'un coup de feu. La malheureuse bête avait franchi la haie du verger, et le voisin, n'ayant rien à faire, s'était amusé à la tirer.

« J'arrivai pour le voir relever sanglant... Ma douleur fut telle que, ne pouvant proférer une parole, j'étouffais... Sans mon père, qui me reçut dans ses bras et sut par de douces paroles faire éclater mon cœur, j'aurais perdu le sentiment. Mes jambes ne me soutenaient plus... Pardonnez les larmes que me fait encore verser ce souvenir.

« Pour la première fois, et bien jeune, j'eus la révélation de la mort, de l'abandon, du vide. La maison, le jardin me parurent plus grands, dépouillés. Ne riez pas : mon chagrin fut amer, tout renfermé en moi, et d'autant plus profond.

« Dès lors, instruite et sachant qu'on mourait, je commençai à regarder mon père. Je vis, non sans effroi, son visage fort pâle et ses cheveux blanchis. Il

pouvait nous quitter, il pouvait s'en aller « où l'appe-
« lait la cloche du village », comme il le répétait souvent. Je n'avais pas la force de cacher mes pensées.
Parfois je lui jetais les bras au cou, je m'écriais :
« Papa, ne mourez pas... Oh! ne mourez jamais! » Il
me serrait sans rien répondre, mais ses beaux grands
yeux noirs se troublaient en me regardant.

« Je lui tenais par mille liens, par mille rapports
intimes. J'étais la fille de son âge mûr et de sa santé
ébranlée, de ses épreuves. Je n'avais pas l'heureux
équilibre que les autres enfants tenaient de ma mère.
Mon père était passé en moi. Il le disait lui-même :
« Que je te sens ma fille! »

« L'âge, les agitations de la vie ne lui avaient rien
ôté. Il gardait jusqu'au dernier jour le souffle et les
aspirations de la jeunesse, l'attrait aussi. Tous le
sentaient sans s'en rendre compte, et d'eux-mêmes
venaient à lui, les femmes, les enfants, comme les
hommes. Je le vois encore dans son cabinet, devant
sa petite table noire, contant son odyssée, ses longs
voyages d'Amérique, sa vie des colonies; on ne se
lassait jamais de ses récits. Une demoiselle de vingt
ans, au dernier terme d'une maladie de poitrine,
l'entendit peu avant sa mort : elle voulait toujours
l'entendre, le faisait prier de venir; tant qu'il parlait,
elle oubliait tout, souffrance et défaillance, et l'approche même de la mort.

« Ce charme n'était pas seulement celui d'un cau-
seur spirituel; il tenait à la grande bonté qui était
visible en lui. Les épreuves, la vie de malheurs,
d'aventures, qui endurcissent tant de cœurs, avaient
au contraire attendri le sien. Pas d'homme, dans cette

génération si agitée, battue de tant de flots, n'avait traversé des circonstances si pénibles. Son père, originaire d'Auvergne, principal d'un collège, puis juge consulaire dans notre ville plus méridionale, enfin appelé aux Notables en 88, avait la dure austérité de son pays et de ses fonctions, de l'école et des tribunaux. L'éducation de ce temps était sauvage, un perpétuel châtiment; plus un esprit, un caractère avait de ressort, plus elle tendait à le briser. Mon père, de nature fine et tendre, n'y eût pas résisté. Il n'échappa qu'en s'enfuyant en Amérique, où se trouvait déjà un de ses frères. Une chemise de rechange était toute sa fortune; plus, la jeunesse, la confiance, les rêves d'or de la liberté. Il a gardé de ce moment une tendresse particulière pour ce libre pays; il y est souvent retourné, et il a voulu y mourir.

« Conduit par des affaires à Saint-Domingue, il se trouva dans la grande crise du règne de Toussaint Louverture. Cet homme extraordinaire, qui avait été esclave jusqu'à cinquante ans, qui sentait et devinait tout, ne savait point formuler sa pensée. Il était bien plus propre aux grands actes qu'aux grandes paroles. Il lui fallait une main, une plume, et davantage : un cœur jeune et hardi qui donnât au héros le langage héroïque, les mots de la situation. Toussaint, à l'âge qu'il avait, trouva-t-il seul ce noble appel : *Le premier des noirs au premier des blancs?* Je voudrais en douter. S'il le trouva, du moins, ce fut mon père qui l'écrivit.

« Il l'aimait fort, il sentait sa candeur, et s'y fiait, lui si profondément défiant, muet de son long esclavage et secret comme le tombeau! Mais qui pourrait mourir sans avoir un jour desserré son cœur? Mon père eut le malheur qu'en certains moments Toussaint s'épancha, lui confia de dangereux mystères. Dès lors, tout fut fini ; il eut peur du jeune homme et crut dépendre de lui ; c'était un nouvel esclavage qui ne pouvait finir que par la mort de mon père. Toussaint l'emprisonna ; puis, sa crainte augmentant, il l'aurait sacrifié... Le prisonnier, heureusement, était gardé par la reconnaissance ; il avait été bon pour beaucoup de noirs ; une négresse qu'il avait protégée l'avertit du péril, et l'aida à y échapper. Toute sa vie il a cherché cette femme pour lui témoigner sa gratitude, il ne l'a retrouvée que quarante ans après, à son dernier voyage ; elle vivait aux États-Unis.

« Pour revenir, échappé de prison, il n'était pas sauvé. Errant la nuit dans les forêts, sans guide, il avait à craindre les nègres marrons, ennemis implacables des blancs, qui l'eussent tué sans savoir qu'ils tuaient le meilleur ami de leur race. La fortune est pour la jeunesse ; il échappa à tout. Ayant trouvé un bon cheval, chaque fois que les noirs sortaient des taillis, il lui suffisait de donner un coup d'éperon, de brandir son chapeau en criant : « Avant-garde du « général Toussaint ! » A ce nom redouté, tout fuyait, disparaissait comme par enchantement.

« Mon père, telle fut sa douceur d'âme, n'en resta pas moins attaché à ce grand homme qui l'avait méconnu. Lorsqu'il le sut en France, abandonné de tous, misérable prisonnier dans un fort du Jura où il mourut de froid et de misère, seul il lui fut fidèle, alla le voir, lui écrivit, le consola. A travers les fautes, les violences inséparables du grand et terrible rôle que cet homme avait joué, il révérait en lui le hardi initiateur d'une race, le créateur d'un monde. Il a correspondu avec lui jusqu'à sa mort, et, depuis, avec sa famille.

« Un hasard singulier voulut que mon père se trouvât employé à l'île d'Elbe, quand le *premier des blancs*, détrôné à son tour, vint y prendre possession de sa petite royauté. Mon père eut le cœur pris et l'imagination de ce prodigieux roman. Lui, Américain et imbu d'études républicaines, le voici cette fois encore le courtisan du malheur. Il se donna au plus intime des serviteurs de l'Empereur, à ses enfants, à cette dame accomplie et adorée qui devait être le charme de l'exil. Il se chargea de la ramener en France dans le périlleux retour de mars 1815. Cette attraction, s'il n'y eût eu obstacle, le menait jusqu'à Sainte-Hélène. Du moins il ne supporta pas le retour des Bourbons, et retourna à sa chère Amérique.

« Elle ne fut pas ingrate et lui donna le bonheur de sa vie. Il avait quitté toute fonction pour la carrière plus libre de l'enseignement. Il enseignait à la Louisiane. Cette France coloniale, isolée, détachée par les événements de sa mère, et mêlée de tant d'éléments, aspire toujours le souffle de la France. Mon père, entre autres élèves, avait une orpheline, d'origine anglaise et allemande. Il la prit toute petite, aux premiers éléments; elle grandit entre ses mains, l'aima de plus en plus; elle se retrouvait une famille, un père; elle sentit le cœur paternel, avec un charme de jeune vivacité que gardent dans l'âge mûr nos Français du Midi. Elle n'avait que trois défauts : riche et jolie, très jeune, trente ans de moins que mon père; mais ni l'un ni l'autre ne s'en aperçut. Et ils ne s'en sont souvenus jamais. Ma mère a été inconsolable de la mort de mon père, et elle en a toujours porté le deuil.

« Ma mère désirait voir la France, et mon père, si fier d'elle, était ravi de montrer au vieux monde cette brillante fleur conquise sur le nouveau. Mais quelque désireux qu'il fût de maintenir à la jeune dame créole la position et l'état de fortune qu'elle avait toujours eus, il ne s'embarqua pas sans accomplir, de son consentement, un acte religieux et sacré. Ce fut d'affranchir ses esclaves, ceux du moins qui étaient majeurs ; pour les enfants, que la loi américaine interdit d'affranchir, ils reçurent de lui leur liberté future, et purent, à leur majorité, rejoindre leurs parents. Jamais il ne les perdit de vue. Il les avait présents, savait leur nom, leur âge et l'heure de leur libération. Dans son séjour en France, il notait ces moments, disait aux siens avec bonheur : « Aujourd'hui, un tel « devient libre. »

« Voilà mon père dans sa patrie, heureux à la campagne tout près de sa ville natale, bâtissant et plantant, élevant sa famille, centre d'un jeune monde où tout venait de lui : la maison, le jardin étaient sa création ; sa femme aussi, par lui formée et élevée, et qu'on eût cru sa fille ; ma mère était si jeune que sa fille aînée semblait sa sœur. Cinq autres enfants survinrent, presque d'année en année, entourant promptement mon père d'une vivante couronne qui faisait son orgueil. Peu de familles plus variées de tendances et de caractères ; les deux mondes y étaient distinctement représentés, ceux-ci nés Français du Midi avec la vivacité brillante du Languedoc, ceux-là colons plus graves de la Louisiane ou marqués en naissant des apparences flegmatiques du caractère américain.

« Il fut réglé cependant qu'à l'exception de l'aînée, déjà compagne de ma mère et associée au gouvernement de la maison, les cinq plus jeunes recevraient une éducation commune. Un seul maître, mon père. Il se fit, à son âge, précepteur et maître d'école. Sa journée tout entière nous appartenait, de six heures à six heures du soir. Il ne se réservait pour ses correspondances, ses lectures favorites, que les premières heures du matin, ou pour mieux dire les dernières de la nuit. Couché de très bonne heure, il se levait à trois heures tous les jours, sans égard à sa délicate poitrine. Avant tout, il ouvrait sa porte, et devant les étoiles, ou l'aurore, selon la saison, il bénissait Dieu, et Dieu aussi devait bénir cette tête blanchie par les épreuves, non par les passions humaines. En été, il faisait après sa prière une petite promenade au jardin et voyait s'éveiller les insectes et les plantes. Il les connaissait à merveille, et bien souvent après le déjeuner, me prenant par la main, il me disait le tempérament de chaque fleur, m'indiquait le refuge des petits animaux qu'il avait surpris au réveil. Un de ces animaux était une couleuvre que la vue de mon père n'effrayait pas du tout; chaque fois qu'il allait s'asseoir près de son domicile, elle ne manquait guère de sortir la tête curieusement et de le regarder. Lui seul savait qu'elle fût là, et il me le dit à moi seule : ce secret resta entre nous.

« A ces heures matinales, tout ce qu'il rencontrait devenait un texte fécond de ses effusions religieuses. Sans phrases, et d'un sentiment vrai, il me parlait de la bonté de Dieu pour qui il n'y a ni grands ni petits, mais tous frères et égaux.

« Associée aux travaux de mes frères, je ne l'étais pas moins à ceux de ma mère et de ma sœur. Si je quittais la grammaire, le calcul, c'était pour prendre l'aiguille.

« Heureusement pour moi, notre vie, naturellement mêlée à celle des champs, était bon gré mal gré fréquemment variée des incidents charmants qui rompent toute habitude. L'étude est commencée, on s'applique sans distraction; mais quoi? voici venir l'orage, les foins seront gâtés; vite, il faut les rentrer; tout le monde s'y met, les enfants même y courent, l'étude est ajournée; vaillamment on travaille, et la journée se passe. C'est dommage, la pluie n'est pas venue : l'orage est suspendu du côté de Bordeaux; ce sera pour demain.

« Aux moissons, on nous passait bien aussi quelque glanage. Dans ces grands moments de récolte, qui sont des travaux et des fêtes, toute application sédentaire est impossible; la pensée est aux champs. Nous échappions sans cesse, avec la vélocité de l'alouette; nous disparaissions aux sillons, petits sous les grands blés, dans la forêt des épis mûrs.

« Il est bien entendu qu'aux vendanges il n'y avait point à songer à l'étude : ouvriers nécessaires nous vivions aux vignes; c'était notre droit. Mais, avant le raisin, nous avions bien d'autres vendanges, celles des arbres à fruits, cerises, abricots, pêches. Même après, les pommes et les poires nous imposaient de grands travaux auxquels nous nous serions fait conscience de ne pas employer nos mains. Et, ainsi, jusque dans l'hiver, revenaient ces nécessités d'agir, de rire et ne rien faire.

« Les dernières, déjà en plein novembre, peut-être étaient les plus charmantes; une brume légère parait alors toute chose; je n'ai rien vu de tel ailleurs; c'était un rêve, un enchantement. Tout se transfigurait sous les plis ondoyants du grand voile gris de perle qui, au souffle du tiède automne, se posait amoureusement ici et là, comme un baiser d'adieu.

« La digne hospitalité de ma mère, le charme de mon père et sa piquante conversation nous attiraient aussi les distractions imprévues des visites de la ville, suspensions obligées de l'étude, dont nous ne pleurions pas. Mais la grande et continuelle visite, c'étaient les pauvres qui connaissaient cette maison, cette main inépuisablement ouverte par la charité. Tous y participaient, les animaux eux-mêmes, et c'était une chose curieuse et divertissante de voir les chiens du voisinage, patiemment, silencieusement assis sur leur derrière, attendre que mon père levât les yeux de son livre; ils savaient bien qu'il ne résistait pas à leur prière muette. Ma mère, plus raisonnable, aurait été d'avis d'éloigner ces convives indiscrets qui se priaient eux-mêmes. Mon père sentait qu'il avait tort, et pourtant il ne manquait guère de leur jeter à la dérobée quelque reste qui les renvoyait satisfaits.

« Ils le connaissaient bien. Un jour, un nouvel hôte, maigre, hérissé, peu rassurant, nous arrive, tenant du chien, du loup; c'était en effet un métis des deux espèces, né aux forêts de la Grésigne. Il était très féroce, fort irascible, et beaucoup trop semblable à la louve, sa mère. Du reste, intelligent, et d'un instinct très sûr, il se donna tout d'abord à mon père, et, quoi qu'on fît, il ne le quitta plus. Il ne nous aimait guère; nous le lui rendions bien, saisissant toute occasion de lui jouer cent tours. Il grondait et grinçait les dents, toutefois, par égard pour mon père, s'abstenant de nous dévorer. Pour les pauvres, il était furieux, implacable, très dangereux; ce qui décida à permettre qu'on le perdît. Mais il n'y avait pas moyen. Il revenait toujours. Ses nouveaux maîtres l'enchaînèrent au piquet; piquet, chaînes, il arracha tout; rapporta tout à la maison. C'était trop pour mon père; il ne put jamais le quitter.

« Plus que les chiens encore, les chats étaient dans sa faveur. Cela tenait à son éducation, aux cruelles années du collège; son frère et lui, battus et rebutés, entre les duretés de la famille et les cruautés de l'école, avaient eu deux chats pour consolateurs. Cette prédilection passa dans la famille; chacun de nous, enfant, avait son chat. La réunion était belle au foyer; tous, en grande fourrure, siégeant dignement sous les chaises de leurs jeunes maîtres. Un seul manquait au cercle : c'était un malheureux, trop laid pour figurer avec les autres; il en avait conscience, et se tenait à part, dans une timidité sauvage que rien ne pouvait vaincre. Comme en toute réunion (triste malignité de notre nature!) il faut un plastron, un souffre-douleur sur qui tombent les coups, il remplissait ce rôle. Si ce n'étaient des coups, du moins, c'étaient des moqueries; on l'appelait Moquo. Infirme et mal fourni de poil, plus que les autres il eût eu besoin du foyer; mais les enfants lui faisaient peur; ses camarades même, mieux fourrés dans leur chaude hermine, semblaient n'en faire grand cas et le regarder de travers. Il fallait que mon père allât à lui, le prît ; le reconnaissant animal se couchait sous cette main aimée et prenait confiance. Enveloppé de son habit et réchauffé de sa chaleur, lui aussi il venait, invisible, au foyer. Nous le distinguions bien ; et, s'il passait un poil, un bout d'oreille, les rires et les regards le menaçaient, malgré mon père. Je vois encore cette ombre se ramasser, se fondre, pour ainsi dire, dans le sein de son protecteur, fermant les yeux, et s'anéantissant, préférant ne rien voir.

« Tout ce que j'ai lu des Indiens, de leur tendresse pour la nature, me rappelle mon père. C'était un brahme. Plus que les brahmes même, il aimait toute chose vivante. Il avait vécu dans un temps de sang et de guerre ; il avait été témoin des plus grandes destructions d'hommes qui se soient faites jamais, et il semblait que cette prodigalité terrible du bien irréparable qui est la vie lui avait donné le respect de toute vie, une aversion insurmontable pour toute destruction.

« Cela, en lui, était au point qu'il eût voulu pouvoir se nourrir uniquement de végétaux. Jamais de viande sanglante ; elle lui faisait horreur. A peine un morceau de poulet, ou bien un œuf ou deux pour son dîner. Et souvent il dînait debout.

« Ce régime était loin de le fortifier. Il ne se ménageait pas davantage, dépensant largement en leçons, en conversations, et dans l'épanchement habituel d'un cœur trop bienveillant qui vivait en tous, s'intéressait à tous. L'âge venait, et quelques chagrins : de la famille ? non ; mais des voisins jaloux, ou des débiteurs peu fidèles. La crise des banques américaines lui porta coup dans sa fortune. Il prit la résolution extrême, malgré sa santé et son âge, d'aller encore une fois en Amérique, comptant que son activité personnelle et ses soins rétabliraient les choses et assureraient le sort de sa femme et de ses enfants.

« Ce départ fut terrible. Un autre coup le précédait pour moi. J'avais quitté la maison, la campagne; j'étais entrée dans une pension de la ville. Cruel servage qui m'ôtait à la fois tout ce qui avait fait ma vie, l'air même et la respiration. Partout des murs. J'en serais morte, sans les visites fréquentes de ma mère et celles plus rares de mon père que j'attendais dans une impatience délirante, que peut-être n'eut jamais l'amour. Mais voici que mon père s'en va lui-même. Terre et ciel, tout s'abîme. De quelque espoir de réunion qu'on me berçât, une voix intérieure, nette et terrible comme on l'a dans les grandes circonstances, me disait qu'il ne reviendrait plus.

« La maison fut vendue, et nos plantations, faites par nous, nos arbres, qui étaient de la famille, abandonnés. Nos animaux, visiblement, restaient inconsolables du départ de mon père. Le chien, je ne sais combien de jours, s'en allait asseoir sur la route qu'il avait suivie en partant, hurlait et revenait. Le plus déshérité de tous, le chat Moquo, ne se fia plus à personne; il vint encore furtivement regarder la place vide. Puis il prit son parti, s'enfuit aux bois sans que nous puissions jamais le rappeler; il reprit la vie de son enfance, misérable et sauvage.

« Et moi aussi, je quittai le toit paternel, le foyer de mes jeunes ans, blessée pour toujours. Ma mère, ma sœur, mes frères, les douces amitiés de l'enfance disparurent derrière moi. J'entrai dans une vie d'épreuve et d'isolement. A Bayonne pourtant, où je vécus d'abord, la mer de Biarritz me parlait de mon père ; la vague qui s'y brise, d'Amérique en Europe, me répétait sa mort : les blancs oiseaux de mer semblaient me dire : « Nous l'avons vu. »

« Que me restait-il ? Mon climat et ma terre natale, ma langue. Je perdis tout cela. Il me fallut aller au nord, dans une langue inconnue et sous un ciel hostile, où la terre est six mois en deuil. Pendant ces longues neiges, ma santé défaillante éteignant l'imagination, j'avais peine à me recréer mon Midi idéal. Un chien m'eût un peu consolée ; au défaut, je me fis deux petites amies, ressemblantes, à s'y tromper, aux tourterelles de ma mère. Elles me connaissaient, m'aimaient, jouaient à mon foyer ; je leur donnais l'été que n'avait pas mon cœur.

« Profondément atteinte, je devins très malade et crus toucher l'autre rivage. Quelque attentive et bonne que pût être pour moi l'hospitalité étrangère, il me fallut rentrer en France. Les soins affectueux, un mariage où je retrouvai le cœur et les bras paternels, furent longs à me remettre. J'avais vu la mort de si près, disons mieux, j'y étais entrée si loin, que la nature elle-même, la nature vivante, ce premier amour et ce ravissement de mes jeunes années, eut longtemps peu de prise, et elle seule en eût eu. Rien n'y eût suppléé. L'histoire et les récits du mouvant drame humain effleuraient mon esprit ; rien n'y influait fortement que l'immuable, Dieu et la nature.

« Elle est immuable et mobile ; c'est son charme

éternel. Son activité infatigable, sa fantasmagorie de tout instant ne trouble point, n'agite point; ce mouvement harmonique porte en soi un repos profond.

« J'y revins par les fleurs, par les soins qu'elles demandent et l'espèce de maternité qu'elles sollicitent. Mon imperceptible jardin de douze arbres et trois plates-bandes n'étaient pas sans me rappeler le grand verger fécond où je suis née; et je trouvais aussi quelque douceur, près d'un esprit ardent, hâlé aux longues routes, aux déserts de l'histoire humaine, à lui ménager ces eaux vives et le charme de quelques fleurs. »

Je reprends.

Me voilà arraché de la ville par cette chère inquiétude, par mes craintes pour une malade qu'il s'agissait de replacer dans les conditions de son premier âge et dans l'air libre de la campagne. Je quittai Paris, ma ville, que je n'avais jamais quittée, cette ville qui contient les trois mondes, ce foyer d'art et de pensée.

J'y retournais tous les jours pour les devoirs et les affaires; mais je me hâtais de rentrer. Ses bruits, son roulement lointain, le coup et le contre-coup des révolutions avortées m'engageaient à aller plus loin. Ce fut très volontiers qu'au printemps de 1852, je me détachai, je rompis avec toutes mes habitudes; j'enfermai ma bibliothèque avec une joie amère, je mis sous la clef mes livres, les compagnons de ma vie, qui avaient cru certainement me tenir pour toujours. J'allai tant que terre me porta, et ne m'arrêtai qu'à

Nantes, non loin de la mer, sur une colline qui voit les eaux jaunes de Bretagne aller joindre, dans la Loire, les eaux grises de Vendée.

Nous nous établîmes dans une assez grande maison de campagne, parfaitement isolée, au milieu des pluies constantes dont nos plages de l'Ouest sont noyées en cette saison. A cette distance de la mer on n'en a pas l'influence saline; les pluies sont des tempêtes d'eau douce. La maison, du style Louis XV, inhabitée et fermée depuis longtemps, semblait d'abord un peu triste. Assise dans un lieu élevé, elle n'en était pas moins assombrie, d'un côté par d'épaisses charmilles, de l'autre par de grands arbres et par un nombre infini de cerisiers non taillés. Le tout sur un vert gazon que les eaux sans écoulement maintenaient, même en été, dans un bel état de fraîcheur.

J'adore les jardins négligés, celui-ci me rappelait les grandes *vignes* abandonnées des villas italiennes; mais ce que n'ont pas ces villas, c'était un charmant pêle-mêle de légumes et de plantes de mille espèces; *toutes herbes de la Saint-Jean*, et chaque herbe, haute et forte. Cette forêt de cerisiers, qui rompaient sous leurs fruits rouges, donnait aussi l'idée d'une abondance inépuisable.

Ce n'était pas le *soave austero* de l'Italie, c'était une efflorescence molle et débordante, sous un ciel humide, tiède et doux.

De vue, aucune, quoiqu'une grande ville fût tout près, et qu'une petite rivière, l'Erdre, passât sous la colline, d'où elle se traîne à la Loire. Mais ce luxe végétal, cette forêt vierge d'arbres fruitiers ôtait toute perspective. Pour voir, il fallait monter dans une sorte de tourelle, d'où le paysage commence à se révéler dans une certaine grandeur, avec ses bois et ses prairies, ses monuments lointains, ses tours. De cet observatoire même, la vue était encore limitée, la cité n'apparaissant que de profil, sans laisser apercevoir son fleuve immense, ses îles, son mouvement de navigation et de commerce. A deux pas de ce grand port que rien ne fait soupçonner, on se croirait dans un désert, dans les landes de la Bretagne ou les clairières de la Vendée.

Deux choses étaient grandioses et se détachaient de ce verger sombre. En perçant les vieilles charmilles et des allées de châtaigniers, on arrivait dans un coin de terrain argileux, stérile, d'où, parmi des lauriers-thyms et autres arbres fort rudes, s'élançait un cèdre énorme, vraie cathédrale végétale, telle qu'un cyprès déjà très haut y était étouffé, perdu. Ce cèdre, au-dessous dépouillé et chauve, était vivant, vigoureux du côté de la lumière ; ses bras immenses, à trente pieds, commençaient à se vêtir de rares et piquantes feuilles ; puis s'épaississait la voûte ; la flèche devait atteindre environ à quatre-vingts pieds. On la voyait de trois lieues, des campagnes opposées des bords de la Sèvre nantaise et des bois de la Vendée. Notre asile, bas et tapi à côté de ce géant, n'en était pas moins signalé par lui dans un rayonnement immense, et peut-être lui devait son nom : la Haute-Forêt.

A l'autre bout de l'enclos, sur une profonde pièce d'eau, s'élevait un monticule couronné d'un bouquet de pins. Ces beaux arbres, incessamment balancés au vent de mer ; battus des vents opposés qui suivent les courants du grand fleuve et de ses deux rivières, gémissaient de ce combat, et jour et nuit animaient le profond silence du lieu d'une mélancolique harmonie. Parfois, on se fût cru en mer; ils imitaient le bruit des lames, celui du flux et du reflux.

A mesure que la saison devint un peu moins humide, ce séjour m'apparut dans son caractère réel, sérieux, mais plus varié qu'on n'eût cru au premier coup d'œil, beau, d'une beauté touchante, qui peu à peu va à l'âme. Austère comme devait l'être la porte de la Bretagne, il avait la luxuriante verdure du côté vendéen.

J'aurais pu croire, en voyant les grenadiers en pleine terre, vigoureux et chargés de fleurs, que j'étais dans le Midi. Le magnolia, non chétif comme on le voit ailleurs, mais splendide, magnifique et à l'état de grand arbre, parfumait tout mon jardin de ses énormes fleurs blanches, qui dans leur épais calice contiennent en abondance je ne sais quelle huile suave, pénétrante, dont l'odeur vous suit partout; vous en êtes enveloppé.

Nous nous trouvions cette fois avoir un vrai jardin, un grand ménage, mille occupations domestiques dont jusque-là nous étions dispensés. Une sauvage fille bretonne n'aidait qu'aux choses grossières. Sauf une course par semaine que je faisais à la ville, nous étions fort solitaires, mais dans une solitude extrêmement occupée. Levés de très grand matin, au premier réveil des oiseaux, et même avant le jour. Il est vrai que nous nous couchions de bonne heure et presque avec eux.

Cette abondance de fruits, de légumes, de plantes de toute sorte, nous permettait d'avoir beaucoup d'animaux domestiques : seulement, la difficulté était que, les nourrissant, les connaissant un à un, et parfaitement connus d'eux, nous ne pouvions guère les manger. Nous plantions, et là nous trouvions un inconvénient tout contraire; presque toujours nos plantations étaient dévorées d'avance. Cette terre, féconde en végétaux, l'était autant ou davantage en animaux destructeurs : limaces énormes et gloutonnes, dévorants insectes. Le matin, on recueillait un grand baquet de limaçons. Le lendemain, il n'y paraissait pas. Ils semblaient au grand complet.

Nos poules travaillaient de leur mieux. Mais combien plus efficace eût été l'habile et prudente cigogne, l'expurgateur admirable de la Hollande et de tous les lieux humides, que nos contrées de l'Ouest devraient à tout prix adopter ! On sait l'affectueux respect des Hollandais pour cet excellent oiseau. Dans leurs marchés, on le voit paisible, debout sur une patte, rêvant au milieu de la foule, se sentant aussi en sûreté qu'au sein des plus profonds déserts. Chose bizarre, mais très certaine, le paysan hollandais qui parfois a eu le malheur de blesser sa cigogne et de lui casser la patte, lui en met une de bois.

Pour revenir, ce séjour de Nantes eût été d'un charme infini pour un esprit moins absorbé. Ce beau lieu, cette grande liberté de travail, cette solitude si douce dans une telle société, c'était une harmonie rare, comme on ne la rencontre presque jamais dans la vie. Cette douceur contrastait fortement avec les pensées du présent, avec le sombre passé qui alors occupait ma plume. J'écrivais 93. L'héroïque et funèbre histoire m'enveloppait, me possédait, le dirai-je? me consumait. Tous les éléments de bonheur que j'avais autour de moi, que je sacrifiais au travail, les ajournant pour un temps qui, selon toute apparence, devait m'être refusé, je les regrettais jour par jour, et j'y reportais sans cesse un triste regard. C'était un combat journalier de l'affection et de la nature contre les sombres pensées du monde de l'homme.

Ce combat même sera toujours pour moi un attachant souvenir. Le lieu m'est resté sacré en pensée. Il n'existe plus autrement. La maison est détruite, une autre bâtie à la place. Et c'est pour cela que je m'y suis arrêté un peu. Mon cèdre pourtant a survécu ; chose rare, car les architectes ont la haine des arbres, en ce temps.

Quand j'approchai cependant de la fin de mon travail, quelques ombres s'éclaircirent de cette nuit sauvage. Mes tristesses étaient moins amères, sûr que j'étais désormais de laisser ce monument de cruelle, mais féconde expérience. Je recommençai à entendre les voix de la solitude, et mieux, je crois, qu'à tout autre âge, mais lentement et d'une oreille inaccoutumée, comme celui qui serait mort quelque temps et qui reviendrait de là-bas.

Jeune, avant d'être saisi par cette implacable histoire, j'avais senti la nature, mais d'une chaleur aveugle, d'un cœur moins tendre qu'ardent. Plus récemment, établi dans la banlieue de Paris, ce sentiment m'avait repris. J'avais vu, non sans intérêt, mes fleurs maladives dans ce sol aride, si sensibles tous les soirs au bonheur de l'arrosement, visiblement reconnaissantes. Combien davantage à Nantes, entouré d'une nature si puissante et si féconde, voyant l'herbe pousser d'heure en heure et toute vie animale multiplier autour de moi, ne devais-je pas, moi aussi, germer et revivre de ce sentiment nouveau !

Si quelque chose eût pu y rappeler mon esprit et rompre le sombre enchantement, c'eût été une lecture que parfois nous faisions le soir, les *Oiseaux de France*, de Toussenel, heureuse et charmante transition de la pensée nationale à celle de la nature.

Tant qu'il y aura une France, son *alouette* et son *rouge-gorge*, son *bouvreuil*, son *hirondelle* seront insatiablement lus, relus, redits. Et s'il n'y avait plus de France, dans ces pages attendrissantes autant qu'ingénieuses, nous retrouverions encore ce que nous eûmes de meilleur, la vraie senteur de cette terre, le sens gaulois, l'esprit français, l'âme même de notre patrie.

Les formules d'un système qu'il porte, au reste, légèrement, des rapprochements cherchés (qui parfois feraient penser aux trop spirituels animaux de Granville), n'empêchent pas que l'âme française, gaie, bonne, sereine et courageuse, jeune comme un soleil d'avril, n'illumine partout ce livre. Il y a des traits enlevés avec le bonheur, l'élan, le coup de gosier de l'alouette au premier jour de printemps.

Ajoutez une chose très belle qui n'est pas de la jeunesse. L'auteur, enfant de la Meuse et d'un pays de chasseurs, lui-même dans son premier âge chasseur ardent, passionné, paraît modifié par son livre. Il oscille visiblement entre ses premières habitudes de jeunesse meurtrière et son sentiment nouveau, sa tendresse pour ces vies touchantes qu'il découvre, pour ces âmes, ces personnes reconnues par lui. J'ose dire que désormais il ne chassera pas sans remords.

Père et second créateur de ce monde d'amour et d'innocence, il trouvera entre eux et lui une barrière de compassion. Et quelle? Son œuvre elle-même, le livre où il les vivifie.

Je commençais son livre à peine, lorsqu'il me fallut quitter Nantes. Moi aussi, j'étais malade. L'humidité du climat, le travail âpre et soutenu, et, bien plus encore, sans doute, le combat de mes pensées, semblaient avoir atteint en moi ce nerf de vitalité sur lequel rien n'eut jamais prise. Le chemin que nos hirondelles nous traçaient, nous le suivîmes, nous nous en allâmes au Midi. Nous posâmes notre nid mobile dans un pli des Apennins, à deux lieues de Gênes.

Admirable situation, abri défendu, réservé, qui, sur cette côte d'un climat variable, garde l'étonnant privilège d'une température identique. Quoiqu'on ne pût se passer entièrement de feu, le soleil d'hiver, chaud en janvier, encourageait le lézard et le malade, et les faisait croire au printemps. Le dirai-je, cependant? ces orangers, ces citronniers, harmoniques dans leur immuable feuillage à l'immuable bleu du ciel, n'étaient pas sans monotonie. La vie animée y était infiniment rare. Peu ou point de petits oiseaux; nul oiseau de mer. Le poisson, fort rare, n'aime pas ces eaux transparentes. Je les perçais du regard à une grande profondeur, sans rien voir que la solitude, et les rochers blancs et noirs qui sont le fond de ce golfe de marbre.

Cette côte, extrêmement étroite, n'est qu'une petite corniche, un extrême petit bord, un simple *sourcil* de la montagne, comme auraient dit les Latins. En gravir l'échelle pour dominer le golfe, c'est même pour les bien portants une violente gymnastique. J'avais pour toute promenade un petit quai, ou plutôt un scabreux chemin de ronde qui serpente toujours serré, et le plus souvent de trois pieds de large, entre les vieux murs de jardins, les écueils et les précipices.

Profond était le silence, la mer brillante, mais seule, monotone, sauf le passage de quelques barques lointaines. Le travail m'était interdit ; pour la première fois depuis trente ans, j'étais séparé de ma plume, sorti de la vie d'encre et de papier dont j'avais toujours vécu. Cette halte, que je croyais stérile, me fut très féconde en réalité. Je regardai, j'observai. Des voix inconnues s'éveillèrent en moi.

Assez éloignés de Gênes et des excellents amis que nous y avions, notre société unique était le petit peuple de lézards qui courent sur les rocs, se jouent ou dorment au soleil. Charmants, innocents animaux qui tous les jours à midi, lorsqu'on dîne et que le quai est absolument désert, m'amusaient de leurs vives et gracieuses évolutions. Ma présence, au commencement, leur paraissait inquiétante ; mais huit jours n'étaient pas passés que tous, même les plus jeunes, me connaissaient et savaient qu'ils n'avaient rien à redouter de ce paisible rêveur.

Tel l'animal et tel l'homme. La sobre vie de mes lézards, pour qui une mouche était un ample banquet, ne différait en rien de celle de la *povera gente* de la côte. Plusieurs faisaient cuire de l'herbe. Mais l'herbe n'était pas commune dans la montagne aride et décharnée. Le dénuement de la contrée était au delà de ce qu'on peut croire. Je ne me fâchai nullement d'y participer, de me trouver harmonisé aux misères de l'Italie, ma glorieuse nourrice qui a élevé la France et moi-même plus qu'aucun Français.

Nourrice? Elle l'était toujours, autant qu'elle pouvait l'être dans sa pauvreté de ressources, dans la pauvreté de nature où ma santé me réduisait. Incapable d'aliments, je recevais d'elle encore la seule nourriture que je supportasse, l'air vivifiant et la lumière, ce soleil qui permettait, dans un des grands hivers du siècle, d'avoir souvent la fenêtre ouverte en janvier.

Toute ma préoccupation, dans l'oisive vie de lézard que je menais sur ce rivage, fut celle de la contrée, de cette vieillesse apparente de l'Apennin et des montagnes qui entourent la Méditerranée. Serait-elle donc sans remède? ou bien, dans leurs flancs déboisés, retrouverait-on les sources qui peuvent recommencer la vie? Telle fut l'idée qui m'absorba. Je ne pensai plus à mon mal; je ne songeai plus à guérir. Grand progrès pour un malade. Je m'oubliai. Mon affaire était désormais de ressusciter ce grand malade, l'Apennin.

A mesure qu'on me démontra qu'il n'était pas désespéré, que ses eaux étaient cachées, non perdues, qu'en les retrouvant on pourrait y renouveler les végétaux, et par suite la vie animale, je m'en sentis mieux moi-même, rafraîchi et renouvelé. A chaque source qu'on lui retrouvait, je fus aussi moins altéré; je crus les sentir sourdre en moi.

Féconde est toujours l'Italie. Elle le fut pour moi par son dénuement et sa pauvreté. L'âpreté du chauve Apennin, cette famélique côte Ligurienne, éveillèrent, par le contraste, la pensée de la nature plus que n'avait fait la richesse luxuriante de notre France occidentale. Les animaux me manquèrent ; j'en sentis l'absence. Au silencieux feuillage des sombres jardins d'orangers, je demandais l'oiseau des bois. Je sentis pour la première fois que la vie humaine devient sérieuse, dès que l'homme n'est plus entouré de la grande société des êtres innocents dont le mouvement, les voix et les jeux sont comme le sourire de la création.

Une révolution se fit en moi, que je raconterai peut-être un jour. Je revins, de toutes les forces de mon existence malade, aux pensées que j'avais émises, en 1846, dans mon livre du *Peuple*, à cette Cité de Dieu où tous les humbles, les simples, paysans et ouvriers, ignorants et illettrés, barbares et sauvages, enfants, même encore ces autres enfants que nous appelons animaux, sont tous citoyens à différents titres, ont tous leur droit et leur loi, leur place au grand banquet civique. « Je proteste, pour ma part, que s'il reste quelqu'un derrière que la Cité repousse encore et n'abrite point de son droit, moi, je n'y entrerai point et m'arrêterai au seuil. »

Ainsi, toute l'Histoire naturelle m'avait apparu alors comme une branche de la politique. Toutes les espèces vivantes arrivaient, dans leur humble droit, frappant à la porte pour se faire admettre au sein de la Démocratie. Pourquoi les frères supérieurs repousseraient-ils hors des lois ceux que le Père universel harmonise dans la loi du monde ?

Telle fut donc ma rénovation, cette tardive *vita nuova* qui m'amena peu à peu aux sciences naturelles. L'Italie, qui a toujours été pour beaucoup dans ma destinée, en fut le lieu, l'occasion, de même que, trente ans plus tôt, elle m'avait donné (par Vico) la première étincelle historique.

Chère et bienfaisante nourrice! Pour avoir un moment partagé ses misères, souffert, rêvé avec elle, elle me donna la chose sans prix, qui vaut plus que tous les diamants. Quelle? Un profond accord d'esprit, une communication féconde des plus intimes pensées, une parfaite harmonie du foyer dans la pensée de la Nature.

Nous y entrions par deux routes : moi, par l'amour de la Cité, par l'effort de la compléter en m'y associant tous les êtres; elle, par l'idée religieuse et par l'amour filial pour la maternité de Dieu.

Dès ce temps nous pûmes, chaque soir, mettre en commun notre banquet.

J'ai déjà dit comment cette œuvre s'enrichissait à notre insu, fécondée chemin faisant par nos modestes auxiliaires. Ils l'ont presque toujours dictée.

Ce que nos fleurs de Paris avaient préparé, nos oiseaux de Nantes le firent. Certain rossignol dont je parle à la fin du livre en fut le couronnement.

Ces impressions diverses vinrent se réunir et se fondre, dans notre sérieux retour en France, et surtout ici, devant l'Océan. Au promontoire de la Hève, sous les vieux ormes qui le dominent, cette révélation s'acheva. Les goélands de la côte, les petits oiseaux du bois, ne dirent rien qui ne fût compris. Toutes ces choses résonnaient en nous, comme autant de voix intérieures.

Le phare, la grande falaise, de trois ou quatre cents pieds, qui regardent de si haut la vaste embouchure de la Seine, le Calvados et l'Océan, c'était le but ordinaire de nos promenades et notre point de repos. Nous y montions le plus souvent par un chemin profond, couvert, plein de fraîcheur et d'obscurité, qui aboutit tout à coup à cette lumière immense. Parfois aussi nous gravissions le colossal escalier qui, sans surprise, en plein soleil, toujours devant la grande mer, mène au sommet en trois gradins, dont chacun a plus de cent pieds. Cette ascension ne se faisait pas d'une haleine ; au second gradin on respirait, on s'asseyait quelques minutes au monument que la veuve d'un des grands soldats de la France a élevé à sa mémoire dans l'idée que la pyramide pourrait avertir les marins et leur sauver quelque naufrage.

Cette falaise, fort sablonneuse, perd un peu à chaque hiver ; ce n'est pas la mer qui la ronge ; mais les grandes pluies la délavent, en emportent des débris, qui, d'abord nus et informes, témoignent de l'éboulement. Mais la Nature, compatissante et gracieuse, ne le souffre pas. Elle les habille bientôt, leur accorde quelque verdure, gazon, herbes, ronces, arbustes, qui peu à peu sont, à mi-côte, des oasis en miniature, paysages lilliputiens, pendus à la grande falaise, et qui de leur jeunesse consolent sa triste nudité.

Ainsi le joli, le sublime, chose rare, s'embrassent ici. La montagne, battue des orages, vous conte l'épopée de la terre, sa rude et dramatique histoire, et, pour témoins, montre ses os. Mais ces jeunes enfants de hasard, qui germent de son flanc aride, prouvent qu'elle est toujours féconde, que les débris sont l'élément d'une organisation nouvelle, et toute mort une vie commencée.

Aussi jamais ces ruines ne nous ont donné de tristesse. Nous y parlions volontiers de destinée, de providence, de mort, de vie à venir. Moi qui ai droit de mourir et par l'âge et par les travaux, elle le front déjà incliné par les épreuves d'enfance et par la sagesse avant l'heure, nous n'en vivions pas moins d'un grand souffle d'âme, de la rajeunissante haleine de cette mère aimée, la Nature.

Issus d'elle si loin l'un de l'autre, si unis en elle aujourd'hui, nous aurions voulu fixer ce rare moment de l'existence, « jeter l'ancre sur l'île du temps ». Et comment l'aurions-nous mieux fait que par cette œuvre de tendresse, de fraternité universelle, d'adoption de toute vie?

Elle m'y rappelait sans cesse, agrandissant mes sentiments de tendresse individuelle par l'interprétation facile, gaie, émue, de l'âme de la contrée et des voix de la solitude.»

C'est alors, entre autres choses, que je commençai à entendre les oiseaux qui chantent peu, mais parlent, comme les hirondelles, jasant du beau temps, de la chasse, de nourriture rare ou commune, ou de leur prochain départ, enfin, de toutes leurs affaires. Je les avais écoutées à Nantes en octobre, à Turin en juin. Leurs causeries de septembre étaient plus claires à la Hève. Nous les traduisions couramment, dans leur douce vivacité, dans cette joie de jeunesse et de bonne humeur, sans éclat et sans saillie, conforme à l'heureux équilibre d'un oiseau si libre et si sage, qui semble, non sans gratitude, reconnaître qu'il reçut de Dieu une part si notable au bonheur.

Hélas! l'hirondelle elle-même n'est pourtant guère

exceptée de cette guerre insensée que nous faisons à la Nature. Nous détruisons jusqu'aux oiseaux qui défendaient les moissons, nos gardiens, nos bons ouvriers, qui, suivant de près la charrue, saisissent le futur destructeur que l'insouciant paysan remue, mais remet dans la terre.

Des races entières périssent, importantes, intéressantes. Les premiers de l'Océan, les êtres doux et sensibles à qui la nature donna le sang et le lait (je parle des cétacés), à quel nombre sont-ils réduits? Beaucoup de grands quadrupèdes ont disparu de ce globe. Beaucoup d'animaux de tout genre, sans disparaître entièrement, ont reculé devant l'homme; ils fuient ensauvagés, perdent leurs arts naturels et retombent à l'état barbare. Le héron, noté par Aristote pour son adresse et sa prudence, est maintenant (du moins en Europe) un animal misanthrope, borné, de peu de sens. Le castor, qui, en Amérique, dans sa paisible solitude, était devenu architecte, ingénieur, s'est découragé; il fait à peine aujourd'hui des trous dans la terre. Le lièvre, si bon, si beau, original par sa fourrure, sa célérité, la finesse extraordinaire de l'ouïe, aura bientôt disparu; le peu qui reste est abruti. Et pourtant le pauvre animal est encore docile, éducable; avec de bons traitements, on peut lui apprendre les choses les plus contraires à sa nature, celles même qui demandent du courage.

Ces pensées que d'autres ont écrites et bien mieux, nous, nous les eûmes au cœur. Elles ont été notre aliment, notre rêve habituel, couvé pendant ces deux années, en Bretagne, en Italie; c'est ici qu'elles sont devenues, dirai-je un livre? un fruit vivant? A la Hève, il nous apparut dans son idée chaleureuse, celle de la primitive alliance que Dieu a faite entre les êtres, du pacte d'amour qu'a mis la Mère universelle entre ses enfants.

La classe ailée, la plus haute, la plus tendre, la plus sympathique à l'homme, est celle que l'homme aujourd'hui poursuit le plus cruellement.

Que faut-il pour la protéger? révéler l'oiseau comme âme, montrer qu'il est une personne.

L'oiseau donc, *un seul oiseau*, c'est tout le livre, mais à travers les variétés de la destinée, se faisant, s'accommodant aux mille conditions de la terre, aux mille vocations de la vie ailée. Sans connaître les systèmes plus ou moins ingénieux de transformations, le cœur unifie son objet; il ne se laisse arrêter ni par la diversité extérieure des espèces, ni par la crise de la mort qui semble rompre le fil. La mort survient, rude et cruelle, dans ce livre, en plein cours de vie, mais comme accident passager : la vie n'en continue pas moins.

Les agents de la mort, les espèces meurtrières, tellement glorifiées par l'homme, qui y reconnaît son image, se trouvent ici replacées fort bas dans la hiérarchie, remises au rang que leur doit la raison. Elles sont les plus grossières dans les deux arts de l'oiseau, pour le nid et pour le chant. Tristes instruments du fatal passage, elles apparaissent au milieu de ce livre comme les ministres aveugles de la Nature en sa plus dure nécessité.

Mais la haute lumière de vie, l'art dans sa première étincelle n'apparaît qu'en les plus petits. Aux petits oiseaux sans éclat, d'une robe modeste et sombre, l'art commence, et, sur certains points, monte plus haut que la sphère de l'homme. Loin d'égaler le rossignol, on n'a pu encore le noter, ni se rendre compte de sa chanson sublime.

Donc, l'aigle est détrôné ici, le rossignol intronisé. Dans le *crescendo* moral où va l'oiseau se formant peu à peu, la cime et le point suprême se trouvent naturellement, non dans une force brutale, si aisément dépassée par l'homme, mais dans une puissance d'art, de cœur et d'aspiration, où l'homme n'a pas atteint, et qui, par delà ce monde, le transporte par moments dans les mondes ultérieurs.

Haute justice, et vraiment juste, parce qu'elle est clairvoyante et tendre! Faible sur bien des points sans doute, ce livre est fort de tendresse et de foi. Il est un, constant et fidèle. Rien ne le fait dévier. Par-dessus la mort et son faux divorce, à travers la vie et ses masques qui déguisent l'unité, il vole, il aime à tire-d'aile, du nid au nid, de l'œuf à l'œuf, de l'amour à l'amour de Dieu.

A la Hève près le Havre, 21 septembre 1855.

PREMIÈRE PARTIE

I

L'ŒUF

La savante ignorance, le clairvoyant instinct de nos anciens, avait dit cet oracle : « Tout vient de l'œuf ; c'est le berceau du monde. »

Même origine, mais la diversité de destinée tient surtout à la mère. Elle agit et prévoit, elle aime plus ou moins ; elle est plus ou moins mère. Plus elle l'est, plus l'être monte ; chaque degré dans l'existence dépend du degré de l'amour.

Que peut la mère dans l'existence mobile du poisson ? Rien que confier son œuf à l'Océan. Que peut-elle dans le monde des insectes, où généralement elle meurt quand elle a donné l'œuf ? Lui trouver, avant de mourir, un lieu sûr pour éclore et vivre.

Même chez l'animal supérieur, le quadrupède, où la chaleur du sang semble devoir troubler l'amour, où la mère elle-même est si longtemps pour le petit son nid et sa douce maison, les soins de la maternité sont d'autant moindres. Il naît formé, vêtu, tout semblable à sa mère ; un lait tout prêt l'attend. Et dans beaucoup d'espèces l'éducation se fait sans que la mère s'en donne plus de soucis qu'elle n'en eut alors qu'il croissait dans son sein.

Autre est le destin de l'oiseau. Il mourrait, s'il n'était aimé.

Aimé ? Toute mère aime, de l'Océan jusqu'aux étoiles. Mais je veux dire soigné, entouré d'amour infini, enveloppé de la chaleur, du magnétisme maternel.

Même dans l'œuf où vous le voyez garanti par cette coquille calcaire, il sent si vivement les atteintes de l'air que tout point refroidi dans l'œuf coûte un membre au futur oiseau. De là, le long travail, si inquiet, de l'incubation, la captivité volontaire, l'immobilisation du plus mobile des êtres. Et tout cela très douloureux ! une pierre pressée si longtemps sur le cœur, sur la chair, souvent la chair vive !

Il naît, mais il est nu. Tandis que le petit quadrupède, habillé dès son premier jour, rampe, marche déjà, le jeune oiseau (surtout dans les espèces supérieures) gît sans duvet, immobile sur le dos. C'est non seulement en le couvant, mais en le frottant soigneusement, que la mère entretient, suscite la chaleur. Le poulain sait téter et se nourrit très bien lui-même ; le petit oiseau doit attendre que la mère cherche, choisisse, prépare la nourriture. Elle ne peut quitter. Le père y suppléera. Voilà la vraie famille, la fidélité dans l'amour, et la première lueur morale.

Je ne dirai rien ici d'une éducation prolongée, très

spéciale et très hasardeuse, celle du vol. Encore moins de celle du chant, si délicate chez les oiseaux artistes. Le quadrupède sait bientôt ce qu'il saura ; tel galope en naissant ; et, s'il fait quelque chute, est-ce même chose, dites-moi, de tomber sans danger dans l'herbe ou de se lancer dans les cieux?

Prenons l'œuf en nos mains. Cette forme elliptique, la plus compréhensible, la plus belle, celle qui offre le moins de prise à l'attaque extérieure, donne l'idée d'un petit monde complet, d'une harmonie totale à laquelle on n'ôtera rien, on n'ajoutera rien. Les choses inorganiques n'affectent guère cette forme parfaite. Je pressens qu'il y a sous l'apparence inerte un haut mystère de vie et quelque œuvre accomplie de Dieu.

Quelle est-elle? et que doit-il sortir de là? Je ne le sais. Mais elle le sait bien, celle qui, les ailes épandues, frémissante, l'embrasse et le mûrit de sa chaleur ; celle qui jusque-là, libre et reine de l'air, vivait à son caprice, et, tout à coup captive, s'est immobilisée sur cet objet muet qu'on dirait une pierre et que rien ne révèle encore.

Ne parlez pas d'instinct aveugle. On verra par des faits combien cet instinct clairvoyant se modifie selon les circonstances, en d'autres termes, combien cette raison commencée diffère peu en nature de la haute raison humaine.

Oui, cette mère, par la pénétration, la clairvoyance de l'amour, sait, voit distinctement. A travers l'épaisse coquille calcaire où votre rude main ne sent rien, elle sent par un tact délicat l'être mystérieux qui s'y nourrit, s'y forme. C'est cette vue qui la soutient dans le dur labeur de l'incubation, dans sa captivité si longue. Elle le voit délicat et charmant dans son duvet d'enfance, elle le prévoit, par l'espoir, tel qu'il sera, fort et hardi, quand, les ailes étendues, il regardera le soleil et volera contre les orages.

Profitons de ces jours. Ne hâtons rien. Contemplons à loisir cette image charmante de la rêverie maternelle, du second enfantement par lequel elle achève cet invisible objet d'amour, ce fils inconnu du désir.

Charmant spectacle, mais plus sublime encore. Soyons modeste ici. Chez nous la mère aime ce qui remue dans son sein, ce qu'elle touche, tient, enveloppe d'une possession certaine ; elle aime la réalité sûre, agitée et mouvante qui répond à ses mouvements. Mais celle-ci aime l'avenir et l'inconnu ; son cœur bat solitaire, et rien ne lui répond encore. Elle n'en aime pas moins, et se dévoue et souffre ; elle souffrirait jusqu'à la mort pour son rêve et sa foi.

Foi puissante, efficace. Elle accomplit un monde, et le plus étonnant peut-être. Ne me parlez pas des soleils, de la chimie élémentaire des globes. La merveille d'un œuf d'oiseau-mouche vaut autant que la voie lactée.

Comprenez que ce petit point que vous trouvez imperceptible, c'est un océan tout entier, la mer de lait où flotte en germe le bien-aimé du ciel. Il flotte, ne craignez le naufrage ; les plus délicats ligaments le tiennent suspendu : les heurts, les chocs, lui sont sauvés. Il nage tout doucement dans ce tiède élément, comme il fera dans l'air. Sécurité profonde, état parfait au sein d'une habitation nourrissante ! et combien supérieure à tout allaitement !

Mais voilà que, dans ce sommeil divin, il a senti sa mère, sa chaleur magnétique. Et lui aussi, il se met à rêver. Son rêve est mouvement ; il l'imite, se conforme à elle ; son premier acte, acte d'amour obscur, est de lui ressembler.

« Ne sais-tu que l'amour change en lui ce qu'il aime ? »

Et dès qu'il lui ressemble, il veut aller à elle. Il incline, il appuie plus près de la coquille, qui seule dès lors le sépare de sa mère. Alors, elle l'écoute ; parfois elle est assez heureuse pour entendre déjà son premier *pipement*. Il ne restera guère. Il s'enhardit, prend son parti. Il a un bec et il s'en sert. Il frappe, il fêle, il fend le mur de sa prison. Il a des pieds et il s'en aide... Voilà le travail commencé... Son salaire est la délivrance ; il entre dans la liberté.

Dire le ravissement, l'agitation, la prodigieuse inquiétude, tous les soins maternels, c'est ce que nous ne ferons pas ici ; déjà nous venons de dire les difficultés de l'éducation.

L'oiseau n'est initié que par le temps et la tendresse. Supérieur par le vol, il l'est beaucoup plus en ceci : qu'il a eu un foyer et qu'il a vécu par sa mère ; alimenté par elle, et par son père émancipé, ce plus libre des êtres est le favori de l'amour.

Si l'on veut admirer la fécondité de la nature, la vigueur d'invention, la charmante richesse (effrayante, en un sens) qui d'une création identique tire par millions des miracles opposés, qu'on regarde cet œuf tout semblable à un autre, d'où pourtant jailliront les tribus infinies qui vont s'envoler par le monde.

De l'obscure unité, elle verse, elle épanche en rayons innombrables et prodigieusement divergents ces flammes ailées que vous nommez oiseaux, flamboyants d'ardeur et de vie, de couleur et de chant. De la main brûlante de Dieu échappe incessamment cet éventail immense de diversité foudroyante, où tout brille, où tout chante, où tout m'inonde d'harmonie, de lumière... Ébloui, je baisse les yeux.

Mélodieuses étincelles du feu d'en haut, où n'atteignez-vous pas ?... pour vous, ni hauteur, ni distance ; le ciel, l'abîme, c'est tout un. Quelle nuée, et quelle eau profonde ne vous est accessible ? La terre, dans sa vaste ceinture, tant qu'elle est grande, avec ses monts, ses mers et ses vallées, elle vous appartient. Je vous entends sous l'équateur, ardents comme les traits du soleil. Je vous entends au pôle dans l'éternel silence où la vie a cessé, où la dernière mousse a fini ; l'ours lui-même regarde de loin et s'éloigne en grondant. Vous, vous restez encore, vous vivez, vous aimez, vous témoignez de Dieu, vous réchauffez la mort. Dans ces déserts terribles, vos touchantes amours innocentent ce que l'homme appelle la barbarie de la nature.

II

LE PÔLE. — OISEAUX-POISSONS

La grande fée qui fait pour l'homme la plupart des biens et des maux, l'imagination, se joue à lui travestir de cent façons la nature. Dans tout ce qui passe ses forces ou blesse ses sensations, dans toutes les nécessités que commande l'harmonie du monde, il est tenté de voir et de maudire une volonté malveillante. Un écrivain a fait un livre contre les Alpes; un poète a follement placé le trône du Mal sur ces bienfaisants glaciers, qui sont la réserve des eaux de l'Europe, qui lui versent ses fleuves et qui font sa fécondité. D'autres, plus insensés encore, ont maudit les glaces du pôle, méconnu la magnifique économie du globe, le balancement majestueux des courants alternatifs qui sont la vie de l'Océan. Ils ont vu la guerre et la haine, la méchanceté de la nature dans ces mouvements réguliers, profondément pacifiques, de la Mère universelle.

Voilà les rêves de l'homme. Les animaux ne partagent nullement ces antipathies, ces terreurs ; un double attrait, au contraire, chaque année les fait affluer vers les pôles en innombrables légions.

Chaque année, oiseaux, poissons, gigantesques cétacés vont peupler les mers et les îles qui entourent le pôle austral. Mers admirables, fécondes, pleines et combles de vie commencée (à l'état de zoophytes) et de fermentation vivante, d'eaux gélatineuses, de frai, de germes surabondants.

Les deux pôles également sont pour ces foules innocentes, partout poursuivies, le grand, l'heureux rendez-vous de l'amour et de la paix. Le cétacé, pauvre poisson qui pourtant a, comme nous, le doux lait et le sang chaud, ce proscrit infortuné qui bientôt aura disparu, c'est là qu'il trouve encore abri, une halte pour le moment sacré de la maternité et de l'allaitement. Nulles races meilleures ni plus douces, nulles plus fraternelles pour les leurs, plus tendres pour leurs petits. Cruelle ignorance de l'homme ! Comment le lamentin, le phoque, qui sont si rapprochés de lui, ont-ils été tués sans horreur ?

L'homme géant du vieil Océan, la baleine, cet être aussi doux que l'homme nain est barbare, a sur lui cet avantage d'accomplir, sur des espèces d'effrayante fécondité, le travail de destruction que commande la nature, sans leur infliger la douleur. Elle n'a ni dents, ni scie ; nul de ces moyens de supplice dont les destructeurs du monde sont si abondamment pourvus. Absorbés subitement au fond de ce creuset mobile, elles se perdent et s'évanouissent, subissent instantanément les transformations de la grande chimie. La plupart des matières vivantes dont s'alimentent autour des pôles les habitants de ces mers, cétacés, poissons, oiseaux, n'ont pas d'organisme encore ni de moyens de souffrir. Cela donne à ces tribus un caractère d'innocence qui nous touche infiniment, nous remplit de sympathie, d'envie aussi, s'il faut le dire. Trois fois heureux, trois fois béni, ce monde où la vie se répare sans qu'il en coûte la mort, ce monde qui généralement est affranchi de la douleur, qui dans ses eaux nourrissantes trouve toujours la mer de lait, n'a pas besoin de cruauté et reste encore suspendu aux mamelles de la nature.

Profonde était la paix de ces solitudes et de leurs peuples amphibies, avant l'arrivée de l'homme. Contre l'ours et le renard bleu, les deux tyrans de la contrée, ils trouvaient un facile abri dans le sein, toujours ouvert, de la mer, leur bonne nourrice. Quand les marins y abordèrent, leur seul embarras était de percer la foule des phoques bienveillants et curieux qui venaient les regarder. Les manchots des terres australes, les pingouins des terres boréales, pacifiques et plus ingambes, ne faisaient aucun mouvement. Les oies dont le fin duvet, d'une incomparable douceur, fournit l'édredon, se laissaient sans difficulté approcher, prendre à la main.

L'attitude de ces êtres nouveaux fut pour nos navigateurs une cause de plaisantes méprises. Ceux qui, de loin, virent d'abord des îles couvertes de manchots, à leur tenue verticale, à leur robe blanche et noire, crurent voir des bandes nombreuses d'enfants en tabliers blancs. La roideur de leurs petits bras (à peine peut-on dire des ailes pour ces oiseaux commencés), leur mauvaise grâce sur terre, leur difficulté à marcher, les adjugent à l'Océan où ils nagent à merveille, et qui est leur élément naturel et légitime; on dirait volontiers qu'ils en sont les premiers fils émancipés, des poissons ambitieux, candidats aux rôles d'oiseaux, qui déjà étaient parvenus à transformer leurs nageoires en ailerons écailleux. La métamorphose ne fut pas couronnée d'un plein succès : oiseaux impuissants, maladroits, ils restent poissons habiles.

Ou encore, à leurs larges pieds attachés de si près au corps, à leur cou court et posé sur un gros corps cylindrique, avec une tête aplatie, on les jugerait parents de leurs voisins les phoques, dont ils n'ont pas l'intelligence, mais du moins le bon naturel.

Ces fils aînés de la nature, confidents de ses vieux âges de transformations, parurent, aux premiers qui les virent, d'étranges hiéroglyphes. De leur œil doux, mais terne et pâle comme la face de l'Océan, ils semblaient regarder l'homme, ce dernier né de la planète, du fond de leur antiquité.

Levaillant, non loin du cap de Bonne-Espérance, les trouva nombreux sur une île déserte où s'élevait le tombeau d'un pauvre marin danois, homme du pôle boréal, que le hasard avait amené là pour mourir aux terres australes, et qui se trouvait avoir l'épaisseur du globe entre lui et sa patrie... Phoques et manchots lui faisaient une nombreuse société : les premiers couchés, accroupis; les autres debout et montant avec dignité la garde autour du tombeau; tous plaintifs, et répondant aux plaintes de l'Océan, qu'on eût dit celles des morts.

Leur station d'hiver est le Cap. Dans ce tiède exil d'Afrique, ils s'habillent d'un bon et solide fourreau de graisse qui leur sera bien utile contre la faim et le froid. Dès que le printemps revient, une voix secrète leur dit que le tempétueux dégel a brisé, fondu les cristaux aigus des glaces, que les bienheureuses mers des pôles, leur patrie et leur berceau, leur doux paradis d'amour, sont ouvertes et les appellent. Ils s'élancent, impatients, franchissent d'une rame rapide cinq ou six cents lieues de mer, sans repos que quelques glaces flottantes où, par instants, ils se posent. Ils arrivent, et tout est prêt. Un été de trente jours leur donne le moment du bonheur.

Bonheur sévère. Le bonheur de trouver une profonde paix les éloigne de la mer où est leur seule nourriture. Le temps d'amour, d'incubation, est un temps de jeûne et d'inquiétude. Le renard bleu, leur ennemi, les poursuit dans le désert. Mais l'union fait la force. Les mères couvent toutes ensemble, et la légion des pères autour d'elles, prête à se dévouer. Éclose seulement le petit! et que le bataillon serré le mène jusqu'à la mer... il s'y jette, il est sauvé!

Sombres climats! Qui pourtant ne les aimerait quand on y voit la nature si attendrissante, qui pare impartialement le foyer de l'homme, celui de l'oiseau, d'amour et de dévouement? Le foyer du Nord tient d'elle une grâce morale qu'a rarement celui du Midi : un soleil y luit, qui n'est pas le soleil de l'équateur, mais plus doux, celui de l'âme. Toute créature y est relevée par l'austérité même du climat ou du danger.

Le dernier effort en ce monde du Nord, qui n'est nullement celui de la beauté, c'est d'avoir trouvé le beau. Ce miracle sort du cœur des mères. La Laponie n'a qu'un art, qu'un objet d'art : le berceau. « C'est un objet charmant, dit une dame qui a visité ces contrées ; élégant et gracieux comme un joli petit soulier garni de la fourrure légère du lièvre blanc, plus délicat que la plume du cygne. Autour de la capote où la tête de l'enfant est parfaitement garantie, chaudement, doucement abritée, sont suspendus des colliers de perles de couleur, et de petites chaînettes en cuivre ou argent qui sonnent sans cesse et dont le cliquetis fait rire le petit Lapon. »

Merveille de la maternité! Par elle, voilà la femme la plus rude qui devient inventive, artiste... Mais la femelle est héroïque. C'est le plus touchant des spectacles de voir l'oiseau de l'édredon, l'eider, s'arracher son duvet, pour coucher, couvrir son petit. Et quand l'homme a volé ce nid, la mère continue sur elle la cruelle opération. Et quand elle s'est plumée, n'a plus rien à arracher que la chair, le sang, le père lui succède et il s'arrache tout à son tour, de sorte que le petit est vêtu d'eux, de leur substance, de leur dévouement et de leur douleur.

Montaigne, en parlant d'un manteau dont s'était servi son père et que lui-même aimait à porter en mémoire de lui, dit ce mot touchant auquel ce pauvre nid me reporte : « Je m'enveloppais de mon père. »

III

L'AILE

> Des ailes! des ailes! pour voler
> Par montagne et par vallée?
> Des ailes pour bercer mon cœur
> Sur le rayon de l'aurore!
>
> Des ailes pour planer sur la mer
> Dans la pourpre du matin!
> Des ailes au-dessus de la vie!
> Des ailes par delà la mort!
> . . . .
>
> RÜCKERT.

C'est le cri de la terre entière, du monde et de toute vie ; c'est celui que toutes les espèces animales ou végétales poussent en cent langues diverses, la voix qui sort de la pierre même et du monde inorganique : « Des ailes! nous voulons des ailes, l'essor et le mouvement! »

Oui, les corps les plus inertes se précipitent avidement dans les transformations chimiques qui les font entrer au courant de la vie universelle, leur donnent les ailes du mouvement et de la fermentation.

Oui, les végétaux fixés sur leur racine immobile épanchent leurs amours intérieurs vers une existence ailée, et se recommandent aux vents, aux flots, aux insectes, pour les faire vivre au dehors, leur donner le vol que leur refusa la nature.

Nous contemplons avec compassion ces ébauches animales, l'unau, l'aï, plaintives et souffrantes images de l'homme, qui ne peuvent faire un pas sans pousser un gémissement : *paresseux* ou *tardigrades*. Ces noms, que nous leur donnons, nous pouvions les garder pour nous. Si la lenteur est relative au désir du mouvement, à l'effort toujours trompé d'aller, d'avancer, d'agir, le vrai *tardigrade* c'est l'homme. La faculté de se traîner d'un point à l'autre de la terre, les ingénieux instruments qu'il a récemment inventés pour aider cette faculté, tout cela ne diminue pas son adhérence à la terre ; il n'y reste pas moins collé par la tyrannie de la gravitation.

Je ne vois guère sur la terre qu'une classe d'êtres à qui il soit donné d'ignorer ou de tromper, par le mouvement libre et rapide, cette universelle tristesse de l'impuissante aspiration : c'est celui qui ne tient à la terre que du bout de l'aile, pour ainsi parler ; celui que l'air lui-même berce et porte, le plus souvent sans qu'il ait à s'en mêler autrement que pour se diriger à son besoin, à son caprice.

Vie facile et vie sublime ! de quel œil le dernier oiseau doit regarder, mépriser le plus fort, le plus rapide des quadrupèdes, un tigre, un lion ! Qu'il doit sourire de le voir dans son impuissance collé, fixé à à la terre, la faisant trembler d'inutiles et vains rugissements, des gémissements nocturnes qui témoignent des servitudes de ce faux roi des animaux, lié, comme nous sommes tous, dans l'existence inférieure que nous font également la faim et la gravitation !

Oh ! la fatalité du ventre ! la fatalité du mouvement qui nous fait traîner sur la terre ! L'implacable pesanteur qui rappelle chacun de nos deux pieds à l'élément rude et lourd où la mort nous fera rentrer, et nous dit : « Fils de la terre, tu appartiens à la terre. Sorti un moment de son sein, tu y resteras bien longtemps ! »

N'en querellons pas la nature, c'est le signe certainement que nous habitons un monde fort jeune encore, fort barbare ; monde d'essai et d'apprentissage, dans la série des étoiles, une des haltes élémentaires de la grande initiation. Ce globe est un globe enfant. Et toi, tu es un enfant. De cette école inférieure tu seras émancipé aussi, tu auras de belles et puissantes ailes. Tu gagnes et mérites ici, à la sueur de ton front, un degré dans la liberté.

Faisons une expérience. Demandons à l'oiseau encore dans l'œuf ce qu'il veut être, donnons-lui l'option. Veux-tu être homme, et partager cette royauté du globe que nous font l'art et le travail ?

Il répondra non, à coup sûr. Sans calculer l'effort immense, la peine, la sueur et le souci, la vie d'esclave par laquelle nous achetons la royauté, il n'aura qu'un mot à dire : « Roi moi-même en naissant de l'espace et de la lumière, pourquoi abdiquerais-je, quand l'homme, en sa plus haute ambition, dans son suprême vœu de bonheur et de liberté, rêve de se faire oiseau et de prendre des ailes? »

C'est dans son meilleur âge, dans sa première et plus riche existence, dans ses songes de jeunesse, que parfois l'homme a la bonne fortune d'oublier qu'il est homme, serf de la pesanteur et lié à la terre. Le voilà qui s'envole, il plane, il domine le monde, il nage dans un trait de soleil, il jouit du bonheur immense d'embrasser d'un regard l'infinité des choses qu'hier il voyait une à une. Obscure énigme de détail, tout à coup lumineuse pour qui en perçoit l'unité! Voir le monde sous soi, l'embrasser et l'aimer! quel divin et sublime songe!... Ne m'éveillez pas, je vous prie, ne m'éveillez jamais!... Mais quoi! voici le jour, le bruit et le travail; le dur marteau de fer, la perçante cloche, de son timbre d'acier, me détrônent, me précipitent; mes ailes ont fondu. Terre lourde, je retombe à la terre; froissé, courbé, je reprends la charrue.

Quand, à la fin de l'autre siècle, l'homme eut l'idée hardie de se livrer au vent, de monter dans les airs, sans gouvernail, ni rame, ni moyen de direction, il proclama qu'enfin il avait pris des ailes, éludé la nature et vaincu la gravitation. De cruels et tragiques événements démentirent cette ambition. On étudia l'aile; on entreprit de l'imiter; on contrefit grossièrement l'inimitable mécanique. Nous vîmes avec effroi, d'une colonne de cent pieds, un pauvre oiseau humain, armé d'ailes immenses, s'élancer, s'agiter et se briser en pièces.

La triste et funeste machine, dans sa laborieuse complication, était bien loin de rappeler cet admirable bras (bien supérieur au bras humain), ce système de muscles qui coopèrent entre eux dans un si fort et si vif mouvement. Détendue et dégingandée, l'aile humaine manquait spécialement du muscle tout-puissant qui lie l'épaule à la poitrine (l'humérus au sternun), et donne le violent coup d'aile au vol foudroyant du faucon. L'instrument tient ici de si près au moteur, l'aviron au rameur, et fait si bien un avec lui, que le martinet, la frégate rament à quatre-vingts lieues par heure, cinq ou six fois plus vite que nos chemins de fer les plus rapides, dépassant l'ouragan, et sans nul rival que l'éclair.

Mais nos pauvres imitateurs eussent-ils vraiment imité l'aile, rien n'était fait. On copiait la forme, mais non la structure intérieure; on croyait que l'oiseau avait dans le vol seul sa force d'ascension, ignorant le secret auxiliaire que la nature cache en sa plume et ses os. Le mystère, la merveille, c'est la faculté qu'elle lui donne de se faire, comme il veut, léger ou lourd, en admettant plus ou moins d'air dans ces réservoirs ménagés exprès. Pour devenir léger, il enfle son volume, donc diminue sa pesanteur relative; dès lors il monte de lui-même dans un milieu plus lourd que lui. Pour descendre ou tomber, il se refait petit, étroit, en chassant l'air qui le gonflait, donc plus pesant, aussi pesant qu'il veut. Voilà ce qui trompait, ce qui faisait la fatale ignorance. On savait que l'oiseau est un vaisseau, non qu'il fût un ballon. On n'imitait que l'aile; l'aile bien imitée, si l'on n'y joint cette force intérieure, n'est qu'un sûr moyen de périr.

Mais cette faculté, ce jeu rapide de prendre ou

chasser l'air, de nager sous un lest variable à volonté, à quoi cela même tient-il ? à une puissance unique, inouïe, de respiration. L'homme qui recevrait autant d'air à la fois serait tout d'abord étouffé. Le poumon de l'oiseau, élastique et puissant, s'en empreint, s'en emplit, s'en enivre avec force et délices, le verse à flots aux os, aux cellules aériennes. Aspiration, rénovation de rapidité foudroyante de seconde en seconde. Le sang, vivifié sans cesse d'un air nouveau, fournit à chaque muscle cette inépuisable vigueur qui n'est à nul autre être et n'appartient qu'aux éléments.

La lourde image d'Antée touchant à la Terre, sa mère, et y puisant des forces rend faiblement, grossièrement, quelque idée de cette réalité. L'oiseau n'a pas à chercher l'air pour le toucher et s'y renouveler ; l'air le cherche et afflue en lui ; il lui rallume incessamment le brûlant foyer de la vie.

Voilà ce qui est prodigieux, et non pas l'aile. Ayez l'aile du condor et suivez-le, quand du sommet des Andes, et de leurs glaciers sibériques, il fond, il tombe au rivage brûlant du Pérou, traversant en une minute toutes les températures, tous les climats du globe, aspirant d'une haleine l'effrayante masse d'air, brûlée, glacée, n'importe !... Vous arriveriez foudroyé !

Le plus petit oiseau fait honte ici au plus fort quadrupède. Prenez-moi un lion enchaîné dans un ballon (dit Toussenel), son sourd rugissement se perdra dans l'espace. Bien autrement puissante de voix et de respiration, la petite alouette monte en filant son chant, et on l'entend encore quand on ne la voit plus. Sa chanson gaie, légère, sans fatigue, qui n'a rien coûté, semble la joie d'un invisible esprit qui voudrait consoler la terre.

La force fait la joie. Le plus joyeux des êtres, c'est l'oiseau, parce qu'il se sent fort au delà de son action, parce que, bercé, soulevé de l'haleine du ciel, il nage, il monte sans effort, comme en rêve. La force illimitée, la faculté sublime, obscure chez les êtres inférieurs, chez l'oiseau claire et vive, de prendre à volonté sa force au foyer maternel, d'aspirer la vie à torrent, c'est un enivrement divin.

La tendance toute naturelle, non orgueilleuse, non impie, de chaque être, est de vouloir ressembler à la grande Mère, de se faire à son image, de participer aux ailes infatigables dont l'Amour éternel couve le monde.

La tradition humaine est fixée là-dessus. L'homme ne veut pas être homme, mais ange, un dieu ailé. Les génies ailés de la Perse font les chérubins de Judée. La Grèce donne des ailes à sa Psyché, à l'âme, et elle trouve le vrai nom de l'âme, l'*aspiration* ἄσθμα. L'âme a gardé ses ailes ; elle passe à tire-d'aile dans le ténébreux moyen âge, et va croissant d'aspiration. Plus net et plus ardent se formule ce vœu, échappe du plus profond de sa nature et de ses ardeurs prophétiques : « Oh ! si j'étais oiseau ! » dit l'homme. La femme n'a nul doute que l'enfant ne devienne un ange.

Elle l'a vu ainsi dans ses songes.

Songes ou réalités ?... Rêves ailés, ravissement des nuits, que nous pleurons tant au matin, si vous étiez pourtant ! Si vraiment vous viviez ! Si nous n'avions rien perdu de ce qui fait notre deuil ! si, d'étoiles en étoiles, réunis, élancés dans un vol éternel, nous suivions tous ensemble un doux pèlerinage à travers la bonté immense !...

On le croit par moments. Quelque chose nous dit que ces rêves ne sont pas des rêves, mais des échappées du vrai monde, des lumières entrevues derrière le brouillard d'ici-bas, des promesses certaines, et que le prétendu réel serait plutôt le mauvais songe.

IV

PREMIERS ESSAIS DE L'AILE

Il n'est point d'homme illettré, ignorant, point d'esprit blasé, insensible, qui puisse se défendre d'une émotion de respect, je dirai presque de terreur, en entrant dans les salles de notre Musée d'histoire naturelle.

Nulle collection étrangère, à notre connaissance, ne produit cette impression.

D'autres, sans doute, comme celle du splendide musée de Leyde, sont plus riches en tel genre ; non plus complètes, non plus harmoniques. Cette grandiose harmonie se sent instinctivement, elle impose et saisit. Le voyageur inattentif, visiteur fortuit, est pris sans s'y attendre ; il s'arrête et il songe. En face de cette énorme énigme, de cet immense hiéroglyphe qui pour la première fois se pose devant lui, il se tiendrait heureux s'il pouvait lire un caractère, épeler une lettre. Que de fois des gens du peuple, surpris et tourmentés de telle forme bizarre, nous en ont demandé le sens ! Un mot les mettait sur la voie, une simple indication les charmait ; ils partaient contents et se promettaient de revenir. Au contraire, ceux qui traversaient cet océan d'objets inconnus, incompris, s'en allaient fatigués et tristes.

Formons le vœu qu'une administration si éclairée, si haut placée dans la science, revienne à la constitution primitive du Muséum, qui créait des *gardiens démonstrateurs*, et n'admettait comme surveillants de ce trésor que ceux qui pouvaient le comprendre, et par moments l'interpréter.

Un autre vœu que nous osons former, c'est qu'à côté des grands naturalistes on place les images des courageux navigateurs, des voyageurs persévérants, qui, par leurs travaux, leurs périls, en hasardant cent fois leur vie, nous ont rapporté ces trésors. S'ils valent en eux-mêmes, ils valent peut-être plus encore par l'héroïsme et la grandeur de cœur de ceux qui nous les ont gagnés. Ce charmant colibri, madame, saphir ailé où vous verriez un futile objet de parure, savez-vous bien qu'un Azara, un Lesson, vous l'a rapporté des forêts meurtrières où l'on ne respire que la mort ? Ce tigre magnifique dont vous admirez le pelage, sachez que, pour le mettre ici, il a fallu que, dans les jongles, il fût cherché, rencontré face à face, tiré, frappé au front par l'intrépide Levaillant ? Ces voyageurs illustres, amants ardents de la nature, souvent sans moyens, sans secours, l'ont suivie aux déserts, observée et surprise dans ses mystérieuses retraites, s'imposant la soif et la faim, d'incroyables fatigues, ne se plaignant jamais, se croyant trop récompensés, pleins d'amour, de reconnaissance, à chaque découverte ; ne regrettant rien à ce prix, non pas même la mort de Lapeyrouse ou de Mungo Park, la mort dans les naufrages, la mort chez les barbares.

Qu'ils revivent ici au milieu de nous ! Si leur vie solitaire s'écoula au loin de l'Europe pour la servir, que leurs images soient placées au milieu de la foule reconnaissante, avec la brève indication de leurs heureuses découvertes, de leurs souffrances et de leur grand courage. Plus d'un jeune homme se sentira ému d'avoir vu ces héros et reviendra rêveur et tenté de les imiter.

C'est la double grandeur de ce lieu. Des héros envoyèrent ces choses, et elles furent recueillies, classées, harmonisées par des grands hommes, à qui tout affluait comme à un centre légitime, et que leur position autant que leur génie mit à même d'opérer ici la centralisation de la nature.

Au dernier siècle, le grand mouvement des sciences convergeait autour d'un homme de génie, important par le rang, les entourages et la fortune : M. le comte de Buffon ; tous les dons des savants, des voyageurs, des rois, venaient à lui, par lui se classaient au Musée. De nos jours un plus grand spectacle a fixé sur ce lieu l'attention émue de toutes les nations du monde, quand deux hommes immenses (plus que deux hommes, deux méthodes), Cuvier, Geoffroy y combattirent. Tous s'y intéressèrent ou pour l'un ou pour l'autre, tous prirent parti, envoyèrent pour ou contre des preuves au Muséum, tel des livres, tel des animaux ou des faits inconnus. De sorte que ces collections qu'on croirait mortes sont vivantes ; elles palpitent encore de cette lutte, animées par les grands esprits qui ont appelé tous ces êtres en témoignage dans leur combat fécond.

Ce n'est pas là un dépôt fortuit. Ce sont des séries très suivies, formées et composées systématiquement par de profonds penseurs. Les espèces qui forment les plus curieuses transitions entre les genres y sont richement représentées. C'est là qu'on voit bien mieux qu'ailleurs ce qu'ont dit Linné et Lamark : qu'à mesure que nos musées s'enrichiraient, deviendraient plus complets, auraient moins de lacunes, on avouerait que la nature ne fait rien brusquement, mais par transitions douces et insensibles. Où nous croyons voir dans ses œuvres un saut, un vide, un passage brusque et inharmonique, accusons-nous nous-mêmes ; cette lacune, c'est notre ignorance.

Arrêtons-nous quelques moments aux solennels passages où la vie incertaine semble osciller encore, où la nature paraît s'interroger elle-même, tâter sa volonté. *Serai-je poisson ou mammifère ?* se dit l'être ; il hésite, et reste poisson à sang chaud, c'est la bonne et douce tribu des lamentins, des phoques. *Serai-je oiseau ou quadrupède ?* Grande question, hésitation perplexe, long combat et varié. Toutes les péripéties en sont racontées, les solutions diverses des problèmes naïvement posées, réalisées, par des êtres bizarres, comme l'ornithorynque, qui n'aura d'oiseau que le bec, comme la pauvre chauve-souris, être innocent et tendre dans son nid de famille, dont la forme indécise fait la laideur et l'infortune. En elle, on voit que la nature cherche l'aile, et ne trouve encore qu'une membrane velue, hideuse, qui toutefois en fait déjà la fonction.

Je suis oiseau; voyez mes ailes.

Mais l'aile même ne fait pas l'oiseau.

Placez-vous vers le centre du Musée, et tout près de l'horloge. Là, vous apercevrez, à gauche, le premier rudiment de l'aile dans le manchot du pôle austral, et dans son frère le pingouin boréal, plus développé d'un degré. Ailerons écailleux, dont les pennes luisantes rappellent le poisson bien mieux que l'oiseau. Sur terre, c'est un infirme; la terre est difficile pour lui, l'air impossible. Ne le plaignez pas trop. Sa prévoyante mère le destine aux mers des pôles, où il n'aura guère à marcher. Elle l'habille soigneusement d'un bon fourreau de graisse et d'une imperméable robe. Elle veut qu'il ait chaud dans les glaces. Quel en est le meilleur moyen? il semble qu'elle ait hésité, tâtonné; à côté du manchot on voit avec surprise un essai d'un tout autre genre, mais non pas moins frappant comme précaution maternelle : c'est un gorfou très rare, que je n'ai vu dans nul autre musée, habillé d'une rude fourrure de quadrupède, comme d'une sorte de poil de chèvre, mais plus luisant peut-être dans l'animal vivant, et certainement impénétrable à l'eau.

Pour mettre ensemble les oiseaux qui ne volent pas, il nous faudrait rapprocher de ceux-ci le navigateur du désert, l'oiseau-chameau, l'autruche analogue au chameau même par la structure intérieure. Du moins, si son aile ébauchée ne peut l'enlever de terre, elle l'aide puissamment à marcher, lui donne une extrême vitesse ; c'est sa voile pour traverser son aride océan d'Afrique.

Revenons au manchot, véritable point de départ de la série, au manchot dont l'aile vraiment rudimentaire ne sert point comme voile, n'aide point à la marche, n'est qu'une indication, comme un souvenir de la nature.

Elle s'en détache, se soulève péniblement dans un premier essai de vol par deux figures étranges, qui nous semblent grotesques et prétentieuses. Le manchot ne l'est pas : honnête et simple créature, on voit qu'il n'eut jamais l'ambition du vol. Mais en voici qui s'émancipent, qui semblent chercher la parure ou la grâce du mouvement. Le gorfou paraît être un manchot décidé à quitter sa condition ; il prend une aigrette coquette qui met en relief sa laideur. L'informe macareux, qui semble la caricature d'une caricature, le perroquet, lui ressemble par un gros bec, mal dégrossi, mais sans tranchant ni force, sans queue et mal équilibré, il peut toujours être emporté par le poids de sa grosse tête. Il se hasarde à voleter pourtant, au risque des culbutes. Il plane noblement tout près de terre et fait l'envie peut-être des manchots et des phoques. Parfois il se hasarde en mer ; malencontreux vaisseau, le moindre vent fait son naufrage.

On ne peut le nier pourtant, l'essor est pris. Des oiseaux de diverses sortes continuent plus heureusement. Le genre si riche des plongeons, dans ses espèces très diverses, relie les voiliers aux nageurs : telles, d'une aile accomplie, d'un vol hardi et sûr, font les plus grands voyages; telles, encore revêtues des pennes luisantes du manchot, frétillent et jouent au fond des mers ; les nageoires seules leur manquent et la respiration pour être des poissons parfaits ; ils alternent, ils sont maîtres de l'un et de l'autre élément.

V

LE TRIOMPHE DE L'AILE. — LA FRÉGATE

N'essayons pas d'énumérer tous les intermédiaires. Passons à l'oiseau blanc que je vois là-haut dans les nues, oiseau qu'on voit partout, sur l'eau, sur terre, sur les écueils couverts et découverts des flots, oiseau qu'on aime à voir, familier et glouton, et qu'on peut appeler petit vautour des mers. Je parle de ces myriades de goélands ou de mouettes, dont toute côte répète les cris. Trouvez-moi des êtres plus libres. Jour et nuit, midi ou nord, mer ou plage, proie morte ou vivante, tout leur est un. Usant de tout, chez eux partout, ils promènent vaguement des flots au ciel leur blanche voile; le vent nouveau qui tourne et change, c'est toujours le bon vent qui va où ils voulaient aller.

Sont-ils autre chose que l'air, la mer, les éléments qui ont pris aile et volent? Je n'en sais rien : à voir leur œil gris, terne et froid (qu'on n'imite nullement dans nos musées), on croit voir la mer grise, l'indifférente mer du Nord, dans sa glaciale impersonnalité. Que dis-je? cette mer est plus émue. Parfois phosphorescente, électrique, il lui arrive de s'animer bien plus. Le vieux père Océan, sournois, colère, souvent sous sa face pâle roule bien des pensées. Ses fils, les goélands, semblent moins animaux que lui. Ils voguent, de leurs yeux morts cherchant quelque proie morte, s'attroupant, hâtant en famille la destruction des grands cadavres qui pour eux flottent sur la mer. Point féroces d'aspect, égayant le navigateur par leurs jeux, par l'apparition fréquente de leurs blanches ailes, ils lui parlent des terres lointaines, des rives qu'il quitte ou qu'il va voir, des amis absents, espérés. Et ils le servent aussi à l'approche des orages, qu'ils annoncent et prédisent. Souvent leur voile éployée lui conseille de serrer les siennes.

Car ne supposez pas que l'orage venu ils daigneront plier les ailes. Tout au contraire, ils partent. L'orage est leur récolte; plus la mer est terrible, moins le poisson peut se soustraire à ces hardis pêcheurs. Dans la baie de Biscaye, où la houle, poussée du nord-ouest, traversant l'Atlantique, arrive entassée, exhaussée à des hauteurs énormes, avec des chocs épouvantables, les goélands placides travaillent imperturbablement. « Je les voyais, dit M. de Quatrefages, décrire en l'air mille courbes, plonger entre deux vagues, reparaître avec un poisson. Plus rapides quand ils suivaient le vent, plus lents quand ils restaient en face, ils planaient cependant avec la même aisance, sans paraître donner un coup d'aile de plus que dans les plus beaux jours. Et cependant les flots remontaient les talus, comme des cataractes à l'envers, aussi haut que la plate-forme de Notre-Dame, et l'écume plus haut que Montmartre. Ils n'en semblaient pas plus émus. »

L'homme n'a pas leur philosophie. Les matelots sont fort émus lorsque, le jour baissant, une subite nuit se faisant sur les mers, ils voient autour du navire voler une sinistre petite figure, un funèbre oiseau noir. Noir n'est pas le mot propre, le noir serait plus gai : la vraie nuance est celle d'un brun fumeux qu'on ne définit pas. Ombre d'enfer, ou mauvais songe, qui marche sur les eaux, se promène à travers la vague, foule aux pieds la tempête. Ce pétrel (ou saint-pierre) est l'horreur du marin, qui croit y voir une malédiction vivante. D'où vient-il? d'où peut-il surgir, à des distances énormes de toute terre? que veut-il? que vient-il chercher, si ce n'est le naufrage? Il voltige impatient, et déjà choisit les cadavres que lui va livrer sa complice, l'atroce et méchante mer.

Voilà les fictions de la peur. Des esprits moins effrayés verraient dans le pauvre oiseau un autre navire en détresse, un navigateur imprudent qui, lui aussi, a été surpris loin de la côte et sans abri. Ce vaisseau est pour lui une île, où il voudrait bien se poser. Le sillage seul du navire qui coupe et le flot et le vent, c'est déjà un refuge, un secours contre la fatigue. Sans cesse, d'un vol agile, il met le rempart du vaisseau entre lui et la tempête. Timide et myope, on ne le voit guère que quand elle fait la nuit. Il nous ressemble, il craint l'orage, il a peur, ne veut pas périr, et dit comme vous, marins : « Que deviendraient mes petits? »

Mais le temps noir se dissipe, le jour reparaît, je vois un petit point bleu au ciel. Heureuse et sereine région qui gardait la paix par-dessus l'orage. Dans ce point bleu, royalement, un petit oiseau d'aile immense nage à dix mille pieds de haut. Goéland? non, l'aile est noire. Aigle? non, l'oiseau est petit.

C'est le petit aigle de mer, le premier de la race ailée, l'audacieux navigateur qui ne ploie jamais la voile, le prince de la tempête, contempteur de tous les dangers : le guerrier ou la frégate.

Nous avons atteint le terme de la série commencée par l'oiseau sans aile. Voici l'oiseau qui n'est plus qu'aile. Plus de corps : celui du coq à peine, avec des ailes prodigieuses qui vont jusqu'à quatorze pieds. Le grand problème du vol est résolu et dépassé, car le vol semble inutile. Un tel oiseau, naturellement soutenu par de tels appuis, n'a qu'à se laisser porter. L'orage vient : il monte à de telles hauteurs qu'il y trouve la sérénité. La métaphore poétique, fausse de tout autre oiseau, n'est point figure pour celui-ci : à la lettre il dort sur l'orage.

S'il veut ramer sérieusement, toute distance disparaît. Il déjeune au Sénégal, dîne en Amérique.

Ou, s'il veut mettre plus de temps, s'amuser en route, il le peut; il continuera dans la nuit indéfiniment, sûr de se reposer... sur quoi? sur sa grande aile immobile, qu'il lui suffit de déployer sur l'air, qui se charge seul de la fatigue du voyage, sur le vent, son serviteur, qui s'empresse à le bercer.

Notez que cet être étrange a de plus cette royauté de ne rien craindre en ce monde. Petit, mais fort, intrépide, il brave tous les tyrans de l'air; il mépriserait au besoin le pygargue et le condor; ces énormes et lourdes bêtes s'ébranleraient à grand'peine qu'il serait déjà à dix lieues.

Oh! c'est là que l'envie nous prend, lorsque dans l'azur ardent des tropiques nous voyons passer en triomphe, à des hauteurs incroyables, presque imperceptible par la distance, l'oiseau noir dans la solitude, unique dans le désert du ciel. Tout au plus, un peu plus bas, le croise dans sa grâce légère un blanc voilier, le paille-en-queue.

Que ne me prends-tu sur ton aile, roi de l'air, sans peur, sans fatigue, maître de l'espace, dont le vol si rapide supprime le temps? Qui plus que toi est détaché des basses fatalités de l'être?

Une chose pourtant m'étonnait : c'était qu'envisagé de près, ce premier du royaume ailé n'a rien de la sérénité que promet une vie libre. Son œil est cruellement dur, âpre, mobile, inquiet. Son attitude tourmentée est celle d'une vigie malheureuse qui doit, sous peine de mort, veiller sur l'infini des mers. Celui-ci visiblement fait effort pour voir au loin. Et si sa vue ne le sert, l'arrêt est sur son noir visage; la nature le condamne, il meurt.

En le regardant de près, on le voit, il n'a pas de pieds. Fort courts du moins et palmés, ils ne peuvent marcher, percher. Avec un bec formidable, il n'a pas les griffes du véritable aigle de mer. Faux aigle, et supérieur au vrai par l'audace comme par le vol, il n'a pourtant pas sa force, il n'a pas ses prises invincibles. Il frappe et tue; peut-il saisir?

De là sa vie tout incertaine, de hasards, vie de corsaire, de pirate, plus que de marin, et la question permanente qu'on lit très bien sur son visage : « Dînerai-je?... aurai-je ce soir de quoi donner à mes petits? »

L'immense et superbe appareil de ses ailes devient à terre un danger, un embarras. Il lui faut, pour s'enlever, beaucoup de vent ou un lieu élevé, une pointe, un roc. Surprise sur un sable plat, sur les bancs, les bas écueils où elle s'arrête souvent, la frégate est sans défense ; elle a beau menacer, frapper, elle est assommée à coups de bâton.

Sur mer, ces ailes immenses, admirables quand elles s'élèvent, sont peu propres à raser l'eau. Mouillées, elles peuvent s'alourdir, enfoncer. Et dès lors malheur à l'oiseau! il appartient aux poissons, il nourrit les basses tribus dont il comptait se nourrir : le gibier mange le chasseur, le preneur est pris.

Et cependant comment faire? Sa nourriture est dans les eaux. Il faut toujours qu'il s'en rapproche, qu'il y retourne, qu'il rase sans cesse l'odieuse et féconde mer qui menace de l'engloutir.

Donc cet être si bien armé, ailé, supérieur à tous par la vue, le vol, l'audace, n'a qu'une vie tremblante et précaire. Il mourrait de faim s'il n'avait l'industrie de se créer un pourvoyeur auquel il escroque sa nourriture. Sa ressource, hélas! ignoble, c'est d'attaquer un oiseau lourd et peureux, le fou, excellent pêcheur. La frégate, qui n'est pas plus grosse, le poursuit, le frappe du bec sur le cou, lui fait rendre gorge. Tout cela se passe dans l'air; avant que le poisson ne tombe, elle le happe au passage.

Si cette ressource manque, elle ne craint pas d'attaquer l'homme : « En débarquant à l'Ascension, dit un voyageur, nous fûmes assaillis par des frégates. L'une voulait m'arracher un poisson de la main même. D'autres voltigeaient sur la chaudière où cuisait la viande pour l'enlever, sans tenir compte des matelots qui étaient autour. »

Dampier en vit de malades, de vieilles ou estropiées, se tenant sur les écueils qui semblaient leurs Invalides, levant des contributions sur les jeunes fous, leurs vassaux, et se nourrissant de leur pêche. Mais, dans leur état de force, elles ne posent guère à terre, vivant comme les nuages, flottant de leurs grandes ailes constamment d'un monde à l'autre, attendant leur aventure, et perçant l'infini du ciel, l'infini des eaux, d'un implacable regard.

Le premier de la gent ailée est celui qui ne pose pas. Le premier des navigateurs est celui qui n'arrive pas. La terre, la mer, lui sont presque également interdites. Et c'est l'éternel exilé.

N'envions rien. Nulle existence n'est vraiment libre ici-bas, nulle carrière n'est assez vaste, nul vol assez grand, nulle aile ne suffit. La plus puissante est un asservissement. Il en faut d'autres que l'âme attend, demande et espère :

> Des ailes par-dessus la vie!
> Des ailes par delà la mort!

VI

LES RIVAGES. — DÉCADENCE DE QUELQUES ESPÈCES

J'ai maintes fois, en des jours de tristesse, observé un être plus triste, que la mélancolie aurait pris pour un symbole : c'était le rêveur des marais, l'oiseau contemplateur qui, en toutes saisons, seul devant les eaux grises, semble, avec son image, plonger dans leur miroir sa pensée monotone.

Sa noble aigrette noire, son manteau gris de perle, ce deuil quasi-royal contraste avec son corps chétif et sa transparente maigreur. Au vol, le pauvre hère ne montre que deux ailes ; pour peu qu'il s'éloigne en hauteur, du corps il n'est plus question ; il devient invisible. Animal vraiment aérien, pour porter ce corps si léger, le héron a assez, il a trop d'une patte ; il replie l'autre ; presque toujours sa silhouette boiteuse se dessine ainsi sur le ciel dans un bizarre hiéroglyphe.

Quiconque a vécu dans l'histoire, dans l'étude des races et des empires déchus, est tenté de voir là une image de décadence. C'est un grand seigneur ruiné, un roi dépossédé, ou je me trompe fort. Nul être ne sort à cet état misérable des mains de la nature. Donc, je me hasardai à interroger ce rêveur et je lui dis de loin ces paroles que sa très fine ouïe perçut exactement : « Ami pécheur, voudrais-tu bien me dire (sans délaisser ta station) pourquoi, toujours si triste, tu sembles plus triste aujourd'hui ? As-tu manqué ta proie ? le poisson trop subtil a-t-il trompé tes yeux ? la grenouille moqueuse te défie-t-elle au fond de l'onde ?

— Non, poissons ni grenouilles n'ont ri du héron.... Mais le héron lui-même rit de lui, se méprise quand il entre en la pensée de ce que fut sa noble race et de l'oiseau des anciens jours.

« Tu veux savoir à quoi je rêve ? Demande au chef indien des Chérokés, des Jowais, pourquoi, des jours entiers, il tient la tête sur le coude, regardant sur l'arbre d'en face un objet qui n'y fut jamais.

« La terre fut notre empire, le royaume des oiseaux aquatiques dans l'âge intermédiaire où, jeune, elle émergeait des eaux. Temps de combats, de lutte, mais d'abondante subsistance. Pas un héron alors qui ne gagnât sa vie. Besoin n'était d'attendre ni de poursuivre ; la proie poursuivait le chasseur ; elle sifflait, coassait de tous côtés. Des millions d'êtres de nature indécise, oiseaux-crapauds, poissons ailés, infestaient les limites mal tracées des deux éléments. Qu'auriez-vous fait, vous autres, faibles et derniers-nés du monde ? L'oiseau vous prépara la terre. Des combats gigantesques eurent lieu contre les monstres énormes, fils du limon : le fils de l'air, l'oiseau, prit taille de géant. Si vos histoires ingrates n'ont pas trace de tout cela, la grande histoire de Dieu le raconte au fond de la terre où elle a déposé les vaincus, les vainqueurs, les monstres exterminés par nous et celui qui les détruisit.

« Vos fictions mensongères nous bercent d'un Hercule humain. Que lui eût servi sa massue contre le plésiosaure ? Qui eût attendu face à face cet horrible léviathan ? Il y fallait le vol, l'aile forte, intrépide, qui du plus haut lançait, relevait, relançait l'Hercule oiseau, l'épiornis, un aigle de vingt pieds de haut et de cinquante pieds d'envergure, implacable chasseur qui, maitre de trois éléments, dans l'air, dans l'eau, dans la vase profonde, suivait le dragon sans repos.

« L'homme eût péri cent fois. Par nous l'homme devint possible sur une terre pacifiée. Mais qui s'étonnera que ces terribles guerres, qui durèrent des milliers d'années, aient usé les vainqueurs, lassé l'Hercule ailé, fait de lui un faible Persée, souvenir effacé, pâli, de nos temps héroïques ?

« Baissés de taille, de force, sinon de cœur, affamés par la victoire même, par la disparition des mauvaises races, par la division des éléments qui nous cacha la proie au fond des eaux, nous fûmes sur la terre, dans nos forêts et nos marais, poursuivis à notre tour par les nouveaux venus qui, sans nous, ne seraient pas nés. La malice de l'homme des bois et sa dextérité furent fatales à nos nids. Lâchement, dans l'épaisseur des branches qui gênent le vol, entravent le combat, il mettait la main sur les nôtres. Nouvelle guerre, celle-ci moins heureuse, qu'Homère appelle la guerre des pygmées et des grues. La haute intelligence des grues, leur tactique vraiment militaire, n'ont pas empêché l'ennemi, l'homme, par mille arts maudits, de prendre l'avantage. Le temps était pour lui, la terre et la nature ; elle va desséchant le globe, tarissant les marais, supprimant la région indécise où nous régnâmes. Il en sera de nous à la longue comme du castor. Plusieurs espèces périront ; peut-être un siècle encore, et le héron aura vécu. »

Histoire trop vraie. Sauf les espèces qui ont pris leur parti, ont délaissé la terre, se sont franchement vouées et sans réserve à l'élément liquide, sauf les plongeurs, le cormoran, le sage pélican et quelques autres, les tribus aquatiques semblent en décadence. L'inquiétude, la sobriété, les maintiennent encore. C'est ce souci persévérant qui a doué le pélican d'un organe tout particulier, lui creusant sous son bec distendu un réservoir mobile, signe vivant d'économie et d'attentive prévoyance.

Plusieurs, comme le cygne, habiles voyageurs, vivent en variant leur séjour. Mais le cygne lui-même, immangeable, ménagé de l'homme pour sa beauté, sa grâce, le cygne, si commun jadis en Italie, et dont Virgile parle sans cesse, y est rare maintenant. On chercherait en vain ces blanches flottes qui couvraient de leurs voiles les eaux du Mincio, les marais de Mantoue, qui pleuraient Phaéton à l'ombre de ses sœurs, ou dans leur vol sublime, poursuivant les étoiles d'un chant harmonieux, leur portaient le nom de Varus.

Ce chant, dont parle toute l'antiquité, est-il une fable? Les organes du chant, qu'on trouve si développés chez le cygne, lui furent-ils toujours inutiles? Ne jouaient-ils pas dans une heureuse liberté quand il avait une atmosphère plus chaude, quand il passait le meilleur de l'année aux doux climats de Grèce et d'Italie? On serait tenté de le croire. Le cygne, refoulé au nord, où ses amours trouvent mystère et repos, a sacrifié son chant, a pris l'accent barbare, ou il est devenu muet. La muse est morte; l'oiseau a survécu.

Sociable, disciplinée, pleine de tactique et de ressources, la grue, type supérieur d'intelligence dans ces espèces, devait, ce semble, prospérer, se maintenir partout dans son ancien empire. Elle a perdu pourtant deux royaumes : la France, qui ne la voit plus qu'au passage; l'Angleterre, où maintenant elle hasarde rarement de déposer ses œufs.

Le héron, au temps d'Aristote, était plein d'industrie et de sagacité. L'antiquité le consultait sur le beau temps, l'orage, comme un des plus graves augures. Déchu au moyen âge, mais gardant sa beauté, son vol qui monte au ciel, c'était encore un prince, un oiseau féodal; les rois voyaient en lui une chasse de roi et le but du noble faucon. Si bien le chassa-t-on que sous François Ier il devint rare; ce roi le loge autour de lui à Fontainebleau, y fait des héronnières. Deux ou trois siècles passent, et Buffon croit encore « qu'il n'y a guère de provinces où des héronnières ne se trouvent ». De nos jours, Toussenel n'en connaît qu'une en France, au nord du moins, dans la Champagne; entre Reims et Épernay, un bois recèle le dernier asile où le pauvre solitaire ose encore cacher ses amours.

Solitaire! c'est là sa condamnation. Moins sociable que la grue, moins familier que la cigogne, il semble devenu farouche même aux siens, à celle qu'il aime. Court et rare, le désir l'arrache à peine un jour à sa mélancolie. Il tient peu à la vie. Captif, il refuse souvent la nourriture, s'éteint sans plainte et sans regrets.

Les oiseaux aquatiques, êtres de grande expérience, la plupart réfléchis et docteurs en deux éléments, étaient, dans la meilleure époque, plus avancés que bien d'autres. Ils méritaient les ménagements de l'homme. Tous avaient des mérites d'originalité diverse. L'instinct social des grues, leur singulier esprit mimique, les rendaient aimables, amusantes. La jovialité du pélican et son humeur joueuse, la tendresse de l'oie, sa faculté d'attachement, la bonté enfin des cigognes, leur piété pour leurs vieux parents, attestée par tant de témoins, formaient entre ce monde et nous des liens sympathiques que la légèreté humaine n'aurait pas dû briser barbarement.

VII

LES HÉRONNIÈRES D'AMÉRIQUE. — WILSON

La décadence du héron est moins sensible en Amérique. Il est moins poursuivi. Les solitudes sont plus vastes. Il trouve encore, sur ses marais chéris, des forêts sombres et impénétrables. Dans ces ténèbres il est plus sociable; dix ou quinze ménages s'y établissent ensemble, ou à peu de distance. L'obscurité parfaite des grands cèdres sur les eaux livides les rassure et les réjouit. Vers le haut de ces arbres, ils construisent avec des bâtons une large plate-forme qu'ils couvrent de petites branches; voilà le domicile de la famille et l'abri des amours; là, la ponte tranquille, l'éclosion, l'éducation du vol, les enseignements paternels qui formeront le petit pêcheur. Ils n'ont pas fort à craindre que l'homme vienne les inquiéter dans ces retraites; elles se trouvent non loin de la mer, spécialement dans les Carolines, dans des terrains bas et fangeux, lieux chéris de la fièvre jaune. Tel marais, ancien bras de mer ou de rivière, vieille flaque oubliée derrière dans la retraite des eaux, s'étend parfois, sur la largeur d'un mille, à cinq ou six milles de longueur. L'entrée n'est pas fort invitante ; vous voyez un front de troncs d'arbres, tous parfaitement droits et dépouillés de branches, de cinquante ou soixante pieds, stériles jusqu'au sommet, où ils mêlent et rapprochent leurs flèches végétales d'un sombre vert, de manière à garder sur l'eau un crépuscule sinistre. Quelle eau! une fermentation de feuilles et de débris, où les vieilles souches montent pêle-mêle l'une sur l'autre, le tout d'un jaune sale, où nage à la surface une mousse verte et écumeuse. Avancez ; ce qui semble ferme est une mare où vous plongez. Un laurier à chaque pas intercepte le passage ; pour passer outre, il faut une lutte pénible avec ses branches, avec des débris d'arbres, des lauriers toujours renaissants. De rares lueurs percent l'obscurité ; ces régions affreuses ont le silence de la mort. Sauf la note mélancolique de deux ou trois petits oiseaux, que l'on entend parfois, ou le héron et son cri enroué, tout est muet, désert ; mais, que le vent s'élève, de la cime des arbres le triste héron gémit, soupire. Si la tempête vient, ces grands cèdres nus, ces grands mâts, se balancent et se heurtent ; toute la forêt hurle, crie, gronde, imite à s'y tromper les loups, les ours, toutes les bêtes de proie.

Aussi ce ne fut pas sans étonnement que, vers 1805, les hérons, si bien établis, virent rôder sous leurs cèdres, en pleine mare, un rare visage, un homme. Un seul était capable de les visiter là, patient, voyageur infatigable, et brave autant que pacifique : l'ami, l'admirateur des oiseaux, Alexandre Wilson.

Si ce peuple avait su le caractère du visiteur, loin de s'en effrayer, il fût venu sans doute à sa rencontre pour lui faire de ses cris, de ses battements d'ailes, un salut amical, une fraternelle ovation.

Dans ces années terribles où l'homme fit de l'homme la plus vaste destruction qui jamais se soit vue, il y avait en Écosse un homme de paix. Pauvre tisserand de Glascow, dans son logis humide et sombre, il rêvait la nature, l'infini des libres forêts, la vie ailée surtout. Son métier de cul-de-jatte, condamné à rester assis, lui donna l'amour extatique du vol et de la lumière. S'il ne prit pas des ailes, c'est que le don sublime n'est encore dans ce monde que le rêve et l'espoir de l'autre. Nul doute qu'aujourd'hui Wilson, tout à fait affranchi, ne vole, oiseau de Dieu, dans une étoile moins obscure, observant plus à l'aise sur l'aile du condor et de l'œil du faucon.

Il avait essayé d'abord de satisfaire son goût pour les oiseaux en compulsant les livres de gravures qui prétendent les représenter. Lourdes et gauches caricatures qui donnent une idée ridicule de la forme, et du mouvement rien; or, qu'est-ce que l'oiseau hors la grâce et le mouvement? Il n'y tint pas. Il prit un parti décisif : ce fut de quitter tout, son métier, son pays. Nouveau Robinson Crusoé, par un naufrage volontaire, il voulait s'exiler aux solitudes d'Amérique, là voir lui-même, observer, décrire, peindre. Il se souvint alors d'une chose : c'est qu'il ne savait ni dessiner, ni peindre, ni écrire. Voilà cet homme fort, patient et que rien ne pouvait rebuter, qui apprend à écrire très bien, très vite. Bon écrivain, artiste infiniment exact, main fine et sûre, il parut, sous sa mère et maitresse la Nature, moins apprendre que se souvenir.

Armé ainsi, il se lance au désert, dans les forêts, aux savanes malsaines, ami des buffles et convive des ours, mangeant les fruits sauvages, splendidement couvert de la tente du ciel. Où il a chance de voir un oiseau rare, il reste, il campe, il est chez lui. Qui le presse en effet? Il n'a pas de maison qui le rappelle, ni femme ni enfant qui l'attende. Il a une famille, c'est vrai : mais la grande famille qu'il observe et décrit. Des amis, il en a : ceux qui n'ont pas encore la défiance de l'homme et qui viennent percher à son arbre et causer avec lui.

Et vous avez raison, oiseaux, vous avez là un très solide ami, qui vous en fera bien d'autres, qui vous fera comprendre, ayant été oiseau lui-même de pensée et de cœur. Un jour, le voyageur pénétrant dans vos solitudes, et voyant tel de vous voler et briller au soleil, sera peut-être tenté de sa dépouille, mais se souviendra de Wilson. Pourquoi tuer l'ami de Wilson? et ce nom lui venant à la mémoire, il baissera son fusil.

Je ne vois pas, au reste, pourquoi on étendrait à l'infini ces massacres d'oiseaux, du moins pour les espèces qui sont dans nos musées, et dans les musées peints de Wilson, d'Audubon, son disciple admirable, dont le livre royal, donnant et la famille et l'œuf, le nid, la forêt, le paysage même, est une lutte avec la nature.

Ces grands observateurs ont une chose qui les met à part. Leur sentiment est si fin, si précis, que nulle généralité n'y satisfait : ils observent par individu. Dieu ne s'informe pas, je pense, de nos classifications : il crée tel être, s'inquiète peu des lignes imaginaires dont nous isolons les espèces. De même, Wilson ne connaît pas d'oiseaux en général, mais tel individu, de tel âge, de telle plume, dans telles circonstances. Il le sait, l'a vu, revu, et il vous dira ce qu'il fait, ce qu'il mange, comme il se comporte, telle aventure enfin, telle anecdote de sa vie. « J'ai connu un pivert. J'ai souvent vu un baltimore. » Quand il s'exprime ainsi, vous pouvez vous fier à lui ; c'est qu'il a été avec eux en relations suivies, dans une sorte d'amitié et d'intimité de famille. Plût au ciel que nous connussions l'homme à qui nous avons affaire, comme il a connu l'oiseau *qua*, ou le héron des Carolines !

Il est bien entendu et facile à deviner que, quand cet homme oiseau revint parmi les hommes, il ne trouva personne pour l'entendre. Son originalité toute nouvelle de précision inouïe ; sa faculté unique d'*individualiser* (seul moyen de refaire, de recréer l'être vivant), fut justement l'obstacle à son succès. Ni les libraires ni le public ne voulaient rien que de nobles, hautes et vagues généralités, tous fidèles au précepte du comte de Buffon : Généraliser, c'est ennoblir ; donc prenez le mot général.

Il a fallu le temps, il a fallu surtout que ce génie fécond après sa mort fît un génie semblable, l'exact, le patient Audubon, dont l'œuvre colossale a étonné et conquis le public, démontrant que la vraie et vivante représentation de l'individualité est plus noble et plus grandiose que les œuvres forcées de l'art généralisateur.

La douceur d'âme du bon Wilson, si indignement méconnue, éclate dans sa belle préface. Tel peut la trouver enfantine, mais nul cœur innocent ne se défendra d'en être touché.

« Dans une visite à un ami, je trouvai son jeune fils de huit ou neuf ans qu'on élève à la ville, mais qui, alors à la campagne, venait de recueillir, en courant dans les champs, un beau bouquet de fleurs sauvages de toutes couleurs. Il les présenta à sa mère, dans la plus grande animation, disant : « Chère ma« man, voyez quelles belles fleurs j'ai recueillies!... « Oh! j'en pourrai cueillir bien d'autres qui viennent « dans nos bois, et plus belles encore! N'est-ce pas, « maman, je vous en apporterai encore ? » Elle prit le bouquet avec un sourire de tendresse, admira silencieusement cette beauté simple et touchante de la nature, et lui dit : « Oui, mon fils. » Et l'enfant partit sur l'aile du bonheur.

« Je me trouvai moi-même dans cet enfant, et je fus frappé de la ressemblance. Si ma terre natale reçoit avec une gracieuse indulgence les échantillons que je lui présente humblement, si elle exprime le désir *que je lui en porte encore plus*, ma plus haute ambition sera satisfaite. Car, comme dit mon petit ami, nos bois en sont pleins; j'en puis cueillir bien d'autres et plus belles encore. » (Philadelphie, 1808.)

VIII

LE COMBAT. — LES TROPIQUES

Une dame de nos parentes, qui vivait à la Louisiane, allaitait son jeune enfant. Chaque nuit, son sommeil était troublé par la sensation étrange d'un objet froid et glissant qui aurait tiré le lait de son sein. Une fois, même impression ; mais elle était éveillée ; elle s'élance, elle appelle, on apporte de la lumière, on cherche, on retourne le lit ; on trouve l'affreux nourrisson, un serpent de forte taille et de dangereuse espèce. L'horreur qu'elle en eut lui fit à l'instant perdre son lait.

Levaillant raconte qu'au Cap, dans un cercle, au milieu d'une paisible conversation, la dame de la maison pâlit, jette un cri terrible. Un serpent lui montait aux jambes, un de ceux dont la piqûre fait mourir en deux minutes. A grand'peine on le tua.

Aux Indes, un de nos soldats, reprenant son havresac qu'il avait posé, trouve derrière le dangereux serpent noir, le plus venimeux de tous. Il allait le couper en deux. Un bon Indien s'interpose, obtient grâce, prend le serpent. Piqué, il meurt sur le coup.

Telles sont les terreurs de la nature dans ces climats formidables. Mais les reptiles, rares aujourd'hui, n'y sont pas le plus grand fléau. Celui de tous les instants, de tous les lieux, c'est l'insecte. Il est partout, il est dans tout; il a toutes les allures pour venir à vous; il marche, nage, se glisse, vole; il est dans l'air, vous le respirez. Invisible, il se révèle par les plus cuisantes piqûres. Récemment, dans un de nos ports, un employé des archives ouvre un carton de papiers des colonies apporté depuis longtemps. Une mouche en sort furieuse; elle le suit, elle le pique; en deux jours, il était mort.

Les plus endurcis des hommes, les boucaniers et flibustiers, disaient que, de tous les dangers et de toutes les douleurs, ce qu'ils redoutaient le plus, c'étaient les piqûres d'insectes.

Intangibles le plus souvent, invisibles, irrésistibles, ils sont la destruction même, sous la forme inéluctable. Que leur opposer, quand ils viennent en guerre et par légions? Une fois, à la Barbade, on observa une armée immense de grosses fourmis, qui, poussée de causes inconnues, avançait en colonne serrée dans le même sens contre les habitations. En tuer, c'était peine perdue. Nul moyen de les arrêter. On imagina heureusement de faire sur leur route des traînées de poudre auxquelles on mettait le feu. Ces volcans les épouvantèrent, et le torrent peu à peu se détourna de côté.

Nul arsenal du moyen âge, avec toutes les armes étranges dont on se servait alors; nulle boutique de coutelier pour la chirurgie, avec les milliers d'instruments effrayants de l'art moderne, ne peut se comparer aux monstrueuses armures des insectes des tropiques, aux pinces, aux tenailles, aux dents, aux scies, aux trompes, aux tarières, à tous les outils de combat, de mort et de dissection, dont ils vont armés en guerre, dont ils travaillent, percent, coupent, déchirent, divisent finement, avec autant d'adresse et de dextérité que d'âpreté furieuse.

Les plus grands ouvrages n'ont rien qui soit au-dessus des forces de ces terribles légions. Donnez-leur un vaisseau de ligne, que dis-je? une ville à dévorer. Ils s'en chargent avec joie. A la longue, ils ont creusé sous Valence, près de Caraccas, des abîmes et des catacombes; elle est maintenant suspendue. Quelques individus de ces tribus dévorantes, malheureusement apportés à la Rochelle, se sont mis à manger la ville, et déjà plus d'un édifice chancelle sur des charpentes qui n'ont plus que l'apparence et dont l'intérieur est rongé.

Que ferait un homme livré aux insectes? On n'ose y penser. Un malheureux, qui était ivre, tomba près d'une charogne. Les insectes qui dépeçaient le mort, n'en distinguèrent point le vivant; ils en prirent possession, y entrèrent par toutes les portes, remplirent toutes les cavités naturelles. Nul moyen de le sauver. Il expira au milieu d'effroyables convulsions.

Dans ces brûlantes contrées où la décomposition rapide rend tout cadavre dangereux, où toute mort menace la vie, à l'infini se multiplient ces terribles accélérateurs de la disparition des êtres. Un corps touche à peine la terre qu'il est saisi, attaqué, désorganisé, disséqué. Il en reste à peine les os. La nature, mise en péril par sa propre fécondité, les appelle, les excite, les pique par la chaleur, par l'excitation d'un monde d'épices et de substances âcres. Elle en fait de furieux chasseurs, d'insatiables gloutons. Le tigre et le lion sont des êtres doux, modérés, sobres, en comparaison du vautour; mais qu'est-ce que le vautour devant tel insecte qui parvient, en vingt-quatre heures, à manger trois fois son poids?

La Grèce avait vu la nature sous la noble et froide image de Cybèle traînée par les lions. L'Inde a vu son dieu Cîva, dieu de la vie et de la mort, qui sans cesse cligne de l'œil, ne regarde jamais fixement, parce qu'un seul de ses regards mettrait tous les mondes en poudre. Faibles imaginations des hommes en présence de la réalité! Leurs fictions, que sont-elles devant le brûlant foyer où, par atome ou par seconde, la vie meurt, naît, flamboie, scintille?... Qui pourra en soutenir la foudroyante étincelle sans vertige et sans effroi?

Trop juste et trop légitime l'hésitation du voyageur à l'entrée des redoutables forêts où la nature tropicale, sous des formes souvent charmantes, fait son plus âpre combat. Il y a lieu d'hésiter, quand on sait que l'on considère comme la meilleure défense des forteresses espagnoles un simple bois de cactus qui, planté autour, est bientôt plein de serpents. Vous y sentez fréquemment une forte odeur de musc, odeur fade, odeur sinistre. Elle vous dit que vous marchez sur une terre qui n'est que poussière des morts; débris d'animaux qui ont cette odeur, de chats-tigres, de crocodiles, de vautours, de vipères et de serpents à sonnettes.

Le danger est plus grand peut-être dans ces forêts vierges où tout vous parle de vie, où fermente éternellement le bouillonnant creuset de la nature.

Ici et là, leurs vivantes ténèbres s'épaississent d'une triple voûte, et par des arbres géants, et par des enlacements de lianes, et par des herbes de trente pieds à larges et superbes feuilles. Par place, ces herbes plongent dans le vieux limon primitif, tandis qu'à cent pieds plus haut, par-dessus la grande nuit, des fleurs altières et puissantes se mirent dans le brûlant soleil.

Aux clairières, aux étroits passages où pénètrent ses rayons, c'est une scintillation, un bourdonnement éternel, des scarabées, papillons, oiseaux-mouches et colibris, pierreries animées et mobiles, qui s'agitent sans repos. La nuit, scène plus étonnante! commence l'illumination féerique des mouches luisantes, qui, par milliards de millions, font des arabesques fantasques, des fantaisies effrayantes de lumière, des grimoires de feu.

Avec toute cette splendeur, aux parties basses clapote un peuple obscur, un monde sale de caïmans, de serpents d'eau. Aux troncs des arbres énormes, les fantastiques orchidées, filles aimées de la fièvre, enfants de l'air corrompu, bizarres papillons végétaux, se suspendent et semblent voler. Dans ces meurtrières solitudes, elles se délectent et se baignent dans les miasmes putrides, boivent la mort qui fait leur vie, et traduisent, par le caprice de leurs couleurs inouïes, l'ivresse de la nature.

N'y cédez pas, défendez-vous, ne laissez point gagner au charme votre tête appesantie. Debout! debout! sous cent formes le danger vous environne.

La fièvre jaune est sous ces fleurs, et le *vomito nero;* à vos pieds traînent les reptiles. Si vous cédiez à la fatigue, une armée silencieuse d'anatomistes implacables prendrait possession de vous, et d'un million de lancettes feraient de tous vos tissus une admirable dentelle, une gaze, un souffle, un néant.

A cet abîme engloutissant de mort absorbante, de vie famélique, qu'oppose Dieu qui nous rassure? Un autre abîme non moins affamé, altéré de vie, mais moins implacable à l'homme. Je vois l'oiseau, et je respire.

Quoi! c'est vous, fleurs animées, topazes et saphirs ailés, c'est vous qui serez mon salut? Votre âpreté libératrice, acharnée à l'épuration de cette surabondante et furieuse fécondité, rend seule accessible l'entrée de la dangereuse féerie. Vous absentes, la nature jalouse ferait, sans que le plus hardi eût osé jamais l'observer, son travail mystérieux de fermentation solitaire. Qui suis-je ici? et comment me défendre? Quelle puissance y servirait? L'éléphant, l'ancien mammouth, y périrait, sans ressource, d'un million de dards mortels. Qui les brave? l'aigle? le condor? non, un peuple plus puissant, l'intrépide, l'innombrable légion des gobe-mouches.

Oiseaux-mouches et colibris, leurs frères de toutes couleurs, vivent impunément dans ces brillantes solitudes où tout est danger, parmi les plus venimeux insectes, et sur les plantes lugubres dont l'ombre seule fait mourir. L'un d'eux (huppé, vert et bleu), aux Antilles, suspend son nid à l'arbre qui fait la terreur, la fuite de tous les êtres, au spectre dont le regard semble glacer pour toujours, au funèbre mancenillier.

Miracle! il est tel perroquet qui moissonne intrépidement les fruits de l'arbre terrible, s'en nourrit, en prend la livrée et semble, dans son vert sinistre, puiser l'éclat métallique de ses triomphantes ailes.

La vie, chez ces flammes ailées, le colibri, l'oiseau-mouche, est si brûlante, si intense, qu'elle brave tous les poisons. Leur battement d'ailes est si vif que l'œil ne le perçoit pas ; l'oiseau-mouche semble immobile, tout à fait sans action. Un *hour! hour!* continuel en sort, jusqu'à ce que, tête basse, il plonge du poignard de son bec au fond d'une fleur, puis d'une autre, en tirant les sucs et pêle-mêle les petits insectes : tout cela d'un mouvement si rapide que rien n'y ressemble ; mouvement âpre, colérique, d'une impatience extrême, parfois emporté de furie, contre qui ? contre un gros oiseau qu'il poursuit et chasse à mort, contre une fleur déjà dévastée à qui il ne pardonne pas de ne point l'avoir attendu. Il s'y acharne, l'extermine, en fait voler les pétales.

Les feuilles absorbent, comme on sait, les poisons de l'air, les fleurs les résorbent. Ces oiseaux vivent des fleurs, de ces pénétrantes fleurs, de leurs sucs brûlants et âcres, en réalité, de poisons. Ces acides semblent leur donner et leur âpre cri et l'éternelle agitation de leurs mouvements colériques. Ils contribuent peut-être bien plus directement que la lumière à les colorer de ces reflets étranges qui font penser à l'acier, à l'or, aux pierres précieuses, plus qu'à des plumes ou à des fleurs.

Le contraste est violent entre eux et l'homme. Celui-ci, partout dans les mêmes lieux, périt ou défaille. Les Européens qui viennent à la lisière de ces forêts pour essayer la culture du cacao et autres denrées tropicales ne tardent pas à succomber. Les indigènes languissent, énervés et atrophiés. Le point de la terre où l'homme tombe le plus près de la bête est celui où l'oiseau triomphe, où sa parure extraordinaire, luxueuse et surabondante, lui a mérité son nom d'oiseau du paradis.

N'importe! de tout plumage, de toute couleur, de toute forme, ce grand peuple ailé, vainqueur, dévorateur des insectes, et, dans ses fortes espèces, chasseur acharné des reptiles, s'envole par toute la terre comme le précurseur de l'homme, épurant, préparant son habitation. Il nage intrépidement sur cette grande mer de mort, sifflante, coassante et grouillante, sur les miasmes terribles, les aspire et les défie.

C'est ainsi que la grande œuvre du salut, l'antique combat de l'oiseau contre les tribus inférieures qui durent rendre très longtemps le monde inhabitable à l'homme, elle continue, cette œuvre, par toute la terre. Les quadrupèdes, l'homme même, n'y ont qu'une faible part. C'est toujours la guerre de l'Hercule ailé.

En lui, les lieux habités ont toute leur sécurité. Dans l'extrême Afrique, au Cap, le bon serpentaire défend l'homme contre les reptiles. Pacifique et d'un doux aspect, il semble accomplir sans colère ses rudes et dangereux combats. Le gigantesque jabiru ne travaille pas moins aux déserts de la Guyane, où l'homme n'ose pas vivre encore. Leurs dangereuses savanes, noyées et séchées tour à tour, océan douteux où fourmille au soleil un peuple terrible de monstres encore inconnus, ont pour habitant supérieur, pour épurateur intrépide, un noble oiseau de combat, à qui la nature a laissé quelque trace des armures antiques dont les oiseaux primitifs furent très probablement munis dans leur lutte contre le dragon. C'est un dard placé sur la tête, un dard sur chacune des ailes. Du premier, il fouille, éveille, remue dans la fange son ennemi. Les autres le gardent et le protègent; le reptile qui l'étreint, le serre, s'enfonce en même temps les dards, et de sa contraction, de son propre effort, il est poignardé.

Ce bel et vaillant oiseau, dernier né des mondes antiques et qui reste pour témoigner de ces luttes oubliées, qui naît, vit, meurt sur le limon, sur le cloaque primitif, n'a rien de ce berceau immonde. Je ne sais quel instinct moral l'élève et le tient au-dessus. Sa grande et redoutable voix, qui domine le désert, annonce au loin la gravité, le sérieux héroïque du noble et fier épurateur. Le kamichi, c'est son nom, est rare; à lui seul il est tout un genre, une classe qui n'est point divisée.

Méprisant l'ignoble promiscuité du bas monde dont il vit, il est seul, et n'a qu'un amour. Sans doute, dans cette vie de guerre, l'amante est un compagnon d'armes; ils aiment et combattent ensemble, ils suivent même destinée. C'est le mariage guerrier dont parle Tacite : *Sic vivendum, sic pereundum* (A la vie, à la mort). Quand cette tendre société, cette consolation, ce secours, manque au kamichi, il dédaigne de prolonger son existence, la rejoint, jamais ne survit.

7

IX

L'ÉPURATION

Le matin, non à l'aurore, mais quand déjà le soleil est sur l'horizon, à l'heure précise où s'entrouvrent les feuilles du cocotier, sur les branches de cet arbre, perchés par quarante ou cinquante, les urubus (petits vautours) ouvrent leurs beaux yeux de rubis. Le labeur du jour les réclame. Dans la paresseuse Afrique, cent villages noirs les appellent; dans la somnolente Amérique, au sud de Panama ou Caraccas, ils doivent, épurateurs rapides, balayer, nettoyer la ville, avant que l'Espagnol se lève, avant que le puissant soleil ait mis en fermentation les cadavres et les pourritures. S'ils y manquaient un seul jour, le pays deviendrait désert.

Quand c'est le soir pour l'Amérique, quand l'urubu, sa journée faite, se replace sur son cocotier, les minarets de l'Asie blanchissent aux rayons de l'aurore. De leurs balcons, non moins exacts que leurs frères américains, vautours, corneilles, cigognes, ibis, partent pour leurs travaux divers : les uns vont aux champs détruire les insectes et les serpents, les autres s'abattent dans les rues d'Alexandrie ou du Caire, font à la hâte leurs travaux d'expurgation municipale. S'ils prenaient la moindre vacance, la peste serait bientôt le seul habitant du pays.

Ainsi, sur les deux hémisphères, s'accomplit le grand travail de la salubrité publique avec une régularité merveilleuse et solennelle. Si le soleil est exact à venir féconder la vie, ces épurateurs jurés et patentés de la nature ne sont pas moins exacts à soustraire à ses regards le spectacle choquant de la mort.

Ils semblent ne pas ignorer l'importance de leurs fonctions. Approchez; ils ne fuient point. Quand leurs confrères les corbeaux, qui souvent marchent devant eux et leur désignent leur proie, les ont avertis, vous voyez (on ne sait d'où, comme du ciel) fondre la nuée des vautours. Solitaires de leur nature, et sans communication, silencieux pour la plupart, ils se mettent une centaine au banquet; rien ne les dérange. Nul débat entre eux, nulle attention aux passants. Imperturbables, ils accomplissent leurs fonctions dans une âpre gravité : le tout décemment, proprement; le cadavre disparaît, la peau reste. En un moment, une effrayante masse de fermentation putride dont on n'osait plus approcher a disparu, est rentrée au courant pur et salubre de la vie universelle.

Chose étrange ! plus ils nous servent, plus nous les trouvons odieux. Nous ne voulons pas les prendre pour ce qu'ils sont, dans leur vrai rôle, pour de bienfaisants creusets de flamme vivante où la nature fait passer tout ce qui corromprait la vie supérieure. Elle leur a fait dans ce but un appareil admirable qui reçoit, détruit, transforme, sans se rebuter, se lasser, ni même se satisfaire. Ils mangent un hippopotame, ils restent affamés. Ils dévorent un éléphant, et ils restent affamés. Aux mouettes (les vautours de mer), une baleine semble un morceau raisonnable. Elles la disséquent, la font disparaître mieux que les meilleurs baleiniers. Tant qu'il en reste, elles restent ; tirez-les, sous le fusil elles reviennent intrépides. Rien ne fait lâcher le vautour ; sur le corps d'un hippopotame, Levaillant en tua un qui, blessé à mort, arrachait encore des morceaux. Était-il à jeun ? point du tout ; on lui en trouva six livres qu'il avait dans l'estomac.

Gloutonnerie automatique, plus que de férocité. Si leur figure est triste et sombre, la nature les a la plupart favorisés d'une parure délicate et féminine, le fin duvet blanc de leur cou.

Devant eux, vous vous sentez en présence des ministres de la mort, mais de la mort pacifique, naturelle, et non du meurtre. Ils sont, comme les éléments, sérieux, graves, inaccusables, au fond innocents, plutôt méritants. Avec cette force de vie qui reprend, dompte, absorbe tout, ils restent, plus qu'aucun être, soumis aux influences générales, dominés par l'atmosphère et la température, essentiellement hygrométriques, de vrais baromètres vivants. L'humidité du matin alourdit leurs pesantes ailes ; la plus faible proie, à cette heure, passe impunément devant eux. Tel est leur asservissement à la nature extérieure, que ceux d'Amérique, perchés par rangées uniformes aux branches du cocotier, suivent, nous l'avons dit, à la lettre l'heure où les feuilles se couchent, s'endorment bien avant le soir, et ne se lèvent que quand le soleil, déjà haut sur l'horizon, rouvre avec les feuilles de l'arbre leurs blanches et lourdes paupières.

Ces admirables agents de la bienfaisante chimie qui conserve et équilibre la vie ici-bas, travaillent pour nous dans mille lieux où jamais nous ne pénétrâmes. On remarque bien leur présence, leur service dans les villes ; mais personne ne peut mesurer leurs bienfaits dans des déserts d'où les vents soufflaient la mort. Dans l'insondable forêt, dans les profonds marécages, sous l'impur ombrage des mangles, des palétuviers, où fermentent, battus, rabattus de la mer, les cadavres des deux mondes, la grande armée épuratrice seconde, abrège l'action et des flots et des insectes. Malheur au monde habité si son travail mystérieux, inconnu, cessait un instant !

En Amérique la loi protège ces bienfaiteurs publics.

L'Égypte fait plus pour eux ; elle les révère et les aime. S'ils n'y ont plus leur culte antique, ils y trouvent l'amicale hospitalité de l'homme, comme au temps de Pharaon. Demandez au fellah d'Égypte pourquoi il se laisse assiéger, assourdir par les oiseaux, pourquoi il souffre patiemment l'insolence de la corneille perchée sur la corne du buffle, sur la bosse du chameau, ou par troupe s'abattant sur les dattiers dont elle fait tomber les fruits : il ne dira rien. Tout est permis à l'oiseau. Plus vieux que les Pyramides, il est l'ancien de la contrée. L'homme n'y est que par lui ; il ne pourrait y subsister sans le persévérant travail de l'ibis, de la cigogne, de la corneille et du vautour.

De là une sympathie universelle pour l'animal, une tendresse instinctive pour toute vie, qui, plus qu'aucune autre chose, fait le charme de l'Orient. L'Occident a d'autres splendeurs : l'Amérique n'est pas moins brillante pour le sol et le climat ; mais l'attrait moral de l'Asie, c'est le sentiment d'unité qu'on sent dans un monde où l'homme n'a pas divorcé avec la nature, où la primitive alliance est entière encore, où les animaux ignorent ce qu'ils ont à craindre de l'espèce humaine. On en rira, si l'on veut ; mais c'est une grande douceur d'observer cette confiance, de voir, à l'appel du brahme, les oiseaux voler en foule et manger jusque dans sa main, de voir sur les toits des pagodes les singes dormir en famille, jouant, allaitant leurs petits, en toute sécurité, comme ils feraient au sein des plus profondes forêts.

« Au Caire, dit un voyageur, les tourterelles se sentent si bien sous la protection publique qu'elles vivent au milieu du bruit même. Tout le jour je les voyais roucouler sur mes contrevents, dans une rue fort étroite, à l'entrée d'un bazar bruyant, et au moment le plus agité de l'année, peu avant le Ramazan, lorsque les cérémonies de mariage remplissent la ville, jour et nuit, de tapage et de tumulte. Les toits aplatis des maisons, promenade ordinaire des captives du harem et de leurs esclaves, n'en sont pas moins hantés d'une foule d'oiseaux. Les aigles dorment en confiance sur les balcons des minarets. »

Les conquérants n'ont jamais manqué de tourner en dérision cette douceur, cette tendresse pour la nature animée. Les Perses, les Romains en Égypte, nos Européens dans l'Inde, les Français en Algérie, ont souvent outragé, frappé ces frères innocents de l'homme, objets de son respect antique. Un Cambyse tuait la vache sacrée, un Romain l'ibis ou le chat qui détruit les reptiles immondes. Qu'est-ce pourtant que cette vache ? c'est la fécondité de la contrée. Et l'ibis ? sa salubrité. Détruisez ces animaux, le pays n'est plus habitable. Ce qui, à travers tant de malheurs a sauvé l'Inde et l'Égypte et les a maintenues fécondes, ce n'est ni le Nil ni le Gange, c'est le respect de l'animal, la douceur, le bon cœur de l'homme.

Le mot du prêtre de Saïs au Grec Hérodote est profond : « Vous serez toujours des enfants. »

Nous le serons toujours, hommes de l'Occident, subtils et légers raisonneurs, tant que nous n'aurons pas, d'une vue plus simple et plus compréhensive, embrassé la raison des choses. Être enfant, c'est ne saisir la vie que par des vues partielles. Être homme, c'est en sentir l'harmonique unité. L'enfant se joue, brise et méprise; son bonheur est de défaire. Et la science enfant est de même; elle n'étudie pas sans tuer; le seul usage qu'elle fasse d'un miracle vivant, c'est de le disséquer d'abord. Nul de nous ne porte dans la science ce tendre respect de la vie que récompense la nature en nous révélant ses mystères.

Entrez dans les catacombes où dorment *les monuments grossiers d'une superstition barbare*, pour parler notre langue hautaine ; visitez les collections de l'Inde et de l'Égypte, vous trouvez à chaque pas des intuitions naïves, qui n'en sont pas moins profondes, du mystère essentiel de la vie et de la mort. Que la forme ne vous trompe pas ; n'envisagez pas ceci comme une œuvre artificielle, fabriquée de la main du prêtre. Sous la complexité bizarre et la tyrannie pesante de la forme sacerdotale, je vois partout deux sentiments se produire d'une manière humaine et touchante :

L'effort pour sauver l'âme aimée du naufrage de la mort ;

La tendre fraternité de l'homme et de la nature, la religieuse sympathie pour l'animal, muet agent des dieux qui protégea la vie humaine.

L'instinct antique avait vu ce que disent l'observation et la science : que l'oiseau est l'agent du grand passage universel et de la purification, l'accélérateur salutaire de l'échange des substances. Surtout dans les contrées brûlantes où tout retard est un péril, il est, comme le dit l'Égypte, il est la barque de salut qui reçoit la morte dépouille, et la fait passer, rentrer au domaine de la vie et dans le monde des choses pures.

L'âme égyptienne, tendre et reconnaissante, a senti ces bienfaits. Elle ne veut pas du bonheur si elle n'y introduit ses bienfaiteurs, les animaux. Elle ne veut pas se sauver seule. Elle s'efforce de les associer à son immortalité. Elle veut que l'oiseau sacré l'accompagne au royaume sombre, comme pour l'emporter de ses ailes.

X

LA MORT. — LES RAPACES

Une de mes plus sombres heures fut celle où, cherchant contre les pensées du temps l'*alibi* de la nature, je rencontrai pour la première fois la tête de la vipère. C'était dans un précieux musée d'imitations anatomiques. Cette tête, merveilleusement reproduite et grossie énormément, jusqu'à rappeler celle du tigre et du jaguar, offrait dans sa forme horrible une chose plus horrible encore. On y saisissait à nu les précautions délicates, infinies, effroyablement prévoyantes, par lesquelles se trouve armée cette puissante machine de mort. Non seulement elle est pourvue de dents nombreuses, affilées; non seulement ces dents sont aidées de l'ingénieuse réserve d'un poison qui tue sur l'heure ; mais leur extrême finesse, qui les rend sujettes à casser, est compensée par l'avantage que nul animal n'a peut-être : c'est un magasin de dents de rechange, qui viennent à point prendre la place de celle qui se brise en mordant. Oh! que de soins pour tuer! quelle attention pour que la victime ne puisse échapper! quel amour pour cet être horrible!... J'en restai scandalisé, si j'ose dire, et l'âme malade. La grande mère, la Nature, près de laquelle je me réfugiais, m'épouvanta d'une maternité si cruellement impartiale.

Je m'en allais sombre, emportant dans l'esprit plus de brouillard qu'il n'y en avait dans ce jour, l'un des plus noirs de l'hiver. J'étais venu comme un fils, et je sortais comme orphelin, sentant défaillir en moi la notion de la Providence.

Les impressions ne sont guère moins pénibles quand on voit dans nos galeries les séries interminables des oiseaux de mort, brigands de jour et de nuit, masques effrayants d'oiseaux, fantômes qui terrifient le jour même. On est tristement affecté d'observer leurs armes cruelles; je ne dis pas ces becs terribles qui peuvent d'un coup donner la mort, mais ces griffes, ces serres aiguës, ces instruments de torture qui fixent la proie frémissante, prolongent les dernières angoisses et l'agonie de la douleur.

Ah! notre globe est un monde barbare, je veux dire jeune encore, monde d'ébauche et d'essai, livré aux cruelles servitudes : la nuit! la faim! la mort! la peur!... La mort, on la prendrait encore; notre âme contient assez de foi et d'espérance pour l'accepter comme un passage, un degré d'initiation, une porte aux mondes meilleurs. Mais la douleur, hélas! était-il donc si utile de la prodiguer?... Je la sens, je la vois partout, je l'entends...; Pour ne pas l'entendre, pour conserver le fil de ma pensée, il me faut boucher mes oreilles. Toute l'activité de mon âme en serait suspendue et tout mon nerf brisé; je ne ferais plus rien et je n'irais plus en avant; ma vie et ma production en resteraient stériles, anéanties par la pitié !

« Et pourtant la douleur n'est-elle pas l'avertissement qui nous apprend à prévoir et à pourvoir, à nous garder par tous moyens de notre dissolution ? Cette cruelle école est l'éveil, l'aiguillon de la prudence pour tout ce qui a vie, une contraction puissante de l'âme sur elle-même, qui autrement se laisserait flotter à la nature, énerver au bonheur, aux douces et débilitantes impressions.

« Ne peut-on dire que le bonheur a une attraction centrifuge qui nous répond tout au dehors, nous détend, nous dissipe, nous évaporerait et nous rendrait aux éléments, si l'on s'y livrait tout entier ? La douleur, au contraire, éprouvée sur un point, ramène tout au centre, resserre, continue, assure l'existence et la fortifie.

« La douleur est en quelque sorte l'artiste du monde qui nous fait, nous façonne, nous sculpte à la fine pointe d'un impitoyable ciseau. Elle retranche la vie débordante. Et ce qui reste, plus exquis et plus fort, enrichi de sa perte même, en tire le don d'une vie supérieure. »

Ces pensées de résignation m'étaient rappelées par une personne souffrante elle-même et pénétrante, qui voit souvent (même avant moi) mes troubles et mes doutes.

Tel l'individu, tel le monde, disait-elle encore. La terre elle-même a été améliorée par la douleur. La Nature l'a travaillée par la violente action de ces ministres de la mort. Leurs espèces, de plus en plus rares, sont les souvenirs, les témoins d'un état antérieur du globe où pullulait la vie inférieure, où la nature travaillait à purger l'excès de sa fécondité.

On peut remonter en pensée dans l'échelle des nécessités successives de destruction que la terre dut subir alors.

Contre l'air non respirable qui l'enveloppa d'abord, les végétaux furent des sauveurs. Contre l'étouffement, la densité effroyable de ces végétaux inférieurs, bourre grossière qui la couvrait, l'insecte rongeur, qu'on maudit depuis, fut un agent de salut. Contre l'insecte, le crapaud et la masse des reptiles, le reptile venimeux fut un utile expurgateur. Enfin quand la vie supérieure, la vie ailée prit son vol, elle trouva une barrière contre l'élan trop rapide de sa jeune fécondité dans les légions destructrices des puissants voraces, aigles, faucons ou vautours.

Mais ces destructeurs utiles vont diminuant peu à peu en devenant moins nécessaires. La masse des petits animaux rampants, sur qui principalement frappait la dent de la vipère, s'éclaircissant infiniment, la vipère aussi devient rare. Le monde du gibier ailé s'étant éclairci à son tour, soit par les destructions de l'homme, soit par la disparition de certains insectes dont vivaient les petits oiseaux, on voit d'autant diminuer les odieux tyrans de l'air : l'aigle devient rare, même aux Alpes, et les prix exagérés, énormes, dont on paye le faucon semblent indiquer que le premier, le plus noble des oiseaux de proie a presque aujourd'hui disparu.

Ainsi la nature gravite vers un ordre moins violent. Est-ce à dire que la mort puisse diminuer jamais ? La mort, non, mais bien la douleur.

Le monde tombe peu à peu sous la puissance de l'Être qui seul a la notion du balancement utile de la vie et de la mort, qui peut régler celle-ci de manière à maintenir l'équilibre entre les espèces vivantes, à les favoriser selon leur mérite ou leur innocence, à simplifier, à adoucir et (je hasarderai ce mot) à moraliser la mort en la rendant douce et rapide, dégagée de la douleur.

La mort ne fut jamais notre objection sérieuse. N'est-elle pas un simple masque des transformations de la vie? Mais la douleur est une grave, cruelle, terrible objection. Or, elle ira peu à peu disparaissant de la terre. Les agents de la douleur, les cruels bourreaux de la vie qui l'arrachaient par les tortures sont déjà plus rares ici-bas.

En vérité, quand je regarde au Muséum la sinistre assemblée des oiseaux de proie nocturnes et diurnes, je ne regrette pas beaucoup la destruction de ces espèces. Quelque plaisir que nos instincts personnels de violence, notre admiration de la force, nous fassent prendre à regarder ces brigands ailés, il est impossible de méconnaître sur leurs masques funèbres la bassesse de leur nature. Leurs crânes tristement aplatis témoignent assez qu'énormément favorisés de l'aile, du bec crochu, des serres, ils n'ont pas le moindre besoin d'employer leur intelligence. Leur constitution, qui les a faits les plus rapides des rapides, les plus forts des forts, les a dispensés d'adresse, de ruse et de tactique. Quant au courage qu'on est tenté de leur attribuer, quelle occasion ont-ils de le déployer, ne rencontrant que des ennemis toujours inférieurs? Des ennemis? non, des victimes. Quand la saison rigoureuse, la faim pousse les petits à l'émigration, elle amène en nombre innombrable, au bec de ces tyrans stupides, ces innocents, bien supérieurs en tous sens à leurs meurtriers ; elle prodigue les oiseaux artistes, chanteurs, architectes habiles, en proie aux vulgaires assassins ; à l'aigle, à la buse, elle sert des repas de rossignols.

L'aplatissement du crâne est le signe dégradant de ces meurtriers. Je les trouve dans les plus vantés, ceux qu'on a le plus flattés, et même dans le noble faucon ; noble, il est vrai, je lui conteste moins ce titre, puisque, à la différence de l'aigle et autres bourreaux, il sait donner la mort d'un coup, dédaigne de torturer la proie.

Ces voraces, au petit cerveau, font un contraste frappant avec tant d'espèces aimables, visiblement spirituelles, qu'on trouve dans les moindres oiseaux. La tête des premiers n'est qu'un bec ; celle des petits a un visage. Quelle comparaison à faire de ces géants brutes avec l'oiseau intelligent, tout humain, le rougegorge qui, dans ce moment, vole autour de moi, sur mon épaule ou mon papier, regardant ce que j'écris, se chauffant au feu, ou curieux, à la fenêtre, observant si le printemps ne va pas bientôt revenir.

S'il fallait choisir entre les rapaces, le dirai-je ? autant que l'aigle j'aimerais certainement le vautour. Je n'ai vu, entre les oiseaux, rien de si grand, si imposant que nos cinq vautours d'Algérie (au Jardin des Plantes), perchés ensemble comme autant de pachas turcs, fourrés de superbes cravates du plus délicat duvet blanc, drapés d'un noble manteau gris. Grave divan d'exilés qui semblent rouler en eux les vicissitudes

des choses et les événements politiques qui les mirent hors de leur pays.

Quelle différence réelle entre l'aigle et le vautour ? L'aigle aime fort le sang et préfère la chair vivante, mais mange fort bien la morte. Le vautour tue rarement, et sert directement la vie, remettant à son service et dans le grand courant de la circulation vitale les choses désorganisées qui en associeraient d'autres à leur désorganisation. L'aigle ne vit guère que de meurtre, et on peut l'appeler le ministre de la mort. Le vautour est au contraire le serviteur de la vie.

La beauté, la force de l'aigle, l'ont fait choisir pour symbole par plus d'un peuple guerrier qui vivait, comme lui, de meurtre. Les Perses, les Romains l'adoptèrent. On l'associa aux hautes idées que donnaient ces grands empires. Des gens graves, un Aristote! accueillirent la fable ridicule qu'il regardait le soleil et, pour éprouver ses petits, le leur faisait regarder. Une fois en si beau chemin, les savants ne s'arrêtèrent plus. Buffon a été au plus loin. Il loue l'aigle sur sa *tempérance!* Il ne mange pas tout, dit-il. Ce qui est vrai, c'est que, pour peu que la proie soit grosse, il se rassasie sur place et rapporte peu à sa famille. Ce roi des airs, dit-il encore, *dédaigne les petits animaux*. Mais l'observation indique précisément le contraire. L'aigle ordinaire s'attaque surtout au plus timide des êtres, au lièvre ; l'aigle tacheté, aux canards. Le jean-le-blanc mange de préférence les mulots et les souris, et si avidement qu'il les avale sans même leur donner un coup de bec. L'aigle culblanc, ou pygargue, est sujet à tuer ses petits ; souvent il les chasse avant qu'ils puissent se nourrir eux-mêmes.

Près du Havre, j'observai ce qu'on peut croire en vérité de la royale noblesse de l'aigle, surtout de sa sobriété. Un aigle qu'on a pris en mer, mais qui est tombé en trop bonnes mains, dans la maison d'un boucher, s'est fait si bien à l'abondance d'une viande obtenue sans combat, qu'il paraît ne rien regretter. Aigle Falstaff, il engraisse et ne se soucie plus guère de la chasse, des plaines du ciel. S'il ne *fixe* plus le soleil, il regarde la cuisine, et se laisse, pour un bon morceau, tirer la queue par les enfants.

Si c'est à la force à donner les rangs, le premier n'est pas à l'aigle, mais à celui qui figure dans les *Mille et une Nuits* sous le nom de l'oiseau Roc, le condor, géant des monts géants, des Cordillères. C'est le plus grand des vautours, le plus rare heureusement, le plus nuisible, n'aimant guère que la proie vivante. Quand il trouve un gros animal, il s'ingurgite tant de viande qu'il ne peut plus remuer; on le tue à coups de bâton.

Pour bien juger ces espèces, il faut regarder l'aire de l'aigle, le grossier plancher, mal construit, qui lui sert de nid; comparer l'œuvre gauche et rude, je ne dis pas au délicieux chef-d'œuvre d'un nid de pinson, mais aux travaux des insectes, aux souterrains des fourmis, par exemple, où l'industrieux insecte varie son art à l'infini et montre un génie si étrange de prévoyance et de ressources.

L'estime traditionnelle qu'on a pour le courage des grands rapaces est bien diminuée quand on voit (dans Wilson) un petit oiseau, un gobe-mouche, le tyran, ou le martin-pourpre, chasser le grand aigle noir, le poursuivre, le harceler, le proscrire de son canton, ne pas lui donner de repos. Spectacle vraiment extraordinaire de voir ce petit héros, ajoutant son poids à sa force pour faire plus d'impression, monter et se laisser tomber de la nue sur le dos du gros voleur, le chevaucher sans lâcher prise et le chasser du bec au lieu d'éperon.

Sans aller jusqu'en Amérique, vous pourrez, au Jardin des Plantes, voir l'ascendant des petits sur les grands, de l'esprit sur la matière, dans le singulier tête-à-tête du gypaète et du corbeau. Celui-ci, animal très fin et le plus fin des rapaces, qui, dans son costume noir, a l'air d'un maître d'école, travaille à civiliser son brutal compagnon de captivité, le gypaète (aigle-vautour). Il est amusant d'observer comme il lui enseigne à jouer, l'humanise, si l'on peut dire, par cent tours de son métier, dégrossit sa rude nature. Ce spectacle est donné surtout quand le corbeau a un nombre raisonnable de spectateurs. Il m'a paru qu'il dédaigne de montrer son savoir-faire pour un seul témoin. Il tient compte de l'assistance, s'en fait respecter au besoin. Je l'ai vu relancer du bec les petits cailloux qu'un enfant lui avait jetés. Le jeu le plus remarquable qu'il impose à son gros ami, c'est de lui faire tenir par un bout un bâton qu'il tire de l'autre. Cette apparence de lutte entre la force et la faiblesse, cette égalité simulée est très propre à adoucir le barbare qui s'en soucie peu, mais qui cède à l'insistance et finit par s'y prêter avec une bonhomie sauvage.

En présence de cette figure d'une férocité repoussante, armée d'invincibles serres et d'un bec crochu de fer, qui tuerait du premier coup, le corbeau n'a point du tout peur. Avec la sécurité d'un esprit supérieur, devant cette lourde masse, il va, vient et tourne autour, lui prend sa proie sous le bec; l'autre gronde, mais trop tard; son précepteur, plus agile, de son œil noir, métallique et brillant comme l'acier, a vu le mouvement d'avance, il sautille; au besoin, il monte plus haut d'une branche ou deux, il gronde à son tour, admoneste l'autre.

Ce facétieux personnage a, dans la plaisanterie, l'avantage que donne le sérieux, la gravité, la tristesse de l'habit. J'en voyais un tous les jours dans les rues de Nantes sur la porte d'une allée, qui, en demi-captivité, ne se consolait de son aile rognée qu'en faisant des niches aux chiens. Il laissait passer les roquets; mais, quand son œil malicieux avisait un chien de belle taille, digne enfin de son courage, il sautillait par derrière, et par une manœuvre habile, inaperçue, tombait sur lui, donnait (sec et dru) deux piqûres de son fort bec noir; le chien fuyait en criant. Satisfait, paisible et grave, le corbeau se replaçait à son poste, et jamais on n'eût pensé que cette figure de croque-mort vînt de prendre un tel passe-temps.

On dit que, dans la liberté, forts de leur esprit d'association et de leur grand nombre, ils hasardent des jeux téméraires jusqu'à guetter l'absence de l'aigle, entrer dans son nid redouté, lui voler ses œufs. Chose plus difficile à croire, on prétend en avoir vu de grosses bandes qui, l'aigle présent et défendant sa famille, venaient l'assourdir de cris, le défier, l'attirer dehors, et parvenaient, non sans combat, à enlever un aiglon.

Tant d'effort et de danger pour cette misérable proie! Si la chose était réelle, il faudrait supposer que la prudente république, vexée souvent ou poursuivie par le tyran de la contrée, décrète l'extinction de sa race, et croit devoir, par un grand acte de dévouement, coûte que coûte, exécuter le décret.

Leur sagesse paraît en mille choses, surtout dans le choix raisonné et réfléchi de la demeure. Ceux que j'observais à Nantes d'une des collines de l'Erdre passaient le matin sur ma tête, repassaient le soir. Ils avaient évidemment maisons de ville et de campagne. Le jour, ils perchaient en observation sur les tours de la cathédrale, éventant les bonnes proies que pouvait offrir la ville. Repus, ils regagnaient les bois, les rochers bien abrités où ils aiment à passer la nuit. Ce sont gens domiciliés, et non point oiseaux de voyage. Attachés à la famille, à leur épouse surtout, dont ils sont époux très fidèles, l'unique maison serait le nid. Mais la crainte des grands oiseaux de nuit les décide à dormir ensemble vingt ou trente, nombre suffisant pour combattre, s'il y avait lieu. Leur haine et leur objet d'horreur, c'est le hibou; quand ils le trouvent le jour, ils prennent leur revanche pour ses méfaits de la nuit; ils le huent, lui donnent la chasse; profitant de son embarras, ils le persécutent à mort.

Nulle forme d'association dont ils ne sachent profiter. La plus douce d'abord, la famille, ne leur fait pas, on le voit, oublier celle de défense, ni la ligue d'attaque. Bien plus, ils s'associent même à leurs rivaux supérieurs, aux vautours, et les appellent, les précèdent ou les suivent, pour manger à leurs dépens. Ils s'unissent, ce qui est plus fort, avec leur ennemi, l'aigle, du moins l'environnent pour profiter de ses combats, de la lutte par laquelle il a triomphé d'un grand animal. Ces spéculateurs habiles attendent à peu de distance que l'aigle ait pris ce qu'il peut prendre, qu'il se soit gorgé de sang; cela fait, il part, et tout est aux corbeaux.

Leur supériorité sensible sur un si grand nombre d'oiseaux doit tenir à leur longue vie et à l'expérience que leur excellente mémoire leur permet de se former. Tout différents de la plupart des animaux où la durée de la vie est proportionnée à la durée de l'enfance, ils sont adultes au bout d'un an, et, dit-on, vivent un siècle.

La grande variété de leur alimentation, qui comprend toute nourriture animale ou végétale, toute proie morte ou vivante, leur donne une grande connaissance des choses et du temps, des récoltes, des chasses. Ils s'intéressent à tout et observent tout. Les anciens qui, bien plus que nous, vivaient dans la nature, trouvaient grandement leur compte à suivre, en cent choses obscures où l'expérience humaine ne donne encore point de lumière, les directions d'un oiseau si prudent, si avisé.

N'en déplaise aux nobles rapaces, le corbeau qui souvent les guide, malgré sa couleur funèbre et son visage baroque, malgré l'indélicatesse d'alimentation dont il est taxé, n'en est pas moins le génie supérieur des grosses espèces, dont il est, pour le volume, déjà un amoindrissement.

Mais le corbeau, ce n'est encore que la prudence utilitaire, la sagesse de l'intérêt. Pour arriver aux êtres supérieurs, aux héros de la race ailée, grands artistes aux cœurs chaleureux, il nous faut dégrossir l'oiseau, atténuer la matière pour l'exaltation de l'esprit et le développement moral. La nature, comme tant de mères, a du faible pour les plus petits.

DEUXIÈME PARTIE

I

LA LUMIÈRE. — LA NUIT

« Lumière ! plus de lumière encore ! » Tel fut le dernier mot de Gœthe. Ce mot du génie expirant, c'est le cri général de la nature, et il retentit de monde en monde. Ce que disait cet homme puissant, l'un des aînés de Dieu, ses plus humbles enfants, les moins avancés dans la vie animale, les mollusques le disent au fond des mers ; ils ne veulent point vivre partout où la lumière n'atteint pas. La fleur veut la lumière, se tourne vers elle, et sans elle languit. Nos compagnons de travail, les animaux, se réjouissent comme nous, ou s'affligent, selon qu'elle vient ou s'en va. Mon petit-fils, qui a deux mois, pleure dès que le jour baisse.

« Cet été, me promenant dans mon jardin, j'entendis, je vis sur une branche un oiseau qui chantait au soleil couchant ; il se dressait vers la lumière, et il était visiblement ravi... Je le fus de le voir ; nos tristes oiseaux privés ne m'avaient jamais donné l'idée de cette intelligente et puissante créature, si petite, si passionnée... Je vibrais à son chant... Il renversait en arrière sa tête, sa poitrine gonflée : jamais chanteur, jamais poète n'eut si naïve extase.

— Ce n'était pourtant pas l'amour (le temps était passé), c'était manifestement le charme du jour qui le ravissait, celui du doux soleil !

« Science barbare, dur orgueil, qui ravale si bas la nature animée, et sépare tellement l'homme de ses frères inférieurs !

« Je lui dis avec des larmes : « Pauvre fils de la « lumière, qui la réfléchis dans ton chant, que tu as « donc raison de la chanter ! La nuit, pleine d'em- « bûches et de dangers pour toi, ressemble de bien « près à la mort. Verras-tu seulement la lumière de « demain ? » Puis, de sa destinée passant en esprit à celle de tous les êtres qui, des profondeurs de la création, montent si lentement au jour, je dis comme Gœthe et le petit oiseau : « De la lumière ! Seigneur ! plus de lumière encore ! » (MICHELET, *le Peuple*, 1846.)

Le monde des poissons est celui du silence. On dit : « Muet comme un poisson. »

Le monde des insectes est celui de la nuit. Ils sont tous lucifuges. Ceux même, comme l'abeille, qui travaillent le jour, préfèrent pourtant l'obscurité.

Le monde des oiseaux est celui de la lumière, du chant.

Tous vivent du soleil, s'en imprègnent ou s'en inspirent. Ceux du Midi en mettent les reflets sur leurs ailes, ceux de nos climats dans leurs chants ; beaucoup le suivent de contrée en contrée.

« Voyez, dit Saint-John, comme au matin ils saluent le soleil levant, et le soir, fidèlement, s'assemblent pour voir son coucher de nos rivages d'Écosse. Vers le soir, le coq de bruyères, pour le voir plus longtemps, se hausse et se balance sur la branche du plus haut sapin. »

Lumière, amour et chant sont pour eux même chose. Si l'on veut que le rossignol captif chante hors du temps d'amour, on lui couvre sa cage, puis tout à coup on lui rend la lumière, et il retrouve la voix. L'infortuné pinson, que des barbares rendent aveugle, chante avec une animation désespérée et maladive, se créant par la voix sa lumière d'harmonie, se faisant son soleil à lui par la flamme intérieure.

Je croirais volontiers que c'est la cause principale qui fait chanter l'oiseau des climats sombres, où le soleil apparaît en vives éclaircies. Par rapport aux zones brillantes, où il ne quitte pas l'horizon, nos contrées, voilées de brouillards, de nuages, mais brillantes par moments, ont justement l'effet de la cage couverte, puis rouverte, du rossignol. Ils provoquent le chant, font jaillir l'harmonie, équivalent de la lumière.

Et le vol même dans l'oiseau en dépend. Le vol dépend de l'œil, tout autant que de l'aile. Chez les espèces douées d'une vue délicate et perçante, comme le faucon, qui du plus haut du ciel voit le roitelet dans un buisson, comme l'hirondelle qui voit un moucheron à mille pieds de distance, le vol est sûr, hardi, charmant à voir, par son assurance infaillible. D'autres (on le voit à leur allure) sont des myopes qui vont avec précaution, tâtonnent, ont peur de se heurter.

L'œil et l'aile, le vol et la vue, à ce haut degré de puissance qui fait sans cesse embrasser d'un regard, franchir des paysages immenses, de vastes contrées, des royaumes, qui permet, non de rétrécir comme une carte géographique, mais de voir en complet détail cette grande variété d'objets, de posséder et percevoir presque à l'égal de Dieu ! oh ! quelle source de jouissance ! quel étrange et mystérieux bonheur, presque incompréhensible à l'homme !

Notez que ces perceptions sont si fortes et si vives qu'elles s'enfoncent dans la mémoire, au point qu'un pigeon même (animal inférieur) retrouve, reconnaît tous les accidents d'une route qu'il n'a parcourue qu'une fois. Qu'est-ce donc de la sage cigogne, de l'avisé corbeau, de l'intelligente hirondelle ?

Avouons cette supériorité. Sans envie, regardons ces joies de vision auxquelles peut-être nous parviendrons un jour dans une existence meilleure. Ce bonheur de tant voir, de voir si loin, si bien, de percer l'infini du regard et de l'aile, presque au même moment, à quoi tient-il ? A cette vie qui est notre idéal lointain : *Vivre en pleine lumière et sans ombre.*

Déjà l'existence de l'oiseau en est comme un essai. Elle serait pour lui une divine source de science, si, dans cette liberté sublime, il ne portait les deux fatalités qui retiennent ce globe à l'état barbare et y neutralisent l'essor.

Fatalité du ventre, qui nous ralentit tous, mais qui persécute surtout cette flamme vivante, ce foyer dévorant, l'oiseau, forcé sans cesse de se renouveler, de chercher, d'errer, d'oublier, condamné sans remède à la mobilité stérile d'impressions trop variées.

L'autre fatalité, c'est la nuit, le sommeil, les heures de l'ombre et de l'embûche, où son aile est brisée, où, livré sans défense, il perd le vol, la force et la lumière.

Lumière veut dire sécurité pour tous les êtres. C'est la garantie de la vie pour l'homme et l'animal ; c'est comme le sourire rassurant, pacifique et serein, la franchise de la nature. Elle met fin aux terreurs sombres, qui nous suivent dans les ténèbres, aux craintes trop fondées, et aussi au tourment des songes, non moins cruels, aux pensées troubles qui agitent et bouleversent l'âme.

Dans la sécurité de l'association civile qu'il s'est faite à la longue, l'homme comprend à peine les angoisses de la vie sauvage aux heures où la nature laisse si peu de défense, où sa terrible impartialité ouvre la carrière à la mort, légitime autant que la vie. En vain vous réclamez. Elle dit à l'oiseau que le hibou aussi a le droit de vivre.

Elle répond à l'homme : « Je dois nourrir mes lions. »

Lisez dans les voyages l'effroi des malheureux égarés dans les solitudes d'Afrique, du misérable esclave fugitif qui n'échappe à la barbarie humaine que pour rencontrer une nature barbare. Quelles angoisses, dès qu'au soleil couché commencent à rôder les sinistres éclaireurs du lion, les loups et les chacals, qui l'accompagnent à distance, le précèdent en flairant, ou le suivent en croque-morts! Ils vous miaulent lamentablement : « Demain, on cherchera tes os. » Mais quelle profonde horreur! le voici à deux pas... il vous voit, vous regarde, rugit profondément du gouffre de son gosier d'airain, somme sa proie vivante, l'exige et la réclame!... Le cheval n'y tient pas; il frissonne, il sue froid, se cabre... L'homme, accroupi entre les feux, s'il peut en allumer, garde à peine la force d'alimenter ce rempart de lumière qui seul protège sa vie.

La nuit est tout aussi terrible pour l'oiseau, même en nos climats qui sembleraient moins dangereux. Que de monstres elle cache, que de chances effrayantes pour lui dans son obscurité! Ses ennemis nocturnes ont cela de commun qu'ils arrivent sans faire aucun bruit. Le chat-huant vole d'une aile silencieuse, comme étoupée de ouate. La longue belette s'insinue au nid, sans frôler une feuille. La fouine ardente, altérée de sang chaud, est si rapide qu'en un moment elle saigne et parents et petits, égorge la famille entière.

Il semble que l'oiseau, quand il a des enfants, ait une seconde vue de ces dangers. Il a à protéger une famille plus faible, plus dénuée encore que celle du quadrupède dont le petit marche en naissant. Mais quelle protection? il ne peut guère que rester et mourir, il ne s'envole pas, l'amour lui a cassé les ailes. Toute la nuit, l'étroite entrée du nid est gardée par le père qui ne dort ni ne veille, qui tombe de fatigue et présente au danger son faible bec et sa tête branlante. Que sera-ce s'il voit apparaître la gueule énorme du serpent, l'œil horrible de l'oiseau de mort, démesurément agrandi ?

Inquiet pour les siens, il l'est bien moins pour lui. Au temps où il est seul, la nature lui épargne les tourments de la prévoyance. Triste et morne plutôt qu'alarmé, il se tait, il s'affaisse, il cache sa petite tête sous son aile, et son cou même disparaît dans les plumes. Cette position d'abandon complet, de confiance qu'il avait eue dans l'œuf, dans l'heureuse prison maternelle où sa sécurité fut si entière, il la reprend chaque soir au milieu des dangers et sans protection.

Grande pour tous les êtres est la tristesse du soir, et même pour les protégés. Les peintres hollandais l'ont bien naïvement saisie et exprimée pour les bestiaux laissés dans les prairies. Le cheval se rapproche volontiers de son compagnon, pose sur lui sa tête. La vache revient à la barrière suivie de son petit, et veut retourner à l'étable. Car ceux-ci ont une étable, un logis, un abri contre les embûches nocturnes. L'oiseau, pour toit, n'a qu'une feuille !

Quel bonheur aussi, le matin, quand les terreurs s'enfuient, que l'ombre disparaît, que le moindre buisson s'éclaire et s'illumine ! quel gazouillement au bord des nids, et quelles vives conversations ! C'est comme une félicitation mutuelle de se revoir, de vivre encore. Puis commencent les chants. Du sillon l'alouette va montant et chantant, et elle porte jusqu'au ciel la joie de la terre.

Tel l'oiseau, et tel l'homme. C'est l'impression universelle. Les antiques Védas de l'Inde sont à chaque ligne un hymne à la lumière, gardienne de la vie, au soleil qui chaque jour, en révélant le monde, le crée encore et le conserve. Nous revivons, nous respirons, nous parcourons notre demeure, nous retrouvons la famille, nous comptons nos troupeaux. Rien n'a péri, et la vie est entière. Le tigre ne nous a pas surpris. La horde des animaux sauvages n'a pas fait invasion. Le noir serpent n'a pas profité de notre sommeil. Béni sois-tu, soleil, de nous donner encore un jour!

Tout animal, dit l'Inde, et surtout le plus sage, *le brahme de la création*, l'éléphant, saluent le soleil et le remercient à l'aurore ; ils lui chantent en eux-mêmes un hymne de reconnaissance.

Mais un seul le prononce, le dit pour tous, le chante. Qui? l'un des faibles, celui qui craint le plus la nuit et qui sent le plus la joie du matin, celui qui vit de lumière, dont la vue tendre, infiniment sensible, étendue, pénétrante, en perçoit tous les accidents, et qui est plus intimement associé aux défaillances, aux éclipses du jour, à ses résurrections.

L'oiseau, pour la nature entière, dit l'hymne du matin et la bénédiction du jour. Il est son prêtre et son augure, sa voix innocente et divine.

II

L'ORAGE ET L'HIVER. — MIGRATIONS

Un confident de la nature, âme sacrée, simple antant que profonde, Virgile, a vu l'oiseau, comme l'avait vu la vieille sagesse italienne, comme augure et prophète du changement du ciel :

> Nul, sans être averti, n'éprouva les orages...
> La grue, avec effroi, s'élançant des vallées,
> Fuit ces noires vapeurs de la terre exhalées...
> L'hirondelle en volant effleure le rivage;
> Tremblante pour ses œufs, la fourmi déménage.
> Des lugubres corbeaux les noires légions
> Fendent l'air qui frémit sous leurs longs bataillons...
> Vois les oiseaux de mer, et ceux que les prairies
> Nourrissent près des eaux sur des rives fleuries.
> De leur séjour humide on les voit s'approcher,
> Offrir leur tête aux flots qui battent le rocher,
> Promener sur les eaux leur troupe vagabonde,
> Se plonger dans leur sein, reparaître sur l'onde,
> S'y replonger encor, et, par cent jeux divers,
> Annoncer les torrents suspendus dans les airs.
> Seule, errante à pas lents sur l'aride rivage,
> La corneille enrouée appelle aussi l'orage.

Le soir, la jeune fille, en tournant son fuseau,
Tire encor de sa lampe un présage nouveau,
Lorsque la mèche en feu, dont la clarté s'émousse,
Se couvre en pétillant de noirs flocons de mousse.

. . . .

Mais la sécurité reparaît à son tour...
L'alcyon ne vient plus sur l'humide rivage,
Aux tiédeurs du soleil étaler son plumage...
L'air s'éclaircit enfin ; du sommet des montagnes,
Le brouillard affaissé descend dans les campagnes,
Et le triste hibou, le soir, au haut des toits,
En longs gémissements ne traîne plus sa voix.
Les corbeaux même, instruits de la fin de l'orage,
Folâtrent à l'envi parmi l'épais feuillage,
Et, d'un gosier moins rauque, annonçant les beaux jours,
Vont revoir dans leurs nids le fruit de leurs amours.

Géorg., tr. par Delille.

Être éminemment électrique, l'oiseau est plus qu'aucun autre en rapport avec nombre de phénomènes de météorologie, de chaleur et de magnétisme que nos sens ni notre appréciation n'atteignent pas. Il les perçoit dans leur naissance, dans leurs premiers commencements, bien avant qu'ils ne se prononcent. Il en a comme une espèce de prescience physique. Quoi de plus naturel que l'homme, d'une perception plus lente, et qui ne les sent qu'après coup, interroge ce précurseur instinctif qui les annonce? C'est le principe des augures. Rien de plus sage que cette prétendue folie de l'antiquité.

La météorologie, spécialement, en tirait un grand avantage. Elle aura des moyens plus sûrs; mais déjà elle trouvait un guide dans la prescience des oiseaux. Plût au ciel que Napoléon, en septembre 1811, eût tenu compte du passage des oiseaux du Nord ! Les cigognes et les grues l'auraient bien informé. Dans leur émigration précoce il eût deviné l'imminence du grand et terrible hiver. Elles se hâtèrent vers le Midi, et lui, il resta à Moscou.

Au milieu de l'Océan, l'oiseau fatigué qui repose une nuit sur le mât d'un vaisseau, entraîné loin de sa route par ce mobile abri, la retrouve néanmoins sans peine. Il reste dans un rapport si parfait avec le globe et si bien orienté que, le lendemain matin, il prend le vent, sans hésiter : la plus courte consultation avec lui-même lui suffit. Il choisit, sur l'abîme immense, uniforme et sans autre voie que le sillage du vaisseau, la ligne précise qui le mène où il veut aller. Là, ce n'est point comme sur terre, nulle observation locale, nul point de repère, nul guide : les seuls courants de l'air, en rapport avec ceux de l'eau, peut-être aussi d'invisibles courants magnétiques, pilotent ce hardi voyageur.

Science étrange ! non seulement l'hirondelle sait en Europe que l'insecte qui lui manque ici l'attend ailleurs, et le cherche en voyageant en longitude ; mais, en latitude même et sous les mêmes climats, le loriot des États-Unis sait que la cerise est mûre en France, et part sans hésitation pour venir récolter nos fruits.

On croit à tort que ces migrations se font en leur saison, sans choix précis du jour, à époques indéterminées. Nous avons pu observer au contraire la nette et lucide décision qui y préside, pas une heure plus tôt ni plus tard.

Quand nous étions à Nantes (octobre 1851), la saison

étant très belle encore, les insectes nombreux et la pâture des hirondelles facile et plantureuse, nous eûmes cet heureux hasard de voir la sage république en une immense et bruyante assemblée siéger, délibérer sur le toit d'une église, Saint-Félix, qui domine l'Erdre et, de côté, la Loire. Pourquoi ce jour, cette heure plutôt qu'une autre? Nous l'ignorions; bientôt nous pûmes le comprendre.

Le ciel était beau le matin, mais avec un vent qui soufflait de la Vendée. Mes pins se lamentaient, et de mon cèdre ému sortait une basse et profonde voix. Les fruits jonchaient la terre. Nous nous mîmes à les ramasser. Peu à peu le temps se voila, le ciel devint fort gris, le vent tomba, tout devint morne. C'est alors, vers quatre heures, qu'en même temps de tous les points, et du bois, et de l'Erdre, et de la ville, et de la Loire, de la Sèvre, je pense, d'infinies légions, à obscurcir le jour, vinrent se condenser sur l'église, avec mille voix, mille cris, des débats, des discussions. Sans savoir cette langue, nous devinions très bien qu'on n'était pas d'accord. Peut-être les jeunes, retenus par ce souffle tiède d'automne, auraient voulu rester encore. Mais les sages, les expérimentés, les voyageurs éprouvés insistaient pour le départ. Ils prévalurent; la masse noire, s'ébranlant à la fois comme un immense nuage, s'envola vers le sud-est, probablement vers l'Italie. Ils n'étaient pas à trois cents lieues (quatre ou cinq heures de vol) que toutes les cataractes du ciel s'ouvrirent pour abîmer la terre; nous crûmes un moment au déluge. Retirés dans notre maison qui tremblait aux vents furieux, nous admirions la sagesse des devins ailés qui avaient si prudemment devancé l'époque annuelle.

Évidemment ce n'était pas la faim qui les avait chassés. En présence d'une nature belle et riche encore, ils avaient senti, saisi l'heure précise sans la devancer. Le lendemain, c'eût été tard. Tous les insectes, abattus par cette immensité de pluie, étaient devenus introuvables; tout ce qui en subsistait vivant s'était réfugié dans la terre.

Du reste, ce n'est pas la faim seule, la prévoyance de la faim, qui décide aux migrations les espèces voyageuses. Si ceux qui vivent d'insectes sont forcés de partir, les mangeurs de baies sauvages pourraient rester à la rigueur. Qui les pousse? Est-ce le froid? la plupart y résisteraient. A ces causes spéciales il faut en ajouter une autre, plus générale et plus haute, c'est le besoin de la lumière.

De même que la plante suit invinciblement le jour et le soleil, de même que le mollusque (nous l'avons dit) s'élève et vit de préférence vers les régions mieux éclairées, l'oiseau, dont l'œil est si sensible, s'attriste des jours abrégés, des brouillards de l'automne. Cette diminution de lumière, que nous aimons parfois pour telles causes morales, elle est pour lui une tristesse, une mort... « De la lumière! plus de lumière!... Plutôt mourir que de ne plus voir le jour! » c'est le vrai sens du dernier chant d'automne, du dernier cri, à leur départ d'octobre. Je l'entendais dans leurs adieux.

Résolution vraiment hardie et courageuse quand on songe à la route immense qu'il leur faut faire deux fois par an, par delà les montagnes, les mers et les déserts, sous des climats si différents, par des vents variables, à travers tant de périls et de tragiques aventures. Pour les voiliers légers, hardis, pour le martinet des églises, pour la vive hirondelle qui défie le faucon, l'entreprise est légère peut-être. Mais les autres tribus n'ont nullement cette force et ces ailes. Elles sont la plupart appesanties alors par une nourriture abondante ; elles ont traversé la brûlante saison, l'amour et la maternité ; la femelle a achevé ce grand travail de la nature, enfanté, bâti, élevé ; lui, comme il s'est dépensé en chansons ! Ces deux époux ont consommé la vie : « une vertu est sortie d'eux ; ». un siècle déjà les sépare de leur énergie du printemps.

Beaucoup pourraient rester ; un aiguillon les pousse. Les plus lourds sont les plus ardents. La caille française franchira la Méditerranée, dépassera l'Atlas ; par-dessus le Zaarah, elle plonge aux royaumes noirs, les passe encore ; enfin, si elle stationne au Cap, c'est qu'au delà commence l'infinie mer Australe, qui ne lui promet plus d'abri que les glaçons du pôle et l'hiver même qui l'exila d'Europe.

Qui les rassure pour de telles entreprises ? Tels se fient à leurs armes, les plus faibles à leur nombre, et s'abandonnent au sort ; le ramier se dit : « Sur dix mille ou cent mille, l'assassin n'en prendra pas dix... et sans doute je n'en serai pas. » Il prend son temps ; la nue volante passe la nuit ; si la lune se lève, sur sa blanche lumière les blanches ailes se détachent peu : ils échappent confondus dans le pâle rayon. La vaillante alouette, l'oiseau national de notre Gaule antique et de l'invincible espérance, se fie au nombre aussi ; elle passe de jour (plutôt elle erre de province en province); décimée, poursuivie, elle n'en chante pas moins sa chanson.

Mais celui qui n'a pas le nombre et qui n'a pas la force, le solitaire, que fera-t-il ? Que feras-tu, pauvre rossignol isolé, qui dois comme les autres, mais sans appui, sans camarades, affronter la grande aventure? Toi, qu'es-tu, ami? une voix. Nulle puissance en toi que celle qui te dénoncerait. Dans ton habit obscur tu dois passer muet, confondu avec les teintes des bois décolorés d'automne. Mais quoi! la feuille est pourpre encore; elle n'a pas le brun sourd et mort de l'arrière-saison.

— Eh! que ne restes-tu? que n'imites-tu la timidité de tant d'oiseaux qui ne vont qu'en Provence? Là, derrière un rocher, tu trouverais, je t'assure, un hiver d'Asie ou d'Afrique. La gorge d'Ollioules vaut bien les vallées de Syrie.

« Non, il me faut partir. D'autres peuvent rester; ils n'ont que faire de l'Orient. Moi, mon berceau m'appelle : il faut que je revoie ce ciel éblouissant, ces ruines lumineuses et parées où mes aïeux chantèrent; il faut que je me pose sur mon premier amour, sur la rose d'Asie, que je me baigne de soleil.... Là est le mystère de la vie, là la flamme féconde où renaîtra mon chant; ma voix, ma muse est la lumière. »

Donc, il part; mais je crois que le cœur doit lui battre dès l'approche des Alpes, quand les cimes neigeuses annoncent la porte redoutable où posent sur leurs rocs les cruels fils du jour et de la nuit : le vautour, l'aigle, tous les brigands griffus, crochus, altérés de sang chaud, les espèces maudites qui sont la sotte poésie de l'homme, les uns *nobles* brigands qui saignent vite et sucent, d'autres brigands *ignobles* qui étouffent, détruisent, toutes les formes enfin du meurtre et de la mort.

Je me figure qu'alors le pauvre petit musicien dont la voix est éteinte, non l'*ingegno* ni la fine pensée, n'ayant personne à consulter, se pose pour bien songer encore avant d'entrer dans le long piège du défilé de la Savoie. Il s'arrête à l'entrée, sur une maison amie que je sais bien, ou au bois sacré des Charmettes, délibère et se dit : « Si je passe de jour, ils sont tous là; ils savent la saison; l'aigle fond sur moi, je suis mort. Si je passe de nuit, le grand duc, le hibou, l'armée des horribles fantômes, aux yeux grandis dans les ténèbres, me prend, me porte à ses petits.... Las! que ferai-je?... J'essayerai d'éviter et la nuit et le jour. Aux sombres heures du matin, quand l'eau froide détrempe et morfond sur son aire la grosse bête féroce qui ne sait pas bâtir un nid, je passe inaperçu... Et quand il me verrait, j'aurais passé avant qu'il pût mettre en mouvement le pesant appareil de ses ailes mouillées. »

Bien calculé. Pourtant vingt accidents surviennent. Parti en pleine nuit, il peut, dans cette longue Savoie, rencontrer de front le vent d'est qui s'engouffre et qui le retarde, qui brise son effort et ses ailes.... Dieu! il est déjà jour.... Ces mornes géants, en octobre, déjà vêtus de blancs manteaux, laissent voir sur leur neige immense un point noir qui vole à tire-d'aile. Qu'elles sont déjà lugubres, ces montagnes, et de mauvais augure sous ce grand linceul à longs plis!... Tout immobiles que sont leurs pics, ils créent sous eux et autour d'eux une agitation éternelle, des courants violents, contradictoires, qui se battent entre eux, si furieux parfois qu'il faut attendre. « Que je passe plus bas, les torrents qui hurlent dans l'ombre avec un fracas de noyades ont des trombes qui m'entraîneront. Et si je monte aux hautes et froides régions qui s'illuminent, je me livre moi-même : le givre saisira, ralentira mes ailes. »

Un effort l'a sauvé. La tête en bas, il plonge, il tombe en Italie. A Suze ou vers Turin il niche, il raffermit ses ailes. Il se retrouve au fond de la gigantesque corbeille lombarde, de ce grand nid de fruits et de fleurs où l'écouta Virgile. La terre n'a pas changé; aujourd'hui, comme alors, l'Italien, exilé chez lui, triste cultivateur du champ d'un autre, le *durus arator*, poursuit le rossignol. Mangeur d'insectes si utile, il est proscrit comme un mangeur de grains. Qu'il passe donc, s'il peut, l'Adriatique d'île en île, malgré les corsaires ailés qui veillent sur les mêmes écueils, il arrivera peut-être à la terre sacrée des oiseaux, à la bonne, hospitalière et plantureuse Égypte, où tous sont épargnés, nourris, bénis et bien reçus.

Terre plus heureuse encore, si dans son aveugle hospitalité elle ne choyait les assassins. Rossignols et tourterelles sont accueillis, c'est vrai ; mais non moins bien les aigles. Sur ces terrasses des sultanes, sur ces balcons des minarets, ah! pauvre voyageur! je vois des yeux brillants, terribles, qui se tournent de ce côté... Et je vois qu'ils t'ont vu déjà!

N'y reste pas longtemps. Ta saison ne durera guère. Le vent destructif du désert s'en va souffler à mort. sécher, faire disparaître ta maigre nourriture. Pas une mouche tout à l'heure pour nourrir ton aile et ta voix.

Souviens-toi du vieux nid que tu as laissé dans nos bois, de tes amours d'Europe. Le ciel était plus sombre, mais tu t'y fis un ciel. L'amour était autour de toi; tous vibraient de t'entendre; la plus pure palpitait pour toi... C'est là le vrai soleil, le plus bel orient. La vraie lumière est où l'on aime.

III

SUITE DES MIGRATIONS. — L'HIRONDELLE

L'hirondelle s'est, sans façon, emparée de nos demeures; elle loge sous nos fenêtres, sous nos toits, dans nos cheminées. Elle n'a point du tout peur de nous. On dira qu'elle se fie à son aile incomparable; mais non : elle met aussi son nid, ses enfants à notre portée. Voilà pourquoi elle est devenue la maîtresse de la maison. Elle n'a pas pris seulement la maison, mais notre cœur.

Dans un logis de campagne où mon beau-père faisait l'éducation de ses enfants, l'été, il leur tenait la classe dans une serre où les hirondelles nichaient, sans s'inquiéter du mouvement de la famille, libres dans leurs allures, tout occupées de leur couvée, sortant par la fenêtre et rentrant par le toit, jasant avec les leurs très haut, et plus haut que le maître, lui faisant dire, comme disait saint François : « Sœurs hirondelles, ne pourriez-vous vous taire ? »

Le foyer est à elles. Où la mère a niché, nichent la

fille et la petite-fille. Elles y reviennent chaque année ; leurs générations s'y succèdent plus régulièrement que les nôtres. La famille s'éteint, se disperse, la maison passe à d'autres mains : l'hirondelle y revient toujours ; elle y maintient son droit d'occupation.

C'est ainsi que cette voyageuse s'est trouvée le symbole de la fixité du foyer. Elle y tient tellement que la maison réparée, démolie en partie, longtemps troublée par les maçons, n'en est pas moins souvent reprise et occupée par ces oiseaux fidèles, de persévérant souvenir.

C'est *l'oiseau du retour.* Si je l'appelle ainsi, ce n'est pas seulement pour la régularité du retour annuel, mais pour son allure même et la direction de son vol, si varié, mais pourtant circulaire, et qui revient toujours sur lui.

Elle tourne et *vire* sans cesse, elle plane infatigablement autour du même espace et sur le même lieu, décrivant une infinité de courbes gracieuses qui varient, mais sans s'éloigner. Est-ce pour suivre sa proie, le moucheron qui danse et flotte en l'air ? est-ce pour exercer sa puissance, son aile infatigable, sans s'éloigner du nid ? N'importe, ce vol circulaire, ce mouvement éternel de retour nous a toujours pris les yeux et le cœur, nous jetant dans le rêve, dans un monde de pensées.

Nous voyons bien son vol, jamais, presque jamais sa petite face noire. Qui donc es-tu, toi qui te dérobes toujours, qui ne me laisse voir que tes tranchantes ailes, faux rapides comme celle du Temps ? Lui, s'en va sans cesse ; toi, tu reviens toujours. Tu m'approches, tu m'en veux, ce semble, tu me rases : voudrais-tu me toucher?... Tu me caresses de si près que j'ai au visage le vent, et presque le coup de ton aile!... Est-ce un oiseau? est-ce un esprit? Ah! si tu es une âme, dis-le-moi franchement, et dis-moi cet obstacle qui sépare le vivant des morts. Nous le serons demain; nous sera-t-il donné de venir à tire-d'aile revoir ce cher foyer de travail et d'amour? de dire un mot encore, en langue d'hirondelle, à ceux qui, même alors, garderont notre cœur?

Mais n'anticipons pas et n'ouvrons pas la source amère. Prenons-le, cet oiseau, dans les pensées du peuple, dans la bonne vieille sagesse populaire, plus voisine sans doute de la pensée de la nature.

Le peuple n'y a vu que l'horloge naturelle, la division des saisons, des deux grandes *heures de l'année.* A Pâques et à la Saint-Michel, aux époques des réunions, des foires et des marchés, des baux et fermages, l'hirondelle apparaît, blanche et noire, et nous dit le temps. Elle vient couper et marquer la saison passée, la nouvelle. On se réunit ces jours-là, mais on ne se retrouve pas toujours; les six mois ont fait disparaître celui-ci, celui-là. L'hirondelle revient, mais pas pour tous; car plusieurs sont partis pour un très long voyage, plus que *le tour de France.* Et d'Allemagne? Non, plus loin encore.

Nos *compagnons,* ouvriers voyageurs, suivaient la vie de l'hirondelle, sauf qu'au retour souvent ils ne retrouvaient plus le nid. L'oiseau prudent les en avise dans un vieux dicton allemand, où la petite sagesse populaire veut les retenir au foyer. Sur ce dicton, le grand poëte Rückert, se faisant lui-même hirondelle, reproduisant son vol rythmique, circulaire; son constant retour, en a tiré ce chant, dont tel peut rire ; mais plus d'un en pleurera :

> De la jeunesse, de la jeunesse,
> Un chant me revient toujours...
> Oh! que c'est loin! Oh! que c'est loin...
> Tout ce qui fut autrefois ;
>
> Ce que chantait, ce que chantait
> Celle qui ramène le printemps,
> Rasant le village de l'aile, rasant le village de l'aile,
> Est-ce bien ce qu'elle chante encore?
>
> « Quand je partis, quand je partis,
> Étaient pleins l'armoire et le coffre.
> Quand je revins, quand je revins,
> Je ne trouvai plus que le vide. »
>
> O mon foyer de famille,
> Laisse-moi seulement une fois
> M'asseoir à la place sacrée
> Et m'envoler dans les songes !
>
> Elle revient bien l'hirondelle,
> Et l'armoire vidée se remplit.
> Mais le vide du cœur reste, mais reste le vide du cœur.
> Et rien ne le remplira.
>
> Elle rase pourtant le village,
> Elle chante comme autrefois..
> « Quand je partis, quand je partis,
> Coffre, armoire, tout était plein.
> Quand je revins, quand je revins,
> Je ne trouvai plus que le vide. »

L'hirondelle, prise dans la main et envisagée de près, est un oiseau laid et étrange, avouons-le ; mais cela tient précisément à ce qu'elle est l'*oiseau* par excellence, l'être entre tous né pour le vol. La nature a tout sacrifié à cette destination : elle s'est moquée de la forme, ne songeant qu'au mouvement ; et elle a si bien réussi, que cet oiseau, laid au repos, au vol est le plus beau de tous.

Des ailes en faux, des yeux saillants, point de cou (pour tripler la force) ; de pied, peu ou point : tout est aile Voilà les grands traits généraux, ajoutez un très large bec, toujours ouvert, qui happe sans arrêter, au vol, se ferme et se rouvre encore. Ainsi, elle mange en volant, en volant nourrit ses petits.

Si elle n'égale pas en ligne droite le vol foudroyant du faucon, en revanche elle est bien plus libre ; elle tourne, fait cent cercles, un dédale de figures incertaines, un labyrinthe de courbes variées qu'elle croise, recroise à l'infini. L'ennemi s'y éblouit, s'y perd, s'y brouille et ne sait plus que faire. Elle le lasse, l'épuise ; il renonce et la laisse non fatiguée. C'est la vraie reine de l'air ; tout l'espace lui appartient par l'incomparable agilité du mouvement. Qui peut changer ainsi à tout moment d'élan et tourner court ? Personne. La chasse infiniment variée et capricieuse d'une proie toujours tremblotante, de la mouche, du cousin, du scarabée, de mille insectes qui flottent et ne vont point en ligne droite, c'est sans nul doute la meilleure école du vol, et ce qui rend l'hirondelle supérieure à tous les oiseaux.

La nature, pour arriver là, pour produire cette aile unique, a pris un parti extrême, celui de supprimer le pied. Dans la grande hirondelle d'église, qu'on appelle martinet, le pied est atrophié. L'aile y gagne : on croit que le martinet fait jusqu'à quatre-vingts lieues par heure. Cette épouvantable vitesse l'égale à la frégate même. Le pied, fort court chez la frégate, n'est chez le martinet qu'un tronçon; s'il pose, c'est sur le ventre : aussi, il ne pose guère. Au rebours de tout autre être, le mouvement seul est son repos. Qu'il se lance des tours, se laisse aller en l'air, l'air le berce amoureusement, le porte et le délasse. Qu'il veuille s'accrocher, il le peut de ses faibles petites griffes. Mais qu'il pose, il est infirme et comme paralytique, il sent toute aspérité; la dure fatalité de la gravitation l'a repris; le premier des oiseaux semble tombé au reptile.

Prendre l'essor d'un lieu, c'est pour lui le plus difficile : aussi s'il niche si haut, c'est qu'au départ il doit se laisser choir dans son élément naturel. Tombé dans l'air, il est libre, il est maître; mais jusque-là serf, dépendant de toute chose, à la discrétion de qui mettrait la main sur lui.

Le vrai nom du genre, qui dit tout, c'est le nom grec, *Sans pied* (A-pode). Le grand peuple des hirondelles, avec ses soixante espèces, qui remplit la terre, l'égaye et la charme de sa grâce, de son vol et de son gazouillement, doit toutes ses qualités aimables à cette difformité d'avoir peu, très peu de pied; elle se trouve à la fois la première de la gent ailée par le don, l'art complet du vol, d'autre part la plus sédentaire et la plus attachée au nid.

Chez cette tribu à part, le pied ne suppléant point l'aile, l'éducation des jeunes étant celle de l'aile seule et le long apprentissage du vol, les petits ont longtemps gardé le nid, longtemps sollicité les soins, développé la prévoyance et la tendresse maternelles. Le plus mobile des oiseaux s'est trouvé lié par le cœur. Le nid n'a pas été le nid nuptial d'un moment, mais un foyer, une maison, l'intéressant théâtre d'une éducation difficile et des sacrifices mutuels. Il y a eu une mère tendre, une épouse fidèle ; que dis-je ? bien plus, de jeunes sœurs qui s'empressent d'aider la mère, petites mères elles-mêmes et nourrices d'enfants plus jeunes encore. Il y a eu tendresse maternelle, soins et enseignement mutuel des petits aux plus petits.

Le plus beau c'est que cette fraternité s'est étendue : dans le péril, toute hirondelle est sœur ; qu'une crie, toutes accourent, qu'une soit prise, toutes se lamentent, se tourmentent pour la délivrer.

Que ces charmants oiseaux étendent leur intérêt aux oiseaux même étrangers à leur espèce, on le conçoit. Elles ont moins à craindre que nul autre les bêtes de proie, avec une aile si légère, et ce sont elles qui, les premières, avertissent la basse-cour de leur apparition. La poule et le pigeon se blottissent et cherchent asile, dès qu'ils entendent le cri, l'avertissement de l'hirondelle.

Non, le peuple ne se trompe pas en croyant que l'hirondelle est la meilleure du monde ailé.

Pourquoi ? elle est la plus heureuse, étant de beaucoup la plus libre,

Libre par un vol admirable.

Libre par la nourriture facile.

Libre par le choix du climat.

Aussi quelque attention que j'aie prêtée à son langage (elle parle amicalement à ses sœurs, plus qu'elle ne chante), je ne l'ai jamais entendue que bénir la vie, louer Dieu.

Libertà ! molto e desiato bene ! je roulais ce mot en

mon cœur sur la grande place de Turin, où nous ne pouvions nous lasser de voir voler les hirondelles innombrables, avec mille petits cris de joie. Elles y trouvent, en descendant les Alpes, de commodes habitations toutes faites, qui les attendent dans les trous que laissent les échafaudages, aux murs mêmes des palais. Parfois, et souvent le soir, elles jasaient très haut, criaient à empêcher de s'entendre; souvent elles se précipitaient, tombaient presque, rasant la terre, mais si vite relevées qu'on les aurait crues lancées d'un ressort ou dardées d'un arc. Au rebours de nous, qui sommes sans cesse rappelés à la terre, elles semblaient graviter en haut. Jamais je ne vis l'image d'une liberté plus souveraine. C'étaient des jeux, des divertissements infinis.

Voyageurs, nous regardions volontiers ces voyageuses qui prenaient insoucieusement et gaiement leur pèlerinage. L'horizon cependant était grave, cerné par les Alpes, qui semblent plus près à cette heure. Les bois noirs de sapins étaient déjà obscurcis et enténébrés du soir; les glaciers rayonnaient encore d'une blancheur pâlissante. Le double deuil de ces grands monts nous séparait de la France, vers laquelle nous allions bientôt nous acheminer lentement.

IV

HARMONIES DE LA ZONE TEMPÉRÉE

Pourquoi l'hirondelle et tant d'autres oiseaux placent-ils leur habitation si près de celle de l'homme ? pourquoi se font-ils nos amis, se mêlant à nos travaux et les égayant par leur chant ? Pourquoi, dans nos seuls climats de la zone tempérée, a-t-on cet heureux spectacle d'alliance et d'harmonie qui est le but de la nature ?

C'est qu'ici les deux partis, l'oiseau et l'homme, sont libres des fatalités pesantes qui dans le Midi les séparent et les opposent l'un à l'autre. La chaleur, qui alanguit l'homme, irrite au contraire l'oiseau, lui donne l'activité brûlante, l'inquiétude, l'âcre violence qui se traduit en cris rauques. Sous les tropiques, tous deux sont en divergence complète, esclaves d'une nature tyrannique qui pèse sur eux diversement.

Passer de ces climats aux nôtres, c'est entrer dans la liberté. Cette nature que nous subissions, ici nous la dominons. Je m'éloigne volontiers et sans retourner les yeux de l'accablant paradis où j'ai langui, faible enfant, aux bras de la grande nourrice qui, d'un trop puissant breuvage, m'enivrait, croyant m'allaiter.

Celle-ci fut faite pour moi, c'est ma femme légitime, je la reconnais. Et d'avance elle me ressemble ; comme moi, elle est sérieuse, laborieuse ; elle a l'instinct du travail, de la patience. Ses saisons renouvelées partagent son grand jour annuel, comme la journée de l'ouvrier alterne du travail au repos. Elle ne donne aucun fruit gratis ; elle donne ce qui vaut tous les fruits : l'industrie, l'activité.

Avec quel ravissement j'y trouve aujourd'hui mon image, la trace de ma volonté, les créations de mon effort et de mon intelligence! Profondément travaillée par moi, par moi métamorphosée, elle me raconte mes travaux, me reproduit à moi-même. Je la vois comme elle fut avant d'avoir subi cette création humaine, avant de s'être faite homme.

Monotone au premier coup d'œil, mélancolique, elle offrait des forêts et des prairies, mais celles-ci et celles-là singulièrement différentes de ce qui se voit ailleurs.

La prairie, le beau tapis vert de l'Angleterre et de l'Irlande, au délicat et fin gazon d'herbe toujours renouvelée, non la rude bourre des steppes d'Asie, non l'épineuse et hostile végétation de l'Afrique, non le hérissement sauvage des savanes américaines, où la moindre plante est ligneuse, durement arborescente ; la prairie européenne par sa végétation éphémère et annuelle, ses humbles petites fleurs aux senteurs faibles et douces, a un caractère de jeunesse, et je dirai plus, d'innocence, qui s'harmonise à nos pensées et nous rafraîchit le cœur.

Sur cette assise première d'une herbe humble et docile, qui n'a pas la prétention de monter plus haut, se détache par contraste la forte individualité des arbres les plus robustes, si différents de la végétation confuse des forêts méridionales. Qui démêlera sous la masse des lianes, des orchidées, de cent plantes parasites, les arbres, herbacés eux-mêmes, qui y sont comme engloutis? Dans nos antiques forêts de la Gaule et de l'Allemagne se dresse fort et sérieux, lentement, solidement bâti, l'orme ou le chêne, ce héros végétal aux bras noueux, au cœur d'acier, qui a vaincu huit ou dix siècles, et qui, abattu par l'homme, associé à ses ouvrages, leur communique l'éternité des œuvres de la nature.

Tel arbre, tel homme. Qu'il nous soit donné de lui ressembler, à ce chêne fort et pacifique dont l'absorption puissante a concentré tout élément et en a fait l'individu grave, utile et persistant, la personnalité solide à qui tous avec confiance demandent un appui, un abri, qui tend ses bras secourables aux diverses tribus animales et les abrite de ses feuilles!... De mille bruits, en reconnaissance, elles égayent jour et nuit la majesté silencieuse de ce vieux témoin du temps. Les oiseaux le remercient et charment son ombre paternelle de chants, d'amour et de jeunesse.

Indestructible vigueur des climats de l'Occident! Pourquoi vit-il mille ans ce chêne? parce que tous les ans il est jeune. C'est lui qui date le printemps. L'émotion de la vie nouvelle ne commence pas pour nous quand toute la nature se couvre de la verdure uniforme des végétations vulgaires. Elle commence quand nous voyons le chêne, du feuillage ligneux de l'autre an qu'il retient encore, arracher sa feuille nouvelle ; quand l'orme, laissant passer devant lui l'impatience des arbres inférieurs, nuance d'un vert léger la délicatesse austère de ses rameaux aériens, finement dessinés sur le ciel.

Alors, alors la nature parle à tous ; sa voix puissante trouble l'âme même des sages. Pourquoi pas ? n'est-elle pas sainte ? et ce surprenant réveil qui a évoqué toute vie, du cœur dur et muet des chênes jusqu'à leur pointe sublime où l'oiseau chante sa joie, n'est-ce pas comme un retour de Dieu ?

J'ai vécu dans les climats où l'olivier, l'oranger, conservent leur verdure éternelle. Sans méconnaître la beauté de ces arbres d'élite et leur distinction spéciale, je ne pouvais m'habituer à la fixité monotone de leur costume immuable, dont la verdure répondait à l'immuable bleu du ciel. J'attendais toujours quelque chose, un renouvellement qui ne venait pas. Les jours passaient, mais identiques. Pas une famille de moins sur la terre, pas un léger nuage au ciel. « Grâce, disais-je, nature éternelle ! Au cœur changeant que tu m'as fait accorde au moins un changement. Pluie, boue, orage, j'accepte tout ; mais que du ciel ou de la terre l'idée du mouvement me revienne, l'idée de rénovation ; que chaque année le spectacle d'une création nouvelle me rafraîchisse le cœur, me rende l'espoir que mon âme pourra se refaire et revivre, et, par les alternatives de sommeil, de mort ou d'hiver, se créer de nouveaux printemps. »

Homme, oiseau, toute la nature, nous disons la même chose. Nous sommes par le changement. A ces fortes alternatives de chaud, de froid, de brume et de soleil, de tristesse et de gaieté, nous devons la trempe, la puissante personnalité de notre Occident. La pluie ennuie aujourd'hui : le beau temps viendra demain. Les splendeurs de l'Orient, les merveilles des tropiques, ne valent pas, mises ensemble, la première violette de Pâques, la première chanson d'avril, l'aubépine en fleur, la joie de la jeune fille qui remet sa robe blanche.

Au matin, une voix puissante, d'une fraîcheur, d'une netteté singulière, d'un mordant timbre d'acier, la voix du merle retentit, et il n'est pas de cœur malade, pas de vieillesse chagrine, qui puisse s'empêcher de sourire.

Un printemps, allant à Lyon, dans les vignes mâconnaises qu'on travaillait à relever, j'entendais une pauvre femme, misérable, vieille, aveugle, qui chantait avec un accent de gaieté extraordinaire cette vieille chanson villageoise :

> Nous quittons nos grands habits,
> Pour en prendre de plus petits.

V

L'OISEAU, OUVRIER DE L'HOMME

L'*avare* agriculteur, mot juste et senti de Virgile. Avare, aveugle, réellement, qui proscrit les oiseaux destructeurs des insectes et défenseurs de ses moissons.

Pas un grain à celui qui, dans les hivers pluvieux, poursuivant l'insecte à venir, cherchait les nids des larves, examinait, retournait chaque feuille, détruisait chaque jour des milliers de futures chenilles. Mais des sacs de froment aux insectes adultes, des champs aux sauterelles que l'oiseau aurait combattues!

Les yeux sur le sillon, sur le moment présent, sans voir et sans prévoir, aveugle sur la grande harmonie qu'on ne rompt pas en vain, il a partout sollicité ou applaudi les lois qui supprimaient l'aide nécessaire de son travail, l'oiseau destructeur des insectes. Et ceux-ci ont vengé l'oiseau. Il a fallu en hâte rappeler le proscrit. A l'île Bourbon, par exemple, la tête du martin était à prix; il disparaît, et alors les sauterelles prennent possession de l'île, dévorant, desséchant, brûlant d'une âcre aridité ce qu'elles ne dévorent pas. Il en a été de même dans l'Amérique du Nord pour l'étourneau, défenseur du maïs. Le moineau même, qui attaque le grain, mais qui le protège encore plus, le moineau, pillard et bandit, flétri de tant d'injures et frappé de malédiction, on a vu en Hongrie qu'on périssait sans lui, que lui seul pouvait soutenir la guerre immense des hannetons et des mille ennemis ailés qui règnent sur les basses terres; on a révoqué le bannissement, rappelé en hâte cette vaillante *landwehr* qui, peu disciplinable, n'en est pas moins le salut du pays.

Naguère, près de Rouen et dans la vallée de Monville, les corneilles avaient été proscrites quelque temps. Les hannetons, dès lors, tellement profitèrent, leurs larves multipliées à l'infini poussèrent si bien leurs travaux souterrains, qu'une prairie entière qu'on me montra avait séché à la surface; toute racine d'herbe était rongée, et la prairie entière, aisément détachée, roulée sur elle-même, pouvait s'enlever comme un tapis.

Tout travail, tout appel de l'homme à la nature, suppose l'intelligence de l'ordre naturel. L'ordre est tel, et telle est sa loi. *La vie a autour d'elle, en elle, son ennemi, le plus souvent son hôte, le parasite qui la mine et la ronge.*

La vie inerte et sans défense, la végétale surtout, privée de locomotion, y succomberait sans l'appui supérieur de l'infatigable ennemi du parasite, âpre chasseur, vainqueur ailé des monstres.

Guerre extérieure sous les tropiques où partout ils surgissent. Guerre intérieure dans nos climats où tout est plus caché, plus mystérieux et plus profond.

Dans la fécondité exubérante de la zone torride, les insectes, ces destructeurs terribles des végétaux, consommaient le trop-plein. Ils volent ici le nécessaire. Là, ils fourrageaient dans le luxe prodigue des plantes spontanées, des semences perdues, des fruits dont la nature jonche le désert. Ici, dans le champ resserré qu'arrose la sueur de l'homme, ils récoltent à sa place, dévorent son travail et son fruit; ils s'attaquent à sa vie même.

Ne dis pas : « L'hiver est pour moi, il tuera l'ennemi. » L'hiver tue l'ennemi qui mourrait de lui-même, il tue surtout les éphémères, dont la durée était déjà mesurée à celle de la fleur, de la feuille où fut liée leur existence. Mais, avant de mourir, le prévoyant atome garantit sa postérité ; il abrite, cache et dépose profondément son avenir, le germe de sa reproduction. Comme œufs ou larves, ou même en leur propre personne, vivants, adultes, armés, ces invisibles, dans le sein de la terre, dorment en attendant le temps. Est-elle immobile, cette terre? Dans les prairies je la vois onduler : le noir mineur, la taupe, continue son travail. Plus haut, dans les lieux secs, s'étendent des greniers où le rat philosophe, sur un bon tas de blé, prend la saison en patience.

Tout cela va surgir au printemps. D'en haut, d'en bas, à droite, à gauche, ces peuples rongeurs, échelonnés par légions qui se succèdent et se relayent chacun à son mois, à son jour, immense, irrésistible conscription de la nature, marchera à la conquête des œuvres de l'homme. La division du travail est parfaite. Chacun a son poste d'avance et ne se trompera pas.

Chacun tout droit ira à son arbre, à sa plante. Et tel sera leur nombre épouvantable, qu'il n'y aura pas une feuille qui n'ait sa légion.

Que feras-tu, pauvre homme? Comment te multiplieras-tu? as-tu des ailes pour les suivre? as-tu même des yeux pour les voir? Tu peux en tuer à ton plaisir ; leur sécurité est complète : tue, écrase à millions ; ils vivent par milliards. Où tu triomphes par le fer et le feu en détruisant la plante même, tu entends à côté le bruissement léger de la grande armée des atomes, qui ne songe guère à ta victoire et qui ronge invisiblement.

Écoute, je vais te donner deux conseils. Examine, choisis le meilleur.

Le premier remède à cela, que l'on commence à suivre, c'est d'empoisonner tout. Trempe-moi les semences dans le sulfate de cuivre ; mets ton blé sous la protection du vert-de-gris. L'ennemi ne s'attend pas à cela ; il est déconcerté. S'il y touche, il meurt ou languit. Toi aussi, il est vrai, tu n'es guère florissant ; ton hardi stratagème peut aider aux fléaux qui dévastent notre âge. Heureux temps ! le bon laboureur empoisonne d'abord ; ce blé cuivré, transmis au boulanger artiste, fermente par le sulfate de cuivre ; moyen simple, agréable, qui fait lever, gonfler la pâte légère qu'on va se disputer.

Non, fais mieux. Prends-en ton parti. Contre tant d'ennemis, reculer n'est pas honte. Laisse faire, et croise tes bras. Couche-toi et regarde. Fais comme, au soir de Waterloo, fit ce brave qui, blessé et couché, se releva encore et regarda à l'horizon ; mais il y vit Blücher, la grande nuée de l'armée noire. Il retomba alors, en disant : « Ils sont trop ! »

Et combien plus tu as droit de le dire! tu es seul contre l'universelle conjuration de la vie. Tu peux dire aussi : « Ils sont trop ! »

Tu insistes : « Voici pourtant des champs qui donnaient espérance; voici un pâturage humide où je prendrais plaisir à voir mes bœufs perdus dans l'herbe. Menons-y les troupeaux. »

Ils y sont attendus. Que deviendraient sans eux ces vivants nuages d'insectes qui n'aiment que le sang? Le sang du bœuf est bon, et le sang de l'homme est meilleur. Entre, assois-toi au milieu d'eux, tu seras bien reçu, car tu es le festin. Ces dards, ces trompes et ces tenailles trouveront en ta chair d'exquises délices ; une orgie sanguinaire s'ouvrira sur ton corps pour la danse effrénée de ce monde famélique, qui ne lâchera pas à moins de défaillir ; tu en verras plus d'un tournoyer et mourir sous la source enivrante que s'est creusée son dard. Blessé, sanglant, gonflé de plaies bouffies, n'espère pas de repos. D'autres viennent, et puis d'autres, et toujours, et sans fin. Car si le climat est moins âpre que dans les zones du Midi, en revanche, la pluie éternelle, cet océan d'eau douce et tiède qui noie infatigablement nos plages, enfante, dans une fécondité désespérante, ces vies commencées et avides, qui sont impatientes de monter, naître et s'achever par la destruction des vies supérieures.

J'ai vu, non pas dans les marais, mais sur les hauteurs de l'Ouest, aimables et verdoyantes collines, couvertes de bois ou de prairies, j'ai vu d'immenses eaux pluviales séjourner sans écoulement, puis, bues d'un rayon de soleil, laisser la terre couverte d'une riche et plantureuse production animale : limaces, limaçons, insectes de mille sortes, tous gens de terrible appétit, nés dentus, armés d'appareils formidables, d'ingénieuses machines à détruire. Impuissants contre l'éruption d'un monde inattendu qui grouillait, s'agitait, montait, entrait, nous eût mangés nous-mêmes, nous luttions au moyen de quelques poules intrépides et voraces, qui ne comptaient pas les ennemis, ne discutaient pas, avalaient. Ces poules bretonnes et vendéennes, braves du génie de la contrée, faisaient cette campagne d'autant mieux qu'elles guerroyaient chacune à sa manière. La *noire*, la *grise* et la *pondeuse* (c'étaient leurs noms de guerre) allaient ensemble en corps d'armée, et ne reculaient devant rien ; la rêveuse ou la *philosophe* aimait mieux chouanner, et n'en faisait que plus d'ouvrage. Un superbe chat noir, leur compagnon de solitude, étudiait tout le jour la trace du mulot, du lézard, chassait la guêpe, mangeait la cantharide, du reste devant les poules respectueux et toujours à distance.

Un mot encore sur elles, et un regret. Tout fini, il fallut partir. Et que deviendraient-elles ? Données, elles allaient être mangées certainement. Longuement nous délibérâmes. Puis, par un parti vigoureux, d'après la vieille foi des sauvages, qui croient qu'il vaut mieux mourir par ceux qu'on aime, et pensent, en mangeant des héros, devenir héroïques, nous en fîmes, non sans gémir, un funèbre banquet.

C'est un très grand spectacle de voir contre cet effrayant frétillement du monstre universel qui s'éveille au printemps, sifflant, bruissant, coassant, bourdonnant, dans son immense faim, de voir descendre (on peut le dire) du ciel l'universel Sauveur, en cent formes et cent légions diverses d'armes et de caractères, mais toutes ayant des ailes, participant au divin privilège du Saint-Esprit, d'être présent partout.

A l'universelle présence de l'insecte, à l'ubiquité du nombre, répond celle de l'oiseau, de la célérité, de l'aile. Le grand moment, c'est celui où l'insecte, se développant par la chaleur, trouve l'oiseau en face, l'oiseau multiplié, l'oiseau qui, n'ayant point de lait, doit nourrir à ce moment une nombreuse famille de sa chasse et de proie vivante. Chaque année le monde serait en péril, si l'oiseau allaitait, si l'alimentation était le travail d'un individu, d'un estomac. Mais voici la couvée bruyante, exigeante et criante, qui appelle la proie par dix, quinze ou vingt becs; et l'exigence est telle, telle est la fureur maternelle pour répondre à ces cris, que la mésange, qui a vingt enfants, désespérée, ne pouvant les faire taire avec trois cents chenilles par jour, ira même au nid des oiseaux ouvrir la cervelle aux petits.

De nos fenêtres, qui donnent sur le Luxembourg, nous observions, dès l'hiver, commencer cette utile guerre de l'oiseau contre l'insecte. Nous le voyions, en décembre, ouvrir le travail de l'année. L'honnête et respectable ménage du merle, qu'on peut appeler tourne-feuilles, faisait par couples sa besogne; au rayon qui suivait la pluie, ils arrivaient aux mares, levaient les feuilles une à une avec adresse et conscience, ne laissant rien passer sans un attentif examen.

Ainsi, dans les plus tristes mois, où le sommeil de la nature ressemble de si près à la mort, l'oiseau nous continuait le spectacle de la vie. Sur la neige même, le merle nous saluait au réveil. Aux sérieuses promenades d'hiver, nous avions toujours près de nous le roitelet à huppe d'or, son petit chant rapide, son rappel doux et flûté. Les moineaux, plus familiers, paraissaient sur nos balcons : exacts aux heures, ils savaient qu'ils trouveraient deux fois par jour le couvert mis, sans qu'il en coûtât à leur liberté.

Du reste, honnêtes travailleurs, lorsque le printemps est venu, ils se font scrupule de rien demander. Dès que leurs enfants éclos ont commencé à voler, ils les ont joyeusement amenés à la fenêtre, comme pour remercier et bénir.

VI

LE TRAVAIL. — LE PIC

Dans les calomnies ineptes dont les oiseaux sont l'objet, nulle ne l'est plus que de dire, comme on a fait, que le pic, qui creuse les arbres, choisit les arbres sains et durs, ceux qui présentent le plus de difficultés et peuvent augmenter son travail. Le bon sens indique assez que le pauvre animal, qui vit de vers et d'insectes, cherche les arbres malades, cariés, qui résistent moins et qui lui permettent, d'ailleurs, une proie plus abondante. La guerre obstinée qu'il fait à ces tribus destructives qui gagneraient les arbres sains, c'est un signalé service qu'il nous rend. L'État lui devrait, sinon les appointements, du moins le titre honorifique de Conservateur des forêts. Que fait-on ? pour tout salaire, d'ignorants administrateurs ont souvent mis sa tête à prix.

Mais le pic ne serait pas l'idéal du travailleur, s'il n'était calomnié et persécuté. Sa corporation modeste, répandue dans les deux mondes, sert l'homme, l'enseigne et l'édifie. L'habit varie; le signe commun de reconnaissance est le chaperon écarlate dont ce bon ouvrier couvre généralement sa tête, son crâne épais et solide. L'instrument de son état, qui sert de pioche et d'alêne, de ciseau et de doloire, c'est son bec, carrément taillé. Ses jambes nerveuses, armées de forts ongles noirs d'une prise ferme et solide, l'assurent parfaitement sur sa branche, où il reste des jours entiers dans une attitude incommode, frappant toujours de bas en haut. Sauf le matin où il s'agite, remue ses membres en tous sens, comme font les meilleurs travailleurs qui s'apprêtent quelques moments pour ne plus se déranger, il pioche toute une longue journée avec une application singulière. On l'entend tard encore, qui prolonge le travail dans la nuit et gagne ainsi quelques heures.

Sa constitution répond à une vie si appliquée. Ses muscles, toujours tendus, rendent sa chair dure et coriace. La vésicule du fiel, très grande chez lui, semble accuser une grande disposition bilieuse, acharnée, violente au travail, du reste aucunement colérique.

Les opinions qu'on a prises de cet être singulier devaient être très diverses. On a jugé en bien ou en mal le grand travailleur, selon qu'on estimait ou mésestimait le travail, selon qu'on était soi-même plus ou moins laborieux, et qu'on regardait une vie sédentaire et appliquée comme maudite ou bénie du ciel.

On s'est demandé aussi si le pic était triste ou gai, et l'on a fait diverses réponses, peut-être également bonnes, selon l'espèce et le climat. Je crois aisément que Wilson, Audubon, qui parlent surtout du beau pic aux ailes d'or qu'on trouve aux Carolines sur la lisière des tropiques, l'ont vu plus gai, plus remuant; ce pic gagne aisément sa vie, dans un pays chaud et riche en insectes; son bec courbé, élégant, moins dur que le bec du nôtre, semble dire aussi qu'il travaille des bois moins rebelles. Pour le pic de France et d'Allemagne, qui a à percer l'enveloppe de nos vieux chênes européens, il a un tout autre instrument, un bec carré, lourd et fort. Il est probable qu'il donne bien plus d'heures de travail que l'autre. C'est un ouvrier placé dans des conditions plus dures, travaillant plus et gagnant moins. Dans les sécheresses surtout, son métier est misérable; la proie le fuit, se retire au plus loin, cherchant la fraîcheur. Aussi il appelle la pluie, criant toujours : *Plieu! plieu!* Le peuple comprend ainsi son cri; il l'appelle dans la Bourgogne le *Procureur du meunier;* pic et meunier, si l'eau ne tombe, chôment et risquent de jeûner.

Notre grand ornithologiste, excellent et ingénieux observateur, Toussenel, ne se méprend-il pas pourtant sur le caractère du pic en le jugeant gai? Sur quoi? sur les courbettes amusantes qu'il fait pour gagner sa femelle. Mais qui de nous, et des plus sérieux, en ce cas, n'en fait pas de même? Il l'appelle aussi farceur, bateleur, parce qu'à sa vue le pic tournait rapidement. Pour un oiseau dont le vol est fort médiocre, c'était peut-être le plus sage, en présence surtout d'un si excellent tireur. Et ceci prouve son bon sens. Devant un chasseur vulgaire, le pic, qui sait sa chair mauvaise, se serait laissé approcher. Mais devant un tel connaisseur, un ardent ami des oiseaux, il avait grandement à craindre de s'en aller empaillé orner une collection.

Je prie l'illustre écrivain de considérer encore les habitudes morales et l'humeur que doit donner un travail si persévérant. La *papillonne* n'est pour rien ici, et la longueur de telles journées dépasse infiniment la mesure commode de ce que Fourier appelle travail attrayant. Le pic est un ouvrier solitaire et à son compte; il ne se plaint pas sans doute; il sent qu'il a intérêt de travailler beaucoup, longtemps. Ferme sur ses fortes jambes, dans une attitude pénible, il reste là tout le jour, et persiste encore au delà. Est-il heureux? je le crois. Gai? j'en doute. Triste? nullement. Le travail passionné, qui nous rend si sérieux, en revanche bannit les tristesses.

L'inintelligent travailleur, ou le pauvre surmené, qui ne conçoit le bonheur que dans l'immobilité, ne pouvait manquer de voir dans une vie si assidue la malédiction du sort. L'artisan des villes allemandes assure que c'est un boulanger qui, oisif dans son comptoir, affamait le pauvre peuple, le trompait, vendait à faux poids. En punition, maintenant, il travaille et travaillera jusqu'au jour du Jugement, ne vivant plus que d'insectes.

Triste et baroque explication. J'aime mieux la vieille fable italienne. Picus, fils du Temps (de Saturne), était un héros austère qui dédaigna l'amour trompeur et les illusions de Circé. Pour la fuir, il a pris des ailes et s'est enfui dans les forêts. S'il n'a plus la figure humaine, il a mieux : un génie divin, prévoyant et fatidique; il entend ce qui est à naître, il voit ce qui n'est pas encore.

Un jugement fort sérieux sur le pic, c'est celui des Indiens du nord de l'Amérique. Ces héros ont bien vu que le pic était un héros. Ils aiment à porter la tête de celui qu'on nomme *pic à bec d'ivoire*, et croient que son ardeur, son courage passera en eux. Croyance très fondée, comme l'expérience le prouve. Le plus ferme cœur se sent affermi, en voyant sans cesse sur lui ce parlant symbole ; il se dit : « Je serai tel pour la force et pour la constance. »

Seulement, il faut remarquer que, si le pic est un héros, c'est le héros pacifique du travail. Il ne réclame rien de plus. Son bec qui pourrait être redoutable, ses ergots très forts, sont préparés cependant pour tout autre chose que pour le combat. Le travail l'a pris tellement qu'aucune rivalité ne le conduit à la guerre. Il l'absorbe, exige de lui tout l'effort de ses facultés.

Travail varié et compliqué. D'abord l'excellent forestier, plein de tact et d'expérience, éprouve son arbre au marteau, je veux dire au bec. Il ausculte comment résonne cet arbre, ce qu'il dit, ce qu'il a en lui. Le procédé d'auscultation, si récent en médecine, était l'art principal du pic, depuis des milliers d'années. Il interrogeait, sondait, voyait par l'ouïe les lacunes caverneuses qu'offrait le tissu de l'arbre. Tel, sain et fort en apparence, que, pour sa taille gigantesque, a désigné, marqué le marteau de la marine, le pic, bien autrement habile, le juge véreux, carié, susceptible de manquer de la manière la plus funeste, de plier en construction ou de faire une voie d'eau et de causer un naufrage.

L'arbre éprouvé mûrement, le pic se l'adjuge, s'y

établit : là il exercera son art. Ce bois est creux, donc gâté, donc peuplé ; une tribu d'insectes y habite. Il faut frapper à la porte de la cité. Les citoyens, en tumulte, voudront fuir ou par-dessus les murailles de la ville, ou en bas, par les égouts. Il y faudrait des sentinelles ; au défaut, l'unique assiégeant veille, et de moment en moment regarde derrière pour happer les fugitifs au passage, à quoi sert parfaitement une langue d'extrême longueur qu'il darde comme un petit serpent. L'incertitude de cette chasse, le bon appétit qu'il y gagne, le passionnent ; il voit à travers l'écorce et le bois ; il assiste aux terreurs et aux conseils du peuple ennemi. Parfois, il descend très vite, pensant qu'une issue secrète pourrait sauver les assiégés.

Un arbre sain au dehors, rongé, pourri au dedans, c'est une terrible image pour le patriote qui rêve au destin des cités. Rome, aux temps où la République commençait à s'affaisser, se sentant semblable à cet arbre, frissonna un jour que le pic vint tomber en plein Forum sur le tribunal, sous la main même du préteur. Le peuple s'émut grandement, et roulait de tristes pensées. Mais les devins mandés arrivent : si l'oiseau part impunément, la République mourra ; s'il reste, il ne menace plus que celui qui l'a dans sa main, le préteur. Ce magistrat, qui était Ælius Tubero, tua l'oiseau à l'instant, mourut lui-même bientôt, et la République dura deux siècles encore.

Cela est grand, non ridicule. Elle dura par ce noble appel au dévouement du citoyen. Elle dura par cette réponse muette que lui fit un grand cœur. De tels actes sont féconds, ils font des hommes et des héros ; ils font la durée des cités.

Pour revenir à notre oiseau, ce travailleur, ce solitaire, ce grand prophète n'échappe pas à la loi universelle. Deux fois par an, il se dément, sort de son austérité, et, faut-il le dire? devient ridicule. Heureux, dans l'espèce humaine, qui ne l'est que deux fois par an!

Ridicule? il ne l'est pas par cela qu'il est amoureux, mais il aime comiquement. Noblement endimanché et dans son meilleur plumage, relevant sa mine un peu sombre de sa belle grecque écarlate, il tourne autour de sa femelle; ses rivaux en font autant. Mais ces innocents travailleurs, faits aux œuvres plus sérieuses, étrangers aux arts du beau monde, aux grâces des colibris, ne savent rien autre chose que de présenter leurs devoirs et leurs très humbles hommages par d'assez gauches courbettes. Du moins, gauches à notre sens, elles le sont moins pour l'objet dont elles captent l'attention. Elles plaisent, et c'est tout ce qu'il faut. Le choix prononcé par la reine, nulle bataille. Mœurs admirables des bons et dignes ouvriers! les autres, chagrins, se retirent, mais avec délicatesse conservent religieusement le respect de la liberté.

Le préféré et sa belle, vous croyez qu'ils vont faire l'amour oisifs, errer dans les forêts? Point du tout. Immédiatement, ils se mettent à travailler. « Prouve-moi tes talents, dit-elle, et que je ne me suis pas trompée. » Quelle occasion pour un artiste! Elle anime son génie. De charpentier il devient menuisier et ébéniste; de menuisier, géomètre! La régularité des formes, ce rythme divin, lui apparaît dans l'amour.

C'est justement la belle histoire du fameux forgeron d'Anvers, Quintin Metzys, qui aima la fille d'un peintre et qui, pour se faire aimer, devint le plus grand peintre de la Flandre au seizième siècle.

D'un noir Vulcain, l'Amour fit un Apelle.

Donc un matin le pic devient sculpteur. Avec la précision sévère, le parfait arrondissement que donnerait le compas, il creuse une élégante voûte d'un beau demi-globe. Le tout reçoit le poli du marbre et de l'ivoire. Les précautions hygiéniques et stratégiques ne manquent pas. Une entrée sinueuse, étroite, dont la pente incline au dehors pour que l'eau n'y pénètre pas, favorise la défense; il suffit d'une tête et d'un bec courageux pour la fermer.

Quel cœur résisterait à cela? Qui n'accepterait cet artiste, ce pourvoyeur laborieux des besoins de la famille, ce défenseur intrépide? Qui ne croirait pouvoir sûrement, derrière le généreux rempart de ce champion dévoué, accomplir le délicat mystère de la maternité?

Aussi l'on ne résiste plus, et les voilà installés. Il ne manque ici qu'un hymne (*Hymen! o Hymenæe!*). Ce n'est pas la faute du pic si la nature, à son génie, a refusé la muse mélodieuse. Du moins dans son âpre voix on ne méconnaîtra pas le véhément accent du cœur.

Qu'ils soient heureux! qu'une jeune et aimable génération éclose et croisse sous leurs yeux! Les oiseaux de proie ne pourraient aisément pénétrer ici. Puisse seulement le serpent, l'affreux serpent noir, ne pas visiter ce nid! Puisse la main de l'enfant n'en pas arracher cruellement la douce espérance! Puisse surtout l'ornithologiste, l'ami des oiseaux, se tenir loin de ces lieux !

Si le travail persévérant, l'ardent amour de la famille, l'héroïque défense de la liberté, pouvaient imposer le respect, arrêter les mains cruelles de l'homme, nul chasseur ne toucherait à ce digne oiseau. Un jeune naturaliste, qui en étouffa un pour l'empailler, m'a dit qu'il resta malade de cette lutte acharnée, et plein de remords ; il lui semblait qu'il eût fait un assassinat.

Wilson paraît avoir eu une impression analogue. « La première fois, dit-il, que j'observai cet oiseau, dans la Caroline du Nord, je le blessai légèrement à l'aile, et, lorsque je le pris, il poussa un cri tout à fait semblable à celui d'un enfant, mais si fort et si lamentable que mon cheval effrayé faillit me renverser. Je l'apportai à Wilmington : en passant dans les rues, les cris prolongés de l'oiseau attirèrent aux portes et aux fenêtres une foule de personnes, surtout de femmes remplies d'effroi. Je continuai ma route et, en rentrant dans la cour de l'hôtel, je vis venir le maître de la maison et beaucoup de gens alarmés de ce qu'ils entendaient. Jugez comme augmenta cette alarme quand je demandai ce qu'il fallait pour mon enfant et pour moi. Le maître resta pâle et stupide, et les autres furent muets d'étonnement. Après m'être amusé à leurs dépens une minute ou deux, je découvris mon pic, et un éclat de rire universel se fit entendre. Je le montai, le plaçai dans ma chambre, le temps de voir mon cheval et d'en prendre soin. J'y retournai au bout d'une heure, et, en ouvrant la porte, j'entendis de nouveau le même cri terrible, qui cette fois paraissait venir de la douleur d'avoir été découvert dans ses tentatives d'évasion. Il était monté le long de la fenêtre, presque jusqu'au plafond, immédiatement au-dessous duquel il avait commencé de creuser. Le lit était couvert de larges morceaux de plâtre, la latte du plafond à découvert dans l'étendue d'à peu près quinze pouces carrés, et un trou capable de laisser passer le poing, déjà formé dans les abat-jour; de sorte que, dans l'espace d'une heure encore, il serait certainement parvenu à se frayer une issue. Je lui attachai au cou une corde que je fixai à la table et le laissai : je voulais lui conserver la vie, et j'allai lui chercher de la nourriture. En remontant, j'entendis qu'il s'était remis à l'ouvrage, et à mon entrée je vis qu'il avait presque détruit la table à laquelle il avait été attaché et contre laquelle il avait tourné toute sa colère. Lorsque je voulus en prendre le dessin, il me coupa plusieurs fois avec son bec, et il déploya un si noble et si indomptable courage, que j'eus la tentation de le rendre à ses forêts natales. Il vécut avec moi à peu près trois jours, refusant toute nourriture, et j'assistai à sa mort avec regret. »

VII

LE CHANT

Il n'est personne qui n'ait remarqué que des oiseaux tenus en cage dans un salon ne manquent guère, s'il vient des visiteurs, si la conversation s'anime, d'y prendre part à leur manière, de jaser ou de chanter.

C'est leur instinct universel, et même en liberté. Ils sont l'écho et de Dieu et de l'homme. Ils s'associent aux bruits, aux voix, y ajoutent leur poésie, leurs rythmes naïfs et sauvages. Par analogie, par contraste, ils augmentent et complètent les grands effets de la nature. Au sourd battement des flots, l'oiseau de mer oppose ses notes aiguës, stridentes; au monotone bruissement des arbres agités, la tourterelle et cent oiseaux donnent une douce et triste assonance; au réveil des campagnes, à la gaieté des champs, l'alouette répond par son chant, elle porte au ciel les joies de la terre.

Ainsi, partout, sur l'immense concert instrumental

de la nature, sur ses soupirs profonds, sur les vagues sonores qui s'échappent de l'orgue divin, une musique vocale éclate et se détache, celle de l'oiseau, presque toujours par notes vives qui tranchent sur ce fond grave, par d'ardents coups d'archet.

Voix ailées, voix de feu, voix d'anges, émanations d'une vie intense, supérieure à la nôtre, d'une vie voyageuse et mobile, qui donne au travailleur fixé sur son sillon des pensées plus sereines et le rêve de la liberté.

De même que la vie végétale se renouvelle au printemps par le retour des feuilles, la vie animale est renouvelée, rajeunie par le retour des oiseaux, par leurs amours et par leurs chants. Rien de pareil dans l'hémisphère austral, jeune monde à l'état inférieur, qui, encore en travail, aspire à trouver une voix. Cette suprême fleur de l'âme et de la vie, le chant, ne lui est pas donnée encore.

Le beau, le grand phénomène de cette face supérieure du monde, c'est qu'au moment où la nature commence, par les feuilles et les fleurs, son silencieux concert, sa chanson de mars et d'avril, sa symphonie de mai, tous nous vibrons à cet accord; hommes, oiseaux, nous prenons le rythme. Les plus petits, à ce moment, sont poètes, souvent chanteurs sublimes. Ils chantent pour leurs compagnes dont ils veulent gagner l'amour. Ils chantent pour ceux qui les écoutent, et plus d'un fait des efforts inouïs d'émulation. L'homme aussi répond à l'oiseau. Le chant de l'un fait chanter l'autre. Accord inconnu aux climats brûlants. Les éclatantes couleurs qui y remplacent l'harmonie ne créent pas un lien comme elle. Dans une robe de pierreries l'oiseau n'est pas moins solitaire.

Bien différent de cet être d'élite, éblouissant, étincelant, l'oiseau de nos contrées, humble d'habit, riche de cœur, est près du pauvre. Peu, très peu cherchent les beaux jardins, les allées aristocratiques, l'ombrage des grands parcs. Tous vivent avec le paysan. Dieu les a mis partout. Bois et buissons, clairières, champs, vignobles, prairies humides, roseaux des étangs, forêts des montagnes, même les sommets couverts de neiges, il a doué chaque lieu de sa tribu ailée, n'a déshérité nul pays, nul site, de cette harmonie, de sorte que l'homme ne pût aller nulle part, si haut monter, si bas descendre, qu'il n'y trouvât un chant de joie et de consolation.

Le jour commence à peine, à peine de l'étable sonne la clochette des troupeaux, que la bergeronnette est prête à les conduire et sautille autour d'eux. Elle se mêle au bétail et familièrement s'associe au berger. Elle sait qu'elle est aimée et de l'homme et des bêtes qu'elle défend contre les insectes. Elle pose hardiment sur la tête des vaches et le dos des moutons. Le jour elle ne les quitte guère, elle les ramène fidèlement au soir.

La lavandière, non moins exacte, est à son poste : elle voltige autour des laveuses ; elle court sur ses longues jambes jusque dans l'eau et demande des miettes ; par un étrange instinct mimique, elle baisse et relève la queue, comme pour imiter le mouvement du battoir sur le linge, pour travailler aussi et gagner son salaire.

L'oiseau des champs par excellence, l'oiseau du

laboureur, c'est l'alouette, sa compagne assidue, qu'il retrouve partout dans son sillon pénible pour l'encourager, le soutenir, lui chanter l'espérance. *Espoir*, c'est la vieille devise de nos Gaulois, et c'est pour cela qu'ils avaient pris comme oiseau national cet humble oiseau si pauvrement vêtu, mais si riche de cœur et de chant.

La nature semble avoir traité sévèrement l'alouette. La disposition de ses ongles la rend impropre à percher sur les arbres. Elle niche à terre, tout près du pauvre lièvre, et sans abri que le sillon. Quelle vie précaire, aventurée, au moment où elle couve ! Que de soucis, que d'inquiétudes ! A peine une motte de gazon dérobe au chien, au milan, au faucon, le doux trésor de cette mère. Elle couve à la hâte, elle élève à la hâte la tremblante couvée. Qui ne croirait que cette infortunée participera à la mélancolie de son triste voisin le lièvre ?

Cet animal est triste et la crainte le ronge.
La Fontaine.

Mais le contraire a lieu par un miracle inattendu de gaieté et d'oubli facile, de légèreté, si l'on veut, et d'insouciance française : l'oiseau national, à peine hors de danger, retrouve toute sa sérénité, son chant, son indomptable joie. Autre merveille : ses périls, sa vie précaire, ses épreuves cruelles, n'endurcissent pas son cœur; elle reste bonne autant que gaie, sociable et confiante, offrant un modèle, assez rare parmi les oiseaux, d'amour fraternel; l'alouette, comme l'hirondelle, au besoin, nourrira ses sœurs.

Deux choses la soutiennent et l'animent : la lumière et l'amour. Elle aime la moitié de l'année. Deux fois, trois fois, elle s'impose le périlleux bonheur de la maternité, le travail incessant d'une éducation de hasards. Mais quand l'amour lui manque, la lumière lui reste et la ranime. Le moindre rayon de lumière suffit pour lui rendre son chant.

C'est la fille du jour. Dès qu'il commence, quand l'horizon s'empourpre et que le soleil va paraître, elle part du sillon comme une flèche, porte au ciel l'hymne de joie. Sainte poésie, fraîche comme l'aube, pure et gaie comme un cœur enfant! Cette voix sonore, puissante, donne le signal aux moissonneurs. « Il faut partir, dit le père ; n'entendez-vous pas l'alouette ? » Elle les suit, leur dit d'avoir courage ; aux chaudes heures, les invite au sommeil, écarte les insectes. Sur la tête penchée de la jeune fille à demi éveillée, elle verse des torrents d'harmonie.

« Aucun gosier, dit Toussenel, n'est capable de lutter avec celui de l'alouette pour la richesse et la variété du chant, l'ampleur et le velouté du timbre, la tenue et la portée du son, la souplesse et l'infatigabilité des cordes de la voix. L'alouette chante une heure d'affilée sans s'interrompre d'une demi-seconde, s'élevant verticalement dans les airs jusqu'à des hauteurs de mille mètres, et courant des bordées dans la région des nues pour gagner plus haut, et sans qu'une seule de ses notes se perde dans ce trajet immense.

« Quel rossignol pourrait en faire autant ? »

C'est un bienfait donné au monde que ce chant de lumière, et vous le retrouvez presque en tous pays qu'éclaire le soleil. Autant de contrées différentes, autant d'espèces d'alouettes : alouettes de bois, alouettes de prés, de buissons, de marais, alouettes de la Crau de Provence, alouettes des craies de la Champagne, alouettes des contrées boréales de l'un et l'autre monde : vous les trouvez encore dans les steppes salés, dans les plaines brûlées du vent du nord de l'affreuse Tartarie. Persévérante réclamation de l'aimable nature, tendres consolations de la maternité de Dieu !

Mais l'automne est venu. Pendant que l'alouette fait derrière la charrue sa récolte d'insectes, nous arrivent les hôtes des contrées boréales : la grive exacte à nos vendanges, et, fier sous sa couronne, l'imperceptible roi du Nord. De Norwège, au temps des brouillards, nous vient le roitelet, et, sous un sapin gigantesque, le petit magicien chante sa chanson mystérieuse jusqu'à ce que l'excès du froid le décide à descendre, à se mêler, à se populariser parmi les petits troglodytes qui habitent avec nous et charment nos chaumières de leurs notes limpides.

La saison devient rude : tous se rapprochent de l'homme. Les honnêtes bouvreuils, couples doux et fidèles, viennent, avec un petit ramage mélancolique, solliciter et demander secours. La fauvette d'hiver quitte aussi ses buissons; craintive, vers le soir, elle s'enhardit à faire entendre aux portes une voix tremblotante, monotone et d'accent plaintif.

« Quand, par les premières brumes d'octobre, un peu avant l'hiver, le pauvre prolétaire vient chercher dans la forêt sa chétive provision de bois mort, un petit oiseau s'approche de lui, attiré par le bruit de la cognée ; il circule à ses côtés et s'ingénie à lui faire fête en lui chantant tout bas ses plus douces chansonnettes. C'est le rouge-gorge, qu'une fée charitable a député vers le travailleur solitaire pour lui dire qu'il y a encore quelqu'un dans la nature qui s'intéresse à lui.

« Quand le bûcheron a rapproché l'un de l'autre les tisons de la veille engourdis dans la cendre ; quand le copeau et la branche sèche pétillent dans la flamme, le rouge-gorge accourt en chantant pour prendre sa part du feu et des joies du bûcheron.

« Quand la nature s'endort et s'enveloppe de son manteau de neige ; quand on n'entend plus d'autre voix que celles des oiseaux du Nord, qui dessinent dans l'air leurs triangles rapides, ou celle de la bise qui mugit et s'engouffre au chaume des cabanes, un petit chant flûté, modulé à voix basse, vient protester encore au nom du travail créateur contre l'atonie universelle, le deuil et le chômage. »

Ouvrez, de grâce, donnez-lui quelques miettes, un peu de grain. S'il voit des visages amis, il entrera dans la chambre ; il n'est pas insensible au feu ; de l'hiver, par ce court été, le pauvre petit va plus fort rentrer dans l'hiver.

Toussenel s'indigne avec raison qu'aucun poète n'ait chanté le rouge-gorge. Mais l'oiseau même est son poète ; si l'on pouvait écrire sa petite chanson, elle exprimerait parfaitement l'humble poésie de sa vie. Celui que j'ai chez moi et qui vole dans mon cabinet, faute d'auditeurs de son espèce, se met devant la glace, et, sans me déranger, à demi voix, dit toutes ses pensées au rouge-gorge idéal qui lui apparaît de l'autre côté. En voici le sens à peu près, tel qu'une main de femme a essayé de le noter :

> Je suis le compagnon
> Du pauvre bûcheron.
>
> Je le suis en automne,
> Au vent des premiers froids,
> Et c'est moi qui lui donne
> Le dernier chant des bois.
>
> Il est triste, et je chante
> Sous mon deuil mêlé d'or.
> Dans la brume pesante
> Je vois l'azur encor.
>
> Que ce chant te relève
> Et te garde l'espoir !
> Qu'il te berce d'un rêve,
> Et te ramène au soir !
> . . . .
>
> Mais quand vient la gelée,
> Je frappe à ton carreau.
> Il n'est plus de feuillée,
> Prends pitié de l'oiseau !
>
> C'est ton ami d'automne
> Qui revient près de toi.
> Le ciel, tout m'abandonne...
> Bûcheron, ouvre-moi !
>
> Qu'en ce temps de disette,
> Le petit voyageur,
> Régalé d'une miette,
> S'endorme à ta chaleur !
>
> Je suis le compagnon
> Du pauvre bûcheron.

VIII

LE NID. — ARCHITECTURE DES OISEAUX

J'écris en face d'une jolie collection de nids d'oiseaux français, qu'un de mes amis a faite pour moi. Je suis à même d'apprécier, vérifier les descriptions des auteurs, de les améliorer peut-être, si les ressources bien limitées du style pouvaient donner idée d'un art tout spécial, moins analogue aux nôtres qu'on ne serait tenté de le croire au premier coup d'œil. Rien ne supplée ici à la vue des objets. Il faut voir et toucher : on sent alors que toute comparaison est inexacte et fausse. Ce sont des choses d'un monde à part. Faut-il dire *au-dessus, au-dessous* des œuvres humaines? Ni l'un ni l'autre, mais différentes essentiellement, et dont les rapports ne sont guère qu'extérieurs.

Rappelons-nous d'abord que cet objet charmant, plus délicat qu'on ne peut le dire, doit tout à l'art, à l'adresse, au calcul. Les matériaux, le plus souvent, sont fort rustiques, pas toujours ceux qu'eût préférés l'artiste. Les instruments sont très défectueux. L'oiseau n'a pas la main de l'écureuil, ni la dent du castor. N'ayant que le bec et la patte (qui n'est point du tout une main), il semble que le nid doive lui être un problème insoluble. Ceux que j'ai sous les yeux sont la plupart formés d'un tissu ou enchevêtrement de mousses, petites branches flexibles ou longs filaments de végétaux ; mais c'est moins encore un tissage qu'une condensation ; un feutrage de matériaux mêlés, poussés et fourrés l'un dans l'autre avec effort, avec persévérance : art très laborieux et d'opération énergique, où le bec et la griffe seraient insuffisants. L'outil, réellement, c'est le corps de l'oiseau lui-même, sa poitrine, dont il presse et serre les matériaux jusqu'à les rendre absolument dociles, les mêler, les assujettir à l'œuvre générale.

Et au dedans, l'instrument qui imprime au nid la forme circulaire n'est encore autre que le corps de l'oiseau. C'est en se tournant constamment et refoulant le mur de tous côtés, qu'il arrive à former ce cercle.

Donc, la maison, c'est la personne même, sa forme et son effort le plus immédiat ; je dirai sa souffrance. Le résultat n'est obtenu que par une pression constamment répétée de la poitrine. Pas un de ces brins d'herbe qui, pour prendre et garder la courbe, n'ait été mille et mille fois poussé du sein, du cœur, certainement avec trouble de la respiration, avec palpitation peut-être.

Tout autre est la demeure du quadrupède. Il naît vêtu ; qu'a-t-il besoin de nid ? Aussi, ceux qui bâtissent ou creusent travaillent pour eux-mêmes plus que pour leurs petits. La marmotte est un mineur habile dans son oblique souterrain, qui lui sauve le vent de l'hiver. L'écureuil, d'une main adroite, élève la jolie tourelle qui le défendra de la pluie. Le grand ingénieur des lacs, le castor, qui prévoit la crue des eaux, se fait plusieurs étages où il montera à volonté : tout cela pour l'individu. L'oiseau bâtit pour la famille. Insouciant, il vivait sous la claire feuillée, en butte à ses ennemis ; mais dès qu'il n'est plus seul, la maternité prévue, espérée, le fait artiste. Le nid est une création de l'amour.

Aussi, l'œuvre est empreinte d'une force de volonté extraordinaire, d'une passion singulièrement persévérante. Vous le sentirez surtout à ceci, qu'elle n'est pas, comme les nôtres, préparée par une charpente qui en fixe le plan, soutient et régularise le travail. Ici le plan est si bien dans l'artiste, l'idée si arrêtée, que sans charpente ni carcasse, sans appui préalable, le navire aérien se bâtit pièce à pièce, et pas une ne trouble l'ensemble. Tout vient s'y ajouter à propos, symétriquement, en parfaite harmonie : chose infiniment difficile dans un tel défaut d'instruments et dans ce rude effort de concentration et de feutrage par la pression de la poitrine.

La mère ne se fie point au mâle pour tout cela, mais elle l'emploie comme pourvoyeur. Il va chercher des matériaux, herbes, mousses, racines ou branchettes. Mais quand le bâtiment est fait, quand il s'agit de l'intérieur, du lit, du mobilier, l'affaire devient plus difficile. Il faut songer que cette couche doit recevoir un œuf infiniment prenable au froid, dont tout point refroidi serait pour le petit un membre mort. Ce petit naîtra nu. Le ventre, au ventre de la mère bien appliqué, ne craindra pas le froid ; mais le dos, dépouillé encore, le lit seul doit le réchauffer : la mère est là-dessus d'une précaution, d'une inquiétude bien difficiles à satisfaire. Le mari apporte du crin, mais c'est trop dur : il ne servirait que dessous, et comme un sommier élastique. Il apporte du chanvre, mais c'est trop froid : la soie ou le duvet soyeux de certaines plantes, le coton ou la laine, sont admis seuls ; ou mieux, ses propres plumes, son duvet, qu'elle arrache et qu'elle met sous le nourrisson.

Il est intéressant de voir le mâle en quête des matériaux, quête habile et furtive : il craint qu'en le suivant des yeux on n'apprenne trop bien le chemin de son nid. Souvent, si vous le regardez, pour vous tromper, il prend un chemin différent. Cent petits vols ingénieux répondront aux désirs de la mère. Il suivra les brebis pour recueillir un peu de laine. Il prendra à la basse-cour les plumes tombées de la pondeuse. Il épiera, dans son audace, si la fermière, sous l'auvent, laisse un moment sa pelote ou sa quenouille, et s'en ira riche d'un fil dérobé.

Les collections de nids sont fort récentes, peu nombreuses, peu riches encore. Dans celle de Rouen, cependant, remarquable par l'arrangement, dans celle de Paris, où se voient plusieurs très curieux spécimens, on distingue déjà les industries diverses qui créent ce chef-d'œuvre du nid. Quelle en est la chronologie, le crescendo? non d'un art à un autre (non du maçonnage au tressage, par exemple). Mais dans chaque art les oiseaux qui s'y livrent vont plus ou moins haut, selon l'intelligence des espèces, la facilité des matériaux ou l'exigence des climats.

Chez les oiseaux mineurs, le manchot, le pingouin, dont le petit, à peine né, sautera à la mer, se contentent de faire un trou. Mais le guêpier, l'hirondelle de mer, qui doivent élever leurs petits, se creusent sous la terre une véritable habitation, très bien proportionnée, non sans quelque géométrie. Ils la meublent de plus et la jonchent de matières molles sur lesquelles le petit sentira moins la dureté ou la fraîcheur du sol humide.

Dans les oiseaux maçons, le flamant, qui élève la boue en pyramide pour isoler ses œufs de la terre inondée, et les couve debout sous ses longues jambes, se contente d'une œuvre grossière. C'est encore un manœuvre. Le vrai maçon, c'est l'hirondelle qui suspend sa maison aux nôtres.

La merveille du genre est peut-être l'étonnant cartonnage que travaille la grive. Son nid, fort exposé sous l'humide abri des vignes, est de mousse au dehors et échappe aux yeux, mêlé à la verdure; mais regardez dedans : c'est une coupe admirable de propreté, de poli, de luisant, qui ne cède point au verre. On pourrait s'y mirer.

L'art rustique, et propre aux forêts, de la charpente, du menuisage, de la sculpture en bois, a son infime essai dans le toucan, dont le bec est énorme, mais faible et mince; il ne s'attaque qu'aux arbres vermoulus. Le pic, mieux armé, on l'a vu, peut davantage; c'est le vrai charpentier; mais l'amour vient : c'est le sculpteur.

Infinie en genres, en espèces, est la corporation des vanniers, des tisseurs. Marquer leur point de départ, leur progrès et le terme d'une industrie si variée, ce serait un très long travail.

Les oiseaux de rivage tressent déjà, mais avec peu d'adresse. Pourquoi feraient-ils plus ? vêtus si bien par la nature d'une plume onctueuse et presque impénétrable, ils comptent moins avec les éléments. Leur grand art est la chasse; toujours au maigre et faiblement nourris, les piscivores sont dominés par un estomac exigeant.

Le tressage fort élémentaire des hérons, des cigognes, est dépassé déjà, non de beaucoup, par les vanniers des bois, par le geai, le moqueur, l'étourneau, le bouvreuil. Leur famille plus nombreuse leur impose un travail plus grand. Ils fondent des assises grossières, mais par-dessus adaptent un panier plus ou moins élégant, un tressage de racines et bûchettes fortement liées. La cistole entrelace délicatement trois roseaux dont les feuilles, mêlées au tissu, en font la base mobile et sûre; il ondule avec elle. La mésange suspend son berceau en forme de bourse par un côté, et se confie au vent pour bercer sa famille.

Le serin, le chardonneret, le pinson, sont des feutreurs habiles. Ce dernier, inquiet, défiant, colle à l'ouvrage fait, avec beaucoup d'art et d'adresse, des lichens blancs, dont la moucheture désoriente entièrement le chercheur, et lui fait prendre ce charmant nid, si bien dissimulé, pour un accident de verdure, une chose fortuite et naturelle.

Le collage et le feutrage jouent au reste un grand rôle dans l'œuvre même des tisseurs. On aurait tort d'isoler trop ces arts. L'oiseau-mouche consolide avec la gomme des arbres sa petite maison. La plupart des autres y emploient la salive. Quelques-uns, chose étrange ! subite invention de l'amour, y joignent l'art pour lequel leurs organes leur donnent le moins de secours. Un sansonnet américain parvient à coudre des feuilles avec son bec, et très adroitement.

Quelques tresseurs habiles, non contents du bec, y joignent le pied. La chaîne préparée, ils la fixent du pied, pendant que le bec y insère la trame. Ils deviennent de vrais tisserands.

L'adresse ne manque pas, en résumé. Elle est même étonnante; mais les instruments manquent. Ils sont étrangement impropres à ce qu'ils ont à faire. La plupart des insectes sont en comparaison merveilleusement armés, ustensillés. Ce sont de véritables ouvriers qui naissent tels. L'oiseau ne l'est que pour un temps, par l'inspiration de l'amour.

IX

VILLES DES OISEAUX. — ESSAIS DE RÉPUBLIQUE

Plus j'y songe, plus je vois que l'oiseau n'est pas, comme l'insecte, un animal industriel. C'est le poëte de la nature, le plus indépendant des êtres, d'une vie sublime, aventureuse, au total très peu protégée.

Entrons dans les forêts sauvages de l'Amérique, examinons les moyens de sûreté qu'inventent ou possèdent les êtres isolés. Comparons les ressources de l'oiseau, l'effort de son génie, aux inventions de son voisin, l'homme qui vit aux mêmes lieux. La différence fait honneur à l'oiseau ; l'invention humaine est tout offensive. L'Indien a trouvé le casse-tête, le couteau de pierre à scalper ; l'oiseau n'a trouvé que le nid.

Pour la propreté, la chaleur, pour la grâce élégante, le nid est supérieur de tout point au wigwam de l'Indien, à la case du nègre, qui souvent, en Afrique, n'est qu'un baobab creusé par le temps.

Le nègre n'a pas encore trouvé la porte ; sa maison

reste ouverte. Contre l'invasion nocturne des bêtes, il en obstrue l'entrée d'épines.

L'oiseau non plus ne sait fermer son nid. Quelle sera sa défense? Grande et terrible question.

Il fait l'entrée étroite et tortueuse. S'il choisit un nid naturel, comme fait la sittelle, au creux d'un arbre, il en rétrécit l'ouverture par un habile maçonnage. Plusieurs, comme le fournier, bâtissent un nid double en deux appartements : dans l'alcôve couve la mère; au vestibule veille le père, sentinelle attentive, pour repousser l'invasion.

Que d'ennemis à craindre! serpents, hommes ou singes, écureuils! Et que dis-je? Les oiseaux eux-mêmes. Ce peuple aussi a ses voleurs. Les voisins aident parfois le faible à recouvrer son bien, à chasser par la force l'injuste usurpateur. On assure que les freux (espèces de corneilles) poussent plus loin l'esprit de justice. Ils ne pardonnent pas au jeune couple qui, pour être plus tôt en ménage, vole les matériaux, le mobilier d'un autre nid. Ils se réunissent huit ou dix ensemble pour mettre en pièces le nid coupable, détruisent de fond en comble cette maison de vol. Et les voleurs punis s'en vont bâtir au loin, forcés de tout recommencer.

N'est-ce pas là une idée de la propriété et du droit sacré du travail?

Où en trouver les garanties, et comment assurer un commencement d'ordre public? Il est curieux de savoir comment les oiseaux ont résolu la question.

Deux solutions se présentaient : la première était l'*association*, l'organisation d'un gouvernement qui concentrât la force, et de la réunion des faibles fît une puissance défensive. La seconde (mais miraculeuse? impossible? imaginative?) aurait été la réalisation de la *ville aérienne* d'Aristophane, la construction d'une demeure gardée, par sa légèreté, des lourds brigands de l'air, inaccessible aux approches des brigands de la terre, au chasseur, au serpent.

Ces deux choses, l'une difficile, l'autre qui semble impossible, l'oiseau les a réalisées.

L'association d'abord et le gouvernement. La monarchie est l'essai inférieur. De même que les singes ont un roi qui conduit chaque bande, plusieurs espèces d'oiseaux, dans les dangers surtout, paraissent suivre un chef.

Les fourmiliers ont un roi; les oiseaux de paradis ont un roi. Le tyran intrépide, petit oiseau d'audace extraordinaire, couvre de son abri des espèces plus grosses, qui le suivent et se fient à lui. On assure que le noble épervier, réprimant ses instincts de proie pour certaines espèces, laisse nicher sous lui, autour de lui, des familles craintives qui croient à sa générosité.

Mais l'association la plus sûre est celle des égaux. L'autruche, le manchot, une foule d'espèces, s'unissent pour cela. Plusieurs espèces, unies pour voyager, forment, au moment de l'émigration, des républiques temporaires. On sait la bonne entente, la gravité républicaine, la parfaite tactique des cigognes et des grues. D'autres, plus petits et moins armés, dans des climats d'ailleurs où la nature, cruellement féconde, leur engendre sans cesse de redoutables ennemis, n'osent pas s'écarter les uns des autres, rapprochent leurs demeures sans les confondre, et sous un toit commun, vivant en cellules à part, forment de véritables ruches.

La description donnée par Paterson paraissait fabuleuse. Mais elle a été confirmée par Levaillant, qui trouva souvent en Afrique, étudia, anatomisa cette étrange cité. La gravure donnée dans l'*Architecture of birds* fait mieux comprendre son récit. C'est l'image d'un immense parapluie posé sur un arbre et couvrant de son toit commun plus de trois cents habitations. « Je me le fis apporter, dit Levaillant, par plusieurs hommes qui le mirent sur un chariot. Je le coupai avec une hache, et je vis que c'était surtout une masse d'herbe de bosman, sans aucun mélange, mais si fortement tressée qu'il était impossible à la pluie de la traverser. Cette masse n'est que la charpente de l'édifice : chaque oiseau se construit un nid particulier sous le pavillon commun. Les nids occupent seulement le rebord du toit; la partie supérieure reste vide, sans cependant être inutile : car, s'élevant plus que le reste, elle donne au tout une inclinaison suffisante, et préserve ainsi chaque petite habitation. En deux mots, qu'on se figure un grand toit oblique et irrégulier, dont tous les bords à l'intérieur sont garnis de nids serrés l'un contre l'autre, et l'on aura une idée exacte de ces singuliers édifices.

« Chaque nid a trois ou quatre pouces de diamètre, ce qui est suffisant pour l'oiseau; mais, comme ils sont en contact l'un avec l'autre autour du toit, ils paraissent à l'œil ne former qu'un seul bâtiment, et ne sont séparés que par une petite ouverture qui sert d'entrée au nid, et souvent une seule entrée est commune à trois nids, dont l'un est au fond et les deux autres de chaque côté. Il y avait trois cent vingt cellules, ce qui ferait six cent quarante habitants, si chacune renfermait un couple, ce dont on peut douter. Chaque fois, pourtant, que j'ai tiré sur un essaim, j'ai tué en même nombre les mâles et les femelles. »

Louable exemple! digne d'imitation!... Je voudrais seulement croire que la fraternité de ces pauvres petits est une garantie suffisante. Leur nombre et leur bruit peuvent parfois alarmer l'ennemi, inquiéter le monstre, lui faire prendre un autre chemin. Mais pourtant, s'il s'obstine; si, fort de sa peau écaillée, le boa, sourd aux cris, monte à l'assaut, envahit la cité au temps où les petits n'ont pas encore de plumes pour voler, ce nombre ne peut guère que multiplier les victimes.

Reste l'idée d'Aristophane, *la cité aérienne*; s'isoler de la terre, de l'eau et bâtir dans les airs.

Ceci est un coup de génie. Et pour le faire il fallait le miracle des deux premières puissances qui soient au monde : de l'amour, de la peur.

De la peur la plus vive, de celle qui vous glace le sang : si, regardant dans un trou d'arbre, la tête noire et plate d'un froid reptile se lève et vous siffle au visage, homme et fort, vous tremblez.

Combien plus doit frémir, s'abîmer d'épouvante la faible créature désarmée, prise en son nid, et sans pouvoir se servir de ses ailes!

La découverte de la ville aérienne s'est faite au pays des serpents.

L'Afrique, terre des monstres, dans les horribles sécheresses, les voit couvrir la terre. L'Asie, sur son brûlant rivage de Bombay, dans ses forêts où le limon fermente, les fait pulluler et grossir, se gonfler de venin. Aux Moluques, ils sont innombrables.

De là l'inspiration de la *Loxia pensilis* (gros-bec des Philippines). Tel est le nom du grand artiste.

Il choisit un bambou, tout près des eaux. Aux branches de cet arbre il suspend délicatement des filaments de plantes. D'avance, il sait le poids du nid, et ne se trompe pas. Aux filaments il attache une à une (ne s'appuyant sur rien et travaillant en l'air) des herbes assez dures. L'ouvrage est infiniment long et fatigant; il suppose une patience, un courage infinis.

Le vestibule seul n'est pas moins qu'un cylindre de douze à quinze pieds qui pend sur l'eau, l'ouverture par en bas, de sorte qu'on entre en montant. L'extrémité d'en haut semble une gourde ou un sac gonflé, comme la cornue d'un chimiste. Parfois cinq ou six cents nids semblables pendent à un seul arbre.

Voilà ma ville aérienne, non rêvée et fantastique, comme celle d'Aristophane, mais certaine, réalisée, répondant aux trois conditions, sûre du côté de l'eau et de la terre, même inaccessible aux brigands de l'air par ses étroites ouvertures, où l'on n'entre qu'en montant avec tant de difficulté.

Maintenant, ce qu'on dit à Colomb quand il défia de faire tenir un œuf debout, vous le direz peut-être à l'ingénieux oiseau pour sa cité suspendue. Vous lui direz : « C'était bien simple ! » A quoi l'oiseau répondra, comme Colomb : « Que ne le trouviez-vous ? »

X

ÉDUCATION

Voici donc le nid fait, et garanti par tous les moyens de prudence qu'a pu trouver la mère. Elle s'arrête sur son œuvre finie, et rêve l'hôte nouveau qu'il contiendra demain.

A ce moment sacré, ne devons-nous pas, nous aussi, réfléchir, et nous demander ce que contient ce cœur de mère?

Une âme? Oserons-nous dire que cette ingénieuse architecte, cette mère tendre, ait une âme?

Bien des personnes, du reste fort sensibles et fort sympathiques, se récrieraient, repousseraient cette idée si naturelle comme une scandaleuse hypothèse.

Leur cœur les y mènerait; leur esprit les en éloigne, du moins leur éducation, telle idée qu'on a de bonne heure imposée à leur esprit.

Les *bêtes* ne sont que des machines, des automates mécaniques; ou si l'on croit voir en elles des lueurs de sensibilité et de raison, c'est le pur effet de l'*ins-*

tinct. Mais l'instinct, qu'est-ce que c'est? Je ne sais quel sixième sens qui ne se définit pas, qui a été mis en elles, non acquis par elles-mêmes, force aveugle qui agit, construit et fait mille choses ingénieuses, sans qu'elles en aient conscience, sans que leur activité personnelle y soit pour rien.

S'il en est ainsi, cet instinct sera une chose invariable, et ses œuvres seront choses immuablement régulières, que le temps ni les circonstances ne diversifieront jamais.

Les esprits indifférents, distraits, occupés ailleurs, qui n'ont pas le temps d'observer, recevront ceci sur parole. Pourquoi pas? Au premier coup d'œil, tels actes des animaux, telles œuvres aussi, paraissent *à peu près* régulières. Pour en juger autrement, peut-être faudrait-il plus d'attention, de suite, de temps et d'étude que la chose n'en vaut la peine.

Ajournons cette dispute et voyons l'objet lui-même. Prenons le plus humble exemple, un exemple individuel; faisons appel à nos yeux, à notre observation propre, telle que chacun peut la faire avec le sens le plus vulgaire.

Qu'on me permette de donner ici bonnement et simplement le journal de ma serine Jonquille, comme il fut écrit heure par heure à la naissance de son premier enfant, journal très exact et, bref, acte de naissance authentique.

« Il faut dire d'abord que Jonquille était née en cage et n'avait pas vu faire de nid. Dès que je la vis agitée de sa maternité prochaine, je lui ouvris souvent la porte et la laissai libre de recueillir dans l'appartement les éléments de la couche dont aurait besoin le petit. Elle les ramassait en effet, mais sans savoir les employer. Elle les réunissait, les poussait et les fourrait dans quelque coin de la cage. Il était très évident que l'art de la construction n'était point inné en elle, que (tout comme l'homme) l'oiseau ne sait pas sans avoir appris.

« Je lui donnai le nid tout fait, du moins la petite corbeille qui fait la charpente et les murs de la construction. Elle fit alors le matelas, et feutra tellement quellement les parois. Elle couva ensuite son œuf pendant seize jours avec une persévérance, une ferveur, une dévotion maternelle étonnantes, sortant à peine quelques minutes par jour de cette position si fatigante, et seulement lorsque le mâle voulait bien la remplacer.

« Le seizième jour, à midi, la coquille fut cassée en deux, et l'on vit ramper dans le nid de petites ailes sans plumes, de petits pieds, quelque chose qui travaillait à se dégager entièrement de l'enveloppe. Le corps était un gros ventre, arrondi comme une boule. La mère, avec de grands yeux, le cou en avant, les ailes frémissantes, du bord du panier, regardait l'enfant et me regardait aussi, comme en disant : *N'approchez pas!*

« Sauf quelques longs duvets aux ailes et à la tête, il était tout à fait nu.

« Ce premier jour, elle lui donna seulement à boire. Il ouvrait cependant déjà un bec fort raisonnable.

« De temps en temps, pour le faire mieux respirer, elle s'écartait un peu, puis le remettait sous son aile et le frictionnait délicatement.

« Le second jour il mangea, mais une becquée

fort légère, de mouron, bien préparée, apportée par le père d'abord, reçue par la mère et transmise par elle avec de petits cris. Vraisemblablement c'était moins nourriture que purgation.

« Tant que l'enfant a ce qu'il faut, elle laisse le père voler, aller et venir, vaquer à ses occupations. Mais dès que l'enfant demande, la mère, de sa plus douce voix, appelle le nourricier, qui remplit son bec, arrive en hâte et lui transmet l'aliment.

« Le cinquième jour, les yeux sont moins proéminents ; le sixième au matin, des plumes percent le long des ailes et le dos se rembrunit ; le huitième, l'enfant ouvre les yeux quand on l'appelle, et commence à bégayer ; le père hasarde de nourrir le petit lui-même. La mère prend des vacances et fait de fréquentes absences. Elle se pose souvent au bord et contemple amoureusement son enfant. Mais celui-ci s'agite, sent le besoin du mouvement. Pauvre mère! dans bien peu il voudra t'échapper.

« Dans cette première éducation de la vie élémentaire et passive encore, comme dans la seconde (active, celle du vol), dont je parlerai, ce qui était évident, perceptible à chaque moment, c'est que tout était proportionné avec une prudence, infinie à la chose la moins prévue, chose essentiellement variable, la force individuelle de l'enfant : les quantités, les qualités, le mode de la préparation alimentaire, les soins de réchauffement, de friction et de propreté, administrés avec une adresse et une attention de détails, nuancés selon l'occurrence, tels que la femme la plus délicate, la plus prévoyante, y aurait à peine atteint.

« Quand je voyais son cœur battre avec violence,

son œil s'illuminer en regardant son cher trésor, je disais : « Ferais-je autrement près du berceau de « mon fils? »

Ah! si c'est là une machine, que suis-je moi-même? et qui prouve alors que je suis une personne? S'il n'y a pas une âme, qui me répond de l'âme humaine? A quoi se fier donc alors? Et tout ce monde n'est-il pas un rêve, une fantasmagorie, si, des actes les plus personnels, les plus manifestement raisonnés et calculés, je dois conclure qu'il n'y a rien qu'absence de la raison, mécanisme, automatisme, une espèce de pendule qui joue la vie et la pensée!

Notez que notre observation portait sur un être captif qui opérait dans des circonstances fatales et déterminées de logement, de nourriture, etc., etc. Mais combien son action eût-elle été encore plus évidemment choisie, voulue et réfléchie, si tout cela s'était passé dans la liberté des forêts, où elle eût dû s'inquiéter de tant d'autres circonstances auxquelles la captivité la dispensait de songer! Je pense surtout aux soins de sécurité qui, pour l'oiseau, sont peut-être les premiers dans la vie sauvage, et qui plus qu'aucune chose exercent et constatent son libre génie.

Cette première initiation à la vie, dont je viens de donner un exemple, est suivie de ce que j'appellerais l'*éducation professionnelle;* chaque oiseau a un métier.

Éducation plus ou moins laborieuse selon le milieu et les circonstances où est placée chaque espèce. Celle de la pêche, par exemple, est simple pour le manchot, qui, peu ingambe, a assez de peine pour mener le petit à la mer; sa grande nourrice l'attend et lui tient la nourriture prête : il n'a qu'à ouvrir le bec. Chez le canard, cette éducation est plus compliquée. J'observais, cet été, sur un étang de Normandie, une cane, suivie de sa couvée, qui donnait sa première leçon. Les nourrissons, attroupés, avides, ne demandaient qu'à vivre. La mère, docile à leurs cris, plongeait au fond de l'eau, rapportant quelque vermisseau ou un petit poisson qu'elle distribuait avec impartialité, ne donnant jamais deux fois de suite au même caneton.

Le plus touchant dans ce tableau, c'est que la mère, dont sans doute l'estomac réclamait aussi, ne gardait rien pour elle et semblait heureuse du sacrifice. Sa préoccupation visible était d'amener sa famille à faire comme elle, à disparaître intrépidement sous l'eau pour saisir la proie. D'une voix presque douce, elle sollicitait cet acte de courage et de confiance. J'eus le bonheur de voir l'un après l'autre chacun des petits plonger, peut-être en frémissant, au fond du noir abîme. L'éducation venait d'être achevée.

Éducation fort simple, et d'un des métiers inférieurs. Resterait à parler de celle des arts, de l'art du vol, de l'art du chant, de l'art architectural. Rien de plus compliqué que l'éducation de certains oiseaux chanteurs. La persévérance du père, la docilité des petits, sont dignes de toute admiration.

Et cette éducation s'étend au delà de la famille. Les rossignols, les pinsons, jeunes encore ou moins habiles, savent écouter et profiter auprès de l'oiseau supérieur qu'on leur donne pour maître. Dans les palais de Russie, où on a ce noble goût oriental pour le chant de Bulbul, on voit parfois de ces écoles. Le maître rossignol, dans sa cage suspendue au centre d'une salle, a autour de lui ses disciples dans leurs cages respectives. On paye tant par heure pour qu'ils viennent écouter et prendre leçon. Avant que le maître chante, ils jasent entre eux, gazouillent, se saluent et se reconnaissent. Mais dès que le puissant docteur, d'un impérieux coup de gosier, comme d'une fine cloche d'acier, a imposé le silence, vous les voyez écouter avec une déférence sensible, puis timidement répéter. Le maître, avec complaisance, revient aux principaux passages, corrige, rectifie doucement. Quelques-uns alors s'enhardissent et, par quelques accords heureux, essayent de s'harmoniser à cette mélodie supérieure.

Une éducation si délicate, si variée, si compliquée, est-elle d'une machine, d'une brute réduite à l'instinct? Qui peut y méconnaître une âme?

Ouvrons les yeux à l'évidence. Laissons là les préjugés, les choses apprises et convenues. De quelque idée préconçue, de quelque dogme qu'on parte, on ne peut pas offenser Dieu en rendant une âme à la bête. Combien n'est-il pas plus grand s'il a créé des personnes, des âmes et des volontés que s'il a construit des machines!

Laissez l'orgueil et convenez d'une parenté qui n'a rien dont rougisse une âme pieuse. Que sont ceux-ci? ce sont vos frères.

Que sont-ils? des âmes ébauchées, des âmes spécialisées encore dans telles fonctions de l'existence, des candidats à la vie plus générale et plus vastement harmonique où est arrivée l'âme humaine.

Y viendront-ils? et comment? Dieu s'est réservé ces mystères.

Ce qui est sûr, c'est qu'il les appelle, eux aussi, à monter plus haut.

Ceux-ci sont, sans métaphore, les petits enfants de la nature, nourrissons de la Providence, qui s'essayent à sa lumière pour agir, penser, qui tâtonnent, mais peu à peu iront plus loin.

> O pauvre enfantelet! du fil de tes pensées
> L'échevelet n'est encor débrouillé...

Ames d'enfants, en réalité, mais, bien plus que celles des enfants de l'homme, douces, résignées et patientes. Voyez dans quelle débonnaireté muette la plupart supportent (comme nos chevaux) les mauvais traitements, les coups, les blessures! Tous savent porter la maladie, tous la mort. Ils s'en vont à part, s'enveloppent de silence, se couchent et se cachent; cette douceur leur sert souvent des remèdes les plus efficaces. Sinon, ils acceptent leur sort, passent comme s'ils s'endormaient.

Aiment-ils autant que nous? Comment en douter, quand on voit les plus timides devenir tout à coup héroïques pour défendre leurs petits et leur famille? Le dévouement de l'homme qui brave la mort pour ses enfants, vous le retrouverez tous les jours chez le tyran, chez le martin, qui non seulement résiste à l'aigle, mais le poursuit avec une fureur héroïque.

Voulez-vous voir deux choses étonnamment analogues? Regardez d'une part la femme au premier pas de l'enfant, et d'autre part l'hirondelle au premier vol du petit.

C'est la même inquiétude, les mêmes encouragements, les exemples et les avis, la sécurité affectée, au fond la peur, le tremblement... « Rassure-toi... rien n'est plus facile. » En réalité, les deux mères frémissent intérieurement.

Les leçons sont curieuses. La mère se lève sur ses ailes ; il regarde attentivement et se soulève un peu aussi. Puis, vous la voyez voleter ; il regarde, agite ses ailes... Tout cela va bien encore, cela se fait dans le nid... La difficulté commence pour se hasarder d'en sortir. Elle l'appelle, elle lui montre quelque petit gibier tentant, elle lui promet récompense, elle essaye de l'attirer par l'appât d'un moucheron.

Le petit hésite encore. Et mettez-vous à sa place. Il ne s'agit pas ici de faire un pas dans une chambre, entre la mère et la nourrice, pour tomber sur des coussins. Cette hirondelle d'église, qui professe au haut de sa tour sa première leçon de vol, a peine à enhardir son fils, à s'enhardir peut-être elle-même à ce moment décisif. Tous deux, j'en suis sûr, du regard plus d'une fois mesurent l'abîme et regardent le pavé... Pour moi, je vous le déclare, le spectacle est grand, émouvant. Il faut *qu'il croie* sa mère, il faut *qu'elle se fie à l'aile* du petit, si novice encore... Des deux côtés, Dieu exige un acte de foi, de courage. Noble et sublime point de départ !... Mais il a cru, il est lancé et il ne retombera pas. Tremblant, il nage, soutenu du paternel souffle du ciel, des cris rassurants de sa mère... Tout est fini... Désormais, il volera indifférent par les vents et par les orages, fort de cette première épreuve où il a volé dans la foi.

XI

LE ROSSIGNOL, L'ART ET L'INFINI

Le célèbre Pré-aux-Clercs, aujourd'hui marché Saint-Germain, est, comme on sait, le dimanche, le marché aux oiseaux de Paris. Lieu curieux à plus d'un titre. C'est une vaste ménagerie, fréquemment renouvelée, musée mobile et curieux de l'ornithologie française.

D'autre part, un tel encan d'êtres vivants, après tout, de captifs dont un grand nombre sentent vivement la captivité, d'esclaves que le marchand montre, vante et fait valoir plus ou moins adroitement, rappelle indirectement les marchés de l'Orient, les encans d'esclaves humains. Les esclaves ailés, sans savoir nos langues, n'expriment pas moins clairement la pensée de l'esclavage : les uns nés ainsi, résignés; ceux-là sombres et muets, rêvant toujours la liberté. Quelques-uns paraissent s'adresser à vous, vouloir arrêter le passant, ne demander qu'un bon maître. Que de fois nous vîmes un chardonneret intelligent, un aimable rouge-gorge, nous regarder tristement, mais d'un regard non équivoque qui disait : « Achète-moi! »

Un dimanche de cet été, nous y fîmes une visite que nous n'oublierons jamais. Le marché n'était pas riche, encore moins harmonieux : les temps de mue et de silence avaient commencé. Nous n'en fûmes pas moins saisis et vivement intéressés de la naïve attitude de quelques individus. Le chant, le plumage, ces deux hauts attributs de l'oiseau, préoccupent ordinairement, et empêchent d'observer leur vive et originale pantomime. Un seul, le moqueur d'Amérique, a le génie du comédien, marquant tous ses chants d'une mimique strictement appropriée à leur caractère et souvent très ironique. Nos oiseaux n'ont pas cet art singulier; mais, sans art et à leur insu, ils expriment par des mouvements significatifs, souvent pathétiques, ce qui traverse leur esprit.

Ce jour, la reine du marché était une fauvette à tête noire, oiseau artiste de grand prix, mis à part dans l'étalage, au-dessus des autres cages, et comme un bijou sans pair. Elle voletait, svelte et charmante; en elle tout était grâce. Formée à la captivité dans une longue éducation, elle semblait ne regretter rien, et ne pouvait donner à l'âme que des impressions douces, heureuses. C'était visiblement un être tout suave, et si harmonique de chant et de mouvement qu'en la voyant se mouvoir je croyais l'entendre chanter.

Plus bas, bien plus bas, dans une étroite cage, un oiseau un peu plus gros, fort inhumainement resserré, donnait une impression bizarre et toute contraire. C'était un pinson, et le premier que j'aie vu aveugle. Nul spectacle plus pénible. Il faut avoir une nature étrangère à toute harmonie, une âme barbare, pour acheter par une telle vue le chant de cette victime. Son attitude tourmentée, laborieuse, me rendait son chant douloureux. Le pis, c'est qu'elle était humaine : elle rappelait les tours de tête et d'épaules disgracieux que se donnent souvent les myopes ou les hommes devenus aveugles. Tel n'est jamais l'aveugle-né. Dans un effort violent, mais constant, devenu un tic, la tête inclinée à droite, de ses yeux vides il cherchait la lumière. Le cou tendait à rentrer dans les épaules et se gonflait comme pour y prendre plus de force, cou tors, épaules un peu bossues. Ce malheureux virtuose, qui chantait quand même, contrefait et déformé, eût été une image basse des laideurs de l'esclave artiste, s'il n'eût été ennobli par cet indomptable effort de poursuivre la lumière, la cherchant toujours en haut, et puisant toujours son chant dans l'invincible soleil qu'il avait gardé dans l'esprit.

Médiocrement éducable, cet oiseau répète, d'un merveilleux timbre d'acier, la chanson de son bois natal, et de l'accent particulier du canton où il est né : autant de dialectes de pinsons que de cantons différents. Il se reste fidèle à lui-même ; il ne chante que son berceau, et cela d'une même note, mais d'une âpre passion, d'une émulation extraordinaire. Mis en face d'un rival, il la redira huit cents fois de suite ; parfois il en meurt. Je ne m'étonne pas que les Belges célèbrent avec passion les combats de ce héros du chant national, du chantre de leurs forêts d'Ardennes, décernent des prix, des couronnes, même des arcs de triomphe à ces dévouements suprêmes, qui donnent la vie pour la victoire.

Plus bas encore que le pinson, et dans une misérable cage fort petite, peuplée pêle-mêle d'une demi-douzaine d'oiseaux de tailles fort différentes, on me montra un prisonnier que je n'aurais pas distingué, un jeune rossignol pris le matin même. L'oiseleur, par un habile machiavélisme, avait mis le triste captif dans un monde de petits esclaves fort gais et déjà tout faits à la réclusion. C'étaient de jeunes troglodytes, nés en cage et récemment; il avait fort bien calculé que la vue des jeux de l'enfance innocente trompe parfois les grandes douleurs.

Grande évidemment, immense était celle-ci, plus frappante qu'aucune de celles que nous exprimons par les larmes. Douleur muette, enfermée en soi, qui ne voulait que ténèbres. Il était au plus loin reculé dans l'ombre, au fond de la cage, caché à demi au fond d'une petite mangeoire, se faisant gros et gonflé dans ses plumes un peu hérissées, fermant les yeux, sans les ouvrir même quand il était heurté dans les jeux folâtres, indiscrets, de ces petits turbulents qui se poussaient souvent sur lui. Visiblement, il ne voulait ni voir, ni entendre, ni manger, ni se consoler. Ces ténèbres volontaires, je le sentais bien, étaient, dans sa cruelle douleur, *un effort pour ne pas être*, un suicide intentionnel. D'esprit, il embrassait la mort, et mourait, autant qu'il pouvait, par la suspension des sens et de toute activité extérieure.

Notez que, dans cette attitude, il n'y avait rien de haineux, rien d'amer, rien de colérique, rien de ce qui eût rappelé son voisin, l'âpre pinson, dans son attitude d'effort si violente et si tourmentée. Même l'indiscrétion des oiseaux enfants qui, sans souci ni respect, se jetaient par moments sur lui, ne tirait de lui aucune marque d'impatience. Il disait visiblement : « Qu'importe à celui qui n'est plus? » Quoique ses yeux fussent fermés, je n'en lisais pas moins en lui. Je sentais une âme d'artiste, toute douceur et toute lumière, sans fiel et sans dureté contre la barbarie du monde et la férocité du sort. Et c'est de cela qu'il vivait, c'est par là qu'il ne mourait pas, trouvant en lui, dans ce grand deuil, le tout-puissant cordial inhérent à sa nature : *la lumière intérieure, le chant.* Ces deux mots disent même chose en langage de rossignol.

Je compris qu'il ne mourrait pas, parce qu'alors même, malgré lui, malgré ce goût de la mort, il ne laissait pas de chanter. Son cœur chantait le chant muet que j'entendais parfaitement :

...Lascia che io pianga!
La Libertà...

La Liberté... Laissez-moi, que je pleure!

Je ne m'étais pas attendu à retrouver là ce chant qui jadis, par une autre bouche (une bouche qui ne s'ouvrira plus), m'avait déjà mordu le cœur, et mis là une blessure que le temps n'effacera pas.

Je demandais à son geôlier si l'on pouvait l'acheter. Cet homme rusé me répondit qu'il était trop jeune pour être vendu, qu'il ne mangeait pas encore seul : chose fausse évidemment, car il n'était pas de l'année; mais il le gardait pour le vendre à l'hiver, lorsque la voix, revenue, lui donnerait un haut prix. Un tel rossignol, né libre, qui seul est le vrai rossignol, a une bien autre valeur que celui qui naît en cage : il chante bien autrement, ayant connu la liberté, la nature, et les regrettant. La meilleure part du génie du grand artiste est la douleur.....

Artiste! J'ai dit ce mot, et je ne m'en dédis pas. Ce n'est pas une analogie, une comparaison de choses qui se ressemblent : non, c'est la chose elle-même.

Le rossignol, à mon sens, n'est pas le premier, mais le seul, dans le peuple ailé, à qui l'on doive ce nom.

Pourquoi? Seul il est créateur; seul il varie, enrichit, amplifie son chant, y ajoute des chants nouveaux. Seul, il est fécond et varié par lui-même; les autres le sont par l'enseignement et l'imitation. Seul, il les résume, les contient presque tous : chacun d'eux, des plus brillants, donne un couplet du rossignol.

Un seul oiseau avec lui, dans le naïf et le simple, atteint des effets sublimes : c'est l'alouette, fille du soleil. Et le rossignol aussi est inspiré de la lumière, tellement qu'en captivité, seul, privé d'amour, elle suffit pour le faire chanter. Tenu quelque temps dans l'ombre, puis tout à coup rendu au jour, il délire d'enthousiasme, il éclate en hymnes. Il y a, toutefois, cette différence : l'alouette ne chante pas la nuit; elle n'a pas la mélodie nocturne, l'entente des grands effets du soir, la profonde poésie des ténèbres, la solennité de minuit, les aspirations d'avant l'aube, enfin ce poème si varié, qui nous traduit, nous dévoile, en toutes ses péripéties, un grand cœur plein de tendresse. L'alouette a le génie lyrique; le rossignol a l'épopée, le drame, le combat intérieur : de là une lumière à part. En pleines ténèbres, il voit dans son âme et dans l'amour; par moments, au delà, ce semble, de l'amour individuel, dans l'océan de l'Amour infini.

Comment ne pas l'appeler artiste? il en a le tempérament au degré suprême où l'homme l'a lui-même rarement. Tout ce qui y tient, qualités, défauts, en lui surabonde. Il est sauvage et craintif, défiant, mais point du tout rusé. Il ne consulte point sa sûreté et ne voyage que seul. Il est ardemment jaloux, en émulation égal au pinson. « Il se crèverait à chanter », dit un de ses historiens. Il s'écoute, il s'établit surtout où il y a écho, pour entendre et répondre. Nerveux à l'excès, on le voit, en captivité, tantôt dormir longtemps le jour avec des rêves agités, parfois se débattre, veiller et se démener. Il est sujet aux attaques de nerfs, à l'épilepsie.

Il est bon, il est féroce. Je m'explique. Son cœur est tendre pour les faibles et les petits : donnez-lui des orphelins, il s'en charge, les prend à cœur; mâle et vieux, il les nourrit, les soigne attentivement comme ferait une femelle. D'autre part il est extrêmement âpre à la proie, engloutissant et avide; la flamme qui brûle en lui et le tient presque toujours maigre lui fait constamment sentir le besoin du renouvellement; et c'est aussi une des raisons qui font qu'on le prend si aisément. Il suffit de tendre au matin, en avril et en mai surtout, quand il s'épuise à chanter dans toute la longueur des nuits. A l'aurore, exténué, faible, avide, il se jette à l'aveugle sur l'appât. Il est d'ailleurs fort curieux, et, pour voir des objets nouveaux, il vient également se faire prendre.

Une fois pris, si l'on n'avait soin de lier ses ailes, ou plutôt de couvrir à l'intérieur et de matelasser le haut de sa cage, il se tuerait par sa violence effarée et ses mouvements.

Cette violence est extérieure. Au fond, il est doux et docile : c'est là ce qui le met si haut et le fait vraiment artiste. Il est non seulement le plus inspiré, mais le plus éducable, le plus civilisable, le plus laborieux.

C'est un spectacle de voir les petits autour du père, écouter attentivement, profiter, se former la voix, corriger peu à peu leurs fautes leur rudesse de novices, assouplir leurs jeunes organes.

Mais combien plus curieux est-il de le voir se former lui-même, se juger, se perfectionner, s'écouter sur de nouveaux thèmes ! Cette persévérance, ce sérieux, qui vient du respect de son art et d'une religion intérieure, c'est la moralité de l'artiste, son sacre divin, qui le met à part, ne permettant pas de le confondre avec le vain improvisateur, dont le babil sans conscience est un simple écho de la nature.

Ainsi l'amour et la lumière sont sans doute son point de départ; mais l'art même, l'amour du beau confusément entrevu et très vivement senti, sont un second aliment qui soutient son cœur et lui donne un souffle nouveau. Et cela est sans limites, un jour ouvert sur l'infini.

La vraie grandeur de l'artiste, c'est de dépasser son objet, et de faire plus qu'il ne veut, et tout autre chose, de passer par-dessus le but, de traverser le possible, et de voir encore au delà.

De là, de grandes tristesses, une source intarissable de mélancolie; de là le ridicule sublime de pleurer les malheurs qu'il n'a jamais eus. Les autres oiseaux s'en étonnent et lui demandent parfois ce qu'il a, ce qu'il regrette. Heureux, libre en sa forêt, il ne leur répond pas moins par ce que, dans son silence, chantait mon captif :

Lascia che io pianga!

XII

SUITE DU ROSSIGNOL

Les temps de silence ne sont pas stériles pour le rossignol : il se recueille et réfléchit ; il couve les chants qu'il entendit et qu'il essaya lui-même ; il les modifie et les améliore avec un goût, un tact parfait. Aux fausses notes d'un maître ignorant, il substitue des variantes harmoniques, ingénieuses. L'air imparfait qu'on lui apprit, ou qu'il n'avait pas répété, il le reproduit alors ; mais vraiment sien, approprié à son génie et devenu une mélodie de rossignol.

« Ne vous découragez pas, dit un vieil et naïf auteur, si le jeune oiseau ne veut pas répéter votre leçon et continue à gazouiller ; bientôt il vous fera voir qu'il n'a pas perdu la mémoire des leçons reçues pendant l'automne et l'hiver, *temps propre à méditer, par la longueur des nuits ;* il les redira au printemps. »

Il est fort intéressant de suivre pendant l'hiver les pensées du rossignol dans la cage obscure, enveloppée de drap vert qui trompe un peu son regard et lui rappelle sa forêt. Dès décembre, il commence à rêver tout haut, à discourir, à décrire en notes émues ce qui passe devant son esprit, les objets absents, aimés. Peut-être oublie-t-il alors qu'il n'a pas pu émigrer, et se croit-il arrivé en Afrique ou en Syrie, aux contrées d'un meilleur soleil. Peut-être il le voit, ce soleil; il voit refleurir la rose, il recommence pour elle, au dire des poètes de la Perse, son hymne de l'impossible amour (*O soleil, ô mer, ô rose!...* (Rückert).

Moi, je croirai simplement que ce chant noble et pathétique, d'un accent si élevé, n'est autre chose que lui-même, sa vie d'amour et de combat, son drame de rossignol. Il voit les bois, l'objet aimé qui les transfigure; il voit sa vivacité tendre et mille grâces de la vie ailée, que la nôtre ne peut percevoir. Il lui parle, elle lui répond; il se charge de deux rôles, à la grande voix mâle et sonore, réplique par de doux petits cris. Quoi encore? Je ne fais nul doute que déjà ne lui apparaisse le ravissement de sa vie, la tendre intimité du nid, la pauvre petite maison, qui aurait été son ciel... Il s'y croit, ferme les yeux, complète cette illusion. L'œuf est éclos, le miracle de son Noël en est sorti : son fils, le futur rossignol, déjà grand et mélodieux; il écoute avec extase, dans la nuit de sa cage sombre, la future chanson de son fils.

Tout cela, bien entendu, dans une confusion poétique, où les obstacles, les combats coupent et troublent la fête d'amour. Nul bonheur ici-bas n'est pur; un tiers survient; le captif tout seul s'anime et s'irrite; il lutte manifestement contre l'adversaire invisible, *l'autre*, l'indigne rival qui est présent à son esprit.

La scène se passe en lui comme elle aurait lieu au printemps, quand les mâles reviennent, vers mars ou avril, avant le retour des femelles, décidés à régler entre eux leur grand duel de jalousie. Dès qu'elles sont revenues, tout doit être calme et tranquille, rien qu'amour, douceur et paix. Ce combat dure quinze jours; et si elles reviennent plus tôt, mortel est l'effort; l'histoire de Roland se réalise à la lettre : il sonna de son cor d'ivoire jusqu'à extinction de force et de vie. Eux aussi, ils chantent jusqu'au dernier souffle, à mort; ils veulent l'emporter ou mourir.

S'il est vrai, comme on assure, que les amants soient deux fois, trois fois plus nombreux que les amantes, on conçoit la violence de cette brûlante émulation : c'est là la première étincelle, peut-être, et le secret de leur génie.

Le sort du vaincu est affreux, pire que la mort. Il faut qu'il fuie, qu'il quitte le canton, le pays, qu'il aille se faire commensal des tribus d'oiseaux inférieurs, que du chant il tombe au patois, qu'il s'oublie et se dégrade, vulgarisé chez ce peuple vulgaire, peu à peu ne sachant plus ni sa langue ni la leur, nulle langue. On trouve parfois de ces exilés qui n'ont plus que figure de rossignol.

Le rival chassé, rien n'est fait. Il faut plaire, il faut la fléchir. Beau moment, douce inspiration du nouveau chant qui touchera ce petit cœur fier et sauvage, et lui fera pour l'amour abandonner la liberté ! L'épreuve que, dans d'autres espèces, la femelle impose, c'est d'aider à creuser ou bâtir le nid, de montrer qu'on est habile, qu'on prendra la famille à cœur. L'effet est parfois admirable. Le pic, comme nous avons vu, d'ouvrier devient artiste, et de charpentier sculpteur. Mais hélas! le rossignol n'a pas cette adresse, il ne sait rien faire. Le moindre des petits oiseaux est cent fois plus adroit que lui du bec, de l'aile et de la patte; il n'a que la voix, qu'il s'en serve; là va éclater sa puissance, là il sera irrésistible; d'autres pourront montrer leurs œuvres, mais son œuvre à lui, c'est lui-même : il se montre, il se révèle; il apparaît grand et sublime.

Je ne l'ai jamais entendu dans ce moment solennel sans croire que non seulement il devait la toucher au cœur, mais qu'il pouvait la transformer, l'ennoblir et l'élever, lui transmettre un haut idéal, mettre en elle le rêve enchanté d'un sublime rossignol qui naîtrait de leurs amours.

C'est son incubation, à lui; il couve le génie de l'amante, la féconde de poésie, l'aide à se créer en pensée celui qu'elle va concevoir. Tout germe est une idée d'abord.

Résumons. Jusqu'ici, nous avons pu compter trois chants :

Le drame du chant de combat, avec ses alternatives de dépit, d'orgueil, de bravade, d'âpres et jalouses fureurs.

Le chant de sollicitation, de tendre et douce prière, mais mêlé de fiers mouvements d'impatience presque impérieuse, où visiblement le génie s'étonne d'être encore méconnu, s'irrite et gémit du retard, en revenant vite pourtant à la plainte respectueuse.

Enfin, vient le chant du triomphe : *Je suis vainqueur, je suis aimé, le roi, le dieu, et le seul... créateur...* Dans ce dernier mot est l'intensité de la vie et de l'amour ; car c'est surtout elle qu'il crée, y mirant et réfléchissant son génie, et la transformant, de sorte qu'il n'y ait plus en elle un mouvement, un trouble, un frémissement d'aile qui ne soit sa mélodie, à lui, devenue visible dans cette grâce enchantée.

De là le nid, l'œuf et l'enfant. Tout cela, c'est la chanson réalisée et vivante. Et voilà pourquoi il ne s'éloigne pas d'un moment pendant le travail sacré de l'incubation. Il ne se tient pas dans le nid, mais sur une branche voisine un peu plus élevée. Il sait à merveille que la voix agit bien plus à distance. De ce poste supérieur, le tout-puissant magicien continue de fasciner et de féconder le nid, il coopère au grand mystère, et du chant, du cœur, du souffle, de tendresse et de volonté il engendre encore.

C'est alors qu'il faut l'entendre, l'entendre dans sa forêt, participer aux émotions de cette puissance fécondante, la plus propre à révéler peut-être, à faire saisir ici-bas le grand Dieu caché qui nous fuit. Il recule à chaque pas devant nous, et la science ne fait que mettre un peu plus loin le voile où il se dérobe. « Le voici, disait Moïse, qui passe, je l'ai vu par derrière. » — « N'est-ce pas lui, disait Linné, qui passe ? Je l'ai vu de profil. » Et moi je ferme les yeux ; je le sens d'un cœur ému, je le sens qui glisse en moi dans une nuit enchantée par la voix du rossignol.

Rapprochez-vous, c'est un amant ; mais, éloignez-vous, c'est un dieu. La mélodie, ici vibrante et d'un brûlant appel aux sens, là-bas grandit et s'amplifie par les effets de la brise ; c'est un chant religieux qui emplit toute la forêt. De près, il s'agissait du nid, de l'amante, du fils qui doit naître ; mais, de loin, autre est cette amante, autre est le fils ; c'est la Nature, mère et fille, amante éternelle, qui se chante et se célèbre ; c'est l'infini de l'Amour qui aime en tous et chante en tous ; ce sont les attendrissements, les cantiques, les remerciements qui s'échangent de la terre au ciel.

. . . .

« Enfant, j'avais senti cela dans nos campagnes du Midi, dans les belles nuits étoilées, près de la maison de mon père.. Plus tard, je le sentis mieux, spécialement près de Nantes, dans ce verger solitaire dont on a parlé plus haut. Les nuits, moins étincelantes, étaient légèrement gazées d'une brume tiède, à travers laquelle les étoiles, discrètement, envoyaient de doux regards. Un rossignol nichait à terre, dans un lieu bien peu caché, sous mon cèdre, parmi des pervenches. Il commençait vers minuit et continuait jusqu'à l'aube, heureux, visiblement fier de veiller seul, de remplir de sa voix ce grand silence. Personne ne l'interrompait, sauf, vers le matin, le coq, être d'un monde différent, étranger aux chants des esprits, mais exacte sentinelle qui se sentait obligée, pour avertir le travailleur, de chanter l'heure en conscience.

« L'autre persistait quelque temps, semblant dire, comme Juliette à Roméo : « Non, ce n'est pas l'aube « encore. »

« Son établissement près de nous montrait qu'il ne nous craignait guère, qu'il avait un sentiment de la sécurité profonde qu'il pouvait avoir à côté de deux ermites du travail, très occupés, très bienveillants et, non moins que l'ermite ailé, pleins de leur chant et de leur rêve. Nous pouvions le voir à notre aise, ou voleter en famille, ou soutenir des duels de chant avec un orgueilleux voisin, qui parfois venait le braver. A la longue, nous lui devenions, je crois, plutôt agréables, comme auditeurs assidus, amateurs, connaisseurs peut-être. Le rossignol a besoin d'être apprécié, applaudi; il estime visiblement l'oreille attentive de l'homme et comprend très bien son admiration.

« Je le vois encore près de moi, à dix ou quinze pas au plus, sautillant et avançant à mesure que je marchais, observant la même distance, de manière à rester hors de portée, mais à même d'être entendu et admiré.

« Le costume qu'il vous voit n'est nullement indifférent. J'ai remarqué qu'en général les oiseaux n'aiment pas le noir, et qu'ils en ont peur. J'étais vêtue à sa guise, de blanc nuancé de lilas, avec un chapeau de paille orné de quelques bluets. Par minutes, je le voyais fixer sur moi son œil noir, d'une vivacité singulière, farouche et doux, quelque peu fier, qui disait visiblement : « Je suis libre et j'ai des ailes; contre moi tu « ne peux rien. Mais je veux bien chanter pour toi. »

« Nous eûmes de très grands orages au temps des couvées, et, dans l'un, la foudre tomba près de nous. Nulle scène plus émouvante que l'approche de ces moments : l'air manque; les poissons remontent pour respirer quelque peu; la fleur se courbe languissante : tout souffre, et les larmes viennent. Je voyais bien que lui aussi il était à l'unisson. De sa poitrine oppressée, autant que l'était la mienne, une sorte de rauque soupir s'arrachait comme un cri sauvage.

« Mais le vent, tout à coup levé, vint s'engouffrer dans nos bois; les plus grands arbres pliaient, et le cèdre même. Des torrents fondirent, tout nagea. Que devint le pauvre nid, ouvert, à terre, sans abri que la feuille de pervenche? Il échappa; car je vis, avec le soleil reparu, dans l'air épuré, mon oiseau plus gai que jamais, qui volait le cœur plein de chant. Tout le peuple ailé chantait la lumière, mais lui bien plus que les autres. Sa voix de clairon était revenue. Je le voyais sous mes fenêtres, l'œil en feu et le sein gonflé, s'enivrant du même bonheur qui faisait palpiter le mien.

« Douce alliance des âmes, comment n'est-elle pas partout, entre nous et nos frères aînés, entre l'homme et l'universalité de la nature vivante? »

CONCLUSION

Au moment où j'allais écrire la conclusion de ce livre, notre illustre maître arrive de ses grandes chasses d'automne. Toussenel m'apporte un rossignol.

Je lui avais demandé de m'aider de ses conseils, de me guider dans le choix d'un rossignol chanteur. Il n'écrit pas, mais il vient; il ne conseille pas, il cherche, trouve, donne, réalise mon rêve... A coup sûr, voilà l'amitié.

Bienvenu sois-tu, oiseau, et pour la chère main qui t'apporte, et pour toi-même, pour ta muse sacrée, le génie qui réside en toi!

Voudrais-tu bien chanter pour moi, et par ta puissance d'amour et de paix harmoniser un cœur troublé de la cruelle histoire des hommes?

Ce fut un événement de famille, et nous établîmes le pauvre artiste prisonnier dans une embrasure de fenêtre, mais enveloppé d'un rideau : de sorte que, tout à la fois seul et en société, il s'habituât tout doucement à ses nouveaux hôtes, reconnût les lieux, vît bien qu'il était dans une maison sûre, bienveillante et pacifique.

Nul autre oiseau dans ce salon. Malheureusement, mon rouge-gorge familier, qui vole libre dans mon cabinet, pénétra dans cette pièce. On s'en inquiéta d'autant moins qu'il voit toute la journée, sans s'en émouvoir, d'autres oiseaux, serins, bouvreuils, chardonnerets ; mais la vue du rossignol le jeta dans un incroyable accès de fureur. Colérique et intrépide, sans regarder si l'objet de sa haine n'est pas deux fois plus gros que lui, il fond sur la cage du bec et des griffes, il eût voulu l'assassiner. Cependant le rossignol poussait des cris de terreur, d'une voix lamentable et rauque il appelait au secours. L'autre, arrêté par les barreaux, mais fixé des griffes tout près sur le cadre d'un tableau, grinçait, sifflait, *petillait* (ce mot populaire rend seul l'âcre petit cri), en le perçant de son regard. Il disait ceci mot à mot :

« Roi du chant, que viens-tu faire? N'est-ce pas assez que dans les bois ta voix, impérieuse et absorbante, fasse taire toutes nos chansons, supprime nos airs à demi voix, et seule emplisse le désert?... Tu viens encore me prendre ici cette nouvelle existence que je me suis faite, ce bocage artificiel où je perche tout l'hiver, bocage dont les rameaux sont des planches de bibliothèque, dont les livres sont les feuilles!... Tu viens partager, usurper l'attention dont j'étais l'objet, la rêverie de mon maître et le sourire de ma maîtresse! Malheur à moi! j'étais aimé! »

Le rouge-gorge, en réalité, arrive à un haut degré d'intimité avec l'homme. L'habitude d'un long hiver me prouve qu'il préfère de beaucoup la société humaine à celle de son espèce. Il participe en notre absence au petit bavardage des oiseaux de volière ; mais, dès que nous arrivons, il les quitte, et curieusement vient se placer devant nous, reste avec nous, semble dire : « Vous voilà donc ! Mais où avez-vous été ?... Et pourquoi donc si longtemps délaissez-vous la maison ? »

L'invasion du rouge-gorge, que nous oubliâmes bientôt, n'était pas oubliée, ce semble, de sa craintive victime. Le malheureux rossignol voletait toujours d'un air d'effroi, et rien ne le rassurait.

On avait soin cependant que personne n'en approchât. Sa maîtresse avait pris sur elle les soins nécessaires. La mixture particulière qui peut seule alimenter ce brûlant foyer de vie (le sang, le chanvre et le pavot) fut faite consciencieusement. Sang et chair, c'est la substance ; le chanvre est l'herbe de l'ivresse ; mais le pavot la neutralise. Le rossignol est le seul être à qui il faille incessamment verser le sommeil et les songes.

Mais tout cela était inutile. Deux jours ou trois se passèrent dans une violente agitation et une abstinence de désespoir. J'étais triste et plein de remords. Moi, ami de la liberté, j'avais pourtant un prisonnier, un prisonnier inconsolable !... Ce n'était pas sans scrupule que j'avais eu l'idée d'avoir à moi un rossignol ; jamais, pour le simple plaisir, je ne m'y serais décidé. Je savais bien que la vue seule d'un tel captif, profondément sensible à la captivité, était un sujet permanent de mélancolie. Mais comment le délivrer ? La question de l'esclavage est de toutes la plus difficile ;

le tyran en est puni par l'impossibilité d'y porter remède. Mon captif, qui, avant de venir chez moi, avait déjà deux ans de cage, n'a plus l'aile ni l'industrie de chercher sa nourriture ; l'eût-il, il ne pourrait plus revenir chez les oiseaux libres. Dans leur fière république, quiconque a été esclave, quiconque a été en cage et n'est pas mort de douleur, est impitoyablement condamné et exécuté.

Nous ne serions pas sortis aisément de cet état, si le chant n'était venu à notre secours. Un chant doux, peu varié, chanté à distance, surtout un peu avant le soir, parut le prendre et le gagner. Quand seulement on le regardait, il écoutait moins, s'agitait ; mais quand on ne regardait pas, il venait au bord de la cage, tendait son long cou de biche (d'un charmant gris de souris), dressait par moments la tête, le corps restant immobile, avec un œil vif, curieux. Visiblement avide, il dégustait, savourait cette douceur inattendue avec recueillement, avec une attention délicate et sentie.

Cette même avidité, il l'eut un moment après pour les aliments. Il voulut vivre, dévora le pavot, l'oubli...

Les chants de femme, Toussenel l'avait dit, sont ce qui les attache le plus, non pas l'ariette légère d'une fillette étourdie, mais une mélodie douce et triste. La *sérénade* de Schubert a particulièrement fait effet sur celui-ci. Il semble s'être senti et reconnu dans cette âme allemande aussi tendre que profonde.

La voix cependant ne lui revient pas. Il avait commencé son chant de décembre, quand il a été transporté ici. Les émotions du transport, le changement de lieu, de personnes, l'inquiétude où il a été de sa nouvelle condition, surtout le salut féroce, l'attentat du rouge-gorge, l'ont trop profondément ému. Il se calme, ne nous en veut plus, mais la muse, si violemment interrompue, se tait encore, elle ne s'éveillera qu'au printemps.

Maintenant il sait certainement que la personne qui chante est loin de lui vouloir du mal; il l'accepte, apparemment comme un rossignol d'autre forme. Elle peut sans difficulté approcher, et même mettre la main dans la cage. Il regarde attentivement ce qu'elle veut, mais ne remue pas.

La question curieuse pour moi, qui n'ai pas fait avec lui d'alliance musicale, était de savoir s'il m'accepterait aussi. Je ne montrai nul empressement indiscret, sachant que le regard seul, dans certains moments, le trouble. Je restais donc de longs jours attentif sur les vieux livres ou papiers du quatorzième siècle, sans le regarder. Mais lui, il me regardait très curieusement lorsque j'étais seul. Bien entendu que sa maîtresse présente, il m'oubliait entièrement, j'étais annulé.

Il s'habituait ainsi à me voir sans inquiétude, comme un être inoffensif, pacifique, de peu de mouvement et de peu de bruit. Le feu dans l'âtre, et, près du feu, ce lecteur paisible, c'étaient, dans les absences de la personne préférée, dans les heures silencieuses, quasi solitaires, l'objet de sa contemplation.

Je me hasardai hier, étant seul, d'approcher de lui, de lui parler comme je fais au rouge-gorge, et il ne s'agita pas, il ne parut pas troublé; il attendit paisiblement, avec un œil plein de douceur. Je vis que la paix était faite, et que j'étais accepté.

Ce matin, j'ai de ma main mis le pavot dans la cage, et il ne s'est point effrayé. On dira : « Qui donne est le bienvenu. » Mais je tiens à constater que notre traité est d'hier, avant que j'eusse donné rien encore, et parfaitement désintéressé.

Voilà donc qu'en moins d'un mois le plus nerveux des artistes, le plus craintif et le plus défiant des êtres, s'est réconcilié avec l'espèce humaine.

Preuve curieuse de l'union naturelle, du traité préexistant qui est entre nous et ces êtres instinctifs, que nous appelons inférieurs.

Ce traité, ce pacte éternel, que notre brutalité, nos intelligences violentes n'ont pu déchirer encore, auquel ces pauvres petits reviennent si facilement, auquel nous reviendrons nous-mêmes lorsque nous serons vraiment hommes, c'est justement la conclusion où tout ce livre tendait et celle que j'allais écrire, quand le rossignol est entré, et le père au rossignol.

L'oiseau a été lui-même, dans cette amnistie facile qu'il nous donne à nous, ses tyrans, ma conclusion vivante.

Les voyageurs qui les premiers ont abordé dans des pays nouveaux où l'homme n'était jamais venu, rapportent unanimement que tous les animaux, mammifères, amphibies, oiseaux, ne fuyaient point; au contraire, venaient plutôt les regarder avec un air de curiosité bienveillante, à quoi ils répondaient à coups de fusil.

Même aujourd'hui que l'homme les a si cruellement traités, les animaux, dans leurs périls, n'hésitent nullement à se rapprocher de lui.

L'ennemi antique et naturel de l'oiseau, c'est le serpent ; pour les quadrupèdes, c'est le tigre. Et leur protecteur, c'est l'homme.

Du plus loin que le chien sauvage odore le tigre ou le lion, il vient se serrer près de nous.

De même l'oiseau, dans l'horreur que lui inspire le serpent, quand il menace surtout sa couvée encore sans ailes, trouve le langage le plus expressif pour implorer l'homme et pour le remercier s'il tue son ennemi.

Voilà pourquoi le colibri aime à nicher près de l'homme. Et c'est probablement pour le même motif que les hirondelles et les cigognes, dans les âges féconds en reptiles, ont pris l'habitude de loger chez nous.

Observation essentielle. On prend souvent pour défiance la fuite de l'oiseau et la crainte qu'il a de la main de l'homme. Cette crainte ne serait que trop juste. Mais lors même qu'elle n'existe pas, l'oiseau est un être infiniment nerveux, délicat, qui souffre à être touché.

Mon rouge-gorge, qui appartient à une espèce d'oiseau très robuste et très familière, qui approche sans cesse de nous, le plus près qu'il peut, et qui certes n'a aucune crainte de sa maîtresse, frémit de tomber sous la main. Le frôlement de ses plumes, le dérangement de son duvet, tout hérissé quand on l'a pris, lui est très antipathique. La vue surtout de cette main qui avance et va le saisir, le fait reculer instinctivement et sans qu'il en soit le maître.

Quand il s'attarde le soir, qu'il ne rentre pas dans sa cage, il ne refuse pas d'y être remis ; mais plutôt que de se voir prendre, il tourne le dos, se cache dans un rideau ou dans un pli de la robe où il sait bien qu'on va le prendre infailliblement.

Tout cela n'est pas défiance.

L'art de la domestication n'irait pas loin s'il n'était préoccupé que des utilités dont les animaux apprivoisés seront à l'homme.

Il doit sortir principalement de la considération de l'utilité dont l'homme peut être aux animaux ;

De son devoir d'initier tous les hôtes de ce globe à une société plus douce, pacifique et supérieure.

Dans la barbarie où nous sommes encore, nous ne connaissons guère que deux états pour l'animal, la liberté absolue ou l'esclavage absolu ; mais il est des formes très variées de demi-servage que les animaux d'eux-mêmes acceptent très volontiers.

Le petit faucon du Chili (*cernicula*), par exemple, aime à demeurer chez son maître. Il va tout seul à la chasse, et, fidèle, revient chaque soir rapporter ce qu'il a pris et le manger en famille. Il a besoin d'être loué du père, flatté de la dame, caressé surtout des enfants.

L'homme, protégé jadis par les animaux, tant qu'il était si mal armé, s'est mis peu à peu en état de devenir leur protecteur, surtout depuis qu'il a la poudre et qu'il foudroie à distance les plus redoutés des êtres. Il a rendu aux oiseaux le service essentiel de diminuer infiniment le nombre des brigands de l'air.

Il peut leur en rendre un autre, non moins grand, celui d'abriter, la nuit, les espèces innocentes. La nuit! le sommeil! l'abandon complet aux chances les plus affreuses! O dureté de la Nature!... Mais elle s'est justifiée en mettant aussi ici-bas l'être prévoyant et industrieux qui, de plus en plus sera pour les autres une seconde providence.

Je sais une maison sur l'Indre, dit Toussenel, où les serres, ouvertes le soir, reçoivent tout honnête oiseau qui vient y chercher asile contre les dangers de la nuit, où celui qui s'est attardé frappe du bec en confiance. Contents d'être enfermés la nuit, sûrs de la loyauté de l'homme, ils s'envolent heureux au matin, et payent son hospitalité du spectacle de leur joie et de leurs libres chansons.

Je me garderai bien de parler de la domestication, lorsque mon ami, M. Isidore Geoffroy-Saint-Hilaire, rouvre d'une manière si louable cette voie si longtemps oubliée.

Un rapprochement suffit. L'antiquité nous a légué en ce genre le patrimoine admirable dont a vécu le genre humain : la domestication du chien, du cheval et de l'âne, du chameau, de l'éléphant, du bœuf, du mouton et de la chèvre, des gallinacés.

Quel progrès dans les deux mille ans qui viennent de s'écouler? quelle acquisition nouvelle?

Deux seulement, et légères à coup sûr : l'importation du dindon et du faisan de la Chine !

Nul effort direct de l'homme n'a agi pour le bien du globe autant que l'humble travail des modestes auxiliaires de la vie humaine.

Pour descendre à ce qu'on méprise si sottement, à la basse-cour, quand on voit les milliards d'œufs que font éclore les fours d'Égypte, ou dont notre Normandie charge des vaisseaux, des flottes, qui chaque année passent la Manche, on apprend à apprécier comment les petits moyens de l'économie domestique produisent les plus grands résultats.

Si la France n'avait pas le cheval, et que quelqu'un le lui donnât, une telle conquête serait pour elle plus que la conquête du Rhin, de la Belgique, de la Savoie; le cheval seul vaut trois royaumes.

Maintenant voici un animal qui représente à lui seul le cheval, l'âne, la vache, la chèvre, qui a toutes leurs utilités, et qui donne par-dessus une incomparable laine; animal dur et robuste, qui supporte le froid à merveille. On entend bien que je parle du lama, que M. Isidore Geoffroy-Saint-Hilaire s'efforce d'introduire ici avec une si louable persévérance. Tout semble se liguer à l'encontre : le beau troupeau de Versailles a péri par la malveillance; celui du Jardin des Plantes périra par l'étroitesse du local et l'humidité.

La conquête du lama est dix fois plus importante que la conquête de Crimée.

Mais, encore une fois, il faut à ce genre de transplantation une générosité de moyens, un ensemble de précautions, disons-le, une tendresse d'éducation, qui se trouvent réunies rarement.

Un mot ici, un petit fait, dont la portée n'est pas petite.

Un grand écrivain, qui ne fut point un savant, Bernardin de Saint-Pierre, avait dit qu'on ne réussirait pas à transplanter l'animal, si on n'importait à côté de lui le végétal auquel il est particulièrement sympathique. Ce mot passa comme tant d'autres vues qui font sourire les savants, et qu'ils appellent *poésie*.

Mais il n'a pas passé en vain pour un amateur éclairé qui s'est fait ici, à Paris, une collection d'oiseaux vivants. Quelque soin qu'il prît, une perruche fort rare, qu'il avait acquise, restait obstinément stérile. Il s'informa du végétal dans lequel elle fait son nid, et donna commission au Havre pour qu'il lui fût apporté. Il ne put l'avoir vivant ; il l'eut sans feuille, sans branche : un simple tronc mort. N'importe, l'oiseau, dans ce tronc creux, retrouva sa place ordinaire, ne manqua pas d'y faire son nid. Il aima et prit famille ; il eut des œufs, il les couva, et maintenant il a des petits.

Récréer les circonstances d'habitation, de nourriture, l'entourage végétal, les harmonies de toute espèce, qui pourront tromper l'exilé et faire oublier la patrie, c'est chose non seulement de science, mais d'ingénieuse invention.

Déterminer la mesure de liberté, de servage, d'alliance et de collaboration avec nous dont chaque être est susceptible, c'est un des plus graves sujets qui puissent occuper.

Art nouveau, où l'on ne pénétrera pas sans un approfondissement moral, un affinement, une délicatesse d'appréciation, qui commence à peine, et qui n'existera peut-être que quand la femme entrera dans la science, dont elle est exclue jusqu'ici.

Cet art suppose une tendresse infinie dans la justice et la sagesse.

ÉCLAIRCISSEMENTS

Le principal éclaircissement pour un livre est incontestablement la formule qui le résume. La voici en peu de mots :

Ce livre a considéré l'oiseau *en lui-même*, et peu par rapport à l'homme.

L'oiseau, né plus bas que l'homme (ovipare, comme le reptile), a sur l'homme trois avantages qui sont sa mission spéciale :

I. *L'aile, le vol*, puissance unique, qui est le rêve de l'homme. Toute autre créature est lente. Près du faucon, de l'hirondelle, le cheval arabe est un limaçon.

II. Le vol même ne tient pas seulement à l'aile, mais à une puissance incomparable de *respiration* et de *vision*. L'oiseau est proprement le fils de l'air et de la lumière.

III. Être essentiellement électrique, l'oiseau voit, sait et prévoit la terre et le ciel, les temps, les saisons. Soit par un rapport intime avec le globe, soit par une prodigieuse mémoire des localités, des routes, il est toujours orienté et toujours sait son chemin.

Il plane, il pénètre, il atteint ce que n'atteindrait jamais l'homme. Cela est sensible surtout dans sa merveilleuse guerre contre le reptile et l'insecte.

Ajoutez le travail immense d'épuration continuelle que font certaines espèces de toute chose dangereuse, immonde. Si cette guerre et ce travail cessaient un seul jour, l'homme disparaîtrait de la terre.

Cette victoire de chaque jour du fils aimé de la lumière sur la mort, sur la vie meurtrière et ténébreuse, c'est le juste sujet du *chant*, de cet hymne de joie immense dont l'oiseau salue chaque aurore.

Mais avec le chant l'oiseau a beaucoup d'autres langages. Comme l'homme, il jase, prononce, dialogue. Il est avec nous le seul être qui ait vraiment une langue. L'homme et l'oiseau sont le verbe du monde.

L'oiseau, qui est un augure, se rapproche toujours de l'homme, qui toujours lui fait du mal. Il le devine et le pressent tel sans doute qu'il sera un jour, quand il sortira de la barbarie où nous le voyons encore.

Il reconnaît en lui la créature unique, sanctifiée et bénie, qui doit être l'arbitre de toutes, qui doit accomplir le destin de ce globe par un suprême bienfait : *le ralliement de toute vie et la conciliation des êtres.*

Ce ralliement pacifique doit s'opérer à la longue par un grand art d'éducation et d'initiation, que l'homme commence à entrevoir.

Page 44. *Éducation du vol*, et page 78. — Est-ce à tort que l'homme, en ses rêveries, pour se faire croire à lui-même qu'il sera plus qu'homme un jour, s'attribue des ailes ? rêve ou pressentiment, n'importe.

Il est sûr que le vol, tel que le possède l'oiseau, est vraiment un *sixième sens*. Il serait stupide de n'y voir qu'une dépendance du tact. (Voyez, entre autres ouvrages, Huber, *Vol des oiseaux de proie*, 1784.)

L'aile n'est si rapide et si infaillible que parce qu'elle est aidée d'une puissance visuelle qui ne se retrouve non plus dans toute la création.

L'oiseau, il faut en convenir, est tout dans l'air, dans la lumière. S'il est une vie sublime, une vie de feu, c'est celle-là.

Qui embrasse et perçoit toute la terre ? Qui la mesure du regard et de l'aile ? Qui en sait toutes les routes ? et non pas sur ligne tracée, mais à la fois dans tous les sens : car qui n'est route pour l'oiseau ?

Ses rapports avec la chaleur, l'électricité et le magnétisme, toutes les forces impondérables, nous sont à peine connus ; on les entrevoit pourtant dans sa singulière prescience météorologique.

Si nous l'avions sérieusement étudié, nous aurions eu le ballon depuis des milliers d'années; mais avec le ballon même, et le ballon *dirigé*, nous serons encore énormément loin d'être oiseaux. En imiter les appareils et les reproduire un à un, ce n'est nullement en avoir l'accord, l'ensemble, l'unité d'action, qui meut le tout dans cette aisance et cette vélocité terrible.

Renonçons, pour cette vie du moins, à ces dons supérieurs, et bornons-nous à regarder les deux machines, la nôtre et la sienne, en ce qu'elles ont de moins différent.

Celle de l'homme est supérieure, en ce qu'elle est moins spéciale, susceptible de se plier à des emplois plus divers, et surtout en ce qu'elle a l'omnipuissance de la main.

En revanche, elle est bien moins unifiée et centralisée. Nos membres inférieurs, cuisses et jambes, qui sont forts longs, traînent excentriques loin du foyer de l'action. La circulation y est plus lente; chose sensible aux dernières heures, où l'homme est mort des pieds longtemps avant que le cœur ait cessé de battre.

L'oiseau, presque tout sphérique, est certainement le sommet, sublime et divin, de centralisation vivante. On ne peut ni voir ni imaginer même un plus haut degré d'unité. Excès de concentration qui fait la grande force personnelle de l'oiseau, mais qui implique son extrême individualité, son isolement, sa faiblesse sociale.

La solidarité profonde, merveilleuse, qui existe dans les insectes supérieurs (abeilles, fourmis, etc.), ne se trouve point chez les oiseaux. Les bandes y sont communes, mais les vraies républiques, rares.

La famille y est très forte, la maternité, l'amour. La fraternité, la sympathie d'espèces, les secours mutuels entre oiseaux même d'espèces diverses, ne leur sont pas inconnus. Pourtant, la fraternité y est fort en seconde ligne. Le cœur tout entier de l'oiseau est dans l'amour, est dans le nid.

Là est son isolement, sa faiblesse et sa dépendance; là aussi la tentation de se créer un protecteur.

Le plus sublime des êtres n'en est pas moins un de ceux qui demandent le plus la protection.

Page 46. *Sur la vie de l'oiseau dans l'œuf.* — Je tire ces détails du très exact M. Duvernoy. L'ovologie, de nos jours, est devenue une science. Cependant, sur l'œuf de l'oiseau en particulier, je ne connais que peu d'ouvrages. Le plus ancien est d'un abbé Manesse, du dernier siècle, très verbeux et peu instructif (manuscrit de la bibliothèque du Muséum). La même bibliothèque possède l'ouvrage allemand de Wirfing et Gunther, sur les nids et les œufs, et un autre, allemand aussi, dont les planches me semblent meilleures, quoique défectueuses encore. J'ai vu une livraison d'une nouvelle collection de gravures, beaucoup plus soignée.

Page 50. *Mers gélatineuses, nourrissantes.* — M. de Humboldt, dans l'un de ses premiers ouvrages (*Scènes des tropiques*), a le premier, je crois, constaté ce fait. Il l'attribua à la prodigieuse quantité de méduses et autres êtres analogues qui sont en décomposition dans ces eaux. Si pourtant une telle dissolution cadavéreuse y dominait, ne rendrait-elle pas les eaux funestes au poisson, bien loin de le nourrir? Peut-être ce phénomène doit-il être attribué moins aux vies éteintes qu'aux vies commencées, à une première fermentation vivante où se forment les premières organisations microscopiques.

C'est particulièrement dans les mers des pôles, en apparence si sauvages et si désolées, qu'on observe ce caractère. La vie y surabonde tellement que la couleur des eaux en est entièrement changée. Elles sont vert olive foncé, épaisses de matière vivante et de nourriture.

Page 63. *Notre Muséum.* — En parlant de ses collections, je ne puis oublier sa précieuse bibliothèque, qui a reçu celle de Cuvier, et qui s'est enrichie des dons de tous les savants de l'Europe. J'ai eu infiniment à me louer de l'obligeance du conservateur, M. Desnoyers, et de M. le docteur Lemercier, qui a bien voulu me communiquer aussi nombre de brochures et mémoires curieux de sa collection personnelle.

Page 65. *Buffon.* — Je trouve qu'aujourd'hui on oublie trop que ce grand généralisateur n'en a pas moins reçu, enregistré nombre d'observations très exactes, que lui transmettaient des hommes spéciaux, officiers de vénerie, gardes-chasse, marins et gens de tous métiers.

Page 67. *Le pingouin.* — Frère du manchot, mais plus dégrossi, il porte ses ailes comme un véritable oiseau; ce ne sont plus des membranes flottantes sur une poitrine évidée. L'air plus raréfié de notre pôle boréal, où il vit, a déjà dilaté ses poumons, et le sternum veut faire saillie. Les jambes, plus dégagées du corps, gardent mieux l'équilibre, et le port gagne en assurance. Il y a une différence notable entre les produits analogues des deux hémisphères.

Page 72. *Le pétrel, effroi du marin.* — La légende du pétrel marchant sur les eaux, autour du vaisseau qu'il semble mener à la perdition, est originairement hollandaise. Cela devait être ainsi. Les Hollandais, qui naviguent en famille et emmènent leurs femmes, leurs enfants, jusqu'aux animaux domestiques, ont été plus impressionnés du sinistre présage que les autres navigateurs. Les plus hardis de tous peut-être, vrais amphibies, ils n'en ont pas moins été soucieux et imaginatifs, ne risquant pas seulement leurs corps, mais leurs affections, livrant aux hasards fantasques de la mer le cher foyer, un monde de tendresse. Ce gros petit bateau lourd qui est plutôt une maison flottante, va pourtant toujours roulant à travers les mers du Nord, le grand océan Boréal et la sauvage Baltique, faisant sans cesse les traversées les plus dangereuses, comme celle d'Amsterdam à Cronstadt. On rit de ces mauvaises embarcations d'une forme surannée; mais celui qui les sent si heureusement combinées pour le double aménagement de la cargaison et de la famille, ne peut les voir dans les ports de Hollande sans s'y intéresser et sans les combler de vœux.

Page 79. *Épiornis.* — Voir au Muséum les restes de ce gigantesque oiseau et son œuf énorme. On a calculé qu'il devait être cinq fois plus gros que l'autruche.

Combien il est regrettable que notre riche collection de fossiles reste enterrée, en majeure partie, dans les tiroirs du Muséum, faute de place. Pour trente ou quarante mille francs on élèverait une galerie de bois où l'on pourrait tout étaler.

En attendant, l'on raisonne comme si ces vastes études, qui commencent, étaient déjà épuisées. Qui ne sait que l'homme a à peine vu l'entrée du prodigieux monde des morts! Il a gratté à peine la surface du globe. L'exploration plus profonde où le conduisent mille nécessités nouvelles d'art et d'industrie (celle par exemple de percer les Alpes pour le nouveau chemin de fer) pourra ouvrir à la science des perspectives inattendues. La paléontologie est bâtie jusqu'ici sur la base étroite d'un nombre minime de faits. Si l'on songe que les morts (de tant de milliers d'années que ce globe a déjà vécu) sont énormément plus nombreux que les vivants, on trouve bien audacieuse cette manière de raisonner sur quelques spécimens. Il y a cent, mille à parier contre un, que tant de millions de morts, une fois déterrés, nous convaincront d'avoir erré au moins par *énumération incomplète*.

Page 79. *L'homme eût péri cent fois.* — C'est là une des causes premières de l'étroite fédération où furent originairement l'homme et l'animal, pacte oublié par notre orgueil ingrat, et sans lequel pourtant l'homme n'était pas possible.

Quand les oiseaux gigantesques dont nous voyons les débris lui eurent préparé le globe, subordonné la vie grouillante et rampante qui dominait; quand l'homme arriva sur la terre, en face de ce qui restait des reptiles, en face des nouveaux hôtes du globe, non moins redoutables, les tigres et les lions, il trouva l'oiseau, le chien, l'éléphant à côté de lui.

On montra à Alexandre les rares et derniers individus de ces chiens géants, qui pouvaient étrangler un lion. Ce ne fut pas par terreur que ces animaux formidables se mirent avec l'homme, mais par sympathie naturelle, et par l'horreur très spéciale qu'ils ont pour l'espèce féline, pour le chat géant (tigre ou lion).

Sans l'alliance du chien contre les bêtes féroces, et celle de l'oiseau contre les serpents et les crocodiles (que l'oiseau tue dans l'œuf même), l'homme à coup sûr était perdu.

L'utile amitié du cheval lui vint de même. On la devine à l'horreur inexprimable et convulsive que tout jeune cheval éprouve à la seule odeur du lion; il se serre et se livre à l'homme.

S'il n'avait eu le cheval, le bœuf, le chameau, s'il eût tiré de son cou et de son échine les fardeaux énormes dont ils lui sauvent la charge, il serait resté le serf misérable de sa faible organisation. Dominé par la disproportion habituelle des poids et des forces, ou il aurait renoncé au travail, eût vécu de proie fortuite, sans art ni progrès, ou bien il aurait été l'éternel portefaix, courbé, traînant et tirant, tête basse, sans regarder le ciel, sans penser, sans s'élever jamais à l'invention.

Page 90. *Sur la puissance des insectes.* — Ce n'est pas seulement sous les tropiques qu'ils sont redoutables. Au commencement du dernier siècle, la moitié de la Hollande faillit périr parce que les pilotis de ses digues s'étaient rompus à la fois, invisiblement minés par un ver qu'on nomme *taret*.

Ce redoutable rongeur, qui a souvent un pied de long, ne se trahit nullement; il ne travaille qu'au dedans. Un matin, la poutre se brise, le pilotis cède, le navire dévoré sombre dans les flots.

Comment l'atteindre et le trouver? Un oiseau le sait, le vanneau: c'est le gardien de la Hollande! Et c'est aussi une insigne imprudence de détruire, comme on le fait, ses œufs. (Quatrefages, *Souvenirs d'un naturaliste.*)

La France, depuis près d'un siècle, a subi l'importation d'un monstre non moins à craindre, le *termite*, qui dévore le bois sec, comme le taret le bois mouillé. L'unique femelle de chaque essaim a l'horrible fécondité de pondre, par jour, 80.000 œufs. La Rochelle commence à craindre le sort de cette ville d'Amérique qui est suspendue en l'air, les termites ayant dévoré les substructions et creusé dessous d'immenses catacombes.

A la Guyane, les demeures des termites sont d'énormes monticules de quinze pieds de haut qu'on n'ose attaquer que de loin et avec la poudre. Qu'on juge de l'importance du fourmilier (ailé ou à quatre pattes) qui ose entrer dans ce gouffre et chercher l'horrible femelle d'où sort ce torrent maudit. (Smeathmann, *Mémoire sur les termites.*)

Le climat nous sauve-t-il? Les termites prospèrent en France. Le hanneton y prospère; jusque sur les pentes septentrionales des Alpes, sous le souffle des glaciers, il dévore la végétation. En présence d'un tel ennemi, tout oiseau insectivore devrait être respecté. Tout au moins le canton de Vaud vient-il de mettre l'hirondelle sous la protection de la loi. (Voy. l'ouvrage de Tschudi.)

Page 92. *Vous y sentez fréquemment une forte odeur de musc.* — La plaine de Cumana, dit M. de Humboldt, présente, après de fortes ondées, un phénomène extraordinaire. La terre humectée et réchauffée par les rayons du soleil, répand cette odeur de musc qui, sous la zone torride, est commune à des animaux de classes très différentes : au jaguar, aux petites espèces de chat-tigre, au cabiaï, au vautour galinazo, au crocodile, aux vipères, au serpent à sonnettes. Les émanations gazeuses qui sont les véhicules de cet arome ne semblent se dégager qu'à mesure que le terreau renfermant les dépouilles d'une innombrable quantité de reptiles, de vers et d'insectes commence à s'imprégner d'eau. Partout où l'on remue le sol, on est frappé de la masse de substances organiques qui tour à tour se développent, se transforment ou se décomposent. La nature, dans ces climats, paraît plus active, plus féconde, on dirait plus prodigue de la vie.

Pages 93, 94. *Oiseaux-mouches et colibris*, etc. — Les éminents naturalistes (Lesson, Azara, Stedmann, etc.) qui nous ont donné tant de descriptions excellentes, ne sont pas malheureusement aussi riches en détails sur leurs mœurs, leurs caractères, leur nourriture, etc.

Quant à la terrible insalubrité des lieux où ils vivent (et d'une vie si intense), les récits des vieux voyageurs, des Labat et autres, sont pleinement confirmés par les modernes. MM. d'Urville et Lesson, dans leur voyage à la Nouvelle-Guinée, ont à peine osé passer le seuil de ces profondes forêts vierges, d'une beauté étrange et terrible.

Le côté le plus fantastique de ces forêts, leur prodigieuse féerie d'illumination nocturne par des milliards de mouches brillantes, est attesté et très bien décrit pour les contrées voisines de Panama, par un voyageur français, M. Caqueray, qui les a visitées récemment. (Voy. son journal dans la nouvelle *Revue française*, 10 juin 1855.)

Page 108. *La suppression de la douleur*. — Celle de la mort est sans doute impossible; mais on pourra allonger la vie. On pourra, à la longue, rendre rare, moins cruelle et presque *supprimer la douleur*.

Que le vieux monde endurci rie de ce mot, à la bonne heure ! Nous avons eu ce spectacle qu'aux jours où notre Europe, barbarisée par la guerre, mit toute la médecine dans la chirurgie, ne sut guérir que par le fer, par une horrible prodigalité de douleurs, la jeune Amérique trouva le miracle de ce profond rêve où la douleur est annulée.

Page 105. *Précieux musée d'imitations anatomiques*, celui de M. le docteur Auzoux. — Je ne puis trop remercier, à cette occasion, notre cher et habile professeur, qui daigne nous initier, nous autres ignorants, gens de lettres, gens du monde et femmes. Il a voulu que l'anatomie descendît à tous, devînt populaire, et cela s'est fait. Ses imitations admirables, ses lucides démonstrations, accomplissent peu à peu cette grande révolution dont on sent déjà la portée. Oserai-je dire ma pensée aux savants ? Eux-mêmes auraient avantage à avoir toujours sous la main ces objets d'étude sous une forme si commode et dans des proportions grossies qui diminuent tellement la fatigue d'attention. Mille objets qu'on croit différents, parce qu'ils diffèrent de grosseur, reparaissent analogues et dans leurs vrais rapports de forme, par le simple grossissement.

L'Amérique paraît du reste sentir ces avantages beaucoup mieux que nous. Un spéculateur américain eût voulu que M. Auzoux lui fournît par an deux mille exemplaires de sa figure de l'homme, étant sûr de la placer dans toutes les petites villes, et même dans les villages. Tel village d'Amérique, dit M. Ampère, travaille à avoir un petit Muséum, un Observatoire, etc.

Page 110. *Aplatissement du cerveau*. — Le poids du cerveau est, relativement au poids du corps, pour

Autruche	1 : 1200
Oie	1 : 360
Canard	1 : 257
Aigle	1 : 160
Pluvier	1 : 122
Faucon	1 : 102
Perroquet	1 : 45
Rouge-gorge	1 : 32
Geai	1 : 28
Pinson, coq, moineau, chardonneret	1 : 25
Mésange nonnette	1 : 16
Mésange à tête bleue	1 : 12

(Calcul d'Huller et de Leuret). — Je dois cette note à l'obligeance de notre illustre micrographe et anatomiste, M. Robin.

Page 110. *Le noble faucon.* — Les oiseaux *nobles* (faucon, gerfaut, sacre, etc.) sont ceux qui *lient* la proie de la *main* et tuent du bec; leur bec, à cet effet, est dentelé. Ils sont rameurs. Les oiseaux *ignobles* (l'aigle, le milan, etc.) sont la plupart voiliers; ils agissent des griffes, déchirent et étouffent la proie. Les rameurs ont peine à monter, ce qui fait que les voiliers leur échappent plus aisément. La tactique des rameurs est de faire préalablement l'effort de monter très haut; alors, n'ayant qu'à se laisser tomber, ils déjouent la manœuvre des voiliers. (Huber, *Vol des oiseaux de proie*, 1784, in-4°. C'est le premier de cette savante dynastie : Huber des oiseaux, Huber des abeilles, Huber des fourmis.)

Page 109. *Le balancement utile de la vie et de la mort.* — De nombreuses espèces d'oiseaux ne font plus de halte en France. On les voit à peine voler à d'inaccessibles hauteurs, déployant leurs ailes en hâte, accélérant le passage, disant : « Passons! passons vite! Évitons la terre de mort, la terre de destruction! »

La Provence et bien d'autres pays du Midi sont ras, déserts, inhabités de toutes tribus vivantes; et d'autant la nature végétale en est appauvrie. On ne rompt pas impunément les harmonies naturelles. L'oiseau lève un droit sur la plante, mais il en est le protecteur.

Il est de notoriété que l'outarde a presque disparu de la Champagne et de la Provence. Le héron a passé, la cigogne est rare. A mesure que nous empiétons sur le sol, ces espèces amies des déserts poudreux et des marécages s'en vont chercher leur vie ailleurs. Nos progrès font en un sens notre pauvreté. En Angleterre, le même fait est signalé. (Voy. les excellents articles de *sport* et d'histoire naturelle, traduits de MM. John, Knox, Gosse et autres, dans la *Revue britannique*.) Le coq de bruyère se retire devant les pas du cultivateur, la caille passe en Irlande; les rangs des hérons s'éclaircissent chaque jour devant les *perfectionnements utilitaires* du dix-neuvième siècle. Mais il faut joindre à ces causes de disparition la barbarie de l'homme, qui détruit si légèrement une foule d'espèces innocentes. Nulle part, dit un voyageur français, M. Pavie, le gibier n'est plus fuyard que dans nos campagnes.

Malheur aux peuples ingrats!... Et ce mot veut dire ici les peuples chasseurs, qui, sans mémoire de tant de biens que nous devons aux animaux, ont exterminé la vie innocente. Une sentence terrible du Créateur pèse sur les tribus de chasseurs : *Elles ne peuvent rien créer.* Nulle industrie n'est sortie d'eux, nul art. Ils n'ont rien ajouté au patrimoine héréditaire de l'espèce humaine. Qu'a-t-il servi aux Indiens de l'Amérique du Nord d'être des héros! N'ayant rien organisé, rien fait de durable, ces races d'une énergie unique, disparaissent de la terre devant des hommes inférieurs, les derniers émigrants d'Europe.

Ne croyez pas cet axiome : que les chasseurs deviennent peu à peu des agriculteurs. Point du tout, ils tuent ou meurent; c'est toute leur destinée. Nous le voyons bien par expérience. Celui qui a tué, tuera; celui qui a créé, créera.

Dans le besoin d'émotion que tout homme apporte en naissant, l'enfant qui y satisfait habituellement par le meurtre, par un petit drame féroce de surprise et de trahison, de torture du faible, ne trouvera pas grand goût aux douces et lentes émotions que donne le succès progressif du travail et de l'étude, de la petite industrie qui fait quelque chose d'elle-même. Créer, détruire, ce sont les deux ravissements de l'enfance : créer est long; détruire est court, facile. La moindre création implique les dons du Créateur et de la bonne Nature : la douceur et la patience.

Une chose choquante et hideuse, c'est de voir un enfant chasseur, de voir la femme goûter, admirer le meurtre, y encourager son enfant. Cette femme sensible et délicate ne lui donnerait pas un couteau, mais elle lui donne un fusil; tuer de loin à la bonne heure! on ne voit pas la souffrance. Et telle mère, la voyant très bien, trouvera bon qu'un enfant, captif à la chambre, se désennuie en arrachant l'aile aux mouches, en torturant un oiseau ou un petit chien.

Mère prévoyante! Elle saura plus tard ce que c'est qu'avoir formé un cœur dur. Vieille et faible, rebut du monde, elle sentira à son tour la brutalité de son fils.

. . . .

Mais le tir? objectera-t-on. Ne faut-il pas que l'enfant l'apprenne en tuant, que, de meurtre en meurtre, il aille jusqu'à tuer l'hirondelle au vol? Le seul pays de l'Europe où tout le monde sache tirer, c'est celui où l'on tire le moins à l'oiseau. La patrie de Guillaume Tell a su montrer à ses enfants un but plus juste et plus sublime quand ils affranchirent leur pays.

. . . .

La France n'est pas féroce. Pourquoi cet amour du meurtre, cette extermination des bêtes?

C'est le peuple impatient, peuple jeune, peuple enfant, et d'une rude et mobile enfance. S'il n'agit pas en créant, il agira en brisant.

Ce qu'il brise surtout, c'est lui-même : une éducation violente, orageusement passionnée d'amour ou de sévérité, brise chez l'enfant, flétrit, étouffe la prime fleur morale de sensibilité native, ce qui restait de meilleur du lait maternel, germe d'amour universel qui refleurit bien rarement.

Une sécheresse incroyable attriste chez beaucoup d'enfants. Quelques-uns en reviennent par le long circuit de la vie, quand ils sont devenus hommes, hommes expérimentés, éclairés. La lumière leur rend la tendresse. Mais la première fraîcheur de cœur? elle ne reviendra jamais.

Pourquoi ce peuple, du reste si heureusement né, est-il (sauf de rares et locales exceptions) frappé d'une impuissance singulière pour *l'harmonie?* Il a ses chansons à lui, de petites mélodies charmantes de vivacité, de gaieté; mais il lui faut un long effort, une éducation spéciale, pour arriver à l'harmonie.

Page 125. *Quel bonheur le matin quand les terreurs s'enfuient!* — « Avant (dit Tschudi) que les teintes vermeilles de la rosée matinale aient annoncé l'approche du soleil, souvent même avant que la plus légère lueur ait signalé l'aube à l'orient; alors que les étoiles scintillent encore dans le sombre azur du ciel, un bruit sourd retentit sur le faîte d'un vieux sapin, bientôt suivi d'un caquetage de plus en plus accentué; puis les notes s'élèvent et une interminable série de sons aigus frappe l'air de toutes parts comme un cliquetis de lames continuellement heurtées l'une contre l'autre. C'est le temps de l'accouplement du coq des bois. L'œil en feu, il danse et sautille sur sa branche, tandis qu'au-dessous de lui, dans le taillis, ses poules reposent tranquillement et contemplent avec respect les folles gambades de leur seigneur et maître. Il n'est pas longtemps seul à animer la forêt. Le merle s'élève à son tour, secouant la rosée de ses plumes brillantes. Le voilà qui aiguise son bec sur la branche, et, de rameau en rameau, sautille jusqu'au sommet de l'érable où il a dormi, étonné de voir que presque tout sommeille encore dans la forêt quand l'aube du jour a remplacé la nuit. Deux fois, trois fois, il lance sa fanfare aux échos de la montagne et de la vallée, qu'un épais brouillard lui dérobe encore.

« De minces colonnes de fumée blanchâtre s'échappent du toit des chaumières; les chiens jappent autour des fermes, et les clochettes sonnent au cou des vaches. Les oiseaux quittent alors leurs buissons, agitent leurs ailes et s'élancent dans les airs pour saluer le soleil, qui vient une fois de plus leur donner sa bienfaisante lumière. Plus d'un pauvre petit moineau se réjouit d'avoir échappé aux dangers de la nuit. Perché sur une petite branche, il avait cru pouvoir dormir sans crainte, la tête ensevelie sous ses plumes, quand à la lueur d'une étoile il a vu se glisser dans les arbres la chouette silencieuse, méditant quelque forfait. La fouine était venue du fond de la vallée, l'hermine était descendue du rocher, la martre des sapins avait quitté son nid, le renard rôdait dans les broussailles. Tous ces ennemis, le pauvre petit les avait vus pendant cette nuit terrible. Sur son arbre, à terre, dans l'air, partout la destruction le menaçait. Qu'elles avaient été longues ces heures où, n'osant bouger, il n'avait pour protection que les jeunes feuilles qui le cachaient! Aussi, maintenant, quel plaisir pour lui de s'élancer à tire-d'aile, de vivre en sécurité, protégé, défendu par la lumière!

« Le pinson lance à plein gosier sa note claire et sonore; le rouge-gorge chante au faîte du mélèze, le chardonneret dans les aunes, le bruant et le bouvreuil sous les ramées. La mésange, le roitelet et le troglodyte confondent leurs voix. Le pigeon ramier roucoule, et le pic frappe son arbre. Mais au-dessus de ces cris joyeux retentissent les notes mélodieuses de l'alouette des bois et l'inimitable chant de la grive. »

Page 127. *Migrations*. — Pour l'Arabe affamé, le maigre habitant du désert, l'arrivée des oiseaux voyageurs, fatigués, lourds à cette époque et si faciles à prendre, est une bénédiction de Dieu, une manne céleste. La Bible nous dit les ravissements des Israélites, errants dans l'Arabie Pétrée, à jeun et défaillants, quand ils virent tout à coup descendre la nourriture ailée : non pas les sauterelles du sobre Élie, non pas le pain dont le corbeau nourrissait ses entrailles, mais la caille lourde de graisse, délicieuse et substantielle, qui d'elle-même tombait dans la main. Ils mangèrent à crever, et les grasses marmites de Pharaon ne leur laissèrent plus de regret.

J'excuse de bon cœur la gloutonnerie des affamés. Mais que dire des nôtres, dans les plus riches pays de l'Europe, qui, après moisson et vendange, les greniers et les celliers pleins, n'en poursuivent pas moins avec furie ces pauvres voyageurs? Gras ou maigre, tout leur est bon; ils mangent jusqu'aux hirondelles; ils dévorent les oiseaux chanteurs, « ceux qui n'ont que le son ». Leur frénésie sauvage met le rossignol à la broche, plume et tue l'hôte de la maison, le pauvre rouge-gorge, qui mangeait hier dans la main.

Le temps des migrations est un temps de carnage. La loi qui pousse au Sud les tribus des oiseaux, pour des millions d'entre eux c'est une loi de mort. Beaucoup partent, quelques-uns reviennent; à chaque station de la route, il leur faut payer un tribut de sang. L'aigle attend sur son roc, et l'homme attend dans la vallée. Ce qui échappera au tyran de l'air, celui de la terre le prendra. « Beau moment! » dit l'enfant ou le chasseur, enfant féroce dont le meurtre est le jeu. « Dieu l'a voulu ainsi! dit le pieux glouton; résignons-nous! » Voilà les jugements de l'homme sur cette fête de massacre. Nous n'en savons pas plus, l'histoire n'a pas écrit encore ce qu'en pensent les massacrés.

— Les migrations sont des échanges pour tout pays (excepté les pôles à l'époque de l'hiver). Telle cause de climat ou de nourriture qui décide le départ d'un oiseau, est précisément celle qui détermine l'arrivée d'une autre espèce. Quand l'hirondelle nous quitte aux pluies d'automne, nous voyons apparaître l'armée des pluviers et des vanneaux à la recherche des lombrics exilés de leur demeure par l'inondation. En octobre, et plus les froids avancent, les bruants, les cabarets, les roitelets remplacent les oiseaux chanteurs qui nous ont fuis. Les perdrix, les bécasses descendent de leur montagne au moment où la caille et la grive émigrent vers le Midi. C'est alors aussi que les grandes armées des espèces aquatiques quittent l'extrême Nord pour les contrées tempérées où les mers, les étangs et les lacs ne gèlent pas. Les oies sauvages, les cygnes, les plongeons, les canards, les sarcelles, fendent l'air en ordre de bataille et s'abattent sur les lacs d'Écosse, de Hongrie; sur nos étangs du Midi, etc. La cigogne au tempérament délicat fuit au Midi, quand la grue sa cousine va partir du Nord, où manquent les vivres. Passant sur nos terres, elle y paye tribut en nous délivrant des derniers reptiles et batraciens qu'un souffle tiède d'automne avait fait revivre.

Page 131. *C'est le besoin de la lumière.* — Et pourtant, le rossignol lui échappe quand il nous revient d'Asie. Mais pour les véritables artistes, il la faut doucement ménagée, mêlée de rayons et d'ombres. Rembrandt a puisé dans la science du clair-obscur les effets à la fois doux et chauds de ses peintures. Le rossignol commence à chanter quand la brume du soir se mêle aux derniers rayons du soleil; et c'est pour cela que nous vibrons à sa voix. Notre âme, à ces heures indécises du crépuscule, reprend possession de sa lumière intérieure.

Page 152. *Et ne dis pas : l'hiver tuera les insectes.* — Quand M. de Custine fit son voyage en Russie, il raconte qu'à la foire de Nijni il fut épouvanté de la multitude de blattes qui couraient dans sa chambre avec une odeur infecte, et qu'on ne put faire disparaître. Le docteur Tschudi, patient voyageur qui a vu la Suisse dans ses moindres détails, assure qu'au souffle de l'autan, qui en douze heures fait fondre les neiges, d'innombrables armées de hannetons ravagent le pays. Ils sont un fléau non moins terrible que les sauterelles au Midi.

A notre voyage en Italie, nous fîmes une observation qui n'aura pas échappé aux naturalistes, c'est que les hannetons n'y meurent pas l'automne. Des pièces inhabitées de notre palazzo, presque entièrement fermé l'hiver, nous vîmes s'échapper au printemps des nuées de hannetons qui paisiblement avaient dormi en attendant la chaleur. Du reste, en ce pays, les insectes, même éphémères, ne meurent pas. De gigantesques cousins nous faisaient la guerre toutes les nuits, demandant notre sang d'une voix aiguë et stridente.

Si, à côté de ces preuves de la multiplication des insectes, même dans les pays tempérés ou froids, nous disons qu'une hirondelle n'a pas assez de 1.000 mouches par jour; qu'un couple de moineaux porte à ses petits 4.300 chenilles ou scarabées par semaine; une mésange 300 par jour, nous verrons à la fois le mal et le remède. Nous tirons ces chiffres de M. Quatrefages (*Souvenirs*), et d'une *Lettre écrite par M. Walter Trevelyan à l'éditeur des Oiseaux de la Grande-Bretagne*, et traduite dans la *Revue britannique*, 7 juillet 1850.

Voici un aperçu, bien incomplet, des services que nous rendent les oiseaux de notre climat :

Plusieurs sont les gardiens assidus des troupeaux. Le héron garde-bœuf, usant de son bec comme d'un ciseau, coupe le cuir du bœuf pour en extraire un ver parasite qui suce le sang et la vie de l'animal. Les bergeronnettes, les étourneaux rendent à peu près les mêmes services à nos bestiaux. Les hirondelles détruisent des milliers d'insectes ailés qui ne posent guère, et que nous voyons danser dans les rayons du soleil : cousins, libellules, tipules, mouches, etc. Les engoulevents, les martinets, chasseurs de crépuscule, font disparaître les hannetons, les blattes, les phalènes et une foule de rongeurs qui ne travaillent que la nuit. Le pic chasse les insectes qui, cachés sous l'écorce des arbres, vivent aux dépens de la sève. Les colibris, les oiseaux-mouches, les soui-mangas, dans les pays chauds, épurent le calice des fleurs. Le guêpier, en toute contrée, livre une rude guerre aux guêpes affamées de nos fruits. Le chardonneret, ami des terres incultes et de la graine du chardon, l'empêche d'envahir le sol. Les oiseaux de nos jardins, fauvettes, pinsons, bruants, mésanges, dépouillent nos arbrisseaux et nos grands arbres des pucerons, chenilles, scarabées, etc., dont les ravages seraient incalculables. Beaucoup de ces insectes restent l'hiver à l'état d'œuf ou de larve attendant la belle saison pour éclore ; mais, en cet état, ils sont attentivement recherchés par les merles, les roitelets, les troglodytes. Les premiers retournent les feuilles qui jonchent le sol ; les seconds grimpent aux plus hautes branches, ou émouchent le tronc. Dans les prairies humides, on voit les corbeaux et les cigognes piocher la terre pour s'emparer du *ver blanc* qui, trois années durant avant de devenir hanneton, ronge les racines de nos foins.

Nous nous arrêtons, afin de ne pas lasser notre lecteur, et pourtant la liste des oiseaux utiles est à peine effleurée.

Page 160. *Le pic, comme augure.* — Les méthodes d'observation adoptées par la météorologie sont-elles sérieuses, efficaces ? Quelques savants en doutent. Il serait bon peut-être d'examiner si l'on ne peut tirer aucun parti de la météorologie des anciens, de leur divination par les oiseaux. Les textes principaux sont indiqués dans l'*Encyclopédie* de Pauly (Stuttgard), article *Divinatio*.

« Le pic est un oiseau chéri dans les steppes de Pologne et de Russie. Dans ces plaines peu boisées il se dirige toujours vers les arbres; en le suivant, on retrouve un ravin pour se cacher, des sources plus tard, enfin on descend vers le fleuve. Sous la direction de cet oiseau on peut ainsi s'orienter et reconnaître le pays. » (Mickiewicz, *les Slaves*, t. I.)

Page 168. *Chant.* — N'isolons pas ce que Dieu a réuni. Quand vous placez un oiseau dans une cage, tout près de vous, son chant vous lasse bientôt par son timbre sonore et sa monotonie. Mais dans le grand concert de la nature cet oiseau donnait sa note et complétait l'harmonie. Telle voix puissante s'adoucissait aux modulations de l'air; telle, fine et douce, glissait emportée par la brise.

Et puis, au fond des bois, le chanteur se déplace sans cesse, s'éloigne, ou se rapproche; il y a les effets lointains qui amènent la rêverie, et le coup d'archet qui fait vibrer le cœur.

Chez vous ce chant serait toujours même chose; mais sur l'aile des vents cette musique est divine, elle pénètre l'âme et la ravit.

Page 173. *L'oiseau qui vient se chauffer au foyer.* — Je trouve ce passage admirable dans la *Conquête de l'Angleterre par les Normands*. Le chef des Saxons barbares réunit ses prêtres et ses sages pour savoir s'ils doivent se faire chrétiens. L'un d'eux parle ainsi :

« Tu te souviens peut-être, ô roi, d'une chose qui arrive parfois dans les jours d'hiver, lorsque tu es assis à table avec les capitaines et les hommes d'armes, qu'un bon feu est allumé, que la salle est bien chaude, mais qu'il pleut, neige et vente au dehors. Vient un petit oiseau qui traverse la salle à tire-d'aile; entrant par une porte, sortant par l'autre; l'instant de ce trajet est pour lui plein de douceur, il ne sent plus ni pluie ni orage; mais cet instant est rapide, l'oiseau fuit en un clin d'œil, *et, de l'hiver, il repasse dans l'hiver*. Telle me semble la vie des hommes sur cette terre et sa durée d'un moment, comparée à la longueur du temps qui la précède et qui la suit. » (Traduction d'Augustin Thierry.)

De l'hiver, il va dans l'hiver. « Of wintra in wintra cometh. »

Page 176. *Nids, éclosions.* — Dans toute l'étendue des îles qui relient l'Inde à l'Australie, une espèce d'oiseau de la famille des Gallinacés se dispense de couver ses œufs. Élevant un énorme monticule d'herbes dont la fermentation produira un degré de chaleur favorable à l'éclosion des œufs, les parents, ce travail d'entassement une fois fait, s'en remettent à la nature pour la reproduction de leur espèce. M. Gould, qui a donné ces détails curieux, parle aussi de nids singuliers construits par une autre espèce d'oiseaux. C'est une avenue formée de petites branches plantées dans le sol et réunies en dôme à leur extrémité supérieure. Des herbes entrelacées consolident la construction. Ce premier travail achevé, les artistes songent à l'embellir. Ils vont, cherchant de tous côtés, et souvent au loin, les plumes les plus brillantes, les coquillages les mieux polis, les pierres qui ont le plus d'éclat, pour en joncher l'entrée. Cette avenue semblerait ne pas être le nid, mais le lieu des premiers rendez-vous. (Voy., dans le magnifique ouvrage de M. Gould, *Australiam birds*, les gravures coloriées.)

Page 190. *Instinct et raison.* — L'ignorant, l'inattentif, croit tout à peu près semblable. Et la science voit que tout diffère; à mesure qu'on apprend à voir, les diversités apparaissent; cette nuance imperceptible et *à peu près* sans valeur, qui d'abord n'empêchait pas de confondre les choses entre elles, se caractérise et devient une différence saillante, une distance considérable d'un objet à l'autre, une lacune, un hiatus, parfois un abîme énorme qui les sépare et les éloigne, si bien qu'entre ces choses, *d'abord à peu près semblables*, parfois tout un monde tiendrait sans pouvoir les rapprocher.

On avait dit et répété que les travaux des insectes étaient absolument semblables, d'une régularité mécanique. Et voilà que les Réaumur, les Huber, ont trouvé nombre de faits absolument en dehors de cette régularité prétendue, spécialement pour la fourmi, une vie compliquée de tant d'incidents, de tant d'exigences imprévues, que jamais elle n'y ferait face sans un discernement rapide, une vive présence d'esprit qui est un des plus hauts attributs de la personnalité.

On avait cru que les oiseaux construisaient des nids toujours identiques. Point du tout. En observant mieux, on a trouvé qu'ils les varient selon les climats et les temps. A New-York, le baltimore fait un nid feutré à l'abri du froid. A la Nouvelle-Orléans, il fait un nid à claire-voie, où l'air passe librement et lui diminue la chaleur. Des perdrix du Canada, qui l'hiver se couvrent d'un petit auvent, à Compiègne, sous un ciel plus doux, ont supprimé cet abri qu'elles jugeaient inutile. Même discernement en ce qui touche les saisons. Le printemps américain étant devenu tardif dans les premières années du siècle, le vrillot (de Wilson) a sagement fait son nid plus tard aussi, l'ajournant de deux semaines. J'ose ajouter que j'ai vu dans le midi de la France ces appréciations varier d'année en année ; par une inexplicable prévision, quand l'été devait être froid, les nids se trouvaient mieux feutrés.

Le guillemot du Nord (*mergula*), qui craint surtout le renard, friand de ses œufs, niche sur un rocher à fleur d'eau, afin qu'à peine éclose la couvée, quelque près qu'elle soit guettée, ait le temps de sauter à l'eau. Au contraire, sur nos côtes où il n'a à craindre que l'homme, il niche où l'homme a peine à atteindre, dans les falaises les plus hautes, les plus escarpées.

Les ignorants, et encore les naturalistes de cabinet accordent les diversités d'espèce à espèce, mais croient que, dans chaque espèce, actes et travaux, tout se ressemble. On a pu le soutenir tant qu'on a vu les choses *de loin et de haut* dans une *généralité majestueuse*. Mais le jour où les naturalistes ont pris le bâton de voyage, le jour où, modestes, opiniâtres, infatigables pèlerins de la nature, ils ont mis leurs souliers de fer, toutes choses ont changé d'aspect ; ils ont vu, noté, comparé nombre d'œuvres individuelles dans les travaux de chaque espèce, en ont saisi les différences, et sont arrivés à cette conclusion qu'eût d'avance donnée la logique : *que vraiment rien ne se ressemble*. Dans ces œuvres identiques aux yeux inexpérimentés, les Wilson et les Audubon ont surpris les diversités d'un art très variable, selon les moyens et les lieux, selon les caractères, les talents des artistes, dans une spontanéité infinie. Ainsi s'est étendu le domaine de la liberté, de la fantaisie et de l'*ingenio*.

Formons le vœu que nos collections rapprochent plusieurs échantillons de chaque espèce, rangés, échelonnés selon le progrès et le talent individuel, notant l'âge approximatif des oiseaux qui ont fait les nids.

Si ces diversités infinies ne résultent point d'une activité libre, d'une spontanéité personnelle, si on veut les rapporter à un instinct identique, il faudra, pour soutenir cette thèse miraculeuse, faire croire un autre miracle : que cet instinct, quoique le même, a la singulière élasticité de s'accommoder et de se proportionner à une variété de circonstances qui changent sans cesse, à un infini de hasards

Que sera-ce, si l'on trouve dans l'histoire des animaux tel acte de prétendu instinct qui suppose une résistance à tout ce que semble vouloir notre nature instinctive ! Que dire de l'éléphant blessé dont parle Fouché d'Obsonville ?

Ce voyageur judicieux, très froid et fort éloigné de tendances romanesques, vit dans l'Inde un éléphant qui, ayant été blessé à la guerre, allait tous les jours faire panser sa blessure à l'hôpital. Or, devinez quel était ce pansement. Une brûlure... Dans ce dangereux climat où tout se corrompt, on est souvent obligé de cautériser les plaies. Il endurait ce traitement, il l'allait chercher tous les jours ; il ne prenait pas en haine le chirurgien qui lui infligeait une si cuisante douleur. Il gémissait, rien de plus. Il comprenait évidemment qu'on ne voulait que son bien, que son bourreau était son ami, que cette cruauté nécessaire avait pour but sa guérison.

Cet éléphant agissait évidemment par réflexion, nullement par un instinct aveugle, il agissait avec une volonté éclairée et forte contre la nature.

Page 194. *Le rossignol professeur.* — Je dois ce détail à une dame qui a bien droit de juger en ces choses, à M*me* Garcia Viardot. Les paysans de Russie, qui ont l'oreille délicate et une sensibilité très grande pour la nature (en proportion de ses sévérités pour eux), disaient, quand ils entendaient parfois la cantatrice espagnole : « Le rossignol chante moins bien. »

Page 197. *Le petit hésite encore*, etc. — « Un jour je me promenais avec mon fils à Monetier. Nous aperçûmes du côté du Nord, sur le petit Salève, un aigle qui s'échappait de l'anfractuosité des rochers. Quand il fut assez près du grand Salève, il s'arrêta, et deux aiglons qu'il avait portés sur son dos se hasardèrent à voler, d'abord très près de lui en cercles resserrés; puis, quelques moments après, se sentant fatigués, ils vinrent se reposer sur le dos de leur instituteur. Peu à peu les essais furent plus longs, et à la fin de la leçon les petits aigles firent des tours notablement plus considérables, toujours sous les yeux de leur maître de gymnastique. Quand une heure environ se fut écoulée, les deux écoliers reprirent leur place sur le dos paternel. L'aigle rentra dans le rocher d'où il était sorti. » (M. Chenevières de Genève.)

Page 222. *Le petit faucon du Chili* (cernicula). — Je tire ce détail d'un livre nouveau, curieux et peu connu qu'un Chilien a écrit en français : *Le Chili*, par B. Vicuna Mackenna, 1855, p. 100. — Contrée bien digne d'intérêt (voyez les beaux articles de M. Bilbao), qui, par l'énergie de ses citoyens, doit modifier beaucoup l'opinion peu favorable que les citoyens des États-Unis ont des Américains méridionaux. L'Amérique n'existera pas comme un monde tant qu'elle ne se sera pas sentie en ses deux pôles opposés, qui doivent faire sa grande harmonie.

Dernière note sur la vie ailée. — Pour apprécier des êtres si étrangers aux conditions de notre vie prosaïque, il faut un moment perdre terre et se faire un sens à part. On entrevoit que c'est quelque chose d'inférieur et de supérieur, d'en deçà et d'au delà, les limbes de la vie animale aux frontières de la vie des anges. A mesure qu'on prendra ce sens, on perdra la tentation de ramener la vie ailée, ce délicat, cet étrange, ce puissant rêve de Dieu, aux banalités de la terre.

Aujourd'hui même, en un lieu infiniment peu poétique, négligé, sale et obscur, parmi les noires boues de Paris et dans les ténèbres humides d'un rez-de-chaussée qui vaut une cave, je vis, j'entendis gazouiller à demi voix un petit être qui ne semblait point d'ici-bas. C'était une fauvette, et d'espèce commune, non la fauvette à tête noire que l'on paye si cher pour son chant. Celle-ci ne chantait pas alors; elle jasait avec elle-même, en quelques notes aussi peu variées que sa situation. L'hiver, l'ombre, la captivité, tout était contre elle. Captive d'un homme fort rude, d'un spéculateur en ce genre, elle n'entendait autour d'elle que ce qui peut briser le chant: sur sa tête de puissants oiseaux, un moqueur entre autres, par moments faisaient éclater leur brillant clairon. Le plus souvent, elle devait être réduite au silence. Elle avait pris l'habitude, on l'entrevoyait, de chanter à demi voix. Mais dans cet essor contenu, dans cette habitude de résignation et de demi-plainte, une délicatesse charmante, une morbidesse plus que féminine se faisait sentir. Ajoutez la grâce unique du corsage et du mouvement, d'une humble parure gris de lin, lustrée pourtant et brillant d'un léger reflet de soie.

Je me rappelai les tableaux où MM. Ingres et Delacroix nous ont donné des captives d'Alger ou de l'Orient, exprimant parfaitement la morne résignation, l'indifférence, l'ennui de ces vies si uniformes et aussi l'attiédissement (faut-il dire l'extinction?) de toute flamme intérieure.

Ah! ici, c'était autre chose. La flamme restait tout entière. C'était plus et moins qu'une femme. Nulle comparaison n'eût servi. Inférieure par l'animalité, par son joli masque d'oiseau, elle était très haut placée et par l'aile, et par l'âme ailée qui chantait dans ce petit corps. Un tout-puissant *alibi* la tenait bien loin, dans son bocage natal, dans le nid d'où toute petite elle avait été enlevée, ou dans son futur nid d'amour. Elle gazouilla cinq ou six notes, et j'en fus tout réchauffé, moi-même, ailé en ce moment, je l'accompagnai dans son rêve.

FIN DE L'OISEAU.

LA MER

LIVRE PREMIER

UN REGARD SUR LES MERS

I

LA MER VUE DU RIVAGE

Un brave marin hollandais, ferme et froid observateur, qui passe sa vie sur la mer, dit franchement que la première impression qu'on en reçoit, c'est la crainte. L'eau, pour tout être terrestre, est l'élément non respirable, l'élément de l'asphyxie. Barrière fatale, éternelle, qui sépare irrémédiablement les deux mondes. Ne nous étonnons pas si l'énorme masse d'eau qu'on appelle la mer, inconnue et ténébreuse dans sa profonde épaisseur, apparut toujours redoutable à l'imagination humaine.

Les Orientaux n'y voient que le gouffre amer, la *nuit de l'abîme*. Dans toutes les anciennes langues, de l'Inde à l'Irlande, le nom de la mer a pour synonyme ou analogue le *désert* et la *nuit*.

Grande tristesse de voir tous les soirs le soleil, cette joie du monde et ce père de toute vie, sombrer, s'abîmer dans les flots. C'est le deuil quotidien du monde, et spécialement de l'Ouest. Nous avons beau voir chaque jour ce spectacle, il a sur nous même puissance, même effet de mélancolie.

Si l'on plonge dans la mer à une certaine profondeur, on perd bientôt la lumière; on entre dans un crépuscule où persiste une seule couleur, un rouge sinistre; puis cela même disparaît et la nuit complète se fait. C'est l'obscurité absolue, sauf peut-être des accidents de phosphorescence effrayante. La masse, immense d'étendue, énorme de profondeur, qui couvre la plus grande partie du globe, semble un monde de ténèbres. Voilà surtout ce qui saisit, intimida les premiers hommes. On supposait que la vie cesse partout où manque la lumière, et qu'excepté les premières couches toute l'épaisseur insondable, le fond (si l'abîme a un fond), était une noire solitude, rien que sable aride et cailloux, sauf des ossements et des débris, tant de biens perdus que l'élément avare prend toujours et ne rend jamais, les cachant jalousement au trésor profond des naufrages.

L'eau de mer ne nous rassure aucunement par la transparence. Ce n'est point l'engageante nymphe des sources, des limpides fontaines. Celle-ci est opaque et lourde; elle frappe fort. Qui s'y hasarde, se sent fortement soulevé. Elle aide, il est vrai, le nageur, mais elle le maîtrise; il se sent comme un faible enfant, bercé d'une puissante main, qui peut aussi bien le briser.

La barque une fois déliée, qui sait où un vent subit, un courant irrésistible, pourront la porter? Ainsi nos pêcheurs du Nord, malgré eux, trouvèrent l'Amérique polaire et rapportèrent la terreur du funèbre Groënland. Toute nation a ses récits, ses contes sur la mer. Homère, les *Mille et une Nuits*, nous ont gardé un bon nombre de ces traditions effrayantes, les écueils et les tempêtes, les calmes non moins meurtriers où l'on meurt de soif au milieu des eaux, les mangeurs d'hommes, les monstres, le léviathan, le kraken et le grand serpent de mer, etc. Le nom qu'on donne au désert, « *le pays de la peur* », on aurait pu le donner au grand désert maritime. Les plus hardis navigateurs, Phéniciens et Carthaginois, les Arabes conquérants qui voulaient englober le monde, attirés par les récits du pays de l'or et des Hespérides, dépassent la Méditerranée, se lancent sur la grande mer, mais s'y arrêtent bientôt. La ligne sombre, éternellement couverte de nuages, qu'on rencontre avant l'équateur, leur impose. Ils s'arrêtent. Ils disent : « C'est la *mer des Ténèbres*. » Et ils retournent chez eux.

Il y aurait de l'impiété à violer ce sanctuaire. Malheur à celui qui suivrait sa curiosité sacrilège! On a vu, aux dernières îles, un colosse, une menaçante figure qui disait : « N'allez pas plus loin. »

Ces terreurs, un peu enfantines, du vieux monde ne diffèrent en rien de ce qu'on peut voir toujours des émotions du novice, de la simple personne qui, venue de l'intérieur, tout à coup aperçoit la mer. On peut dire que tout être qui en a la surprise, ressent cette impression. Les animaux, visiblement, se troublent. Même au reflux, lorsque, lasse et débonnaire, l'eau traîne mollement au rivage, le cheval n'est pas rassuré ; il frémit et souvent refuse de passer le flot languissant. Le chien recule et aboie, injurie à sa manière la lame dont il a peur. Jamais il ne fait la paix avec l'élément douteux qui lui semble plutôt hostile. Un voyageur nous raconte que les chiens du Kamtchatka, habitués à ce spectacle, n'en sont pas moins effrayés, irrités. En grandes bandes, par milliers, dans les longues nuits, ils hurlent contre la vague hurlante, et font assaut de fureur avec l'océan du Nord.

L'introduction naturelle, le vestibule de l'Océan, qui prépare à le bien sentir, c'est le cours mélancolique des fleuves du nord-ouest, les vastes sables du Midi, ou les landes de Bretagne. Toute personne qui va à la mer par ces voies est très frappée de la région intermédiaire qui l'annonce. Le long de ces fleuves, c'est un vague infini de joncs, d'oseraies, de plantes diverses, qui, par les degrés des eaux mêlées et peu à peu saumâtres, deviennent enfin marines. Dans les landes, c'est, avant la mer, une mer préalable d'herbes rudes et basses, fougères et bruyères. Étant encore à une lieue, deux lieues, vous remarquez les arbres chétifs, souffreteux, rechignés, qui annoncent à leur manière par des attitudes, j'allais dire par des gestes étranges, la proximité du grand tyran et l'oppression de son souffle. S'ils n'étaient pris par les racines, ils fuiraient visiblement; ils regardent vers la terre, tournent le dos à l'ennemi, semblent tout près de partir, en déroute, échevelés. Ils ploient, se courbent jusqu'au sol, et, ne pouvant mieux, fixés là, se tordent aux vents de tempête. Ailleurs encore, le tronc se fait petit et étend ses branches indéfiniment dans le sens horizontal. Sur les plages où les coquilles, dissoutes, élèvent une fine poussière, l'arbre en est envahi, englouti. Ses pores se fermant, l'air lui manque, il est étouffé, mais conserve la même forme et reste là arbre de pierre, spectre d'arbre, ombre lugubre qui ne peut même disparaître, captive dans la mort même.

Bien avant de voir la mer, on entend et on devine la redoutable personne. D'abord, c'est un bruit lointain, sourd et uniforme. Et peu à peu tous les bruits lui cèdent et en sont couverts. On en remarque bientôt la solennelle alternative, le retour invariable de la même note, forte et basse, qui de plus en plus roule, gronde. Moins régulière l'oscillation du pendule qui nous mesure l'heure. Mais ici le balancier n'a pas la monotonie des choses mécaniques. On y sent, on croit y sentir la vibrante intonation de la vie. En effet, au moment du flux, quand la vague monte sur la vague, immense, électrique, il se mêle au roulement orageux des eaux le bruit des coquilles et de mille êtres divers qu'elle apporte avec elle. Le reflux vient-il, un bruissement fait comprendre qu'avec les sables elle remporte ce monde de tribus fidèles, et le recueille en son sein.

Que d'autres voix elle a encore! Pour peu qu'elle soit émue, ses plaintes et ses profonds soupirs contrastent avec le silence du morne rivage. Il semble se recueillir pour écouter la menace de celle qui le flattait hier d'un flot caressant. Que va-t-elle bientôt lui dire? Je ne veux pas le prévoir. Je ne veux point parler ici des épouvantables concerts qu'elle va donner peut-être, de ses duos avec les rocs, des basses et des tonnerres sourds qu'elle fait au fond des cavernes, ni de ces cris surprenants où l'on croit entendre : Au secours!... Non, prenons-la dans ses jours graves, où elle est forte sans violence.

Si l'enfant et l'ignorant ont toujours, devant ce spyhnx, une stupeur admirative et moins de plaisir que de crainte, il ne faut pas s'en étonner. Pour nous-mêmes, par bien des côtés, c'est encore une grande énigme.

Quelle est son étendue réelle? Plus grande que celle de la terre, voilà ce qu'on sait le mieux. Sur la surface du globe, l'eau est la généralité, la terre est l'exception. Mais leur proportion relative? l'eau fait les quatre cinquièmes, c'est le plus probable; d'autres ont dit le tiers ou le quart. Chose difficile à préciser. La terre augmente et diminue; elle est toujours en travail; telle partie s'abaisse, et telle monte. Certaines contrées polaires, découvertes et notées du navigateur, ne se retrouvent plus au voyage suivant. Ailleurs, des îles innombrables, des bancs immenses de madrépores, de coraux, se forment, s'élèvent, et troublent la géographie.

La profondeur de la mer est bien plus inconnue que son étendue. A peine les premiers sondages, peu nombreux et peu certains, ont-ils été faits encore.

Les petites libertés hardies que nous prenons à la surface de l'élément indomptable, notre audace à courir sur ce profond inconnu, sont peu, et ne peuvent rien faire au juste orgueil que garde la mer. Elle reste, en réalité, fermée, imprenable. Qu'un monde prodigieux de vie, de guerre et d'amour, de production de toute sorte, s'y meuve, on le devine bien et déjà on le sait un peu. Mais à peine nous y entrons. Nous avons hâte de sortir de cet élément étranger. Si nous avons besoin de lui, lui, il n'a pas besoin de nous. Il se passe de l'homme à merveille. La nature semble tenir peu à avoir un tel témoin. Dieu est là tout seul chez lui.

L'élément que nous appelons fluide, mobile, capricieux, ne change pas réellement; il est la régularité même. Ce qui change constamment, c'est l'homme. Son corps (dont les quatre cinquièmes ne sont qu'eau, selon Berzélius) sera demain évaporé. Cette apparition éphémère, en présence des grandes puissances immuables de la nature, n'a que trop raison de rêver. Quel que soit son très juste espoir de vivre en son âme immortelle, l'homme n'en est pas moins attristé de ses morts fréquentes, des crises qui rompent à chaque instant la vie. La mer a l'air d'en triompher. Chaque fois que nous approchons d'elle, il semble qu'elle dise du fond de son immutabilité : « Demain tu passes, et moi jamais. Tes os seront dans la terre, dissous même à force de siècles, que je continuerai encore, majestueuse, indifférente, la grande vie équilibrée qui m'harmonise, heure par heure, à la vie des mondes lointains. »

Opposition humiliante qui se révèle durement, et comme par risée pour nous, surtout aux violentes plages, où la mer arrache aux falaises des cailloux qu'elle leur relance, qu'elle ramène deux fois par jour, les traînant avec un bruit sinistre comme de chaînes et de boulets. Toute jeune imagination y voit une image de guerre, un combat, et d'abord s'effraye. Puis, observant que cette fureur a des bornes où elle s'arrête, l'enfant rassuré hait plutôt qu'il ne craint la chose sauvage qui semble lui en vouloir. Il lance à son tour des cailloux à la grande ennemie rugissante.

J'observais ce duel au Havre, en juillet 1831. Une enfant que j'amenais là en présence de la mer, sentit son jeune courage et s'indigna de ces défis. Elle rendait guerre pour guerre. Lutte inégale, à faire sourire, entre la main délicate de la fragile créature et l'épouvantable force qui en tenait si peu compte. Mais on ne riait pas longtemps, lorsque venait la pensée du peu que vivrait l'être aimé, de son impuissance éphémère, en présence de l'infatigable éternité qui nous reprend. — Tel fut l'un de mes premiers regards sur la mer. Telles mes rêveries, assombries du trop juste augure que m'inspirait ce combat entre la mer que je revois et l'enfant que je ne vois plus.

II

PLAGES, GRÈVES ET FALAISES

On peut voir l'Océan partout. Partout il apparaîtra imposant et redoutable. Tel il est autour des caps d'où on le voit de tous côtés. Tel, et parfois plus terrible, aux lieux vastes, mais circonscrits, où l'encadrement des rivages le gêne et l'indigne, et où il entre violent avec des courants rapides qui souvent heurtent aux écueils. On ne le voit pas infini, mais on le sent, on l'entend, on le devine infini, et l'impression n'en est que plus profonde.

C'est celle que j'avais à Granville, sur cette plage tumultueuse de grand flot et de grand vent, qui finit la Normandie et va commencer la Bretagne. La gaieté riche et aimable, quelquefois un peu vulgaire, des belles campagnes normandes, disparaît, et par Granville, par le dangereux Saint-Michel-en-Grève, on se trouve entré dans un monde tout autre. Granville est normand de race, breton d'aspect. Il oppose fièrement son rocher à l'assaut épouvantable des vagues, qui tantôt apportent du Nord les fureurs discordantes des courants de la Manche, tantôt roulent de l'Ouest un long flot toujours grossi dans sa course de mille lieues, qui frappe de toute la force accumulée de l'Atlantique.

J'aimais cette petite ville singulière et un peu triste, qui vit de la pêche lointaine la plus dangereuse. La famille sait qu'elle est nourrie des hasards de cette loterie, de la vie, de la mort de l'homme. Cela met en tout un sérieux harmonique au caractère sévère de cette côte. J'y ai bien souvent goûté la mélancolie du soir, soit que je me promenasse en bas sur la grève déjà obscurcie, soit que, de la haute ville qui couronne le rocher, je visse le soleil descendre dans l'horizon un peu brumeux. Son énorme mappemonde, souvent rayée durement de raies noires et de raies rouges, s'abîmait, sans s'arrêter à faire au ciel les fantaisies, les paysages de lumière, qui souvent ailleurs égayent la vue. En août, c'était déjà l'automne. Il n'y avait guère de crépuscule. Le soleil à peine disparu, le vent fraîchissait, les vagues couraient rapides, vertes et sombres. On ne voyait guère que quelques ombres de femmes dans leurs capes noires doublées de blanc. Les moutons, attardés aux maigres pâturages des glacis qui surplombent la grève de quatre-vingts ou de cent pieds, l'attristaient de bêlements plaintifs.

La haute ville, fort petite, a sa face du nord bâtie à pic sur le bord de l'abîme, noire, froide, battue d'un vent éternel, faisant front à la grande mer. Il n'y a là que de pauvres logis. On m'y mena chez un bonhomme dont l'art était de faire des tableaux de coquilles. Monté par une sorte d'échelle dans une obscure petite chambre, je vis, encadrée dans l'étroite fenêtre, cette vue tragique. Elle me fut aussi saisissante que l'avait été en Suisse, prise aussi dans une fenêtre, et par une vive surprise, celle du glacier du Grindelwald. Le glacier me fit voir un monstre énorme de glaces pointues qui marchaient à moi, et cette mer de Granville, une armée de flots ennemis qui venaient d'ensemble à l'assaut.

Mon homme, sans être vieux, était souffreteux, fiévreux. Il tenait, en ce mois d'août, sa fenêtre calfeutrée. En regardant ses ouvrages et causant, je vis qu'il avait la tête un peu faible. Elle avait été ébranlée par un événement de famille. Son frère avait péri sur cette grève dans une cruelle aventure. La mer lui restait sinistre, elle lui semblait garder contre lui une mauvaise volonté. L'hiver, infatigablement, elle flagellait sa vitre de neige ou de vents glacés. Elle ne le laissait pas dormir. Elle frappait sous lui son roc, sans trêve ni repos, dans les longues nuits. L'été, elle lui montrait d'incommensurables orages, des éclairs d'un monde à l'autre. Aux grandes marées, c'était bien pis. Elle monte à soixante pieds, et son écume furieuse, sautant bien plus haut encore, outrageusement venait lui frapper dans sa fenêtre. Il n'était pas même sûr que la mer s'en tînt toujours là. Elle pouvait, dans sa haine, lui jouer quelque mauvais tour. Mais il n'avait pas le moyen de chercher un meilleur abri, et peut-être aussi était-il retenu, à son insu, par je ne sais quel magnétisme. Il n'eût pas osé se brouiller tout à fait avec la terrible fée. Il avait pour elle un certain respect. Il en parlait peu, et plus souvent la désignait sans la nommer, comme l'Islandais en mer n'ose nommer l'Ourque, de peur qu'elle n'entende et ne vienne. Je vois encore sa mine pâle lorsqu'il regardait la grève, et disait : « Cela me fait peur ! »

Était-ce un fou ? Nullement, il parlait de fort bon sens. Il me parut distingué et intéressant. C'était un être nerveux, très finement organisé, trop pour de telles impressions.

La mer fait beaucoup de fous. Livingstone avait emmené d'Afrique un homme intelligent, courageux, qui bravait les lions. Mais il n'avait pas vu la mer. Quand il monta sur un vaisseau, et qu'il eut à la fois cette double surprise et du redoutable élément, et de tous les arts inconnus, ce fut trop pour son cerveau. Il délira ; quoi qu'on fît, il trouva moyen d'échapper, et se jeta aveuglément dans ces flots qui l'effrayaient et qui l'attiraient cependant.

D'autre part, la mer attache tellement les hommes qui se sont confiés longtemps à elle, qui ont vécu avec elle et dans sa familiarité, qu'ils ne peuvent la quitter jamais. J'ai vu, dans un petit port, de vieux pilotes qui, devenus trop faibles, résignaient leur office. Mais ils ne s'en consolaient point, ils traînaient misérablement, et leurs têtes s'égaraient.

Au plus haut de Saint-Michel, on vous montre une plate-forme qu'on appelle celle des *Fous*. Je ne connais aucun lieu plus propre à en faire que cette maison de vertige. Représentez-vous tout autour une grande plaine comme de cendre blanche, qui est toujours solitaire, sable équivoque dont la fausse douceur est le piège le plus dangereux. C'est et ce n'est pas la terre, c'est et ce n'est pas la mer, l'eau douce non plus, quoiqu'en dessous des ruisseaux travaillent le sol incessamment. Rarement, et pour de courts moments, un bateau s'y hasarderait. Et, si l'on passe quand l'eau se retire, on risque d'être englouti. J'en puis parler, je l'ai été presque moi-même. Une voiture fort légère, dans laquelle j'étais, disparut en deux minutes avec le cheval; par miracle, j'échappai. Mais, moi-même à pied, j'enfonçais. A chaque pas, je sentais un affreux clapotement, comme un appel de l'abîme qui me demandait doucement, m'invitait et m'attirait, et me prenait par-dessous. J'arrivai pourtant au roc, à la gigantesque abbaye, cloître, forteresse et prison, d'une sublimité atroce, vraiment digne du paysage. Ce n'est pas ici le lieu de décrire un tel monument. Sur un gros bloc de granit, il se dresse, monte et monte encore indéfiniment, comme une babel d'un titanique entassement, roc sur roc, siècle sur siècle, mais toujours cachot sur cachot. Au plus bas, l'*in pace* des moines; plus haut, la cage de fer qu'y fit Louis XI; plus haut, celle de Louis XIV; plus haut, la prison d'aujourd'hui. Tout cela dans un tourbillon, un vent, un trouble éternel. C'est le sépulcre moins la paix.

Est-ce la faute de la mer si cette plage est perfide? Point du tout. Elle arrive là, comme ailleurs, bruyante et forte, mais loyale. La vraie faute est à la terre, dont l'immobilité sournoise paraît toujours innocente, et qui en dessous filtre sous la plage les eaux des ruisseaux, un mélange douceâtre et blanchâtre qui ôte toute solidité. La faute est surtout à l'homme, à son ignorance, à sa négligence. Dans les longs âges barbares, pendant qu'il rêvait à la légende et fondait grand pèlerinage de l'archange vainqueur du diable, le diable prit possession de cette plaine délaissée. La mer en est fort innocente. Loin de faire mal, au contraire, elle apporte, cette furieuse dans ses flots si menaçants, un trésor de sel fécond, meilleur que le limon du Nil, qui enrichit toute culture et fait la charmante beauté des anciens marais de Dol, de nos jours transformés en jardins. C'est une mère un peu violente, mais enfin, c'est une mère. Riche en poissons, elle entasse sur Cancale qui est en face, et sur d'autres bancs encore, des millions, des milliards d'huîtres, et de leurs coquilles brisées elle donne cette riche vie qui se change en herbe, en fruits, et couvre les prairies de fleurs.

Il faut entrer dans la vraie intelligence de la mer, ne pas céder aux idées fausses que peut donner la terre voisine, ni aux illusions terribles qu'elle nous ferait elle-même par la simple grandeur de ses phénomènes, par des fureurs apparentes qui souvent sont des bienfaits.

III

PLAGES, GRÈVES ET FALAISES (SUITE)

Les plages, les grèves et les falaises montrent la mer par trois aspects, et toujours utilement. Elles l'expliquent, la traduisent, la mettent en rapport avec nous, cette grande puissance, sauvage au premier aspect, — mais divine au fond, donc amie.

L'avantage des falaises, c'est qu'au pied de ces hauts murs bien plus sensiblement qu'ailleurs on apprécie la marée, la respiration, disons-le, le pouls de la mer. Insensible sur la Méditerranée, il est marqué dans l'Océan. L'Océan respire comme moi, il concorde à mon mouvement intérieur, à celui d'en haut. Il m'oblige de compter sans cesse avec lui, de supputer les jours, les heures, de regarder au ciel. Il me rappelle et à moi et au monde.

Que je m'assoie aux falaises, à celle d'Antifer, par exemple, je vois ce spectacle immense. La mer, qui semblait morte tout à l'heure, a frissonné. Elle frémit.

Signe premier du grand mouvement. La marée a dépassé Cherbourg et Barfleur, tourné violemment la pointe du phare; ses eaux divisées suivent le Calvados, s'exhaussent au Havre; voilà qu'elles viennent à moi, vers Étretat, Fécamp, Dieppe, pour s'enfoncer dans le canal, malgré les courants du Nord. A moi de me mettre en garde, et d'observer bien son heure. Sa hauteur, presque indifférente aux dunes ou collines de sable qu'on peut remonter partout, ici, au pied des falaises, impose une grande attention. Ce long mur de trente lieues n'a pas beaucoup d'escaliers. Ses étroites percées, qui font nos petits ports, s'ouvrent à d'assez grandes distances.

D'autant plus curieusement, observe-t-on à la mer basse les assises superposées où se lit l'histoire du globe, en gigantesques registres où les siècles accumulés offrent tout ouvert le livre du temps. Chaque année en mange une page. C'est un monde en démolition, que la mer mord toujours en bas, mais que les pluies, les gelées, attaquent encore bien plus d'en haut. Le flot en dissout le calcaire, emporte, rapporte, roule incessamment le silex qu'il arrondit en galets. — Ce rude travail fait de cette côte, si riche du côté de la terre, un vrai désert maritime. Peu, très peu de plantes de mer échappent au broiement éternel du galet froissé, refroissé. Les mollusques et les coquilles en ont peur. Les poissons même se tiennent à distance. Grand contraste d'une campagne douce et tellement humanisée et d'une mer si inhospitalière.

On ne la voit guère que d'en haut. En bas la nécessité dure de marcher sur un sol croulant, roulant, de boulets, rend l'étroite plage impossible, fait de la moindre promenade une violente gymnastique. Il faut rester sur les sommets, où les splendides villas, les beaux bois, les cultures magnifiques, les blés, les jardins, avancent jusqu'au bord d'un grand mur, et regardent à plaisir cette majestueuse rue de la Manche, pleine de barques et de vaisseaux, qui sépare les deux rivages et les deux grands empires du monde.

La terre et la mer; quoi de plus! Toutes deux ont ici un charme. Cependant celui qui aime la mer pour elle-même, son ami, son amant, ira plutôt la chercher dans un lieu moins varié. Pour entrer en relations suivies avec elle, les grandes plages sablonneuses (si le sable n'est trop mou) sont bien plus commodes. Elles permettent des promenades infinies. Elles laissent rêver. Elles souffrent, entre l'homme et la mer, des épanchements mystérieux. Jamais je ne me suis plaint de ces vastes et libres arènes où d'autres trouvent un grand ennui. Je ne m'y trouve pas seul. Je vais, je viens, je le sens. Il est là, le grand compagnon. Pour peu qu'il ne soit pas trop ému, de mauvaise humeur, je me hasarde à lui parler, et il ne dédaigne pas de répondre. Que de choses nous nous sommes dites aux paisibles mois où la foule est absente sur les plages illimitées de Scheveningen et d'Ostende, de Royan et de Saint-Georges! C'est là qu'en un long tête-à-tête quelque intimité s'établit. On y prend comme un sens nouveau pour comprendre la grande langue.

On trouve triste l'Océan, lorsque des tours d'Amsterdam le Zuiderzée apparaît terreux et d'un flot de plomb, lorsqu'aux dunes de Scheveningen on voit ses eaux surplombantes, toujours prêtes à franchir la digue. Moi, ce combat m'intéresse; cette terre m'attache, toute sérieuse qu'elle peut être; c'est l'effort, la création, l'invention de l'homme. Et la mer aussi me plaît, par les trésors de vie féconde que je lui sais dans son sein. C'est une des plus peuplées du monde. Vienne la nuit de la Saint-Jean, où s'ouvre la pêche, vous allez voir surgir des profondeurs l'ascension d'une autre mer, la mer des harengs. La plaine indéfinie des eaux ne sera pas assez grande pour ce déluge vivant, une des révélations les plus triomphantes de la écondité sans bornes de la nature. Voilà ce que je sens d'avance dans cette mer, et dans les tableaux où le génie en a marqué le caractère profond. La sombre *Estacade* de Ruysdaël, plus qu'aucun tableau, m'a toujours attiré au Louvre. Pourquoi? dans les teintes roussâtres de ses eaux électrisées je ne sens aucunement le froid de la mer du Nord; au contraire, la fermentation, le flot de la vie.

Si l'on me demandait néanmoins quelle côte de l'Océan donne la plus haute impression, je dirais : celle de Bretagne, spécialement aux sauvages et sublimes promontoires de granit qui finissent l'ancien monde, à cette pointe hardie qui défie les tempêtes, domine l'Atlantique. Nulle part je n'ai mieux senti les nobles et hautes tristesses, qui sont les meilleures impressions de la mer. J'ai besoin d'expliquer ceci.

Il y a tristesse et tristesse, — celle des femmes, celle des forts, — celle des âmes trop sensibles qui pleurent sur elles-mêmes, et celle des cœurs désintéressés, qui pour eux acceptent le sort et bénissent toujours la nature, mais sentent les maux du monde, et puisent dans la tristesse même les forces pour agir ou créer. — Combien les nôtres ont besoin de retremper souvent leur âme dans cet état qu'on peut nommer la mélancolie héroïque !

Lorsqu'il y a près de trente ans je visitais ce pays, je ne me rendais pas compte de l'attrait sérieux qu'il avait pour moi. Au fond, c'est sa grande harmonie. Ailleurs, sans qu'on se l'explique, on sent une discordance entre le sol et l'habitant. La très belle race normande, dans les cantons où elle est pure, où elle a gardé le rouge, le roux singulier de la Scandinavie, n'a nul rapport avec la terre qu'elle occupe par hasard. Au contraire, en Bretagne, sur le sol géologique le plus ancien du globe, sur le granit et le silex, marche la race primitive, un peuple aussi de granit. Race rude, de grande noblesse, d'une finesse de caillou. Autant la Normandie progresse, autant la Bretagne est en décadence. Imaginative et spirituelle, elle n'en aime pas moins l'absurde, l'impossible, les causes perdues. Mais si elle perd en tant de choses, une lui reste, la plus rare, c'est le caractère.

Si l'on veut sortir un peu de l'anglicisme insipide et de la vulgarité qui se prétend positive, enfin des sottes joies si tristes, qu'on aille s'asseoir sur ces rocs, à la baie de Douarnenez, au promontoire de Penmark. Ou, si le vent est trop fort, qu'on se mette dans une barque aux basses îles du Morbihan. La mer y apporte un flot tiède que l'on n'entend même pas. La Bretagne, où elle est douce, est très douce. Dans ses archipels vous diriez l'onde des morts. Où elle est forte, elle est sublime.

Je n'en sentis que les tristesses en 1831 : elles ont passé dans mon histoire. Je ne connaissais pas alors le vrai caractère de cette mer. C'est aux anses les plus solitaires, entre ses rocs les plus sauvages, qu'elle est vraiment gaie, je veux dire vivante et joyeuse d'une grande vie. Ces rocs, vous les voyez couverts comme d'une couche d'aspérités grises; mais ce sont des êtres animés, c'est tout un monde établi là, qui, au reflux, laissé à sec, se clôt et s'enferme. Il ouvre ses petites fenêtres quand la bonne mer, sa nourrice, lui rapporte ses aliments. Là travaille encore en foule cette population estimable des petits piqueurs de pierre, les oursins, observés et si bien décrits par M. Caillaud. Tout ce monde juge exactement au rebours de nous. La belle Normandie les effraye; ils ont horreur et terreur des rudes galets des falaises, sous lesquels ils seraient broyés. Les calcaires croulants de Saintonge, avec leurs plages aimables, ne les rassurent pas davantage. Ils n'ont garde de s'établir sur ce qui doit tomber demain. Au contraire, ils sont heureux de sentir sous eux le sol immuable des rochers bretons.

Apprenons d'eux à n'en pas croire l'apparence, mais la vérité. Les rivages enchanteurs de la flore la plus séduisante sont ceux que fuit la vie marine; ils sont riches, mais en fossiles; curieux pour le géologue, ils l'instruisent par les os des morts. L'âpre granit au contraire voit sous lui une mer poissonneuse, sur lui une autre vie encore, le peuple intéressant, modeste, des mollusques travailleurs, pauvres petits ouvriers dont la vie laborieuse fait le charme sérieux, la moralité de la mer.

« Profond silence pourtant. Ce peuple infini est muet, il ne me dit rien. Sa vie est de lui à lui, sans rapport avec moi, et pour moi elle vaut la mort. Solitude! (dit un cœur de femme) grande et triste solitude!... Je ne suis pas rassurée... »

A tort. Tout est ami ici. Ces petits êtres ne parlent pas au monde, mais ils travaillent pour lui. Ils se remettent du discours à leur sublime père, l'Océan, qui parle à leur place. Ils s'expliquent par sa grande voix.

Entre la terre silencieuse et les tribus muettes de la mer, il fait ici le dialogue, grand, fort et grave, sympathique, — l'harmonique concordance du grand Moi avec lui-même, ce beau débat qui n'est qu'Amour.

IV

CERCLE DES EAUX, CERCLE DE FEUX. — FLEUVES DE LA MER

La terre a jeté à peine un regard sur elle-même qu'elle s'est comparée, préférée au ciel. La géologie, toute jeune, contre son aînée l'astronomie, reine orgueilleuse des sciences, a poussé un cri de Titan. « Nos montagnes, a-t-elle dit, ne sont pas jetées *au hasard comme les étoiles dans le ciel;* elles forment des systèmes où l'on trouve les éléments d'une ordonnance générale *dont les constellations célestes ne présentent aucune trace.* » Ce mot hardi, passionné, a échappé à un homme aussi modeste qu'illustre, M. Élie de Beaumont.

Sans doute, on n'a pas démêlé encore l'ordre (probablement très grand) qui règne dans le pêle-mêle apparent de la Voie lactée; mais l'ordonnance plus visible de la superficie du globe résultant des révolutions insondables de son intérieur garde cependant, gardera pour la plus ingénieuse science des ombres et des mystères.

Les formes de la grande montagne émergée des

eaux qu'on appelle proprement la terre offrent plusieurs dispositions assez symétriques sans pouvoir être ramenées encore à ce qui semblerait un système total. Ces parties sèches et élevées apparaissent plus ou moins selon ce que l'eau en découvre. C'est la mer, comme limite, qui trace en réalité la forme des continents. C'est par la mer qu'il convient de commencer toute géographie.

Ajoutez une grande chose, révélée depuis peu d'années. Tandis que la terre nous offre tels traits qui semblent discordants (exemple, *le Nouveau monde étendu du nord au sud et l'Ancien d'est en ouest*); la mer, au contraire, présente une très grande harmonie, une correspondance exacte entre les deux hémisphères. C'est dans la partie fluide, qu'on croyait si capricieuse, qu'existe la régularité. Ce que ce globe a de plus ordonné, de plus symétrique, c'est ce qui paraît le plus libre, le jeu de la circulation. L'ossature et les vertèbres du grand animal ont leurs singularités, dont nous ne pouvons encore bien nous rendre compte. Mais son mouvement vital, qui fait les courants de la mer, qui de l'eau salée fait l'eau douce, bientôt convertie en vapeur pour retourner à l'eau salée, cet admirable mécanisme est aussi parfait que celui de la circulation sanguine dans les animaux les plus élevés. Rien qui ressemble davantage à la transformation constante de notre sang veineux et artériel.

La face du globe paraît bien autrement compréhensible, si l'on en classe les régions non par chaînes de montagnes, mais *par bassins maritimes*.

L'Espagne du sud ressemble au Maroc plus qu'à la Navarre ; la Provence à l'Algérie plus qu'au Dauphiné ; la Sénégambie aux régions de l'Amazone plus qu'à la mer Rouge, et l'Amazone a plus d'analogie avec les régions humides de l'Afrique qu'avec ses voisins qui lui sont adossés, le Chili, le Pérou, etc.

La symétrie de l'Atlantique est encore bien plus frappante dans les courants en dessous, dans les vents et brises en dessus. Leur action aide puissamment à créer ces analogies et à former ce qu'on peut dire : la fraternité des rivages.

Le principe d'unité géographique, l'élément classificateur sera de plus en plus cherché dans le *bassin maritime*, où les eaux, les vents, messagers fidèles, créent la relation, l'assimilation des bords opposés. On demandera moins cette idée d'unité géographique aux montagnes, dont les deux versants, souvent en contradiction, vous offrent sous même latitude des flores et des populations absolument opposées ; ici l'invariable été, à deux pas, l'éternel hiver, selon les expositions. La montagne donne rarement l'unité de la contrée, plus souvent sa dualité, son divorce et ses discordances.

Cette vue de génie appartient à Bory de Saint-Vincent. Les découvertes récentes de Maury et les lois qu'il a posées la confirment de mille manières.

Dans l'immense vallée de la mer, sous la double montagne des deux continents, il n'y a, à proprement parler, que deux bassins :

1° *Le bassin de l'Atlantique;*

2° *Le grand bassin de la mer Indienne et Pacifique.*

On ne peut appeler bassin la ceinture indéterminée de l'énorme océan Austral, qui n'a ni borne ni rivage, qui vers le nord seulement vient envelopper la mer de l'Inde, la Mer de corail et le Pacifique.

L'océan Austral, à lui seul, est plus grand que toutes les mers. Il couvre presque la moitié de la surface du globe. Selon toute apparence, à l'étendue répond la profondeur. Tandis que les sondages récents de l'Atlantique indiquent 10 ou 12.000 pieds, dans l'océan Austral, Ross et Denham ont trouvé 14.000, 27.000 et jusqu'à 46.000 pieds. Ajoutez-y la masse des glaces antarctiques, infiniment plus vastes que nos glaces boréales. On n'est pas loin du vrai, si l'on simplifie en disant : l'hémisphère austral est le monde des eaux, et le boréal celui de la terre.

Celui qui part d'Europe et veut traverser l'Atlantique, étant sorti heureusement de nos ports, trop souvent fermés par le vent d'Ouest, après avoir franchi la zone variable de nos changeantes mers, entre bientôt dans le beau temps, la sérénité éternelle que les vents de Nord-Est, les doux vents alizés mettent sur la mer et dans le ciel. Tout sourit; nulle inquiétude. Mais, en avançant vers la Ligne, la brise vivifiante cesse, l'air devient étouffant. On entre dans la zone des calmes qui dominent sous l'équateur et séparent immuablement les alizés de notre hémisphère boréal et les alizés de notre hémisphère Sud. De lourds nuages pèsent; de grandes pluies fondent à chaque instant. On s'attriste, on se plaint; mais, sans ce rideau sombre, de quelles flèches de feu le soleil frapperait les têtes ébranlées sur le miroir de l'Atlantique! Sans les déluges qui assaillent l'autre face du globe, la mer Indienne et la Mer de corail, quelle serait leur fermentation aux cratères de leurs vieux volcans! Cette masse noire de nuages, jadis la terreur, la barrière de la navigation, cette nuit subite étendue sur les eaux, c'est précisément le salut, la facilité protectrice qui nous adoucit le passage et nous fait bientôt retrouver au Sud le beau soleil et le ciel pur, la douceur des vents réguliers.

Tout naturellement la chaleur de la Ligne élève l'eau en vapeurs et forme cette bande sombre.

L'observateur qui, d'une autre planète, regarderait la nôtre, verrait planer sur elle un anneau de nuages, à peu près comme l'on voit l'anneau de Saturne. S'il en cherchait l'usage, on pourrait lui répondre : c'est le régulateur qui, absorbant et rendant tour à tour, équilibre l'évaporation, la précipitation des eaux, distribue les pluies, les rosées, modifie la chaleur de chaque contrée, échange les vapeurs des deux mondes, emprunte au monde austral de quoi faire les rivières, les fleuves de notre monde boréal. Solidarité merveilleuse. L'Amérique du Sud, dans ses grandes forêts, de leur respiration, condensée en nuages, abreuve fraternellement les fleurs et les fruits de l'Europe. L'air qui nous renouvelle, c'est le tribut que cent îles d'Asie, que la puissante flore de Java ou de Ceylan exhala, confia au grand messager des nuages qui roule avec la terre et lui verse la vie.

Posez-vous (j'entends en esprit) sur une des îles

volcaniques que la mer Pacifique offre en si grand nombre, et regardez au Sud. Derrière la Nouvelle-Hollande, vous verrez l'océan Austral assiéger d'un flot circulaire les deux pointes extrêmes de l'ancien et du nouveau continent. Point de terre au monde antarctique, ou de petites îles, ou de prétendues terres polaires que les découvreurs ne marquent que pour les voir disparaître, et qui peut-être ne sont que des glaces. Des eaux sans fin, toujours des eaux.

Du même observatoire où je vous place, en contraste avec le cercle des eaux antarctiques, vous pouvez voir vers l'Est, vers l'hémisphère arctique, ce que Ritter nomme le cercle de feu. Pour parler plus exactement, c'est un anneau détendu, une chaîne lâche, que forment les volcans, d'abord aux Cordillères, puis sur les hauteurs de l'Asie, enfin dans ces groupes innombrables d'îles basaltiques dont fourmille l'océan Oriental. Les premiers volcans, ceux de l'Amérique, offrent sur mille lieues de long une succession de soixante phares gigantesques, dont les éruptions constantes dominent la côte abrupte et les eaux lointaines. Les autres, de la Nouvelle-Zélande jusqu'au nord des Philippines, en ont quatre-vingts qui brûlent, d'innombrables qui sont éteints. Si l'on pousse vers le nord (du Japon au Kamtchatka), cinquante cratères qui flamboient, illuminent de leurs lueurs jusqu'aux îles Aléoutiennes et les sombres mers arctiques (Léopold de Buch, Ritter, Humboldt). — Au total, trois cents volcans actifs dominent circulairement le monde oriental.

Sur l'autre face du globe, notre océan Atlantique offrait un aspect analogue avant les révolutions qui éteignirent la plupart des volcans d'Europe et, d'autre part, anéantirent le continent de l'Atlantide. Humboldt croit que cette grande ruine, si fortement attestée par la tradition, n'a été que trop réelle. J'ose ajouter que l'existence de ce continent fut logique dans la symétrie générale du monde, pour que cette face du globe fût harmonique à l'autre. Là s'élevaient, avec le volcan de Ténériffe qui en est resté, avec nos volcans éteints d'Auvergne, du Rhin, d'Hereford, etc., ceux qui durent miner l'Atlantide. Tous ensemble ils constituaient le vis-à-vis des volcans des Antilles et autres cratères américains.

De ces volcans enflammés ou éteints, de l'Inde et des Antilles, de la mer de Cuba, de la mer de Java, partent deux énormes fleuves d'eau chaude, qui s'en vont réchauffer le nord, et qu'on pourrait appeler les deux aortes du globe. Ils sont munis, ou de côté ou en dessous, de leurs contre-courants qui, venant du nord, amènent l'eau froide, compensent l'effusion d'eau chaude et font l'équilibre. Aux deux courants chauds, très salés, les courants froids administrent une masse d'eau plus douce, qui retourne à l'équateur, au grand foyer électrique qui doit la chauffer, la saler.

Ces fleuves d'eau chaude, d'abord étroits, de quelque vingt lieues de large, gardant longtemps leur vigueur et leur puissante identité, peu à peu cependant se coupent, s'attiédissent, mais s'étendent et prennent une largeur de mille lieues. Maury estime que celui qui part des Antilles et qui pousse au nord vers nous déplace et modifie le quart des eaux de l'Atlantique.

Ces grands traits de la vie des mers, observés récemment, étaient pourtant visibles autant que les continents même. Notre grosse artère Atlantique, sa sœur, l'artère Indienne, s'annoncent assez par leur couleur. Des deux côtés également, c'est un grand torrent bleu qui court sur les eaux vertes, très bleu, d'un indigo si sombre, que les Japonais appellent le leur : le *fleuve noir*.

On voit très bien sourdre le nôtre, entre Cuba et la Floride ; il sort brûlant de sa chaudière, le golfe du Mexique. Il court, chaud, salé, très distinct entre ses deux murs verts. L'Océan a beau faire ; il le serre, il le comprime, mais il ne peut le pénétrer. Je ne sais quelle densité intrinsèque, quelle attraction moléculaire tient ces eaux bleues liées ensemble, si bien que, plutôt que d'admettre l'eau verte, elles s'accumulent, forment un dos, une voûte qui a sa pente à droite et à gauche; tout objet qu'on y jette en dérive et en glisse, étant plus haut que l'Océan.

Rapide et fort, il court d'abord au nord, en suivant les États-Unis ; mais, quand il arrive à la pointe du grand banc de Terre-Neuve, son bras droit pousse à l'est. Son bras gauche se subordonne, comme courant sous-marin, s'en va consoler le pôle, y créer la mer tiède (je veux dire non glacée) qu'on vient de découvrir. Quant au bras droit, épandu dans une largeur immense, lorsque affaibli, fatigué, il arrive enfin en Europe, il trouve l'Irlande et l'Angleterre, qui divisent encore ses eaux divisées à Terre-Neuve. Défaillant, perdu dans la mer, il tiédit pourtant un peu la Norwége, et trouve moyen encore d'apporter aux côtes d'Islande des bois américains sans lesquels cette pauvre île, neigeuse sous son volcan, mourrait.

Ces deux frères, l'Indien, l'Américain, ont ceci de commun que, partis de la Ligne, du foyer électrique du globe, ils emportent des puissances prodigieuses de création, d'agitation. D'une part, ils semblent la matrice profonde d'un monde d'êtres vivants, leur tiède et doux berceau. D'autre part, ils sont le centre et le véhicule des tempêtes ; les vents, les trombes voyagent à la surface. Tant de douceur, tant de fureur, n'est-ce pas une contradiction ? Non ceci prouve seulement que la fureur ne trouble que le dehors, les couches extérieures peu profondes. Dans l'épaisseur, on n'en sait rien. Les plus faibles des créatures, les atomes à coquille, les méduses microscopiques, êtres fluides qu'un rien dissout, profitant du même courant, naviguent en pleine paix sous l'orage.

Peu arrivent jusqu'à nous ; ils vont jusqu'à Terre-Neuve, où le froid courant du pôle les atteint, les saisit, les tue. Terre-Neuve n'est autre chose que le grand ossuaire de ces voyageurs frappés par le froid. Les plus légers, quoique morts, restent en suspension, mais finissent par pleuvoir, comme neige, au fond de l'Océan. Ils y déposent ces bancs de coquilles microscopiques qui, de l'Irlande à l'Amérique, occupent ce fond.

Maury appelle les deux fleuves d'eau chaude, l'Indien, l'Américain, les *deux voies lactées de la mer*

Semblables de chaleur, de couleur, de direction, décrivant précisément la même courbe, ils n'ont pas même destinée. L'Américain tout d'abord entre dans une rude mer, ouverte au nord, l'Atlantique, qui lâche et envoie contre lui l'armée flottante des glaces du pôle. Il y dépense sa chaleur. Au contraire, le courant Indien, circulant d'abord par les îles, arrive dans une mer fermée et mieux gardée du Nord. Il se maintient longtemps le même, chaud, électrique et créateur, et trace sur le globe une énorme traînée de vie.

Son centre est l'apogée de l'énergie terrestre en trésors végétaux, en monstres, en épices, en poisons. Des courants secondaires qui s'en échappent et vont au sud résulte encore un autre monde, celui de la Mer de corail. Là, sur un espace, dit Maury, *grand comme les quatre continents*, les polypes consciencieusement bâtissent les milliers d'îles, les bancs et les récifs qui coupent peu à peu cette mer, écueils aujourd'hui dangereux et maudits du navigateur, mais qui montent, se lient à la longue, feront un continent, et qui sait? dans un cataclysme, le refuge de l'espèce humaine.

V

LE POULS DE LA MER

Notre terre n'est point solitaire, comme l'observe Jean Reynaud, dans le bel article de l'*Encyclopédie*. La courbe infiniment compliquée qu'elle décrit exprime les forces, les influences diverses qui agissent sur elle, témoigne de ses rapports et de ses communications avec le grand peuple des cieux.

Ses relations hiérarchiques sont particulièrement visibles avec son chef le soleil, et la lune, qui, pour être sa servante, n'en a que plus de puissance sur elle. De même que les fleurs de la terre se tournent vers le soleil, la terre elle-même qui les porte le regarde, aspire vers lui. En ce qu'elle a de plus mobile, sa masse fluide, elle se soulève et fait signe qu'elle ressent son attraction. Elle déborde d'elle-même, elle monte (selon qu'elle peut), et, vers les astres amis, deux fois par jour gonfle son sein, leur adresse au moins un soupir.

Ne sent-elle pas l'attraction d'autres globes encore ? Ses marées ne sont-elles gouvernées que par la lune et le soleil ? Tout le monde savant le disait, tout le monde marin le croyait. On s'en tenait aux résultats très incomplets de Laplace. De là des erreurs terribles qui se résolvaient en naufrages. Aux dangereux bas-fonds de Saint-Malo, on se trompait de dix-huit pieds. C'est en 1839 que Chazallon, qui avait failli périr par suite de ces erreurs, commença à découvrir et calculer les ondulations secondaires, mais très considérables, qui modifient la générale sous des influences diverses. Des astres moins dominants que le soleil et la lune ont sans doute aussi leur part d'action sur ce balancement des eaux de la terre.

Sous quelle loi ? Chazallon le dit : « L'ondulation de la marée dans un port *suit la loi des cordes vibrantes.* » Mot grave et de grande portée qui nous mène à comprendre que les rapports des astres entre eux sont les rapports mathématiques de la musique céleste, comme l'avait dit l'antiquité.

La terre, par sa grande marée et par les marées partielles, parle aux planètes ses sœurs. Répondent-elles ? On doit le penser. De leurs éléments fluides elles doivent aussi se soulever, sensibles à l'élan de la terre. L'attraction mutuelle, la tendance de chaque astre à sortir de son égoïsme, doit créer à travers les cieux de sublimes dialogues. Malheureusement l'oreille humaine en entend la moindre partie.

Autre point à considérer. Ce n'est point au moment du passage de l'astre influent que la mer lui cède.

Elle n'a pas l'empressement d'une obéissance servile. Il lui faut du temps pour sentir et suivre l'ébranlement. Il faut qu'elle appelle à elle les eaux paresseuses, qu'elle vainque leur force d'inertie, qu'elle attire, entraîne les plus éloignées. La rotation de la terre, si terriblement rapide, déplace incessamment les points soumis à l'attraction. Ajoutez que l'armée des flots, dans son mouvement d'ensemble, a toutes les contrariétés des obstacles naturels, îles, caps, détroits, direction si variée des rivages, les obstacles non moins résistants des vents, des courants, les rivalités des fleuves de la terre, qui, tombés des monts, emportés par leurs pentes rapides, selon les fontes de neige et cent accidents imprévus, viennent se jeter au travers et changer le mouvement régulier en luttes terribles. L'Océan ne cède pas. Le déploiement de force que font les grandes rivières n'est pas pour l'intimider. Les eaux qu'on pousse sur lui, il les rembarre, les ramasse, les roule en montagne, jusqu'à Rouen, jusqu'à Bordeaux, dans une si grande violence qu'on dirait qu'il va leur faire remonter les montagnes même.

Des obstacles si divers créent aux marées d'apparentes irrégularités qui frappent, embarrassent l'esprit. Rien ne surprend plus que leurs heures contradictoires entre des ports très voisins. Une marée du Havre, par exemple, en vaut deux de Dieppe. (Chazallon, Baude, etc.) C'est une gloire du génie humain d'avoir soumis au calcul des phénomènes si complexes.

Mais sous ce mouvement extérieur la mer en a

d'autres au dedans, ceux des courants qui la traversent à telle ou telle profondeur. Superposés à des étages différents, ou coulant latéralement en sens opposés, courants chauds, contre-courants froids, ils exécutent entre eux la circulation de la mer, l'échange des eaux douces et salées, la *pulsation* alternative qui en est le résultat. Le chaud *bat* de la ligne au pôle, le *froid* du pôle à l'équateur.

Est-ce à dire que ces courants, assez distincts et peu mêlés, puissent se comparer strictement, comme on l'a fait quelquefois, aux vaisseaux, veines et artères, des animaux supérieurs ? Non pas sans doute à la rigueur. Mais ils ont quelque ressemblance avec la circulation moins déterminée que les naturalistes ont trouvée récemment chez quelques êtres inférieurs, mollusques, annélides. Cette circulation *lacunaire* supplée, prépare la *vasculaire;* le sang s'épanche en courants avant de se faire des canaux précis.

Telle est la mer. Elle semble un grand animal arrêté à ce premier degré d'organisation.

Qui a révélé les courants, ces fluctuations régulières de l'abîme où nous ne descendons jamais? qui nous a enseigné la géographie des eaux ténébreuses? Ceux qui y vivent ou qui y flottent, des animaux, des végétaux.

Nous verrons comment la baleine, comment les atomes à coquilles (foraminifères), comment les bois américains transportés jusqu'en Islande, ont concouru à révéler le fleuve d'eaux chaudes qui va des Antilles à l'Europe, et le contre-courant froid qui vient le joindre à Terre-Neuve, et passe à côté ou dessous, résolvant ses glaces en vastes brouillards.

Une nuée rougeâtre d'animalcules, transportée par une tempête de l'Orénoque à la France, a expliqué le grand courant aérien du Sud-Ouest qui rafraîchit notre Europe avec les pluies des Cordillères.

Sans l'échange constant des eaux qui se fait par les courants dans les profondeurs de la mer, elle se comblerait par places de sels et de détritus. Il en serait comme de la mer Morte, qui, n'ayant ni écoulement ni mouvement, voit ses bords chargés de sels, ses plantes incrustées de cristaux. A passer seulement sur elle, les vents se font brûlants, arides, portent la famine et la mort.

Tant d'observations dispersées sur les courants de l'air, de l'eau, les saisons, les vents, les tempêtes, restaient dans la tradition, dans la mémoire des pêcheurs, des marins, se perdaient souvent, mouraient avec eux. Le guide de la navigation, la météorologie, non centralisée, semblait vaine, et on en vint à la nier. L'illustre M. Biot lui demandait un compte sévère du peu qu'elle avait fait encore. Cependant, sur les deux rivages, européen, américain, des hommes persévérants fondaient cette science niée sur la base de l'observation.

Le dernier et le plus célèbre, Maury, l'Américain, courageusement entreprit ce qui eût fait reculer toute une administration, le dépouillement et la mise en ordre de je ne sais combien de *livres de bord*, de ces informes documents, peu rédigés, souvent tronqués, que rapportent les capitaines. Ces extraits, rédigés en tables où ressortent les faits concordants, ont donné, en résultat, des règles, des généralités. Un congrès des marins du globe, réuni à Bruxelles, a décidé que les observations, désormais écrites avec soin, seraient centralisées dans un même dépôt, l'observatoire de Washington.

Noble hommage de l'Europe à la jeune Amérique, au patient et ingénieux Maury, le savant poète de la mer, qui en a résumé les lois, et qui a fait plus encore; car, par la force du cœur et par l'amour de la nature, autant que par le positif de ses résultats, il a enlevé le monde. Ses cartes et son premier ouvrage, tiré à cent cinquante mille, sont libéralement donnés aux marins de toute nation par la république des États-Unis. Nombre d'hommes éminents, en France et en Hollande, Jansen, Tricaut, Jullien, Margollé, Zurcher et autres, se sont faits les interprètes, les éloquents missionnaires de cet apôtre de la mer.

Pourquoi l'Amérique, en cela, a-t-elle fait plus que nous? L'Amérique, c'est le désir. Elle est jeune, et elle brûle d'être en rapport avec le globe. Sur son superbe continent, et au milieu de tant d'États, elle se croit pourtant solitaire. Si loin de sa mère l'Europe, elle regarde vers ce centre de la civilisation, comme la terre vers le soleil, et tout ce qui la rapproche du grand luminaire la fait palpiter. Qu'on en juge par l'ivresse, par les fêtes si touchantes auxquelles donna lieu là-bas le télégraphe sous-marin qui mariait les deux rivages, promettait le dialogue et la réplique par minutes, de sorte que les deux mondes n'auraient plus qu'une pensée!

Maury nous a démontré avec un génie véritable l'harmonie de l'air et l'eau. Tel l'océan maritime, tel l'océan aérien. Ses mouvements alternatifs, l'échange de ses éléments, sont tout à fait analogues. Il distribue la chaleur sur le monde, et fait la sécheresse ou l'humidité. Celle-ci, il la prend sur les mers, sur l'infini de l'océan central, aux tropiques surtout, aux grands bouilleurs de la chaudière universelle. Il se fait sec au contraire en passant sur les déserts brûlés, les grands continents, les glaciers (vrais pôles intermédiaires du globe) qui lui pompent jusqu'à sa dernière goutte. L'échauffement de l'équateur et le refroidissement du pôle, alternant la densité et la légèreté des vapeurs, les font voyager en courants et contre-courants horizontaux qui s'échangent. Sous la Ligne, la chaleur qui allège les vapeurs et les fait monter crée des courants de bas en haut. Avant de se distribuer, elles planent en ce réservoir sombre qui (nous l'avons dit) fait autour du globe comme un anneau de nuages.

Voilà donc des pulsations et maritimes et aériennes, autres que le pouls de la marée. Celui-ci était extérieur, imprimé par d'autres astres au nôtre. Mais ce pouls des courants divers est intrinsèque à la terre, il est sa vie elle-même.

Dans le livre de Maury, le coup de génie, selon moi, est d'avoir dit : « L'agent le plus apparent de la circulation maritime, la chaleur, n'y suffirait pas. Il en est un autre, non moins important, et plus encore, c'est le sel. »

Le sel est si abondant dans la mer que, si on le

réunissait sur l'Amérique, il la couvrirait d'une montagne de 4.500 pieds d'épaisseur.

La salure de la mer, sans varier beaucoup, augmente ou diminue pourtant selon les localités, les courants, le voisinage de l'équateur ou des pôles. Dessalée ou ressalée, la mer est par cela même lourde, ou légère, plus ou moins mobile. Ce mélange continuel, avec ses variations, fait courir l'eau plus ou moins vite, c'est-à-dire *produit des courants*, — et des courants *horizontaux* au sein de la mer, — et des courants *verticaux* de la mer des eaux à celle de l'air.

Un Français, M. Lartigue, a ingénieusement relevé plusieurs des lacunes et des inexactitudes que présente la géographie de Maury (*Annal. marit.*). Mais l'auteur américain, le prévenant en cela, ne cache nullement ce qu'il pense de l'incomplet de sa science. Sur quelques points, il déclare ne donner que des hypothèses. Parfois il est manifestement incertain, rêveur, inquiet. Son livre, honnête et loyal, laisse surprendre aisément le combat intérieur que s'y livrent deux esprits : le *littéralisme biblique*, qui fait de la mer une chose, créée de Dieu en une fois, une machine tournant sous sa main, — et le sentiment moderne, la *sympathie de la nature*, pour qui la mer est animée, est une force de vie et presque une personne, où l'Ame aimante du monde continue de créer toujours.

Il est curieux de voir dans ce livre l'auteur approcher peu à peu du dernier point de vue par une invincible pente. Tout ce qu'il peut, il l'explique d'abord mécaniquement, physiquement (par la pesanteur, la chaleur, la densité, etc.). Mais cela ne suffit pas. Il ajoute, en certains cas, telle attraction moléculaire, telle action magnétique. Cela ne suffit pas encore. Alors franchement il a recours aux lois physiologiques qui régissent la vie. Il donne à la mer un pouls, des artères, un cœur même. Sont-ce de simples formes de style, des comparaisons? Point du tout. Il a (et c'est son génie), il a en lui un sentiment impérieux, invincible, de la personnalité de la mer.

Voilà le secret de sa puissance, voilà ce qui a ravi. Avant lui, c'était une chose pour tant de marins qui traînaient sur ses eaux. Par lui, c'est une personne; ils y sentent tous une violente et redoutable maîtresse qu'on adore, qu'on veut dompter.

Il aime; il aime la mer. Mais, d'autre part, à chaque instant, il se contient et s'arrête, craignant de dépasser le cadre où il voudrait s'enfermer. Comme Swammerdam, Bonnet, et tant de savants illustres d'âme religieuse, il craint qu'en expliquant trop la Nature par elle-même on ne fasse tort à Dieu. Timidité peu raisonnable. Plus on montre partout la vie, plus on fait sentir la grande Ame, adorable unité des êtres par qui ils s'engendrent et se créent. Où donc serait le péril si l'on trouvait que la mer, dans son aspiration constante à l'existence organisée, est la forme la plus énergique de l'éternel Désir qui jadis évoqua ce globe et toujours enfante en lui?

Cette mer salée comme du sang, qui a sa circulation, qui a un pouls et un cœur (Maury nomme ainsi l'équateur), où elle échange ses deux sangs, un être qui a tout cela est-il sûr qu'il soit une chose, un élément inorganique?

Voilà une grande horloge, une grande machine à vapeur qui imite à s'y méprendre le mouvement des forces vitales. Est-ce un jeu de la nature? ou bien ne faut-il pas croire qu'il y a dans ces masses un mélange d'animalité?

Un fait énorme, qu'il pose, mais secondairement, de profil, c'est que l'infini vivant de la mer, les milliards de milliards d'êtres qu'elle fait et qu'elle défait sans cesse, absorbent le lait de vie, l'écume mêlée à ses eaux, leur ôtent leurs sels divers, dont ils se font, eux et leurs coquilles, etc., etc. Par là, ils rendent cette eau dessalée, donc plus légère, partant mobile et courante. Aux laboratoires puissants d'organisation animale, comme celui de la mer des Indes, celui de la Mer de corail, cette force, ailleurs moins remarquée, apparaît ce qu'elle est, immense.

« Chacun de ces imperceptibles, dit Maury, change l'équilibre de l'Océan ; ils l'harmonisent, et sont ses compensateurs. » — Est-ce assez dire? ne seraient-ils pas ses moteurs essentiels, qui ont créé ses grands courants, mis la machine en mouvement? Qui sait si ce *circulus* vital de l'animalité marine n'est pas le point de départ de tout le *circulus* physique, si la mer animalisée ne donne pas le branle éternel à la mer animalisable, non organisée encore, mais ne demandant qu'à l'être et fermentant de vie prochaine?

VI

LES TEMPÊTES

« Il se fait de temps en temps des commotions dans la mer qui semblent avoir pour but d'assurer les époques de ses travaux. Ces phénomènes peuvent être considérés comme les *spasmes* de la mer. » (Maury.)

Il entend par là spécialement les brusques mouvements qui paraissent venir du dessous, et qui, dans les mers d'Asie, équivalent à de véritables tempêtes. Les causes qu'il leur assigne sont diverses : 1° la rencontre violente de deux marées, de deux courants; 2° la surabondance subite des eaux de pluie à la surface; 3° la rupture et la fonte rapide des glaces, etc. D'autres ajoutent l'hypothèse des mouvements électriques, des soulèvements volcaniques, qui peuvent se faire au fond.

Il est pourtant vraisemblable que le fond et la grande masse des eaux sont assez paisibles. Autrement, la mer serait impropre à remplir sa grande fonction de mère et nourrice des êtres. Maury l'appelle quelque part une grande *nourricerie*. Un monde d'êtres délicats, plus fragiles que ceux de la terre, sont bercés, allaités de ses eaux. Cela donne de son intérieur une idée très douce, et porte à croire que ces agitations si violentes ne sont pas communes.

De sa nature, elle est généralement régulière, soumise à de grands mouvements uniformes, périodiques. Les tempêtes sont des violences passagères que lui font les vents, les forces électriques ou certaines crises violentes d'évaporation. Ce sont des accidents qui se passent à la surface, et qui ne révèlent nullement la vraie, la mystérieuse personnalité de la mer.

Juger d'un tempérament humain sur quelques accès de fièvre, ce serait chose insensée. Combien plus de juger la mer sur ces mouvements momentanés, extérieurs, qui paraissent n'affecter que des couches de quelques centaines de pieds !

Partout où la mer est profonde, sa vie continue équilibrée, parfaitement balancée, calme et féconde, toute à ses enfantements. Elle ne s'aperçoit pas de ces petits accidents qui ne se passent qu'en haut. Les grandes légions de ses enfants qui vivent (quoi qu'on ait dit) au fond de sa paisible nuit et ne remontent tout au plus qu'une fois par an vers la lumière et les tempêtes doivent aimer leur grande nourrice comme l'harmonie elle-même.

Quoi qu'il en soit, ces accidents intéressent trop la vie de l'homme pour qu'il ne mette pas tous ses soins à les observer. Cela ne lui est pas facile. Il y garde peu son sang-froid. Les descriptions les plus sérieuses donnent des traits vagues et généraux, fort peu ce qui fait pour chaque tempête son originalité, ce qui l'individualise comme résultante imprévue de mille circonstances obscures, impossibles à démêler. L'observateur en sûreté qui regarde du rivage voit mieux sans doute, n'étant pas occupé de son péril. Mais peut-il juger de l'ensemble autant que celui qui est au centre du tourbillon et qui jouit de tous côtés du terrible panorama?

Nous devons aux navigateurs, nous autres hommes de terre, ce respect de tenir grand compte des faits qu'ils attestent, de ce qu'ils ont vu et souffert. Je trouve de très mauvais goût la légèreté sceptique que des savants de cabinet ont montrée relativement à ce que les marins nous disent, par exemple, de la hauteur des vagues. Ils plaisantent les navigateurs qui la portent à cent pieds. Des ingénieurs ont cru pouvoir prendre mesure à la tempête, et calculer précisément que l'eau ne monte guère à plus de vingt pieds. Un excellent observateur nous assure tout au contraire avoir vu nettement, du rivage, en sécurité, des entassements de vagues plus élevés que les tours de Notre-Dame et plus que Montmartre même.

Il est trop évident qu'on parle de choses différentes. De là la contradiction. S'il s'agit de ce qui fait comme le champ de la tempête, son lit inférieur, si l'on parle des longues rangées de vagues qui roulent en lignes et gardent dans leur fureur quelque régularité, le rapport des ingénieurs est exact. Avec leurs crêtes arrondies et les vallées alternatives qu'elles présentent tour à tour, elles déferlent au plus dans une hauteur de vingt à vingt-cinq pieds. Mais les vagues qui se contrarient et qui ne vont pas ensemble s'élèvent à bien d'autres hauteurs. Dans leur choc, elles prennent des forces prodigieuses d'ascension, se lancent, et retombent d'un poids d'une incroyable lourdeur, à assommer, enfoncer, briser le vaisseau. Rien de lourd comme l'eau de mer. Ce sont ces jets de vagues en lutte, ces retombées épouvantables dont les marins parlent, phénomènes dont on ne peut nullement calculer la grandeur réelle.

Dans un jour, non de tempête, mais d'émotion, où l'Océan préludait par des gaietés sauvages, j'étais tranquillement assis sur un beau promontoire d'environ quatre-vingts pieds. Je m'amusais à le voir, sur une ligne d'un quart de lieue, faire l'assaut de mon rocher, arrondir la verte crinière de sa longue vague, la pousser comme à la course. Elle frappait vaillamment, faisait trembler le promontoire; j'avais le tonnerre sous mes pieds. Mais cette régularité se démentit tout à coup. Je ne sais quelle vague d'ouest vint par le travers frapper outrageusement ma grande vague régulière, qui me venait du midi. Dans le conflit, tout à coup le soleil me fut caché ; sur mon promontoire si haut ce fut, non une vapeur irisée d'écume légère, mais bien une grosse lame noire, qui bondit, tomba lourdement, m'enveloppa, me baigna; j'en restai fortement mouillé. J'aurais voulu avoir là MM. les académiciens et MM. les ingénieurs qui mesurent si précisément les combats de l'Océan.

Il ne faut pas, assis chez soi, mettre en doute légèrement la véracité de tant d'hommes intrépides, endurcis et résignés, qui voient trop souvent la mort pour avoir la vanité puérile d'exagérer leurs dangers. Il ne faut pas non plus opposer les calmes récits des navigateurs ordinaires, qui suivent les grandes routes connues, aux tableaux parfois émus, des audacieux découvreurs qui les visitèrent les premiers, qui relevèrent, décrivirent les récifs, les écueils, attentifs à voir de près et étudier le péril, autant que le vulgaire marin, le roulier de la mer, cherche à l'éviter. Les Cook, les Péron, les d'Urville, et autres chercheurs, coururent de très réels dangers dans les eaux, moins fréquentées alors, de la Mer de corail, de l'Australie, etc., obligés d'affronter de près des bancs qui changent sans cesse, des courants contrariés qui se croisent et qui produisent d'affreuses luttes intérieures aux passages étroits.

« Sans tempête, par le roulis seul, le vent étant droit de l'arrière, une lame qui vient de travers fait des secousses si dures, que la cloche du vaisseau se met à tinter d'elle-même, et, si ces grands roulis duraient, avec leurs mouvements à faux, il en serait détraqué, démembré et démoli.

« Aux Açores du banc des Aiguilles, dit encore d'Urville, les lames atteignaient quatre-vingts, cent pieds de hauteur. Jamais je ne vis une mer si monstrueuse. Ces vagues ne déferlaient sur nous heureusement que de leurs sommités, autrement la corvette était engloutie... Dans cet horrible combat, elle resta immobile, ne sachant à qui entendre. Par moments, les marins, sur le pont, étaient submergés. Affreux chaos qui ne dura pas moins de quatre heures de nuit... un siècle à blanchir les cheveux!... — Telles sont les tempêtes australes, si terribles que, même sur terre, les naturels qui les pressentent en sont épouvantés d'avance et se cachent dans leurs cavernes. »

Quelque exactes, intéressantes, que soient ces descriptions, je n'ai garde de les copier. Encore moins m'enhardirais-je à imaginer, arranger les choses que je n'aurais pas vues. Je ne dirai qu'un mot des tempêtes que j'ai observées. J'y ai du moins saisi, je crois, les caractères différents qui distinguent l'Océan et la Méditerranée.

Pendant la moitié d'une année passée à deux lieues de Gênes, sur la plus jolie mer du monde, la plus abritée, à Nervi, je n'eus qu'une petite tempête de caprice qui dura peu, mais, dans ce court moment, *ragea* avec une furie singulière. La voyant mal de ma fenêtre, je sortis, et, par des ruelles tortueuses, entre les hauts palazzi, je me hasardai à descendre, non sur la plage (il n'y en a point), mais sur une corniche de noires roches volcaniques qui bordent le rivage, étroit sentier qui souvent n'a pas trois pieds de large, et qui, montant, descendant, souvent surplombant la mer, la domine de trente pieds, parfois de quarante ou soixante. On ne découvrait pas bien loin. Des tourbillons continuels tiraient le rideau. On voyait peu; ce qu'on voyait était borné et affreux. L'âpreté, les angles cassants de cette côte de cailloux, ses pointes et ses pics, ses rentrées subites et dures, imposaient à la tempête des sauts, des bonds, des efforts incroyables, des tortures d'enfer. Elle grinçait d'écume blanche, et comme d'exécrables sourires, à la férocité des laves qui, sans piété, la brisaient. C'étaient des bruits insensés, absurdes; jamais rien de suivi; c'étaient des tonnerres discordants, de si aigres sifflements comme ceux des machines à vapeur, qu'on se bouchait les oreilles. Abasourdi d'un spectacle qui hébétait tous les sens, j'essayai de me ravoir; m'appuyant bien à un mur qui rentrait et n'eût pas permis à la furieuse de me prendre, je compris mieux ce tapage. Rude et courte était la lame, et le plus dur du combat tenait à cette côte étrange, découpée si sèchement, à ces angles cruels qui pointaient dans la tempête, déchiraient le flot. La corniche par-dessous, ici et là, l'enfonçait dans ses profondeurs tonnantes.

L'œil aussi était blessé autant que l'oreille au contraste diabolique de cette neige éblouissante fouettant dans ces laves si noires.

Au total, je le sentis, la mer, bien moins que la terre, rendait la chose terrible. C'est le contraire sur l'Océan.

VII

LA TEMPÊTE D'OCTOBRE 1859

La tempête que j'ai le mieux vue, c'est celle qui sévit dans l'Ouest le 24 et le 25 octobre 1859, qui reprit plus furieuse et dans une horrible grandeur le vendredi 28 octobre, dura le 29, le 30 et le 31, implacable, infatigable, six jours et six nuits, sauf un court moment de repos. Toutes nos côtes occidentales furent semées de naufrages. Avant, après, de très graves perturbations barométriques eurent lieu ; les fils télégraphiques furent brisés ou pervertis, les communications rompues. Des années chaudes avaient précédé. On entra par cette tempête dans une série fort différente de temps froids et pluvieux. L'année 1860 elle-même, jusqu'au jour où j'écris ceci, est livrée à la noyade obstinée des vents d'ouest et de sud qui semblent vouloir nous jeter toutes les pluies de l'Atlantique et du Grand Océan Austral.

J'observai cette tempête d'un lieu aimable et

paisible, dont le caractère très doux ne faisait rien attendre de tel. C'est le petit port de Saint-Georges, près Royan, à l'entrée de la Gironde. Je venais d'y passer cinq mois en grande tranquillité, me recueillant, interrogeant mon cœur, y cherchant de quoi répondre au sujet que j'ai traité en 1859, sujet si délicat, si grave. Le lieu, le livre, se mêlent agréablement dans mes souvenirs. Aurais-je pu l'écrire ailleurs? je ne sais. Ce qui est sûr, c'est que le parfum sauvage du pays, sa douceur sévère, les senteurs d'amertume vivifiante dont ses bruyères sont chargées, la flore des landes, la flore des dunes, ont fait beaucoup pour ce livre et s'y retrouveront toujours.

La population du lieu allait bien à cette nature. Rien de vulgaire, nulle grossièreté. Les agriculteurs y sont graves, de mœurs sérieuses. Les marins sont des pilotes, une petite tribu protestante échappée aux persécutions. Une honnêteté primitive (la serrure n'est pas encore inventée dans ce village). Point de bruit. Une modestie rare chez les hommes de mer; la discrétion et le tact qu'on ne trouve pas toujours dans les classes les plus élevées. Bien vu, et bien voulu d'eux, je n'en eus pas moins la solitude nécessaire au travail. D'autant plus m'intéressais-je à ces hommes et à leurs périls. Sans leur parler, chaque jour je les suivais de mes vœux dans leur métier héroïque. J'étais inquiet du temps, et me demandais souvent, en observant le dangereux passage, si la mer, longtemps belle et douce, n'aurait pas de cruels retours.

Ce lieu de danger n'est point triste. Chaque matin, de ma fenêtre, je voyais en face les voiles blanches, légèrement rosées de l'aurore, d'une foule de vaisseaux de commerce qui attendent le vent pour sortir. La Gironde, à cet endroit, n'a pas moins de trois lieues de large. Avec la solennité des grandes rivières d'Amérique, elle a la gaieté de Bordeaux. Royan est un lieu de plaisir où l'on vient de tous ces pays de Gascogne. Sa baie et celle de Saint-Georges sont gratuitement régalées du spectacle des jeux folâtres auxquels les marsouins se livrent dans la chasse aventureuse qu'ils viennent faire en pleine rivière et jusqu'au milieu des baigneurs. Ils bondissent et se jettent en l'air à cinq ou six pieds de l'eau. Il semble qu'ils sachent à merveille que personne, en ce pays, ne se livre à la pêche, qu'à ce lieu de grand combat où il s'agit à chaque heure de diriger et sauver les vaisseaux, on ne songe guère à convoiter l'huile d'un marsouin.

A cette gaieté des eaux joignez la belle et unique harmonie des deux rivages. Les riches vignes du Médoc regardent les moissons de la Saintonge, son agriculture variée. Le ciel n'a pas la beauté fixe, quelquefois un peu monotone, de la Méditerranée. Celui-ci est très changeant. Des eaux de mer et des eaux douces s'élèvent des nuages irisés qui projettent, sur le miroir d'où ils viennent, d'étranges couleurs, verts clairs, roses et violets. Des créations fantastiques, qu'on ne voit un moment que pour les regretter, décorent de monuments bizarres, d'arcades hardies, de ponts sublimes, parfois d'arcs de triomphe, la porte de l'Océan.

Les deux plages, demi-circulaires, de Royan et de Saint-Georges, sur leur sable fin, donnent aux pieds les plus délicats la plus douce promenade, qu'on prolonge sans se lasser dans la senteur des pins qui égayent la dune de leur jeune verdure. Les beaux promontoires qui séparent ces plages et les landes de l'intérieur vous envoient, même de loin, de salubres émanations. Celle qui domine aux dunes est quelque peu médicale, c'est l'odeur miellée des immortelles, où semblent se concentrer tout le soleil et la chaleur des sables. Aux landes, fleurissent les amers, avec un charme pénétrant qui réveille le cerveau, ravive le cœur. C'est le thym et le serpolet, c'est la marjolaine amoureuse, c'est la sauge bénie de nos pères pour ses grandes vertus. La menthe poivrée et surtout le petit œillet sauvage ont les parfums les plus fins des épices de l'Orient.

Il me semblait que, sur ces landes, les oiseaux chantaient mieux qu'ailleurs. Jamais je ne trouvai une alouette comme celle que j'entendis en juillet sur le promontoire de Vallière. Elle montait dans l'esprit des fleurs, montait dorée du soleil qui se couchait sur l'Océan. La voix, qui venait de si haut (elle était peut-être à mille pieds), pour être tellement puissante, n'était pas moins modeste et douce. C'est au nid, à l'humble sillon, aux petits qui la regardaient, qu'elle adressait visiblement ce chant agreste et sublime ; on eût dit qu'elle interprétait en harmonie ce beau soleil, cette gloire où elle planait, sans orgueil, les encourageant et disant : « Montez, mes petits. »

De tout cela, chants et parfum, air doux et mer adoucie par l'eau de la belle rivière, se compose une harmonie infiniment agréable, toutefois sans grand éclat. La lune m'y paraissait lumineuse sans vive clarté, les étoiles très visibles, mais peu scintillantes.

Climat heureux, tout humain, et qui serait voluptueux, s'il ne s'y mêlait je ne sais quoi qui fait réfléchir, éloigne de la rêverie et ramène à la pensée.

Pourquoi? Sont-ce les sables mouvants, les dunes changeantes, les calcaires croulants et pleins de fossiles, qui vous avertissent de la mobilité universelle? Est-ce le souvenir silencieux, mais nullement effacé, des persécutions protestantes? C'est aussi, et bien plus encore, la solennité du passage, la fréquence des naufrages, la proximité d'une mer terrible entre toutes, qui rend l'intérieur sérieux.

Un grand mystère se passe à ce point solennel, un traité, un mariage, mais bien autrement important qu'aucun hymen royal. Mariage, il est vrai, de raison entre époux peu assortis. La dame des eaux du Sud-Ouest, doublée de Tarn et de Dordogne, poussée de ses violents frères les torrents des Pyrénées, elle vient, cette aimable et souveraine Gironde, s'offrir à son époux gigantesque, le vieil Océan. Mais nulle part il n'est plus dur, plus rébarbatif. La triste barrière des boues de Charente, puis la longue ligne des sables qui l'arrêtent cinquante lieues, le mettent de mauvaise humeur. Quand il n'amoncèle pas sa fureur contre Bayonne et Saint-Jean-de-Luz, il bat la pauvre Gironde. Elle ne sort pas, comme la Seine, abritée de plusieurs côtés. Elle tombe tout droit en face de l'Océan illimité. Le plus souvent il la rembarre. Elle recule; elle se jette à droite, à gauche. Elle se cache, et dans les marais de Saintonge, et jusque sous les vignes du

Médoc, communiquant à ses vins les qualités sobres et froides qui sont l'esprit de ses eaux.

Maintenant, imaginez des hommes assez hardis pour se jeter, au grand débat, entre ces époux, pour aller dans une barque, affrontant les coups qu'ils se portent, chercher le vaisseau timide qui attend à l'embouchure et n'ose s'aventurer. C'est la vie de mes pilotes, modeste, mais si glorieuse, quand on saura la raconter.

Il est facile à comprendre que le vieux roi des naufrages, l'antique thésauriseur de tant de biens submergés, ne sait nul gré aux indiscrets qui viennent lui disputer sa proie. Si parfois il les laisse faire, souvent aussi, malicieux, sournois, il les atteint, se venge, charmé de noyer un pilote plus que d'engloutir deux vaisseaux.

Il y avait pourtant quelque temps qu'on ne parlait point d'accident. L'été, fort chaud, de 1859 ne présenta guère de sinistres en ces parages qu'une barque brisée en juin. Mais je ne sais quelle agitation faisait prévoir des malheurs. Septembre vint, et octobre. Le monde brillant des visiteurs, qui ne veut de la mer que ses sourires, déjà s'était éclipsé. Je restai, attaché là par mon travail inachevé, et aussi par l'attrait étrange qu'ont ces saisons intermédiaires.

On remarquait des vents changeants, bizarres, et qu'on ne voit guère : exemple, un vent brûlant de l'Est, un souffle d'orage venant du côté toujours serein. Les nuits étaient parfois chaudes (et plus en septembre qu'en août), sans sommeil, agitées, nerveuses ; le pouls était fort, ému sans cause apparente, l'humeur inégale.

Un jour que nous étions assis dans les pinadas,

battus par le vent, un peu garantis pourtant par la dune, nous entendîmes une jeune voix, singulièrement claire et perçante, d'un fin et fort timbre d'acier. C'était pourtant une très jeune fille, fort petite, de profil austère. Elle passait avec sa mère, et chantait de toutes ses forces des paroles d'une vieille chanson. Nous les priâmes de s'asseoir et de la chanter tout du long.

Ce petit poème rustique disait merveilleusement le double esprit de la contrée. La Saintonge est agricole, aime le foyer. Ce ne sont pas là les Basques, leur esprit d'aventures. Mais, malgré ses goûts sédentaires, elle se fait maritime, se lance dans les hasards. Pourquoi? La légende l'explique :

La jolie fille d'un roi, qui s'amuse à laver son linge, comme la Nausicaa de l'*Odyssée*, a laissé aller son anneau à la mer; le fils de la côte s'y jette pour le chercher, mais se noie. Elle pleure, et elle est changée dans le romarin du rivage, si amer et si parfumé.

Cette ballade du naufrage, chantée à ce temps critique dans cette forêt gémissante d'orage imminent, m'émut, me charma, mais en fortifiant mon pressentiment intérieur.

Chaque fois que j'allais à Royan, je pouvais attendre qu'en ce petit voyage, qui n'est que de quelques heures, l'orage me surprendrait sur la route sans abri. Il pesait sur moi dans les vignes de Saint-Georges et la lande du promontoire que je gravissais d'abord. Il pesait, plus lourd encore, dans la grande plage circulaire de Royan que je suivais. La lande, quoiqu'en octobre, avait tous ses parfums sauvages, et ils me semblaient par moments plus pénétrants que jamais. Sur la plage, encore paisible, le vent me soufflait au visage, tiède et doux, et, non moins douce, de ses caresses suspectes la mer venait lécher mes pieds. Je ne m'y laissais pas prendre, et je me doutais assez de ce que tous deux préparaient.

Pour prélude, après des soirées fort belles, éclataient dans la nuit d'effroyables coups de vent. Cela revint plusieurs fois, et spécialement le 26. Cette nuit-là, je ne doutai pas qu'il n'y eût de grands sinistres. Nos marins étaient sortis. Dans ces longues fluctuations de la crise équinoxiale, on attend d'abord un peu; puis, les choses se prolongeant, le devoir et le métier parlent; on passe outre et l'on se hasarde, au risque d'un coup subit. J'en eus l'impression très forte. Je me dis : « Quelqu'un périt. »

Cela n'était que trop vrai.

Sur une barque de pilote qui allait, malgré le gros temps, tirer un vaisseau du danger de la passe, un malheureux fut enlevé, et la barque, près de périr elle-même, ne put jamais le reprendre. Il laissait trois enfants et une femme enceinte. Ce qui le rendait encore particulièrement regrettable, c'est que cet homme excellent, par un amour généreux qui n'est pas rare chez les marins, avait justement épousé une pauvre fille incapable de travail, qui par accident avait perdu plusieurs phalanges des doigts. Terrible situation : elle est infirme, enceinte et veuve.

On faisait une collecte, et j'allai porter à Royan ma petite offrande. Un pilote que je rencontrai parla de l'événement avec une vraie douleur : « Tel est notre métier, monsieur; c'est surtout quand la mer est mauvaise que nous devons sortir. » Le commissaire de la marine, qui a en main les registres des vivants et des morts, et connaît mieux que personne la destinée de ces familles, me parut aussi triste et inquiet. On sentait bien que ceci n'était qu'un commencement.

Je me remis en route par la plage, et j'eus le loisir, dans ce trajet assez long, d'observer, d'étudier, dans une zone de nuages qui, je crois, pouvait s'étendre, en tous sens, à huit ou dix lieues. A ma gauche, la Saintonge, dont je suivais le rivage, attendait morne et passive. A ma droite, le Médoc, dont le fleuve me séparait, était dans un calme sombre. Derrière moi, venant de l'ouest, de l'Océan, montait un monde de nuages noirs. Mais, devant moi, un vent de terre soufflait contre eux (de Bordeaux). Ce vent descendait la Gironde, et l'on eût pu espérer que la puissante rivière, par ce grand courant protecteur, repousserait le rideau lugubre que l'Océan élevait.

Encore dans l'incertitude, je regardai derrière moi, et consultai Cordouan. Il me parut, sur son écueil, d'une pâleur fantastique. Sa tour semblait un fantôme qui disait : « Malheur! malheur! »

Je calculai mieux la situation. Je vis très bien que le vent de terre non seulement serait vaincu, mais qu'il était l'auxiliaire de son ennemi. Ce vent de terre soufflait très bas sur la Gironde, enfonçait, abattait tout obstacle inférieur, aplanissait par-dessous la voie aux hauts nuages sombres qui partaient de l'Océan; il leur faisait comme un rail glissant, sur lequel montés ils venaient d'autant plus vite. En peu de temps, tout fut fini du côté de la terre, tout souffle cessa, tout s'éteignit en teintes grises; sans obstacle régnèrent les vents supérieurs.

Quand j'arrivai dans les vignes de Vallière, près de Saint-Georges, beaucoup de gens étaient aux champs, achevant en hâte ce qu'ils avaient à faire, et pensant que de longtemps on ne pourrait travailler. Les premières gouttes de pluie tombaient, mais en un moment il fallut fuir à la maison.

J'avais vu bien des orages. J'avais lu mille descriptions de tempête, et je m'attendais à tout. Mais rien ne faisait prévoir l'effet que celle-ci eut par sa longue durée, sa violence soutenue, par son implacable uniformité. Dès qu'il y a du plus ou du moins, une halte, un *crescendo* même, enfin une variation, l'âme et les sens y trouvent quelque chose qui détend, distrait, qui répond à ses besoins impérieux de changement. Mais ici, cinq jours et cinq nuits, sans trêve, sans augmentation, ni diminution, ce fut la même fureur et rien ne changea dans l'horrible. Point de tonnerre, point de combats de nuages, point de déchirement de la mer. Du premier coup, une grande tente grise ferma l'horizon en tout sens; on se trouva enseveli dans ce linceul d'un morne gris de cendre, qui n'ôtait pas toute lumière, et laissait découvrir une mer de plomb et de plâtre, odieuse et désolante de monotonie furieuse. Elle ne savait qu'une note. C'était toujours le hurlement d'une grande chaudière qui bout. Aucune poésie de terreur n'eût agi comme cette prose. Toujours le même son : *Heu! heu! heu!* ou *Uh! uh! uh!*

Nous habitions sur la plage. Nous étions plus que spectateurs de cette scène; nous y étions mêlés. La mer par moments venait à vingt pas. Elle ne frappait pas un coup que la maison ne tremblât. Nos fenêtres recevaient (heureusement un peu de côté) l'immense vent du sud-ouest qui apportait un torrent, non, mais un déluge, l'Océan soulevé en pluie. Du premier jour, en grande hâte, et non sans beaucoup de peine, il fallut fermer les volets, allumer les bougies si l'on voulait voir en plein jour. Dans les pièces qui regardaient la campagne, le bruit, la commotion, étaient tout aussi sensibles. Je persistais à travailler, curieux de voir si cette force sauvage réussirait à opprimer, entraver un libre esprit. Je maintins ma pensée active, maîtresse d'elle-même. J'écrivais et je m'observais. A la longue seulement la fatigue et la privation de sommeil blessaient en moi une puissance, la plus délicate de l'écrivain, je crois, le sens du rythme. Ma phrase venait inharmonique. Cette corde, dans mon instrument, la première se trouva cassée.

Le grand hurlement n'avait de variante que les voix bizarres, fantasques, du vent acharné sur nous. Cette maison lui faisait obstacle; elle était pour lui un but qu'il assaillait de cent manières. C'était parfois le coup brusque d'un maître qui frappe à la porte; des secousses, comme d'une main forte pour arracher le volet; c'étaient des plaintes aiguës par la cheminée, des désolations de ne pas entrer, des menaces si l'on n'ouvrait pas, enfin des emportements, d'effrayantes tentatives d'enlever le toit. Tous ces bruits étaient couverts pourtant par le grand *heu! heu!* tant celui-ci était immense, puissant, épouvantable! Le vent nous semblait secondaire. Cependant il réussissait à faire pénétrer la pluie. Notre maison (j'allais dire notre vaisseau) faisait eau. Le grenier, percé par places, versait des ondées.

Chose plus sérieuse! la furie de l'ouragan, par un effort désespéré, réussit à desceller le gond d'un volet, qui dès lors, quoique fermé encore, frémit, branla, s'agita. Il fallut le consolider en le liant fortement par ses ferrures à celui qui tenait mieux, et pour cela on dut hasarder d'ouvrir la fenêtre. Au moment où je l'ouvris, quoique abrité par les volets, je me sentis comme dans un tourbillon, demi-sourd par l'horrible force d'un bruit égal au canon, d'un coup de canon permanent qu'on m'eût, sans interruption, tiré sous l'oreille. J'apercevais, par les fentes, une chose qui donnait la mesure de ces forces incalculables. C'est que les vagues, croisées et brisées contre elles-mêmes, souvent ne pouvaient retomber. La rafale, par-dessous, les enlevait comme une plume, ces pesantes masses, les faisait fuir par la campagne. Qu'eût-ce été si, nos volets s'arrachant, la fenêtre s'enfonçant, le vent eût embarqué chez nous ces grosses lames qu'il soutenait, poussait avec la roideur d'une trombe, qu'il portait à travers champs, terribles et toutes brandies?...

Nous avions la chance bizarre de faire naufrage sur terre. Notre maison, si avancée, pouvait voir son toit emporté, ou tout un étage peut-être. C'était l'inquiétude des gens du village, comme ils nous le dirent, leur pensée de chaque nuit. On nous conseillait de quitter. Mais nous supposions toujours que cette tempête si longue aurait une fin pourtant, et nous disions toujours : « Demain. »

Les nouvelles qui venaient par terre ne nous apprenaient que naufrages. Tout près de nous, le 30 octobre, un navire qui venait de la mer du Sud avec une trentaine d'hommes périt à la passe même. Après avoir évité les rocs, les écueils, il était venu en face d'une petite plage de fin sable, où les femmes se baignent. Eh bien, sur cette douce plage, enlevé par le tourbillon et sans doute à grande hauteur, il retomba d'un poids épouvantable, fut assommé, éreinté, disloqué. Il resta là comme un corps mort. Qu'étaient devenus les hommes? on n'en trouva aucune trace. On supposa que peut-être tous avaient été balayés du pont.

Ce tragique événement en faisait supposer bien d'autres, et l'on ne rêvait que malheurs. Mais la mer n'avait pas l'air d'en avoir encore assez. Tout le monde était à bout; elle, non. Je voyais nos pilotes se hasarder derrière un mur qui les couvrait du sud-ouest, observer soucieusement, secouer la tête. Nul vaisseau, par bonheur pour eux, n'osa entreprendre d'entrer et ne réclama leur secours. Autrement, ils étaient là, prêts à donner leur vie.

Moi aussi, je regardais insatiablement cette mer, je la regardais avec haine. N'étant pas en danger réel, je n'en avais que davantage l'ennui et la désolation. Elle était laide, d'affreuse mine. Rien ne rappelait les vains tableaux des poètes. Seulement, par un contraste étrange, moins je me sentais bien vivant, plus, elle, elle avait l'air de vivre. Toutes ces vagues électrisées par un si furieux mouvement avaient pris une animation, et comme une âme fantastique. Dans la fureur générale, chacune avait sa fureur. Dans l'uniformité totale (chose vraie, quoique contradictoire), il y avait un diabolique fourmillement. Était-ce la faute de mes yeux et de mon cerveau fatigué? ou bien en était-il ainsi? Elles me faisaient l'effet d'un épouvantable *mob*, d'une horrible populace, non d'hommes, mais de chiens aboyants, un million, un milliard de dogues acharnés, ou plutôt fous... Mais que dis-je? des chiens, des dogues? ce n'était pas cela encore. C'étaient des apparitions exécrables et innomées, des bêtes sans yeux ni oreilles, n'ayant que des gueules écumantes.

Monstres, que voulez-vous donc? n'êtes-vous pas soûls des naufrages que j'apprends de tous côtés? que demandez-vous? — « Ta mort et la mort universelle, la suppression de la terre, et le retour au chaos. »

VIII

LES PHARES

Impétueuse est la Manche, dans son détroit où s'engouffre le flux de l'océan du Nord. Apre est la mer de Bretagne, dans les remous violents de ses découpures basaltiques. Mais le golfe de Gascogne, de Cordouan à Biarritz, est une mer de contradictions, une énigme de combats. En allant vers le midi, elle devient tout à coup extraordinairement profonde, un abîme où l'eau s'engouffre. Un ingénieux naturaliste la compare à un gigantesque entonnoir qui absorberait brusquement. Le flot, échappé de là sous une pression épouvantable, remonte à des hauteurs dont nos mers ne donnent aucun autre exemple.

La houle du Nord-Ouest est le moteur de la machine. Si elle est un peu plus nord, elle pousse au fond du golfe, va écraser Saint-Jean-de-Luz. Et si elle est plus ouest, elle refoule la Gironde ; elle coiffe d'horribles lames l'infortuné Cordouan.

On ne connaît pas assez ce respectable personnage,

ce martyr des mers. Il est, entre tous les phares, je crois, l'aîné de l'Europe. Un seul peut disputer avec lui d'antiquité, la célèbre Lanterne de Gênes. Mais la différence est grande. Celle-ci, qui couronne un fort, assise bien tranquillement sur un bon et ferme roc, peut sourire de tous les orages. Cordouan est sur un écueil que l'eau ne quitte jamais. L'audace, en vérité, fut grande de bâtir dans le flot même, que dis-je? dans le flot violent, dans le combat éternel d'un tel fleuve et d'une telle mer.

Il en reçoit à chaque instant ou de tranchants coups de fouet, ou de lourds soufflets qui tonnent sur lui comme ferait le canon. C'est un assaut éternel. Il n'est pas jusqu'à la Gironde, qui, poussée par le vent de terre, par les torrents des Pyrénées, ne vienne aussi par moments battre ce portier du passage, comme s'il était responsable des obstacles que lui oppose l'Océan qui est au delà.

Il est cependant lui seul la lumière de cette mer. Celui qui manque Cordouan, poussé par le vent du Nord, a à craindre; il pourra manquer encore Arcachon. Cette mer, la plus terrible, est aussi la mer ténébreuse. La nuit, nul signe qui guide, nul point de repère.

Pendant six mois de séjour que nous fîmes sur cette plage, notre contemplation ordinaire, je dirai presque notre société habituelle, était Cordouan. Nous sentîmes combien cette position de gardien des mers, de veilleur constant du détroit, en faisaient une personne. Debout sur le vaste horizon du couchant, il apparaissait sous cent aspects variés. Parfois, dans une zone de gloire, il triomphait sous le soleil; parfois, pâle et indistinct, il flottait dans le brouillard et ne disait rien de bon. Au soir, quand il allumait brusquement sa rouge lumière et lançait son regard de feu, il semblait un inspecteur zélé qui surveillait les eaux, pénétré et inquiet de sa responsabilité. Quoi qu'il arrivât de la mer, toujours on s'en prenait à lui. En éclairant la tempête, il en préservait souvent, et on la lui attribuait. C'est ainsi que l'ignorance traite trop souvent le génie, l'accusant des maux qu'il révèle. Nous-mêmes, nous n'étions pas justes. S'il tardait à s'allumer, s'il venait du mauvais temps, nous l'accusions, nous le grondions. « Ah! Cordouan, Cordouan, ne sauras-tu donc, blanc fantôme, nous amener que des orages? »

Ce fut lui pourtant, je crois, qui, dans la tempête d'octobre, sauva nos trente hommes. Le vaisseau fut brisé, mais ils échappèrent.

C'est beaucoup de voir son naufrage, d'échouer en pleine lumière, en connaissance du lieu, des circonstances et des ressources qui restent. « Grand Dieu, s'il faut périr, fais-nous périr au jour! »

Quand le vaisseau, emporté de la haute mer par cette houle furieuse, arriva la nuit près des côtes, il avait mille chances pour une de ne pas entrer en Gironde. A sa droite, la pointe lumineuse de Grave lui dit d'éviter le Médoc; à sa gauche, le petit phare de Saint-Palais lui fit voir le dangereux roc de la Grand'Caute du côté de la Saintonge. Entre ces feux blancs et fixes éclatait sur l'écueil central le rouge éclair de Cordouan, qui, de minute en minute, montre le passage.

Par un effort désespéré, il passa, mais ce fut tout. Le vent, la lame, le courant, l'accablèrent à Saint-Palais. La trinité secourable des trois feux s'y réverbérait ; les trente virent où ils étaient, qu'ils allaient tomber sur le sable, et qu'ils avaient chance de vie s'ils quittaient à temps le vaisseau. Ils se tinrent prêts à s'élancer, se fièrent à l'ouragan, à la fureur même du vent. Il les traita en effet précisément comme ces lames qu'il emporte dans les terres sans leur permettre le retour. Heurtés, froissés, ils allèrent tomber je ne sais où, mais enfin ils tombèrent vivants.

Qui peut dire combien d'hommes et de vaisseaux sauvent les phares ? La lumière, vue dans ces nuits horribles de confusion, où les plus vaillants se troublent, non seulement montre la route, mais elle soutient le courage, empêche l'esprit de s'égarer. C'est un grand appui moral de se dire dans le danger suprême : « Persiste ! encore un effort !... Si le vent, la mer, sont contre, tu n'es pas seul ; l'Humanité est là qui veille pour toi. »

Les anciens, qui suivaient les côtes et les regardaient sans cesse, avaient, encore plus que nous, besoin de les éclairer. Les Étrusques, dit-on, commencèrent à entretenir des feux de nuit sur les pierres sacrées. Le phare était un autel, un temple, une colonne, une tour. Les Celtes en élevèrent aussi ; de très importants dolmens existent précisément aux points favorables d'où l'on peut le mieux voir des feux. L'empire romain avait illuminé, de promontoire en promontoire, toute la Méditerranée.

La grande terreur des pirates du Nord, la vie tremblante du sombre moyen âge, font éteindre tout cela. On n'a garde d'aider aux descentes. La mer est un objet de crainte. Tout vaisseau est un ennemi, et, s'il échoue, une proie. Le pillage du naufragé est un revenu du seigneur : c'est le noble *droit de bris*. On sait ce comte de Léon enrichi par son écueil, « pierre précieuse, disait-il, plus que celles qu'on admire aux couronnes des rois ».

De nos jours, innocemment, les pêcheurs ont souvent causé des naufrages en allumant au rivage des feux qu'on voyait de la mer. Les phares même en ont causé tant qu'on put les confondre entre eux. Un feu pris pour un feu voisin provoqua parfois d'horribles méprises.

C'est la France, après ses grandes guerres, qui prit l'initiative des nouveaux arts de la lumière et de leur application au salut de la vie humaine. Armée du rayon de Fresnel (une lampe forte comme quatre mille, et qu'on voit à douze lieues), elle se fit une ceinture de ces puissantes flammes qui entrecroisent leurs lueurs, les pénètrent l'une par l'autre. Les ténèbres disparurent de la face de nos mers.

Pour le marin qui se dirige d'après les constellations, ce fut comme un ciel de plus qu'elle fit descendre. Elle créa à la fois planètes, étoiles fixes et satellites, mit dans ces astres inventés les nuances et les caractères différents de ceux de là-haut. Elle varia la couleur, la durée, l'intensité de leur scintillation. Aux uns, elle donna la lumière tranquille, qui suffit aux nuits sereines ; aux autres, une lumière mobile, tournante, un regard de feu qui perce aux quatre coins de l'horizon. Ceux-ci, comme les mystérieux animaux qui illuminent la mer, ont la palpitation vivante d'une flamme qui flamboie et pâlit, qui jaillit et qui se meurt. Dans les sombres nuits de tempête, ils s'émeuvent, semblent prendre part aux convulsions de l'Océan, et, sans s'étonner, ils rendent feu pour feu aux éclairs du ciel.

Il faut songer qu'à cette époque (1826), et en 1830 encore, toute la mer était ténébreuse. Très peu de phares en Europe. Nul en Afrique que celui du Cap. Nul en Asie que Bombay, Calcutta, Madras. Pas un dans l'énorme étendue de l'Amérique du Sud. Depuis, toutes les nations ont suivi, imité la France. Peu à peu la lumière se fait.

Je voudrais pouvoir ici accomplir avec vous en une nuit la circumnavigation de notre Océan, entre Dunkerque et Biarritz, et la revue des grands phares. Mais elle serait bien longue.

Calais, de ses quatre phares de feux de couleurs différentes, qu'on doit voir de Douvres même, fait à l'Angleterre, au monde qui passe par l'Angleterre, des signes hospitaliers. Le beau golfe de la Seine, entre la Hève et Barfleur, illuminé de phares amis, ouvre le Havre à l'Amérique et la reçoit directement au foyer, au cœur de la France.

Elle-même s'avance en mer pour recueillir les vaisseaux, éclairant d'un soin admirable toutes les pointes de la Bretagne. A l'avant-garde de Brest, à Saint-Matthieu, à Penmark, à l'île de Sen, tout est couronné de feux — tous différents, par éclairs de minutes ou de secondes — qui disent au navigateur : « Gare ! Observe ce rocher... Fuis cet écueil... Tourne ici... Bon ! te voilà dans le port. »

Notez que toutes ces tours, élevées aux lieux dangereux, bâties souvent sur les brisants et dans les tempêtes même, posaient à l'art le problème de l'absolue solidité. Plusieurs s'élèvent à des hauteurs immenses. L'architecture du moyen âge, dont on parle tant, ne se hasardait à bâtir si haut qu'en donnant à l'édifice des soutiens extérieurs, contreforts, arcs-boutants, et, vers la pointe des tours, elle ne se fiait plus à la pierre, mais appelait le secours peu artistique des crampons de fer qui reliaient les pierres entre elles. C'est ce qu'on peut voir aisément à la flèche de Strasbourg. Nos constructeurs méprisent ces moyens. Le phare des Héaux, récemment bâti par M. Reynaud sur le dangereux écueil des Épées de Tréguier, a la simplicité sublime d'une gigantesque plante de mer. Il n'a que faire des contreforts. Il enfonce dans la roche vive ses fondements taillés au ciseau. Sur une base de soixante pieds en largeur, il dresse sa colonne de vingt-quatre pieds de diamètre. Ses larges pierres de granit sont encastrées l'une dans l'autre. De plus, pour les parties basses, les assises sont reliées par des dés (aussi de granit) qui pénètrent à la fois dans des pierres superposées. Le tout est taillé si juste, que le ciment est superflu. Du bas au haut, toute pierre mordant ainsi dans sa voisine, le phare n'est qu'un bloc unique, plus un que son rocher même. La lame ne sait où se prendre. Elle bat, elle rage, elle glisse. Dans ses grands coups de tonnerre, tout ce qu'elle gagne, c'est que le phare branle et s'incline quelque peu. Mais cela n'a rien d'alarmant. On retrouve cette ondulation dans les plus anciennes, les plus solides tours.

Donc, au lieu des tristes bastions qui jadis menaçaient la mer, comme ceux que j'ai vus encore élevés contre les Barbaresques, la civilisation moderne bâtit les tours de la paix, de la bienveillante hospitalité. Beaux et nobles monuments, parfois sublimes aux yeux de l'art, et toujours touchants pour le cœur. Leurs feux de toutes couleurs, où se retrouvent l'or, l'argent des étoiles, offrent un firmament secourable qu'une Providence humaine a organisé sur la terre. Lorsque nul astre ne paraît, le marin voit encore ceux-ci, et reprend courage, en y revoyant son étoile, l'étoile de la Fraternité.

On aime à s'asseoir près des phares, sous ces feux amis, vrai foyer de la vie marine. Tel d'entre eux, et des moins anciens, est vénérable déjà pour les hommes qu'il a sauvés. Plus d'un souvenir s'y rattache; des traditions les entourent, de belles légendes, mais vraies. Deux générations sont assez pour qu'ils deviennent antiques, sacrés du temps. La mère dira souvent à la jeune famille : « Celui-ci sauva votre aïeul, et, sans lui, vous n'étiez pas nés. »

Que de visites ils reçoivent de la femme inquiète qui épie le retour! Le soir, et même la nuit, vous la trouveriez là assise, attendant et demandant que la secourable lumière qui brille là-haut ramène l'absent, le mette au port.

Les anciens, fort justement, dans ces pierres sacrées, honoraient l'autel des dieux sauveurs de l'homme. Pour le cœur en pleine tempête, qui tremble et espère, la chose n'a pas changé, et, dans l'obscurité des nuits, celle qui pleure et qui prie y voit l'autel et le dieu même.

LIVRE II

LA GENÈSE DE LA MER

I

FÉCONDITÉ

Dans la nuit de la Saint-Jean (du 24 au 25 juin), cinq minutes après minuit, la grande pêche du hareng s'ouvre dans les mers du Nord. Des lueurs phosphorescentes ondulent ou dansent sur les flots. « Voilà les *éclairs* du hareng », c'est le signal consacré qui s'entend de toutes les barques. Des profondeurs à la surface un monde vivant vient de monter, suivant l'attrait de la chaleur, du désir et la lumière. Celle de la lune, pâle et douce, plaît à la gent timide ; elle est le rassurant fanal qui semble les enhardir à leur grande fête d'amour. Ils montent, ils montent tous d'ensemble, pas un ne reste en arrière. La sociabilité est la loi de cette race ; on ne les voit jamais qu'ensemble. Ensemble ils vivent ensevelis aux ténébreuses profondeurs ; ensemble ils viennent au printemps prendre leur petite part du bonheur universel, voir le jour, jouir et mourir. Serrés, pressés, ils ne sont jamais assez près l'un de l'autre; ils naviguent en bancs compacts. « C'est (disaient les Flamands) comme si nos dunes se mettaient à voguer. » Entre l'Écosse, la Hollande et la Norvège, il semble qu'une île immense se soit soulevée, et qu'un continent soit près d'émerger. Un bras s'en détache à l'est et s'engage dans le Sund, emplit l'entrée de la Baltique. A certains passages étroits, on ne peut ramer; la mer est solide. Millions de millions, milliards de milliards, qui osera hasarder de deviner le nombre de ces légions? On conte que jadis, près du Havre, un seul pêcheur en trouva un matin dans ses filets huit cent mille. Dans un port d'Écosse, on en fit onze mille barils dans une nuit.

Ils vont comme un élément aveugle et fatal, et nulle destruction ne les décourage. Hommes, poissons; tout fond sur eux; ils vont, ils voguent toujours. Il ne faut pas s'en étonner : c'est qu'en naviguant ils aiment. Plus on en tue, plus ils produisent et multiplient chemin faisant. Les colonnes épaisses, profondes, dans l'électricité commune, flottent livrées uniquement à la grande œuvre du bonheur. Le tout va à l'impulsion du flot et du flot électrique. Prenez dans la masse au hasard, vous en trouvez de féconds, vous en trouvez qui le furent et d'autres qui voudraient l'être. Dans ce monde, qui ne connaît pas l'union fixe, le plaisir est une aventure, l'amour une navigation. Sur toute la route, ils épanchent des torrents de fécondité.

A deux ou trois brasses d'épaisseur, l'eau disparaît sous l'abondance incroyable du flux maternel où nagent les œufs du hareng. C'est un spectacle, au lever du soleil, de voir aussi loin qu'on peut voir, à plusieurs lieues, la mer blanche de la laitance des mâles.

Épaisses, grasses et visqueuses ondes, où la vie fermente dans le levain de la vie. Sur des centaines de lieues, en long et en large, c'est comme un volcan de lait, et de lait fécond qui a fait son éruption, et qui a noyé la mer.

Pleine de vie à la surface, la mer en serait comble si cette puissance indicible de production n'était violemment combattue par l'âpre ligue de toutes les destructions. Qu'on songe que chaque hareng a quarante, cinquante, jusqu'à soixante-dix mille œufs ! Si la mort violente n'y portait remède, chacun d'eux se multipliant en moyenne par cinquante mille, et chacun de ces cinquante mille se multipliant de même à son tour, ils arriveraient en fort peu de générations à combler, solidifier l'Océan, ou à le putréfier, à supprimer toute race et à faire du globe un désert. La vie impérieusement réclame ici l'assistance, l'indispensable secours de sa sœur, la mort. Elles se livrent un combat, une lutte immense qui n'est qu'harmonie et fait le salut.

Dans la grande chasse universelle qui se fait sur la race condamnée, ceux qui se chargent de rabattre, d'empêcher la masse de se disperser, ceux qui la poussent aux rivages, ce sont les géants de la mer. La baleine et les cétacés ne dédaignent pas ce gibier; ils le suivent, plongent dans les bancs, entrent dans l'épaisseur vivante; de leurs gueules immenses ils absorbent par tonnes la proie infinie qui n'en est pas diminuée et fuit vers les côtes. Là s'opère une bien autre et plus grande destruction. D'abord les petits des petits, les moindres poissons avalent le frai et les œufs du hareng, se gorgent de laite, mangent l'avenir. Pour le présent, pour le hareng tout venu, la nature a fait un genre glouton qui, de ses yeux écartés, ne voit guère, n'en mange que mieux, qui n'est qu'estomac, la gourmande tribu des gades (merlan, morue, etc.). Le merlan s'emplit, se comble de harengs, et devient gras. La morue s'emplit, se comble de merlans, et devient grasse. Si bien que le danger des mers, l'excès de la fécondité, recommence ici, plus terrible. La morue est bien autre chose que le hareng; elle a jusqu'à neuf millions d'œufs! Une morue de cinquante livres en a quatorze livres pesant! le tiers de son poids! Ajoutez que cette bête, de maternité redoutable, est en amour neuf mois sur douze. C'est celle-ci qui mettrait le monde en péril. Au secours! lançons des vaisseaux, équipons des flottes. L'Angleterre seule y envoie vingt ou trente mille matelots. Combien l'Amérique et combien la France, la Hollande, toute la terre? La morue, à elle seule, a créé des colonies, fondé des comptoirs et des villes. Sa préparation est un art. Et cet art a une langue, tout un idiome technique propre aux pêcheurs de morue.

Mais qu'est-ce que l'homme peut faire? La nature sait que nos petits efforts, nos flottes et nos pêcheries ne seraient rien pour son but, que la morue vaincrait l'homme. Elle ne se fie point à lui. Elle appelle des forces de mort bien autrement énergiques. Du fond des fleuves à la mer, arrive l'un des plus actifs, des plus déterminés mangeurs, l'esturgeon. Venu aux fleuves pour faire paisiblement l'amour, il en sort maigri et âpre; il rentre, d'un appétit immense, dans le banquet de la mer. Grande douceur pour l'affamé de trouver la grasse morue qui a assimilé en elle les légions du hareng. Bonheur infini pour lui de trouver là concentrée la substance, de mordre en chair pleine. Ce vaillant mangeur de morue, quoique moins fécond, l'est encore; il a quinze cent mille œufs. Un esturgeon de quatorze cents livres a cent livres de laite, ou quatre cent cinquante livres d'œufs. Le danger se représente. Le hareng a menacé de sa fécondité terrible; la morue a menacé; l'esturgeon menace encore.

Il faut que la nature invente un suprême dévorateur, mangeur admirable et producteur pauvre, de digestion immense et de génération avare. Monstre secourable et terrible qui coupe ce flot invincible de fécondité renaissante par un grand effort d'absorption, qui avale toute espèce indifféremment, les morts, les vivants, que dis-je? tout ce qu'il rencontre : *le beau mangeur* de la nature, mangeur patenté : le requin.

Mais ces destructeurs terribles sont vaincus d'avance. Quelle que soit leur furie de manger, ils produisent peu. L'esturgeon, comme on a vu, est moins fécond que la morue, et le requin est stérile, si on le compare à tout autre poisson. Il ne se verse pas comme eux en torrents par toute la mer. Vivipare, il élabore dans son sein le jeune requin, son héritier féodal, qui naît terrible et tout armé.

Dans ses fécondes ténèbres, la mer peut sourire elle-même des destructeurs qu'elle suscite, bien sûre d'enfanter encore plus. Sa richesse principale défie toutes les fureurs de ces êtres dévorants, est inaccessible à leurs prises. Je parle du monde infini d'atomes vivants, d'animaux microscopiques, véritable abîme de vie qui fermente dans son sein.

On a dit que l'absence de la lumière solaire excluait la vie, et cependant aux dernières profondeurs le sol est jonché d'étoiles de mer. Les flots sont peuplés d'infusoires et de vers microscopiques. Des mollusques innombrables y traînent leurs coquilles. Crabes bronzés, actinies rayonnantes, porcelaines neigeuses, cyclostomes dorés, volutes ondulés, tout vit et se meut. Là pullulent les animalcules lumineux qui, par moments attirés à la surface, y apparaissent en traînées, en serpents de feu, en guirlandes étincelantes. La mer, dans son épaisseur transparente, doit en être, ici et là, fortuitement illuminée. Elle-même a un certain éclat, je ne sais quelle demi-lueur qu'on observe sur les poissons et vivants et morts. Elle est sa propre lumière, son fanal à elle-même, son ciel, sa lune et ses étoiles.

Chacun peut voir dans nos salines la fécondité de la mer. Les eaux que l'on y concentre y laissent des dépôts violets qui ne sont rien qu'infusoires. Tous les navigateurs racontent que, dans tel trajet assez long, ils n'ont traversé que des eaux vivantes. Freycinet a vu soixante millions de mètres carrés couverts d'un rouge écarlate qui n'est qu'un animal-plante, si petit qu'un mètre carré en contient quarante millions. Dans le golfe du Bengale, en 1854, le capitaine Kingman navigua pendant trente milles dans une énorme tache blanche qui donnait à la mer l'aspect d'une plaine couverte de neige. Pas un nuage, et pourtant un ciel gris de plomb, en contraste avec la mer brillante. Vue de près, cette eau blanche était une gélatine, et observée à la loupe, une masse d'animalcules qui s'agitant produisaient de bizarres effets lumineux.

Péron raconte de même qu'il navigua, vingt lieues durant, à travers une sorte de poudre grise. Vue au microscope, ce n'était qu'une couche d'œufs d'espèce inconnue qui, sur cet espace immense, couvraient et cachaient les eaux.

Aux côtes désolées du Groënland, où l'homme se figure que la nature expire, la mer est énormément peuplée. On navigue jusqu'à deux cents milles en longueur ou quinze en largeur sur des eaux d'un brun foncé, qui sont ainsi colorées d'une méduse microscopique. Chaque pied cube de cette eau en contient plus de cent dix mille. (Schleiden.)

Ces eaux nourrissantes sont denses de toutes sortes d'atomes gras, appropriés à la molle nature du poisson, qui paresseusement ouvre la bouche et aspire, nourri comme un embryon au sein de la mère commune. Sait-il qu'il avale? A peine. La nourriture microscopique est comme un lait qui vient à lui. La grande fatalité du monde, la faim, n'est que pour la terre; ici, elle est prévenue, ignorée. Aucun effort de mouvement, nulle recherche de nourriture. La vie doit flotter comme un rêve. Que fera l'être de sa force? Toute dépense en est impossible. Elle est réservée pour l'amour.

C'est l'œuvre réelle, le travail de ce grand monde des mers : aimer et multiplier. L'amour emplit sa nuit féconde. Il plonge dans la profondeur, et semble plus riche encore chez les infiniment petits. Mais qui est vraiment l'atome? Lorsque vous croyez tenir le dernier, l'indivisible, vous voyez qu'il aime encore et divise son existence pour en tirer un autre être. Aux plus bas degrés de la vie où tout autre organisme manque, vous trouvez déjà au complet toutes les formes de générations.

Telle est la mer. Elle est, ce semble, la grande femelle du globe, dont l'infatigable désir, la conception permanente, l'enfantement, ne finit jamais.

II

LA MER DE LAIT

L'eau de mer, même la plus pure, prise au large, loin de tout mélange, est légèrement blanchâtre et un peu visqueuse. Retenue entre les doigts, elle *file* et passe lentement. Les analyses chimiques n'expliquent pas ce caractère. Il y a là une substance organique qu'elles n'atteignent qu'en la détruisant, lui ôtant ce qu'elle a de spécial, et la ramenant violemment aux éléments généraux.

Les plantes, les animaux marins, sont vêtus de cette substance, dont la mucosité, consolidée autour d'eux, a un effet de gélatine, parfois fixe et parfois tremblante. Ils apparaissent à travers comme sous un habit diaphane. Et rien ne contribue davantage aux illusions fantastiques que nous donne le monde des mers. Les reflets en sont singuliers, souvent bizarrement irisés, sur les écailles des poissons, par exemple, sur les mollusques, qui semblent en tirer tout le luxe de leurs coquilles nacrées.

C'est ce qui saisit le plus l'enfant qui voit pour la première fois un poisson. J'étais bien petit quand cela m'arriva, mais je m'en rappelle parfaitement la vive impression. Cet être brillant, glissant, dans ses écailles d'argent, me jeta dans un étonnement, un ravissement qu'on ne peut dire. J'essayai de le saisir, mais je le trouvai aussi difficile à prendre que l'eau qui fuyait dans mes petits doigts. Il me parut identique à l'élément où il nageait. J'eus l'idée confuse qu'il n'était rien autre chose que l'eau, l'eau animale, organisée.

Longtemps après, devenu homme, je ne fus guère moins frappé en voyant sur une plage je ne sais quel rayonné. A travers son corps transparent, je distinguais les cailloux, le sable. Incolore comme du verre, légèrement consistant, tremblant dès qu'on le remuait, il m'apparut comme aux anciens et comme à Réaumur encore, qui appelait simplement ces êtres une *eau gélatinisée.*

Combien plus a-t-on cette impression quand on trouve en leur formation première les rubans d'un blanc jaunâtre où la mer fait l'ébauche molle de ses solides fucus, les laminaires, qui, brunissant, arriveront à la solidité des peaux et des cuirs. Mais, tout jeunes, à l'état visqueux, dans leur élasticité, ils ont comme la consistance d'un flot solidifié, d'autant plus fort qu'il est plus mou.

Ce que nous savons aujourd'hui de la génération et de l'organisation compliquée des êtres inférieurs, végétaux ou animaux, nous interdit l'explication des anciens et de Réaumur. Mais tout cela n'empêche pas de revenir à la question que posa le premier Bory de

Saint-Vincent : « Qu'est-ce que le *mucus* de la mer ? la viscosité que présente l'eau en général ? N'est-ce pas l'élément universel de la vie ? »

Préoccupé de ces pensées, j'allai voir un chimiste illustre, esprit positif et solide, novateur prudent autant que hardi, et, sans préface, je lui posai *ex abrupto* ma question : « Monsieur, qu'est-ce, à votre avis, que cet élément visqueux, blanchâtre, qu'offre l'eau de mer ?

— Rien autre chose que la vie. »

Puis, revenant sur ce mot trop simple et trop absolu, il ajouta : « Je veux dire une matière à demi organisée et déjà tout organisable. Elle n'est en certaines eaux qu'une densité d'infusoires, en d'autres ce qui va l'être, ce qui peut le devenir. — Du reste, cette étude est à faire ; elle n'a pas été encore commencée sérieusement. » (17 mai 1860.)

En le quittant, j'allai tout droit chez un grand physiologiste dont l'opinion n'a pas moins d'autorité sur mon esprit. Je lui pose la même question. Sa réponse fut très longue, très belle. En voici le sens : « On ne sait pas plus la constitution de l'eau qu'on ne sait celle du sang. Ce qu'on entrevoit le mieux, pour le *mucus* de l'eau de mer, c'est qu'il est tout à la fois une fin et un commencement. Résulte-t-il des résidus innombrables de la mort qui les céderait à la vie ? Oui, sans doute, c'est une loi ; mais, en fait, dans ce monde marin, d'absorption rapide, la plupart des êtres sont absorbés vivants ; ils ne traînent pas à l'état de mort, comme il en advient sur la terre, où les destructions sont plus lentes. La mer est l'élément très pur ; la guerre et la mort y pourvoient et n'y laissent rien de rebutant.

« Mais la vie, sans arriver à sa dissolution suprême, mue sans cesse, exsude de soi tout ce qui lui est de trop pour elle. Chez nous autres, animaux terrestres, l'épiderme perd incessamment. Ces mues qu'on peut appeler la mort quotidienne et partielle, remplissent le monde des mers d'une richesse gélatineuse dont la vie naissante profite à l'instant. Elle trouve en suspension la surabondance huileuse de cette exsudation commune, les parcelles animées encore, les liquides encore vivants, qui n'ont pas le temps de mourir. Tout cela ne retombe pas à l'état inorganique, mais entre rapidement dans les organismes nouveaux. C'est, de toutes les hypothèses, la plus vraisemblable ; en sortir, c'est se jeter dans d'extrêmes difficultés. »

Ces idées des hommes les plus avancés et les plus sérieux d'aujourd'hui ne sont point inconciliables avec celles que professait, il y a près de trente ans, Geoffroy Saint-Hilaire sur le *mucus* général où il semble que la nature puise toute vie. « C'est, dit-il, la substance animalisable, le premier degré des corps organiques. Point d'êtres, animaux, végétaux, qui n'en absorbent et n'en produisent au premier temps de la vie, et quelque faibles qu'ils soient. Son abondance augmente plutôt en raison de leur débilité. »

Ce dernier mot ouvre une vue profonde sur la vie de la mer. Ses enfants pour la plupart semblent des fœtus à l'état gélatineux qui absorbent et qui produisent la matière muqueuse, en comblent les eaux, leur donnent la féconde douceur d'une matrice infinie où sans cesse de nouveaux enfants viennent nager comme en un lait tiède.

Assistons à l'œuvre divine. Prenons une goutte dans la mer. Nous y verrons recommencer la primitive création. Dieu n'opère pas de telle façon aujourd'hui et d'autre demain. Ma goutte d'eau, je n'en fais pas doute, va dans ses transformations me raconter l'univers. Attendons et observons.

Qui peut prévoir, deviner, l'histoire de cette goutte d'eau ? — Plante-animal, animal-plante, qui le premier doit en sortir ?

Cette goutte, sera-ce l'infusoire, la *monade* primitive qui, s'agitant et vibrant, se fait bientôt *vibrion?* qui, montant de rang en rang, polype, corail ou perle, arrivera peut-être en dix mille ans à la dignité d'insecte ?

Cette goutte, ce qui va en venir, sera-ce le fil végétal, le léger duvet soyeux qu'on ne prendrait pas pour un être, et qui déjà n'est pas moins que le cheveu premier-né d'une jeune déesse, cheveu sensible, amoureux, dit si bien *cheveu de Vénus?*

Ceci n'est point de la fable, c'est de l'histoire naturelle. Ce cheveu de deux natures (végétale et animale) où s'épaissit la goutte d'eau, c'est bien l'aîné de la vie.

Regardez au fond d'une source, vous ne voyez rien d'abord ; puis, vous distinguez des gouttes un peu troubles. Avec une bonne lunette, ce trouble est un petit nuage, gélatineux? ou floconneux? Au microscope, ce flocon devient multiple, comme un groupe de filaments, de petits cheveux. On croit qu'ils sont mille fois plus fins que le plus fin cheveu de femme. Voilà la première et timide tentative de la vie qui voudrait s'organiser. Ces conferves, comme on les appelle, se trouvent universellement dans l'eau douce et dans l'eau salée quand elle est tranquille. Elles commencent la double série des plantes originaires de mer et de celles qui sont devenues terrestres quand la terre a émergé. Hors de l'eau monte la famille des innombrables champignons, dans l'eau celle des conferves, algues et autres plantes analogues.

C'est l'élément primitif, indispensable de la vie, et on le trouve déjà où elle semble impossible. Dans les sombres eaux martiales chargées et surchargées de fer, dans les eaux thermales très chaudes, vous trouvez ce léger mucus et ces petites créatures qui ont l'air d'en être des gouttes à peines fixées, mais qui oscillent et se meuvent. Peu importe comme on les classe, que Candolle les honore du nom d'animaux, que Dujardin les repousse au dernier rang des végétaux. Ils ne demandent qu'à vivre, à commencer par leur modeste existence la longue série des êtres qui ne deviennent possibles que par eux. Ces petits, vivants ou morts, les nourrissent d'eux-mêmes et leur administrent d'en bas la gélatine de vie qu'ils puisent incessamment dans l'eau maternelle.

C'est sans aucune vraisemblance qu'on montre

comme spécimen de la création première, des fossiles ou des empreintes d'animaux, de végétaux compliqués : des animaux (les trilobites) qui ont déjà des sens supérieurs, des yeux, par exemple ; des végétaux gigantesques de puissante organisation. Il est infiniment probable que des êtres bien plus simples précédèrent, préparèrent ceux-là, mais leur molle consistance n'a pas laissé trace. Comment ces faibles auraient-ils pu ne pas disparaître, lorsque les plus dures coquilles sont percées, dissoutes? On a vu dans la mer du Sud des poissons à dents acérées brouter le corail, comme un mouton broute l'herbe. Les molles ébauches de la vie, les gélatines animées, mais à peine encore solides, ont fondu des millions de fois avant que la nature pût faire son robuste trilobite, son indestructible fougère.

Restituons à ces petits (conferves, algues microscopiques, êtres flottants entre deux règnes, atomes indécis encore qui convolent par moment du végétal à l'animal, de l'animal au végétal), restituons-leur le droit d'aînesse qui, selon toute apparence, doit leur revenir.

Sur eux et à leurs dépens, commence à s'élever l'immense, la merveilleuse flore marine.

A ce point où elle commence, je ne puis m'empêcher de dire ma tendre sympathie pour elle. Pour trois raisons, je la bénis :

Petites ou grandes, ces plantes ont trois caractères aimables :

Leur innocence d'abord. Pas une ne donne la mort. Il n'y a nul poison végétal dans la mer. Tout, dans les plantes marines, est santé et salubrité, bénédiction de la vie.

Ces innocentes ne demandent qu'à nourrir l'animalité. Plusieurs (comme les laminaires) ont un sucre doux. Plusieurs ont une amertume salutaire (comme la belle céramie pourpre et violette, qu'on appelle mousse de Corse). Toutes concentrent un mucilage nourrissant, spécialement plusieurs fucus, la céramie des salanganes dont on mange les nids à la Chine, le capillaire, ce sauveur des poitrines fatiguées. Pour tous les cas où l'on ordonne l'iode aujourd'hui, jadis l'Angleterre faisait des confitures de varech.

Le troisième caractère qui frappe dans cette végétation, c'est qu'elle est la plus amoureuse. On est tenté de le croire quand on voit ses étranges métamorphoses d'hymen. L'amour est l'effort de la vie pour être au delà de son être et pouvoir plus que sa puissance. On le voit par les lucioles et autres petits animaux qui s'exaltent jusqu'à la flamme ; mais on ne le voit pas moins dans les plantes par les conjuguées, les algues, qui, au moment sacré, sortent de leur vie végétale, en usurpent une plus haute et s'efforcent d'être animaux.

Où commencèrent ces merveilles ? Où se firent les premières ébauches de l'animalité ? Quel dut être le théâtre primitif de l'organisation ?

Jadis on en disputait fort. Aujourd'hui il y a sur ces choses un certain accord dans l'Europe savante. Je puis prendre la réponse dans nombre de livres acceptés, autorisés ; mais j'aime mieux l'emprunter à un Mémoire récemment couronné par l'Académie des sciences et couvert par conséquent de sa haute autorité.

On trouve des êtres vivants dans des eaux chaudes

de quatre-vingts à quatre-vingt-dix degrés. C'est quand le globe refroidi descendit à cette température que la vie devint possible. L'eau alors avait absorbé en partie l'élément de mort, le gaz acide carbonique. On put respirer.

Les mers furent d'abord semblables à ces parties de l'océan Pacifique qui n'ont que peu de profondeur et sont semées de petits îlots bas. Ces îlots sont d'anciens volcans, des cratères éteints. Les voyageurs ne les connaissent que par le sommet qu'ils montrent et que les travaux des polypes exhaussent. Mais le fond, entre ces volcans, est probablement non moins volcanique, et dut être pour les essais de la création primitive un réceptacle de vie.

La tradition populaire a fait longtemps des volcans les *gardiens* des trésors souterrains qui, par moments, laissent échapper l'or caché dans les profondeurs. Fausse poésie qui a du vrai. Les régions volcaniques ont en elles le trésor du globe, de puissantes vertus de fécondité. Elles douèrent la terre stérile. De la poussière de leurs laves, de leurs cendres toujours tièdes, la vie dut s'épanouir.

On sait la richesse des flancs du Vésuve, des vals de l'Etna dans les longues racines qu'il pousse à la mer. On sait le paradis que forme sous l'Himalaya le beau cirque volcanique de la vallée de Cachemire. Cela se répète à chaque pas pour les îles de la mer du Sud.

Dans les circonstances les moins favorables, le voisinage des volcans et les courants chauds qui les accompagnent continuent la vie animale aux lieux les plus désolés. Sous l'horreur du pôle antarctique, non loin du volcan Érèbe, James Ross a trouvé des coraux vivants à mille brasses sous la mer glacée.

Aux premiers âges du monde, les innombrables volcans avaient une action sous-marine bien plus puissante qu'aujourd'hui. Leurs fissures, leurs vallées intermédiaires, permirent au mucus marin de s'accumuler par places, de s'électriser des courants. Là sans doute prit la gélatine, elle se fixa, s'affermit, se travailla et fermenta de toute sa jeune puissance.

Le levain en fut l'attrait de la substance pour elle-même. Des éléments créateurs, nativement dissous dans la mer, se firent des combinaisons, j'allais dire des mariages. Des vies élémentaires parurent, d'abord pour fondre et mourir. D'autres, enrichis de leurs débris, durèrent, êtres préparatoires, lents et patients créateurs qui, dès lors, commencèrent sous l'eau le travail éternel de fabrication et le continuent sous nos yeux.

La mer, qui les nourrissait tous, distribuait à chacun ce qui lui allait davantage. Chacun la décomposant à sa manière, à son profit, les uns (polypes, madrépores, coquilles) absorbèrent du calcaire, d'autres (comme les tuniciers du tripoli, les prêles rugueuses, etc.) concentrèrent de la silice. Leurs débris, leurs constructions, vêtirent la sombre nudité des roches vierges, filles du feu, qui les avait arrachées du noyau planétaire, les lançait brûlantes et stériles.

Quartz, basaltes et porphyres, cailloux demi-vitrifiés, tout cela reçut de nos petits créateurs une enveloppe moins inhumaine, des éléments doux et féconds qu'ils tiraient du lait maternel (j'appelle ainsi le mucus de la mer), qu'ils élaboraient, déposaient, dont ils firent la terre habitable. Dans ces milieux plus favorables put s'accomplir l'amélioration, l'ascension des espèces primitives.

Ces travaux durent se faire d'abord entre les îles volcaniques, au fond de leurs archipels, dans ces méandres sinueux, ces paisibles labyrinthes où la vague ne pénètre que discrètement, tièdes berceaux pour les premiers-nés.

Mais la fleur épanouie fleurit en toute plénitude dans les enfoncements profonds, par exemple des golfes indiens. La mer fut là un grand artiste. Elle donna à la terre les formes adorées, bénies, où se plaît à créer l'amour. De ses caresses assidues, arrondissant le rivage, elle lui donna les contours maternels, et j'allais dire la tendresse visible du sein de la femme, ce que l'enfant trouve si doux, abri, tiédeur et repos.

III

L'ATOME

Un pêcheur m'avait donné un jour le fond de son filet, trois créatures presque mourantes : un oursin, une étoile de mer, et une autre étoile, une jolie ophiure, qui agitait encore et perdit bientôt ses bras délicats. Je leur donnai de l'eau de mer, et les oubliai deux jours, occupé par d'autres soins. Quand j'y revins, tout était mort. Rien n'était reconnaissable : la scène était renouvelée.

Une pellicule épaisse et gélatineuse s'était formée à la surface. J'en pris un atome au bout d'une aiguille, et l'atome sous le microscope me montra ceci :

Un tourbillon d'animaux, courts et forts, trapus, ardents (des *kolpodes*), allaient, venaient, ivres de vie, — j'oserais dire, ravis d'être nés, faisant leur fête de naissance par une étrange bacchanale.

Au second plan fourmillaient de tout petits serpenteaux ou anguilles microscopiques qui nageaient moins qu'ils ne vibraient pour se darder en avant (on les nomme *vibrions*).

Las d'un si grand mouvement, l'œil pourtant remarquait bientôt que tout n'était pas mobile. Il y avait des vibrions encore roides qui ne vibraient pas. Il y en avait de liés entre eux, enlacés, groupés en grappes, en essaims, qui ne s'étaient pas détachés et qui avaient l'air d'attendre le moment de la délivrance.

Dans cette fermentation vivante d'êtres immobiles encore, se ruait, *rageait*, fourrageait, la meute désordonnée de ces gros trapus (les *kolpodes*) qui semblaient en faire pâture, s'en régaler, s'y engraisser, vivre là à discrétion.

Notez que ce grand spectacle se déployait dans l'enceinte d'un atome pris à la pointe d'une aiguille sur la pellicule. Combien de scènes pareilles aurait offertes cet océan gélatineux, si promptement venu sur le vase! Le temps avait été merveilleusement mis à profit. Les mourants ou morts, de leur vie échappée, avaient sur-le-champ fait un monde. Pour trois animaux perdus, j'en avais gagné des millions; ceux-ci si jeunes et si vivants, emportés d'un mouvement si violent, si absorbant, d'une vraie furie de vivre!

Ce monde infini, tellement mêlé au nôtre, qui est partout autour de nous-mêmes, en nous, était à peu près inconnu jusqu'à ce temps. Swammerdam et autres, qui jadis l'avaient entrevu, furent arrêtés au premier pas. Bien tard, en 1830, le magicien Ehrenberg l'évoqua, le révéla, le classa. Il étudia la figure de ces invisibles, leur organisation, leurs mœurs, les vit absorber, digérer, naviguer, chasser, combattre.

Leur génération lui resta obscure. Quels sont leurs amours? ont-ils des amours? Chez des êtres si élémentaires, la nature fait-elle les frais d'une génération compliquée? Ou naîtraient-ils spontanément, comme telle moisissure végétale? la foule dit : « comme un champignon ».

Grande question où plus d'un savant sourit et secoue la tête. On est si sûr de tenir dans sa main le mystère du monde, d'avoir invariablement fixé les lois de la vie! C'est à la nature d'obéir. Lorsqu'on dit à Réaumur, il y a cent ans, que la femelle du ver à soie pouvait produire seule et sans mâle, il nia, dit : « Rien ne vient de rien. » Le fait, toujours démenti, et toujours prouvé, vient de l'être enfin décidément et admis, non seulement pour le ver à soie, mais pour l'abeille et certain papillon, pour d'autres animaux encore.

De tout temps, chez toute nation, chez les sages et dans le peuple, on disait : « La mort fait la vie. » On supposait spécialement que la vie des imperceptibles surgit immédiatement des débris que la mort lui lègue. Harvey même, qui le premier formula la loi de génération, n'osa démentir cette ancienne croyance. En disant : Tout vient de l'œuf, il ajouta : *ou des éléments dissous de la vie précédente.*

C'est justement la théorie qui vient de renaître avec tant d'éclat par les expériences de M. Pouchet. Il établit que des débris d'infusoires et autres êtres se crée la gelée féconde, la « membrane prolifère », d'où naissent non pas de nouveaux êtres, mais les germes, les ovules d'où ils pourront naître ensuite.

Nous sommes dans un temps de miracles. Il faut en prendre son parti. Celui-ci n'a rien qui étonne.

On aurait ri autrefois si quelqu'un eût prétendu que des animaux, indociles aux lois établies, se donnent la licence de respirer par la patte. Les beaux travaux de Milne Edwards ont mis cela en lumière. De même Cuvier et Blainville avaient, dit-on, observé que d'autres êtres, qui n'ont pas d'organes réguliers de circulation, y suppléent par les intestins ; mais ces grands naturalistes trouvèrent la chose si énorme, qu'ils n'osèrent la dire. Elle est établie aujourd'hui par le même Milne Edwards, par M. de Quatrefages, etc.

Quoi qu'on pense de leur naissance, nos atomes nés une fois offrent un monde infiniment, admirablement varié. Toutes les formes de vie y sont déjà représentées honorablement. S'ils se connaissent, ils doivent croire qu'ils composent entre eux une harmonie complète qui laisse peu à désirer.

Ce ne sont pas des espèces dispersées, créées à part. C'est visiblement un règne, où les genres divers ont organisé une grande division du travail vital. Ils ont des êtres collectifs, comme nos polypes et nos coraux, encore, subissant les servitudes d'une vie commune. Ils ont de petits mollusques qui s'habillent déjà de mignonnes coquilles. Ils ont des poissons agiles et de frétillants insectes, de fiers crustacés, miniature des crabes futurs, comme eux armés jusqu'aux dents, guerriers atomes qui chassent des atomes inoffensifs.

Tout cela dans une richesse énorme et épouvantable qui humilie la pauvreté du monde visible. Sans parler de ces rhizopodes qui de leurs petits manteaux ont fait leur part des Apennins, surexhaussé les Cordillères, les seuls foraminifères, cette tribu si nombreuse d'atomes à coquilles, comptent jusqu'à deux mille espèces (Charles d'Orbigny). On les trouve contemporains de tous les âges de la terre. Ils se représentent toujours à diverses profondeurs dans nos trente crises du globe, variant quelque peu de formes, mais persistant comme genres, restant témoins identiques de la vie de la planète. Aujourd'hui, le froid courant du pôle austral que la pointe de l'Amérique divise entre ses deux rivages en envoie impartialement quarante espèces vers la Plata, quarante vers le Chili. Mais la grande manufacture où ils se créent et s'organisent paraît être le fleuve chaud de la mer qui part des Antilles. Les courants du Nord les tuent. Le grand torrent paternel les charrie morts à Terre-Neuve et dans tout notre océan, dont ils composent le fond.

Quand l'illustre père des atomes, j'entends leur parrain, Ehrenberg, les baptisa, les patronna, les introduisit dans le monde scientifique, on l'accusa de faiblesse pour eux, on dit qu'il faisait trop valoir ses petites créatures. Il les déclarait compliqués, très élevés d'organisation. Sa libéralité était telle pour eux qu'il allait jusqu'à leur donner cent vingt estomacs. Le monde visible se piqua, et, par une réaction violente, Dujardin les réduisit à la dernière simplicité. Ces organes prétendus pour lui ne sont qu'apparence. Cependant, ne pouvant nier leur puissance d'absorption, il leur accorde le don d'improviser, à chaque instant, des estomacs d'à-propos, à la mesure des morceaux qu'il s'agit d'avaler. Cette opinion n'a gagné nullement M. Pouchet (qui penche pour Ehrenberg).

Ce qui est incontestable et admirable chez eux, c'est la vigueur du mouvement.

Plusieurs ont toute l'apparence d'une précoce individualité. Ils ne restent pas longtemps asservis à la vie communiste et polypière où traînent leurs supérieurs immédiats, les vrais polypes. Beaucoup de ces invisibles, de prime saut, sont individus, c'est-à-dire des êtres capables d'aller, venir seuls, à leur fantaisie, de libres citoyens du monde qui ne dépendent que d'eux-mêmes dans la direction de leurs mouvements.

Tout ce qui pourra s'imaginer de locomotions différentes, de manières d'aller dans le monde supérieur, est égalé, surpassé d'avance par les infusoires. Le tourbillon impétueux d'un astre puissant, d'un soleil qui entraîne comme ses planètes les faibles qu'il a rencontrés, la course moins régulière de la comète échevelée qui traverse ou qui disperse des mondes vagues sur son passage, la gracieuse ondulation de la svelte couleuvre qui suit l'eau ou nage à terre, la barque oscillante qui sait tourner à propos, dériver pour passer plus loin; enfin la reptation lente et circonspecte de nos tardigrades qui s'appuient, s'attachent à tout, toutes ces allures diverses se trouvent chez les imperceptibles. Mais avec quelle merveilleuse simplicité de moyens! Tel n'est lui-même qu'un fil qui, pour avancer, se darde, comme un tire-bouchon élastique. Tel, pour rame et gouvernail, n'a qu'une queue ondulante ou de petits cils qui vibrent. Les charmantes vorticelles comme des urnes de fleurs s'amarrent ensemble sur une île (une petite plante, un petit crabe), puis s'isolent en détachant leur délicat pédoncule.

Ce qui frappe bien plus encore que les organes de mouvement, c'est ce qu'on pourrait appeler les expressions, les attitudes, les signes originaux de l'humeur et du caractère. Il y a des êtres apathiques, d'autres très vifs et fantasques, d'autres agités pour la guerre, d'autres empressés sans cause (ce semble) et dans une vaine agitation. Parfois, à travers une masse de gens tranquilles et paisibles, un étourdi, sourd et aveugle, renverse ou écarte tout.

Prodigieuse comédie! Ils ont l'air de faire entre eux la répétition du drame que jouera notre monde, le noble et sérieux monde des gros animaux visibles.

A la tête des infusoires, nommons avec quelque respect les géants majestueux, les deux chefs d'ordre, le haut type du mouvement, celui de la force, lente, mais redoutable, armée.

Prenez de la mousse d'un toit, mettez-la quelques jours dans l'eau, regardez au microscope. Un puissant animal, qui est, faut-il dire l'éléphant, la baleine des infusoires, se meut avec une vigueur et une grâce de jeune vie que n'ont pas toujours ces colosses. Respect! c'est le roi des atomes, le rotifère, ainsi nommé parce qu'aux deux côtés de la tête il porte deux roues, organes de locomotion qui l'assimileraient au bateau à vapeur, ou peut-être armes de chasse qui l'aident à atteindre de petites proies.

Tout fuit, tout cède, un seul résiste, ne craint rien, se fie à ses armes. C'est un monstre, mais déjà pourvu de sens supérieurs. Il a deux grands yeux de pourpre. Peu mobile, et vrai *tardigrade*, en revanche, il voit et il est armé. Il a, à ses fortes pattes, des ongles fort accentués, qui lui servent à s'amarrer, au besoin, sans doute à combattre.

Puissant début de la nature qui, dans cette économie de substance et de matière, avec rien commence à créer de façon si majestueuse ! Sublime coup d'archet d'ouverture ! Ceux-ci (qu'importe la taille ?) ont une puissance colossale d'absorption et de mouvement que seront bien loin d'avoir les énormes animaux qu'on classe beaucoup plus haut dans la série animale.

L'huître, fixée sur son rocher, la limace, marchant sur le ventre, sont au rotifère ce que me seraient, à moi, les Alpes, les Cordillères, des êtres si disproportionnés qu'on ne peut les mesurer du regard, à peine du calcul et de la pensée.

Cependant qu'est devenue chez ces montagnes animales la prestesse et l'ardeur de vie que déployait le rotifère ? Quelle chute nous faisons en montant !... Mes atomes étaient trop vivants, mobiles jusqu'à éblouir, et ces gigantesques bêtes sont frappées de paralysie.

Que serait-ce si le rotifère pouvait concevoir l'être collectif où sommeille un infini, par exemple, la superbe, la colossale éponge étoilée que vous voyez au Muséum ? Elle est à lui ce qu'est à l'homme le globe même de la terre avec ses neuf mille lieues de tour.

Eh bien, je suis convaincu que dans cette comparaison, loin d'en être humilié, l'atome aurait un accès d'orgueil et dirait : « Je suis grand. »

Ah ! rotifère, rotifère ! il ne faut mépriser personne.
Je sens bien tes avantages et ta supériorité. — Mais qui sait si cette vie captive dont tu ris n'est pas un progrès ? Ta liberté étourdie d'agitation vertigineuse serait-elle le terme des choses ? Pour prendre son point de départ vers des destinées plus hautes, la nature aime mieux subir un immobile enchantement. Elle entre au sépulcre obscur de ce triste communisme où chaque élément compte peu. Elle apprend à dominer l'inquiétude individuelle, à concentrer la substance au profit des vies supérieures.

Elle sommeille là quelque temps, comme la *Belle au bois dormant*. Mais, sommeil ou captivité, ensorcellement, quoi que ce soit, cet état n'est pas la mort. Elle vit, cette âpre matière de l'éponge, feutrée de silex. Sans se mouvoir, sans respirer, sans organes de circulation, sans aucun appareil des sens, elle vit. Comment le sait-on ?

Elle enfante deux fois par an. Elle a l'amour à sa manière, et même plus richement que bien d'autres. Au jour venu, de petites sphères échappent de la mère éponge, armées de faibles nageoires qui leur donnent quelques moments de mouvement et de liberté. Bientôt fixées, elles se montrent des spongilles délicates qui vont à leur tour grandir.

Ainsi, dans l'absence apparente des sens et de tout organisme, dans cette mystérieuse énigme, au seuil douteux de la vie, la génération la révèle et fait l'ouverture du monde visible par lequel nous allons monter. Rien n'est encore, et dans ce rien apparaît déjà la maternité. Comme chez les dieux d'Égypte, Isis, Osiris, qui engendrent avant leur naissance, l'Amour ici naît avant l'être.

IV

FLEUR DE SANG

Au cœur du globe, dans les eaux chaudes de la ligne et sur leur fond volcanique, la mer surabonde de vie à ce point de ne pouvoir, ce semble, équilibrer ses créations. Elle dépasse la vie végétale. Ses enfantements du premier coup vont jusqu'à la vie animée.

Mais ces animaux se parent d'un étrange luxe botanique, des livrées splendides d'une flore excentrique et luxuriante. Vous voyez à perte de vue des fleurs, des plantes et des arbustes; vous les jugez tels aux formes, aux couleurs. Et ces plantes ont des mouvements; ces arbustes sont irritables, ces fleurs frémissent d'une sensibilité naissante, où va poindre la volonté.

Oscillation pleine de charme, équivoque toute gracieuse! Aux limites des deux règnes, l'esprit, sous ces apparences flottantes d'une fantastique féerie, témoigne de son premier réveil. C'est une aube, c'est une aurore. Par les couleurs éclatantes, les nacres ou les émaux, il dit le songe de la nuit et la pensée du jour qui vient.

Pensée! Osons-nous dire ce mot? Non, c'est un songe, un rêve encore, mais qui peu à peu s'éclaircit, comme les rêves du matin.

Déjà au nord de l'Afrique ou de l'autre côté sur le Cap, le végétal qui régnait seul dans la zone tempérée se voit des rivaux animés qui végètent aussi, fleurissent, l'égalent, le surpassent bientôt.

Le grand enchantement commence, et il va toujours augmenter en s'avançant vers l'équateur.

Des arbustes singuliers, élégants, les gorgones, les isis, étendent leur riche éventail. Le corail rougit sous les flots.

A côté des brillants parterres d'une iris de toute couleur commencent les plantes de pierres, les madrépores où toutes branches (faut-il dire leurs mains et leurs doigts?) fleurissent d'une neige rosée comme celle des pêchers, des pommiers. Sept cents lieues avant l'équateur, et sept cents lieues au delà, continue cette magie d'illusion.

Il est des êtres incertains, les corallines, par exemple, que les trois règnes se disputent. Elles tiennent de l'animal, elles tiennent du minéral; finalement elles viennent d'être adjugées aux végétaux. Peut-être est-ce le point réel où la vie obscurément se soulève du sommeil de pierre, sans se détacher encore de ce rude point de départ, comme pour nous avertir, nous si fiers et placés si haut, de la fraternité ternaire, du droit que l'humble minéral a de monter et s'animer, et de l'aspiration profonde qui est au sein de la Nature.

« Nos prairies, nos forêts de terre, dit Darwin, paraissent désertes et vides, si on les compare à celles de la mer. » Et, en effet, tous ceux qui courent sur les transparentes mers des Indes sont saisis de la fantasmagorie que leur offre le fond. Elle est surtout surprenante par l'échange singulier que les plantes et les animaux font de leurs insignes naturels, de leur apparence. Les plantes molles et gélatineuses, avec des organes arrondis qui ne semblent ni tiges ni feuilles, affectant le gras, la douceur des courbes animales, semblent vouloir qu'on s'y trompe et qu'on les croie animaux. Les vrais animaux ont l'air de s'ingénier pour être plantes et ressembler aux végétaux. Ils imitent tout de l'autre règne. Les uns ont la solidité, la quasi-éternité de l'arbre. Les autres sont épanouis, puis se fanent, comme la fleur. Ainsi l'anémone de mer s'ouvre en pâle marguerite rose ou comme un aster grenat orné d'yeux d'azur. Mais dès qu'elle a de sa corolle laissé échapper une fille, une anémone nouvelle, vous la voyez fondre et s'évanouir.

Bien autrement variable le protée des eaux, l'alcyon, prend toute forme et toute couleur. Il joue la plante, il joue le fruit; il se dresse en éventail, devient une haie buissonneuse ou s'arrondit en gracieuse corbeille. Mais tout cela fugitif, éphémère, de vie si craintive, qu'au moindre frémissement tout disparaît, rien ne reste, tout en un moment est rentré au sein de la mère commune. Vous retrouvez la sensitive dans une de ces formes légères; la cornulaire, au toucher, se replie sur elle-même, ferme son sein, comme la fleur, sensible à la fraîcheur du soir.

Lorsque d'en haut vous vous penchez au bord des récifs, des bancs de coraux, vous voyez sous l'eau le fond du tapis, vert d'astrées et de tubipores, les fungies moulées en boules de neige, les méandrines historiées de leur petit labyrinthe, dont les vallées, les collines, se marquent en vives couleurs. Les cariophylles (ou œillets) de velours vert, nué d'orange, au bout de leur rameau calcaire, pêchent leurs petits aliments en remuant doucement dans l'eau leurs riches étamines d'or.

Sur la tête de ce monde d'en bas, comme pour l'abriter du soleil, ondulant en saules, en lianes, ou se balançant en palmiers, les majestueuses gorgones de plusieurs pieds font, avec les arbres nains de l'isis, une forêt. D'un arbre à l'autre, la plumaria enroule sa spirale qu'on croirait une vrille de vigne et les fait correspondre ensemble par ses fins et légers rameaux, nuancés de brillants reflets.

Cela charme, cela trouble; c'est un vertige et comme un songe. La fée aux mirages glissants, l'eau, ajoute à ces couleurs un prisme de teintes fuyantes, une mobilité merveilleuse, une inconstance capricieuse, une hésitation, un doute.

Ai-je vu? Non, ce n'était pas... Était-ce un être ou un reflet?... Oui pourtant, ce sont bien des êtres, car je vois un monde réel qui s'y loge et qui s'y joue. Les mollusques y ont confiance, y traînent leur coquille nacrée. Les crabes y ont confiance, y courent, y chassent. D'étranges poissons, ventrus et courts, vêtus d'or et de cent couleurs, y promènent leur paresse.

Des annélides pourpres, violettes, serpentent et s'agitent près de la délicate étoile, l'ophiure, qui, sous le soleil, tend, détend, roule et déroule tour à tour ses bras élégants.

Dans cette fantasmagorie, avec plus de gravité, le madrépore arborescent montre ses couleurs moins vives. Sa beauté est dans la forme.

Elle est dans l'ensemble surtout, dans le noble aspect de la cité commune, l'individu est modeste et la république imposante. Ici, elle a l'assise forte de l'aloès et du cactus. Ailleurs, c'est la tête du cerf, sa superbe ramure. Ailleurs encore l'extension des vigoureux rameaux d'un cèdre qui a d'abord tendu des bras horizontaux et qui va monter toujours.

Ces formes, aujourd'hui dépouillées de milliers de fleurs vivantes qui les animaient, les couvraient, ont peut-être, en cet état sévère, un plus vif attrait pour l'esprit. J'aime à voir les arbres l'hiver, quand leurs fins rameaux, dégagés du luxe encombrant des feuilles, nous disent ce qu'ils sont en eux-mêmes, révèlent délicatement leur personnalité cachée. Il en est ainsi de ces madrépores. Dans leur nudité actuelle, de peintures devenues sculptures, plus abstraits pour ainsi dire, il semble qu'ils vont nous apprendre le secret de ces petits peuples dont ils sont le monument. Plusieurs ont l'air de nous parler par d'étranges caractères. Ils ont des enlacements, des enroulements compliqués qui visiblement diraient quelque chose. Qui saura les interpréter ? et quel mot pourrait les traduire ?

On sent bien qu'aujourd'hui encore il y a une pensée là-dedans. On ne s'en détache pas aisément,

On y revient, et l'on y reste. On épèle, on croit comprendre. Puis cette lueur vous fuit, et l'on se frappe le front.

Combien les ruches d'abeilles, dans leur froide géométrie, sont moins significatives ! Elles sont un produit de la vie. Mais ceci, c'est la vie même. La pierre ne fut pas simplement la base et l'abri de ce peuple ; elle fut un peuple antérieur, la génération primitive qui, peu à peu supprimée par les jeunes qui venaient dessus, a pris cette consistance. Donc, tout le mouvement d'alors, l'allure de la cité première, sont là visibles et saisissants, d'une vérité flagrante, comme tel détail vivant d'Herculanum ou Pompéi. Mais ici tout s'est fait sans violence et sans catastrophe, par un progrès naturel ; il y a une paix sereine, un attrait singulier de douceur.

Tout sculpteur y admirerait les formes d'un art merveilleux qui, dans les mêmes motifs, a trouvé d'infinies variantes, à changer et renouveler tous nos arts d'ornementation.

Mais il y a à considérer bien autre chose que la forme. Les riches arborescences où s'épancha l'activité de ces laborieuses tribus, les ingénieux labyrinthes qui semblent chercher un fil, ce profond jeu symbolique de vie végétale et de toute vie, c'est l'effort d'une pensée, d'une liberté captive, ses tâtonnements timides vers la lumière promise, — éclair charmant de la jeune âme engagée dans la vie commune, mais qui, doucement, sans violence, avec grâce, s'en émancipait.

J'ai chez moi deux de ces petits arbres, d'espèce analogue, pourtant différente. Nul végétal n'est comparable. L'un, de blancheur immaculée, comme d'un albâtre sans éclat, d'une richesse amoureuse qui, de chaque branche, elle-même ramifiée, donne à flots boutons, bourgeons, petites fleurs, sans jamais pouvoir dire : assez. — L'autre, moins blanc et plus serré, dont tout rameau comprend un monde. Adorables tous les deux par la ressemblance et la dissemblance, l'innocence, la fraternité. Oh ! qui me dirait le mystère de l'âme enfantine et charmante qui a fait cette féerie ! On la sent circuler encore, cette âme libre et captive, mais d'une captivité aimée, qui rêve la liberté et n'en voudrait pas tout à fait.

Les arts n'ont pas su jusqu'ici s'emparer de ces merveilles, qui les auraient tant servis. La belle statue de la Nature (à la porte du Jardin des Plantes) eût dû en être entourée. On ne devait montrer la Nature que dans la féerie triomphale qui ne la quitte jamais. Il fallait, sans ménager, exhausser de tous ses dons à la hauteur d'une montagne le trône majestueux où on la faisait asseoir. Ses premiers-nés, les madrépores, heureux de s'enterrer dessous, en auraient fourni les assises, y mettant leurs rameaux d'albâtre, leurs méandres et leurs étoiles. Au-dessus leurs sœurs onduleuses, de leur corps, de leurs fins cheveux, auraient fait un doux lit vivant pour embrasser mollement de leur caressant amour la divine Mère en son rêve de l'éternel enfantement.

La peinture n'a pas réussi à ces choses mieux que la sculpture. Elle a peint les fleurs animées comme elle aurait fait des fleurs. Ce sont, au fond, des couleurs extraordinairement différentes. Les gravures coloriées dont on se contente en donnent la plus pauvre idée. Leurs teintes plates, pâles, quoi qu'on fasse, n'en rendent jamais l'onctueuse douceur, la souplesse, la tiède émotion. Les émaux, si l'on s'en servait, comme l'a essayé Palissy, y seraient toujours durs et froids; admirables pour les reptiles, pour les écailles de poissons, ils sont trop luisants pour rendre ces molles et tendres créatures qui n'ont pas même de peau. Les petits poumons extérieurs que montrent les annélides, les légers filets nuageux que font flotter certains polypes, les cheveux mobiles et sensibles qui ondoient sous la méduse, sont des objets non seulement délicats, mais attendrissants. Ils sont de toutes nuances, fines et vagues, et pourtant chaudes. C'est comme une haleine devenue visible. Vous y voyez une iris pour l'amusement des yeux. Pour eux, c'est chose sérieuse, c'est leur sang, leur faible vie, traduite en teintes, en reflets, en lueurs changeantes, qui s'animent ou qui pâlissent, tour à tour aspirent, expirent... Prenez garde! N'étouffez pas la petite âme flottante, muette, qui pourtant vous dit tout, et livre son mystère intime dans ces palpitantes couleurs.

Les couleurs survivent peu. La plupart fondent et disparaissent. Eux-mêmes, les madrépores, ne laissent d'eux que leur base qu'on croirait inorganique, et qui n'est pourtant que la vie condensée, solidifiée.

Les femmes, qui ont ce sens bien plus fin que nous, ne s'y sont pas trompées; elles ont senti confusément qu'un de ces arbres, le corail, était une chose vivante.

De là une juste préférence. La science eut beau leur soutenir que ce n'était qu'une pierre; puis, que ce n'était qu'un arbuste. Elles y sentaient autre chose.

« Madame, pourquoi préférez-vous à toutes les pierres précieuses cet arbre d'un rouge douteux? — Monsieur, il va à mon teint. Les rubis pâlissent. Celui-ci, mat et moins vif, relève plutôt la blancheur. »

Elle a raison. Les deux objets sont parents. Dans le corail, comme sur sa lèvre et sur sa joue, c'est le fer qui fait la couleur. (Vogel.) Il rougit l'un et rose l'autre.

« Mais, madame, ces pierres brillantes ont un poli incomparable. — Oui, mais celui-ci est doux. Il a la douceur de la peau, et il en garde la tiédeur. Dès que je l'ai deux minutes, c'est ma chair et c'est moi-même. Et je ne m'en distingue plus.

— Madame, il est de plus beaux rouges. — Docteur, laissez-moi celui-ci. Je l'aime. Pourquoi? Je n'en sais rien... Ou, s'il y a une raison, celle qui en vaut bien une autre, c'est que son nom oriental et le vrai, c'est: « Fleur de sang. »

V

LES FAISEURS DE MONDES

Notre Muséum d'histoire naturelle, dans sa trop étroite enceinte, est un palais de féerie. Le génie des métamorphoses, de Lamarck et de Geoffroy, semble y résider partout. Dans la sombre salle d'en bas les madrépores, en silence, fondent le monde de plus en plus vivant qui s'élève au-dessus d'eux. Plus haut le peuple des mers, ayant atteint sa complète énergie d'organisation dans ses animaux supérieurs, prépare les vies de la terre. Au sommet, les mammifères, sur lesquels la tribu divine des oiseaux déploie ses ailes et semble chanter encore.

La foule ne regarde guère les premiers. Elle passe vite devant ces aînés du globe. Il fait froid, humide chez eux. Elle monte vers la lumière, vers tant de choses brillantes. Nacre, ailes de papillons, plumes d'oiseaux, c'est ce qui la charme. Moi qui m'arrête plus en bas, je me suis vu souvent seul dans l'obscure petite galerie.

J'aime cette crypte de la grande église. J'y sens mieux l'âme sacrée, l'esprit présent de nos maîtres, leur grand, leur sublime effort, et aussi l'audace immortelle des voyageurs partis de là. Quelque part que soient leurs os, eux-mêmes restent au Muséum par les trésors qu'ils lui donnèrent et qu'ils ont payés de leur vie.

L'autre jour, 1er octobre, m'y étant un peu attardé, j'y lisais non sans peine l'étiquette de quelques madrépores. L'une, placée tout près de la porte, me montra ce nom : « Lamarck ».

Une chaleur me passa au cœur, un mouvement religieux.

Grand nom et déjà antique! C'est comme si, aux tombeaux de Saint-Denis, on voyait le nom de Clovis. La gloire de ses successeurs, leur royauté, leurs débats, ont obscurci, reculé dans le temps celui par lequel pourtant on passa d'un siècle à l'autre. C'est lui, cet aveugle Homère du Muséum, qui, par l'instinct du génie, créa, organisa, nomma, ce qu'on ne savait guère encore, la classe des *Invertébrés*.

Une classe? mais c'est un monde, c'est l'abîme de la vie molle et demi-organisée à qui manque encore la vertèbre, la centralisation osseuse, le soutien essentiel de la personnalité. Ils intéressent d'autant plus, car visiblement ils commencent tout. Humbles tribus, jusque-là négligées! Réaumur, dans les insectes, avait mis les crocodiles. Le glorieux comte de Buffon ne daigna savoir les noms de cette populace infime; il les laissa hors du Versailles olympien qu'il élevait à la Nature. Ils attendirent jusqu'à Lamarck, ces grands peuples obscurs, confus, ces exilés de la science, qui pourtant remplissent tout, ont tout préparé. C'étaient justement les aînés qu'on avait empêchés d'entrer. Les admis, à les compter, auraient été peu de chose. Si l'on veut juger par le nombre, on pouvait dire que l'exclue, oubliée, laissée à la porte, c'était la Nature elle-même.

Le génie des métamorphoses venait d'être émancipé par la botanique et la chimie. Ce fut une chose hardie, mais féconde, de prendre Lamarck dans la botanique où il avait passé sa vie et de lui imposer d'enseigner les animaux. Ce génie ardent et fait aux miracles par les transformations des plantes, plein de foi dans l'unité de la vie, fit sortir et les animaux, et le grand animal, le globe, de l'état pétrifié où on les tenait. Il rétablit de forme en forme la circulation de l'esprit. Demi-aveugle, à tâtons, il toucha intrépidement mille choses dont les clairvoyants n'osaient approcher encore. Du moins, il y mettait sa flamme. Geoffroy, Cuvier et Blainville les ont trouvées chaudes et vivantes. « Tout est vivant, disait-il, ou le fut. Tout est vie, présente ou passée. » Grand effort révolutionnaire contre la matière inerte, et qui irait jusqu'à supprimer l'inorganique. Rien ne serait mort tout à fait. Ce qui a vécu peut dormir et garder la vie latente, une aptitude à revivre. Qui est vraiment mort? personne.

Ce mot a enflé d'un souffle immense les voiles du dix-neuvième siècle. Hasardé, ou non, il nous a poussés où nous n'aurions été jamais. Nous nous sommes mis en quête, demandant à chaque chose, histoire ou histoire naturelle : « Qui es-tu ? — Je suis la vie. » — La mort a été fuyant sous le regard des sciences. L'esprit va toujours vainqueur et la faisant reculer.

Entre ces ressuscités, je vois d'abord mes madrépores. Jusque-là pierre morte et calcaire grossier, ils prirent l'intérêt de la vie. Lorsque Lamarck les réunit, les expliqua au Muséum, on venait de les surprendre dans le mystère de leur activité, dans leurs immenses créations. On commença à soupçonner que, si la terre fait l'animal, l'animal aussi fait la terre, et que tous deux accomplissent l'un pour l'autre l'office de création.

L'animalité est partout. Elle emplit tout et peuple tout. On en trouve les restes ou l'empreinte jusque dans ces minéraux, comme le marbre statuaire, l'albâtre, qui ont passé par le creuset des feux les plus destructeurs. A chaque pas dans la connaissance de l'actuel on découvre un passé énorme de la vie animale. Du jour où l'optique permit d'apercevoir l'infusoire, on le vit faisant les montagnes, on le vit pavant l'Océan. Le dur silex du tripoli est une masse d'animalcules, l'éponge un silex animé. Nos calcaires tout animaux. Paris est bâti d'infusoires. Une partie de l'Allemagne repose sur une mer de corail, aujourd'hui ensevelie. Infusoires, coraux, testacés, c'est de la chaux, de la craie. Sans cesse ils la tirent de la mer. Mais les poissons qui dévorent le corail le rendent comme craie, et restituent celle-ci aux eaux d'où elle est venue. Ainsi la Mer de corail, dans son travail d'enfantement, de soulèvements, de mouvements, dans ses constructions sans cesse augmentées ou affaissées, bâties, ruinées, rebâties, est une fabrique immense de calcaire, qui va alternant entre ses deux vies : vie *agissante* aujourd'hui, vie *disponible* qui agira demain.

Forster a vu, et très bien vu (ce qu'on a nié à tort) que ces îles circulaires sont des cratères de volcans, exhaussés par les polypes. Dans toute hypothèse contraire on ne peut expliquer cette identité de forme. C'est toujours un petit anneau d'environ cent pas de diamètre, fort bas, battu au dehors par les flots, mais renfermant au dedans un bassin tranquille. Quelques plantes de trois ou quatre espèces font une couronne de verdure clairsemée au bassin intérieur. L'eau est du plus beau vert. L'anneau est de sable blanc (résidu de coraux dissous) en contraste avec le bleu foncé de l'Océan. Sous l'eau salée, nos ouvriers travaillent. Selon leurs espèces ou leurs caractères, les uns plus hardis aux brisants, aux côtés paisibles les bonnes gens timides.

Voici un monde peu varié. Attendez. Les vents, les courants travaillent à l'enrichir. Il ne faut qu'une bonne tempête pour que les îles voisines fassent la fortune de celle-ci. C'est là une des plus magnifiques fonctions de la tempête. Plus elle est grande, violente, tourbillonnante, enlevant tout, plus elle est féconde, Une trombe passe sur une île; le torrent qu'elle y produit, chargé de limon, de débris, de plantes mortes ou vivantes, parfois de forêts arrachées, flot noir, bourbeux, perce la mer et, bientôt poussé des vagues ici et là, distribue ces présents aux îles prochaines.

Un grand messager de la vie, et l'un des plus transportables, c'est la solide noix de coco. Non seulement elle voyage, mais, jetée sur les récifs, si elle trouve un peu de sable blanc, où périraient d'autres plantes, elle y prend et s'en contente. Si elle trouve une eau saumâtre qu'aucun végétal n'aimerait, elle la compte pour eau douce et vit là, s'enfonce là. Elle germe, elle pousse, et c'est un arbre, un robuste cocotier. Un arbre, c'est bientôt de l'eau douce, et des débris, donc de la terre. Cela invite d'autres arbres, et bientôt l'on voit des palmiers. Des vapeurs arrêtées par eux se fait un ruisseau qui, coulant du centre de l'île, maintient dans la blanche ceinture une percée que respectent les polypes, habitants de l'eau salée.

On connaît maintenant la rapidité extrême de leur travail. A Rio-Janeiro, en quarante jours de relâche, des canots disparaissaient déjà sous les tubulaires qui s'en étaient emparés. Un détroit, près de l'Australie, comptait naguère vingt-six îlots. Il en a déjà cent cinquante bien reconnus ; l'amirauté anglaise annonce qu'il en a davantage, et qu'en vingt ans, dans sa longueur de quarante lieues, il sera impraticable.

Le récif oriental de l'Australie a trois cent soixante lieues (cent vingt-sept sans interruption); celui de la Nouvelle-Calédonie, cent quarante-cinq lieues. Des groupes d'îles, dans le Pacifique, ont quatre cents lieues de long sur cent cinquante de large. La seule chaîne des Maldives a presque cinq cents milles de long. Ajoutez les bancs de l'île de France, les bas-fonds de la mer Rouge incessamment exhaussés.

Timor, avec ses environs, offre un monde tout animal. On ne foule que choses vivantes. Les roches offrent tant de formes bizarres et de riches couleurs, qu'on en est saisi, ébloui. Vous les voyez dans un espace de plusieurs lieues dans l'eau de mer, peu profonde (peut-être d'un pied) qui travaillent tranquillement, mais activement continuent leur métier de créateurs.

Le premier observateur intelligent fut Forster, compagnon de Cook, qui les trouva à l'ouvrage, les prit sur le fait dans leur grande conspiration pour faire à petit bruit des îles par milliers, des chaînes d'îles, peu à peu un continent.

Cela se passait sous ses yeux comme aux premiers jours du monde. Des profondeurs sous-marines le feu central pousse un dôme, un cône, qui, s'entr'ouvrant, de sa lave pendant quelque temps fait un cratère circulaire. Mais la force volcanique s'épuise. Et ce cratère tiède se couronne de gelée vivante, animale et polypière, qui, rejetant toujours de soi un mucus, va exhaussant ce cirque jusqu'à la basse mer; pas plus haut; car, au-dessus, ils seraient toujours à sec; mais, d'autre part, pas plus bas; car ils visent à la lumière. S'ils n'ont pas d'organe spécial pour la percevoir, elle les pénètre. Le puissant soleil des tropiques, qui traverse de part en part leur petit être transparent, semble avoir sur eux l'attraction d'un invincible magnétisme.

Quand la mer baisse et les découvre, ils n'en restent pas moins ouverts et boivent la vive lumière.

Dumont-d'Urville, qui si souvent côtoyait leurs petites îles, dit : « C'est un étrange supplice de voir de près la paix de ce bassin intérieur, de voir tout autour sous l'eau peu profonde des bancs avancés où s'étalent les coraux en parfaite sécurité, lorsqu'on est soi-même en pleine tempête. » Ce monde aimable est un écueil. Touchez et vous êtes brisé. La mer transparente vous montre un abîme à pic de cent brasses. Ne vous fiez pas aux ancres. Nul câble qui, au frottement, ne soit usé, bientôt coupé. L'anxiété est extrême dans les longues nuits où la houle australe vous pousse sur ces tranchants rasoirs.

Les innocents faiseurs d'écueils ne manquent pourtant pas de réponse aux accusations. Ils disent : « Donnez-nous le temps. Ces bords adoucis peu à peu deviendront hospitaliers. Laissez-nous faire. Les bancs liés aux bancs voisins n'auront plus ces remous terribles. Nous vous faisons un monde de rechange pour le cas où périrait le vôtre. Vous nous bénirez peut-être, s'il vous vient un cataclysme, si, comme l'a dit quelqu'un, la mer verse d'un pôle à l'autre tous les dix mille ans. Vous vous tiendrez fort heureux de trouver là nos îles australes où nous aurons fait un refuge.

« Avouons-le, disent-ils encore, quand même malheureusement quelques vaisseaux y périraient, ce que nous faisons est utile, est bon et grand. Notre monde improvisé pourrait avoir quelque orgueil. Sans parler de la beauté de ses triomphantes couleurs qui effacent celles de la terre, sans parler des gracieux cercles, des courbes où nous nous complaisons, — tant de problèmes obscurs qui vous arrêtent semblent chez nous avoir trouvé solution. La distribution du travail, une charmante variété dans une grande régularité, un ordre géométrique qui cependant a les grâces d'une liberté naissante, — où trouver cela chez vous autres hommes ?

« Notre travail incessant pour alléger l'eau de ses sels y crée les courants magnifiques qui en font la vie, la salubrité. Nous sommes les esprits de la mer ; nous lui donnons le mouvement.

« Elle n'est pas ingrate, il est vrai. Elle vient à point nommé nous nourrir. Et, non moins exacte, la chaude lumière nous caresse, nous pare de ses riches couleurs. Nous sommes les bien-aimés de Dieu, ses ouvriers favoris. Il nous charge d'ébaucher ses mondes. Tous les puînés de ce globe qui viennent ont besoin de nous. Notre ami, le cocotier, ce géant qui sur notre île inaugure la vie terrestre, n'y parvient qu'en nous demandant nos poussières pour y puiser. La vie végétale, au fond, est un legs, un don, une aumône de nos libéralités. Riche de nous, elle nourrira la création supérieure.

« Mais pourquoi d'autres animaux ? Nous sommes un monde complet, harmonique, et qui suffit. Le cercle de la création pourrait se fermer ici. Dieu par nous couronna son île : sur son ancien volcan de feu, il a fait un volcan de vie, — bien mieux, l'épanouissement de ce paradis vivant. Il a ce qu'il a voulu, et maintenant va se reposer. »

Pas encore et pas encore. Une création doit monter par-dessus la vôtre, une chose que vous ne craignez pas. Ce rival n'est pas la tempête, vous la bravez; ni l'eau douce, vous bâtissez à côté. Ce n'est pas même la terre qui peu à peu envahit et couvre vos constructions. Cette autre puissance, où est-elle? — En vous. Tout polype n'est pas résigné à rester polype. Il y a dans votre république telle créature inquiète, qui dit que la perfection de cette vie végétative ce n'est pas la vie. Elle en rêve une autre à part : — s'en aller et naviguer seule, voir l'inconnu, le vaste monde, se créer, au hasard du naufrage, certaine chose qui va poindre en elle et reste obscure en vous :

C'est l'âme.

VI

FILLE DES MERS

J'ai passé les premiers mois de 1858 dans l'agréable petite ville d'Hyères, qui de loin regarde la mer, les îles et la presqu'île dont sa côte est abritée. La mer, à cette distance, attire plus puissamment peut-être que si l'on était au bord. Les sentiers qui y mènent invitent, soit qu'on suive, entre les jardins, les haies de jasmin et de myrte, soit qu'en montant quelque peu on traverse les oliviers et un petit bois mêlé de lauriers et de pins. Le bois n'empêche nullement qu'on n'ait de temps à autre quelques échappées de la mer. Ce lieu est, non sans raison, nommé Coste-Belle. Nous y rencontrions souvent dans les beaux jours d'un doux hiver une fort touchante malade, une jeune princesse étrangère venue là de cinq cents lieues pour prolonger quelque peu sa vie défaillante. Cette vie courte avait été triste et dure. A peine heureuse, elle se voyait mourir. Elle se traînait appuyée, tendrement enveloppée de celui qui vivait d'elle et comptait ne pas survivre. Si les vœux et les prières pouvaient prolonger une vie, elle eût vécu; elle avait pour elle ceux de tous, surtout des pauvres. Mais le printemps arrivait et sa fin. Dans un jour d'avril où tout renaissait, nous vîmes passer encore les deux ombres sous ce bois, pâle comme un Élysée de Virgile.

Nous arrivâmes au golfe le cœur plein de cette pensée. Entre les rochers assez âpres, les lagunes que laissait la mer gardaient de petits animaux trop lents qui n'avaient pu la suivre. Quelques coquilles étaient là toutes retirées en elles-mêmes et souffrant de rester à sec. Au milieu d'elles, sans coquille, sans abri, tout éployée, gisait l'ombrelle vivante qu'on nomme assez mal *méduse*. Pourquoi ce terrible nom pour un être si charmant? Jamais je n'avais arrêté mon attention sur ces naufragées qu'on voit si souvent au bord de la mer. Celle-ci était petite, de la grandeur de ma main, mais singulièrement jolie, de nuances douces et légères. Elle était d'un blanc d'opale où se perdait, comme dans un nuage, une couronne de tendre lilas. Le vent l'avait retournée. Sa couronne de cheveux lilas flottait en dessus, et la délicate ombrelle (c'est-à-dire son propre corps), se trouvant dessous, touchait le rocher. Très froissée en ce pauvre corps, elle était blessée, déchirée en ses fins cheveux qui sont ses organes pour respirer, absorber, et même aimer. Tout cela, sens dessus dessous, recevait d'aplomb le soleil provençal, âpre à son premier réveil, plus âpre par l'aridité du mistral qui s'y mêlait par moments. Double trait qui traversait la transparente créature. Vivant dans ce milieu de mer dont le contact est caressant, elle ne se cuirasse pas d'épiderme résistant, comme nous autres animaux de la terre ; elle reçoit tout à vif.

Près de sa lagune séchée, d'autres lagunes étaient pleines et communiquaient à la mer. Le salut était à un pas. Mais, pour elle qui ne se meut que par ses ondoyants cheveux, ce pas était infranchissable. Sous ce soleil, on pouvait croire qu'elle serait bientôt dissoute, absorbée, évanouie.

Rien de plus éphémère, de plus fugitif que ces filles de la mer. Il en est de plus fluides, comme la légère bande d'azur qu'on appelle *ceinture de Vénus*, et qui, à peine sortie de l'eau, se dissipe et disparaît. La méduse, un peu plus fixée, a plus de peine à mourir.

Était-elle morte ou mourante ? Je ne crois pas aisément à la mort ; je soutins qu'elle vivait. A tout hasard, il coûtait peu de l'ôter de là et de la jeter dans la lagune d'à côté. S'il faut tout dire, à la toucher j'avais un peu de répugnance. La délicieuse créature, avec son innocence visible et l'iris de ses douces couleurs, était comme une gelée tremblotante, glissait, échappait. Je passai outre cependant. Je glissai la main dessous, soulevai avec précaution le corps immobile, d'où tous les cheveux retombèrent, revenant à la position naturelle où ils sont quand elle nage. Telle je la mis dans l'eau voisine. Elle enfonça, ne donnant aucun signe de vie.

Je me promenai sur le bord. Mais au bout de dix minutes, j'allai revoir ma méduse. Elle ondulait sous le vent. Réellement, elle remuait et se remettait à flot. Avec une grâce singulière, ses cheveux fuyant sous elle nageaient, doucement l'éloignaient du rocher.

Elle n'allait pas bien vite, mais enfin allait. Bientôt je la vis assez loin.

Elle n'aura peut-être pas tardé de chavirer encore. Il est impossible de naviguer avec des moyens plus faibles et de façon plus dangereuse. Elles craignent fort le rivage, où tant de choses dures les blessent, et, en pleine mer, le vent à chaque instant les retourne. Alors leurs cheveux-nageoires étant par-dessus, elles flottent à l'aventure, la proie des poissons, la joie des oiseaux, qui se font un jeu de les enlever.

Pendant toute une saison passée aux bords de la Gironde, je les voyais fatalement poussées par la passe, jetées à la côte par centaines, et sécher là misérablement. Celles-ci étaient grosses, blanches, fort belles à leur arrivée, comme de grands lustres de cristal avec de riches girandoles, où le soleil miroitant mettait des pierreries. Hélas! quel état différent au bout de deux jours! le sable fort heureusement s'affaissait dessous, les cachait.

Elles sont l'aliment de tous, et elles-mêmes n'ont guère d'aliment que la vie peu organisée, vague encore, les atomes flottants de la mer. Elles les engourdissent, les éthérisent, pour ainsi parler, et les sucent sans les faire souffrir. Elles n'ont ni dents, ni armes. Nulle défense. Seulement quelques espèces (et non pas toutes, dit Forbes) peuvent, si on les attaque, sécréter une liqueur qui pique un peu, comme l'ortie. Sensation si faible, au reste, que Dicquemare n'a pas craint de la recevoir dans l'œil et l'a fait impunément.

Voilà une créature bien peu garantie, et en grand hasard. Elle est supérieure déjà. Elle a des sens, et, si l'on en juge par les contractions, une susceptibilité notable de souffrir. On ne peut, comme le polype, la partager impunément. Dans ce cas, lui, il se double; elle, elle meurt. Comme lui, gélatineuse, elle semble un embryon, mais l'embryon trop tôt renvoyé du sein de la mère commune, tiré de la base solide, de l'association qui fit la sécurité du polype, et lancé dans l'aventure.

Comment est-elle partie, l'imprudente? comment sans voile, rame ni gouvernail, avoir quitté le port? Quel est son point de départ?

Ellis, en 1750, avait vu sur un polype (la campanulaire) surgir une petite méduse. De nos jours plusieurs observateurs ont vu et mis hors de doute qu'elle est une forme de polype, sortie de l'association. La méduse, pour le dire simplement, est un polype émancipé.

Quoi d'étonnant? dit très bien le sage M. Forbes, qui les a tant étudiées. Cela veut dire seulement qu'à ce degré l'animal suit encore la loi végétale. De l'arbre, être collectif, sort l'individu, le fruit détaché, lequel fruit fera un autre arbre. Un poirier, c'est comme une sorte de polypier végétal, dont la poire (libre individu) peut nous donner un poirier.

De même, dit Forbes encore, que la branche d'une plante qui allait se charger de feuilles s'arrête dans son développement, se contracte, devient un organe d'amour, je veux dire une fleur, — le polypier, contractant quelques-uns de ses polypes, transformant leurs estomacs contractés, fait le placenta, les œufs, d'où sort sa fleur mobile, la jeune et gracieuse méduse. (*Ann. of the Nat. hist.*, t. XIV, 387.)

On aurait pu le deviner à cette grâce indécise, à cette faiblesse désarmée qui ne craint rien, qui s'embarque sans instruments pour naviguer, qui se confie trop à la vie. C'est la première et touchante échappée de l'âme nouvelle, sortie, sans défense encore, des sûretés de la vie commune, essayant d'être soi-même, d'agir et souffrir pour son compte, — molle ébauche de la nature libre, — embryon de la liberté.

Être soi, être à soi seul un petit monde complet, grande tentation pour tous! universelle séduction! belle folie qui fait l'effort et tout le progrès du monde, d'ici-bas jusqu'aux étoiles! Mais dans ces premiers essais, qu'elle semble peu justifiée! On dirait que la méduse fut créée pour chavirer. Chargée d'en haut, et d'en bas mal assurée, peu soutenue, elle est faite à l'opposé de la physalie, sa parente. Celle-ci n'a au-dessus de l'eau qu'un petit ballon, une vessie insubmersible, et laisse traîner au fond ses longs tentacules, infiniment longs, de vingt pieds ou davantage, qui l'assurent, balayent la mer, frappent le poisson de torpeur, le lui livrent. Légère et insouciante, gonflant son ballon nacré, teinté de bleu ou de pourpre, elle lance, par ses grands cheveux de sinistre azur, un subtil venin dont la décharge foudroie. Moins redoutables, les vélelles ne peuvent périr non plus. Elles ont la forme de radeaux; leur petite organisation est déjà un peu solide; elles savent se diriger, tourner au vent la voile oblique. Les porpites, qui ne semblent qu'une fleur, une marguerite, ont pour elles leur légèreté; elles flottent même après leur mort. Il en est de même de tant d'êtres fantastiques et presque aériens, guirlandes à clochettes d'or ou guirlandes de boutons de rose (physsophore, stéphanomie, etc.), ceintures azurées de Vénus. Tout cela nage et surnage invinciblement, ne craint que la terre, vogue au large, dans la grande mer, et, si violente qu'elle semble, y trouve toujours son salut. Les porpites et les vélelles craignent si peu l'Océan que, pouvant toujours surnager, ils font effort pour enfoncer, et, dès qu'il vient du gros temps, se cachent dans la profondeur.

Telle n'est pas la pauvre méduse. Elle a à craindre le rivage, elle a à craindre l'orage. Elle pourrait se faire pesante à volonté et descendre, mais l'abîme lui est interdit; elle ne vit qu'à la surface, en pleine lumière, en plein péril. Elle voit, elle entend, et elle a le toucher fort délicat, beaucoup trop pour son malheur. Elle ne peut se diriger. Ses organes plus compliqués la surchargent et lui font perdre bien aisément l'équilibre.

Aussi on est tenté de croire qu'elle se repent d'un essai de liberté si hasardeuse, qu'elle regrette l'état inférieur, la sécurité de la vie commune. Le polypier fit la méduse : la méduse fait le polypier. Elle rentre à l'association. Mais cette vie végétative est si ennuyeuse, qu'à la génération suivante elle s'en émancipe encore et se relance au hasard de sa vaine navigation. Alternative bizarre, où elle flotte éternellement. Mobile, elle rêve le repos. Inerte, elle rêve le mouvement.

Ces étranges métamorphoses, qui tour à tour élèvent, abaissent l'être indécis, le font alterner entre deux vies si différentes, sont vraisemblablement le fait des espèces inférieures, des méduses qui n'ont pu entrer décidément encore dans la carrière irrévocable de l'émancipation. Pour les autres, on croirait sans peine que leurs variétés charmantes marquent des progrès intérieurs de vie, des degrés de développement, les jeux, les grâces et les sourires de la liberté nouvelle. Celle-ci, artiste admirable, sur ce thème si simple de disque ou d'ombrelle qui flotte, d'un léger lustre de cristal où le soleil met des lueurs, a fait une création infinie de jolies variantes, un déluge de petites merveilles.

Toutes ces belles, à l'envi, flottant sur le vert miroir dans leurs couleurs gaies et douces, dans les mille attraits d'une coquetterie enfantine et qui s'ignore, ont embarrassé la science, qui, pour leur trouver des noms, a dû appeler à son secours et les reines de de l'histoire et les déesses de la mythologie. Celle-ci, c'est l'ondoyante Bérénice, dont la riche chevelure traîne et fait un flot dans les flots. Celle-là, c'est la petite Orithye, épouse d'Éole, qui, au souffle de son époux, promène son urne blanche et pure, incertaine, à peine affermie par l'enchevêtrement délicat de ses cheveux, que souvent elle enlace par-dessous. Là-bas, Dionée, la pleureuse, semble une pleine coupe d'albâtre qui laisse, en filets cristallins, déborder de splendides larmes. Telles en Suisse j'ai vu s'épancher des cascades lasses et paresseuses, qui, ayant trop fait de détours, semblaient tomber de sommeil, de langueur.

Dans la grande féerie d'illumination que la mer déploie aux nuits orageuses, la méduse a un rôle à part. Plongée, comme tant d'autres êtres, dans le phosphore électrique dont ils sont tous pénétrés, elle le rend à sa manière avec un charme personnel.

Qu'elle est sombre la nuit en mer, quand on n'y voit pas ce phosphore! Qu'elles sont vastes et redoutables, ses ténèbres! Sur terre, l'ombre est moins obscure; on se reconnaît toujours à la variété des objets qu'on touche, ou dont on pressent les formes; ils vous donnent des points de repère Mais la vaste nuit marine, un noir infini! rien et rien!... Mille dangers possibles, inconnus!

On sent tout cela sur la côte même, quand on vit devant la mer. C'est une grande jouissance quand, l'air devenant électrique, on voit au loin apparaître un léger ruban de feu pâle. Qu'est-ce cela? On l'a vu chez soi sur le poisson mort, par exemple le hareng. Mais vivant, dans ses grandes flottes, dans les longues traînées visqueuses qu'il laisse derrière, il est encore plus lumineux. Cet éclat n'est point du tout le privilège de la mort. — Est-ce un effet de la chaleur? Non, vous le trouvez aux deux pôles et dans les mers Antarctiques, et dans les mers de Sibérie. Il est dans les nôtres, et dans toutes.

C'est l'électricité commune dont ces eaux, demi-vivantes, se dégagent aux temps orageux, innocente et pacifique foudre dont tous les êtres marins sont alors les conducteurs. Ils l'aspirent et ils l'expirent, la restituent largement à leur mort. La mer la donne et la reprend. Le long des côtes et des détroits, les froissements et les remous la font circuler puissamment.

Chaque être en prend, s'en empare plus ou moins selon sa nature. Ici, des surfaces immenses de paisibles infusoires font comme une mer lactée, d'une douce et blanche lumière, qui, ensuite plus animée, tourne au jaune du soufre embrasé. Ici, des cônes de lumière vont pirouettant sur eux-mêmes, ou roulent en boulets rouges. Un grand disque de feu se fait (pyrosome), qui part du jaune opalin, un moment frappé de vert, puis s'irrite, éclate dans le rouge, l'orange, puis s'assombrit d'azur. Ces changements ont quelque chose de régulier qui indiquerait une fonction naturelle, la contraction et dilatation d'un être qui souffle le feu.

Cependant, à l'horizon, des serpents enflammés s'agitent sur une infinie longueur (parfois vingt-cinq ou trente lieues). Les biphores et les salpas, êtres transparents que traversent et la mer et le phosphore, donnent cette comédie serpentine. Étonnante association qui mène ces danses effrénées, puis se sépare. Séparés, ses membres libres font des petits libres encore, qui, à leur tour, engendreront des républiques dansantes, pour répandre sur la mer cette bacchanale de feu.

De grandes flottes, plus paisibles, promènent sur les flots des lumières. Les vélelles allument la nuit leurs petites embarcations. Les béroés vont triomphantes comme des flammes. Nulles plus magiques que celles de nos méduses. Est-ce un pur effet physique, comme celui qui fait serpenter les salpas injectés de feu? Est-ce un acte d'aspiration, comme d'autres en donnent l'idée? Est-ce caprice, comme chez tant d'êtres qui se jouent aux étincelles d'une vaine et inconstante joie?

Non, les nobles et belles méduses (comme l'Océanique à couronne, comme la charmante Dionée) semblent exprimer des pensées graves. Sous elles, leurs cheveux lumineux, comme une sombre lampe qui veille, lancent des lueurs mystérieuses d'émeraude et d'autres couleurs qui, jaillissant ou pâlissant, révèlent un sentiment, et je ne sais quel mystère. On dirait l'esprit de l'abîme qui en médite les secrets. On dirait l'âme qui vient ou celle qui doit vivre un jour. Ou bien faudrait-il y voir le rêve mélancolique d'une destinée impossible, qui ne doit jamais atteindre son but? ou l'appel au bonheur d'amour qui seul nous console ici-bas?

On sait que, sur notre terre, chez nos lucioles, ce feu est le signal, l'aveu de l'amante qui se désigne, dit sa retraite et se trahit. A-t-il ce sens chez les méduses? On l'ignore. Ce qui est sûr, c'est qu'elles versent ensemble leur flamme et leur vie. La sève féconde, chez elles, la vertu de génération, y tient, et, à chaque éclair, échappe et va diminuant.

Si l'on veut le plaisir cruel de redoubler cette féerie, on les expose à la chaleur. Alors elles s'exaspèrent, rayonnent et deviennent si belles, si belles!... que la scène est finie. Flamme, amour et vie, tout a fui, tout s'est écoulé à la fois.

VII

LE PIQUEUR DE PIERRES

Lorsque l'excellent docteur Livingstone pénétra chez les pauvres peuplades de l'Afrique qui ont peine à se défendre des marchands d'esclaves et des lions, les femmes, le voyant armé de tous les arts protecteurs de l'Europe et l'invoquant avec raison comme une providence amie, lui disaient ce mot touchant : « Donne-nous le sommeil ! »

C'est le mot que tous les êtres vivants, chacun dans sa langue, adressent à la Nature. Tous désirent et rêvent la sécurité. On n'en peut douter quand on voit les efforts ingénieux qu'ils font pour se la donner. Ces efforts ont créé des arts. L'homme n'en invente pas un sans trouver que les animaux l'avaient inventé avant lui, inspirés de cet instinct si fixe et si fort du salut.

Ils souffrent, ils craignent, ils veulent vivre. Il faut se garder de croire que les êtres peu avancés, embryonnaires, soient peu sensibles. Le contraire est certain. En tout embryon, ce qui est ébauché d'abord, c'est le système nerveux, c'est-à-dire la capacité de sentir et de souffrir. La douleur est l'aiguillon par lequel la prévoyance est peu à peu stimulée, et l'être pressé, forcé de s'ingénier. Le plaisir y sert aussi, et vous le voyez déjà dans ceux qu'on croirait les plus froids. On a justement noté chez le limaçon le bonheur qu'il a, après des recherches pénibles d'amour, de rencontrer l'objet aimé. Tous deux d'une grâce émue, ondulant de leurs cous de cygne, s'adressent de vives caresses. Qui dit cela? le sévère, le très exact Blainville. (*Moll.*, p. 181.)

Mais, hélas! combien la douleur est largement prodiguée! Qui n'a vu avec tristesse les lents et pénibles efforts du mollusque sans coquille, qui traine sur le ventre? Choquante mais trop fidèle image du fœtus qu'un hasard cruel aurait arraché de la mère, jeté sur le sol sans défense et nu. La triste bête épaissit sa peau autant qu'elle peut, adoucit les aspérités et rend sa route glissante. N'importe. Elle doit subir un à un tous les obstacles, les chocs, les pointes de caillou. Elle est endurcie, résignée, je le veux bien. Et pourtant, à tel contact, elle se tord, elle se contracte, donne les signes d'une très vive sensibilité.

Avec tout cela, elle aime, la grande Ame d'harmonie, qui est l'unité du monde. Elle aime, et par l'alternative de plaisir et de douleur elle cultive tous les êtres et les oblige à monter.

Mais, pour monter, pour passer à un degré supérieur, il faut qu'ils aient épuisé tout ce que l'inférieur contient d'épreuves plus ou moins pénibles, de stimulants d'invention et d'art instinctif. Il faut même qu'ils aient exagéré leur genre, en aient rencontré l'excès, qui, par contraste, fait sentir le besoin d'un genre opposé. Le progrès se fait ainsi par une sorte d'oscillation entre les qualités contraires qui tour à tour se dégagent et s'incarnent dans la vie.

Traduisons ces choses divines en langage humain, familier, peu digne de leur grandeur, mais qui les fera comprendre :

La Nature, s'étant plu longtemps à faire et à défaire la méduse, à varier à l'infini ce thème gracieux de liberté naissante, un matin se frappa le front, se dit : « J'ai fait un coup de tête. Cela est charmant. Mais j'ai oublié d'assurer la vie de la pauvre créature. Elle ne pourra subsister que par l'infini du nombre, l'excès de sa fécondité. Il me faut maintenant un être plus prudent et mieux gardé. Qu'il soit craintif, s'il le faut. Mais surtout, je le veux, qu'il vive ! »

Ces craintifs, dès qu'ils apparurent, se jetèrent dans la prudence jusqu'aux limites dernières. Ils fuirent le jour, s'enfermèrent. Pour se sauver des contacts durs, secs, tranchants de la pierre, ils employèrent le moyen universel, celui de la mue. De leur mue gélatineuse ils sécrétèrent une enveloppe, un tube qui va s'allongeant autant que leur chemin s'allonge. Misérable expédient qui tient ces mineurs (les tarets) hors de la lumière et hors de l'air libre, qui leur cause une dépense énorme de substance. Chaque pas leur coûte infiniment, les frais d'une maison complète. Un être qui se ruine ainsi pour vivre ne peut que végéter pauvre, incapable de progrès.

La ressource n'est guère meilleure de s'ensevelir par moments, de se cacher dans le sable à la mer basse, en remontant quand le flux revient. C'est le manège que vous voyez chez les solen. Vie variable, incertaine, fugitive deux fois par jour, et de constante inquiétude.

Chez des êtres bien inférieurs, une chose obscure encore, qui devait changer le monde à la longue, avait commencé à poindre. Les simples étoiles de mer, dans leurs cinq rayons, avaient un certain soutien, quelque chose comme une charpente de pièces articulées, au dehors quelques épines, des suçoirs qui avancent, reculent à volonté. Un animal fort modeste, mais timide et sérieux, semble avoir fait son profit de cette ébauche grossière. Il dit, je pense, à la Nature :

« Je suis né sans ambition. Je ne demande pas les dons brillants de messieurs les mollusques. Je ne ferai nacre ni perle. Je ne veux pas de couleur brillante, un luxe qui me désignerait. Je désire encore bien moins la grâce de vos étourdies les méduses, le charme ondoyant de leurs cheveux enflammés qui attirent, les font attaquer et leur servent à faire naufrage. O mère ! je ne veux qu'une chose, *être*... être un, et sans appendices extérieurs et compromettants, — être ramassé, fort en moi, arrondi, car c'est la forme qui donnera le moins de prise, — l'être enfin centralisé.

« J'ai bien peu l'instinct des voyages. De la mer haute à la mer basse, rouler quelquefois, c'est assez. Collé strictement sur mon roc, je résoudrai là le problème que votre futur favori, l'homme, doit chercher en vain, le problème de la sûreté : *exclure strictement l'ennemi, tout en admettant l'ami*, surtout l'eau, l'air et la lumière. Il m'en coûtera, je le sais, du travail, un constant effort. Couvert d'épines mobiles, je me ferai éviter. Hérissé, seul comme un ours, on m'appellera *l'oursin*. »

Combien ce sage animal est supérieur aux polypes, engagés dans leur propre pierre qu'ils font de pure sécrétion, sans travail réel, mais qui aussi ne leur donne nulle sûreté ! Combien il paraît supérieur à ses supérieurs eux-mêmes, je veux dire à tant de mollusques qui ont des sens plus variés, mais n'ont pas la fixe unité de son ébauche vertébrale, ni son persévérant travail, ni les ingénieux outils que ce travail a suscités !

La merveille, c'est qu'il est à la fois lui, cette pauvre boule roulante qu'on croit une châtaigne épineuse ; *il est un, et il est multiple ; — il est fixe, et il est mobile*, fait de deux mille quatre cents pièces qui se démontent à volonté.

Voyons comment il se créa.

C'était dans une anse étroite de la mer de Bretagne. Il n'avait pas là un doux lit de polypes mous et d'algues comme les oursins de la mer des Indes, qui sont dispensés d'industrie. Il était devant le péril, la difficulté, comme l'Ulysse de l'*Odyssée*, qui, jeté, ramené par le flot, essaye de s'amarrer au roc avec ses ongles ensanglantés. Chaque flux et chaque reflux, c'était pour le petit Ulysse une grande tempête. Mais sa grande volonté, son puissant désir, lui fit si bien baiser la roche, que ce baiser constant créa une ventouse qui fit le vide et l'unit à la roche même.

Ce n'est pas tout : de ses épines qui grattaient, voulaient saisir, une se subdivisa et devint une triple pince, véritable ancre de salut, qui seconderait la ventouse si celle-ci s'appliquait mal à une surface peu polie.

Quand il eut pincé, aspiré puissamment sa roche, se sentit assis, il comprit de plus en plus qu'il avait tout à gagner si, de convexe qu'elle était, il pouvait la faire concave, y creuser à sa mesure un petit trou, se faire un nid. Car on n'est pas toujours jeune. On n'a pas les mêmes forces. Quelle douceur ne serait-ce, si un jour l'oursin émérite pouvait relâcher quelque chose de l'effort de cet ancrage qui continue jour et nuit!

Donc il creusa. C'est sa vie. Fait de pièces détachées, il agit par cinq épines qui, toujours poussant d'ensemble, se soudèrent et lui firent un pic admirable pour percer.

Ce pic de cinq dents du plus bel émail est porté par une charpente délicate, quoique très solide, formée de quarante pièces. Elles glissent dans une sorte de gaine, sortent, rentrent, ont un jeu parfait. Par cette élasticité, elles évitent les chocs violents. Bien plus, elles se réparent s'il survient des accidents.

C'est rarement dans la pierre, qu'il méprise, c'est dans le roc, le granit, qu'il sculpte, ce héros du travail. Plus ce roc est dur, résistant, mieux il s'y sent affermi. Que lui importe d'ailleurs? Le temps ne fait rien à l'affaire, et tous les siècles sont à lui. Qu'il meure demain, ayant usé sa vie et son instrument, un autre vient s'établir là, continue à la même place. Ils communiquent peu dans leur vie, ces solitaires; mais la fraternité existe pour eux par la mort, et le jeune survenant, qui trouve besogne demi-faite, en jouit, bénit la mémoire du bon travailleur qui la prépara.

Ne croyez pas qu'il s'agisse de frapper, et frapper toujours. Il a son art. Une fois qu'il a bien attaqué le ciment qui unit la roche, et bien déchaussé celle-ci, il mord les aspérités comme avec de petites tenailles, déracine le silex. Œuvre de grande patience, qui implique d'assez longs chômages pour que l'eau agisse aussi sur les places dénudées. On peut alors, de la première couche, aller à la seconde, et, par ces procédés lents et sûrs, en venir à bout.

Dans cette vie uniforme, il y a des crises pourtant, comme dans celle de l'ouvrier. La mer fuit de certains rivages. L'été, telle roche devient d'une insupportable chaleur. Il faut avoir deux maisons, une d'été, une d'hiver.

Grand événement qu'un déménagement pareil pour un être sans pieds, qui, de tous côtés, a des pointes. M. Caillaud l'a observé, admiré dans ces moments. Les baguettes faibles et mobiles, qui jouent, avancent et reculent, ne sont nullement insensibles, quoiqu'il les garantisse un peu en sécrétant tout autour un peu de molle gélatine qui sans doute fait matelas. Enfin, il le faut, il se lance, il s'affermit sur ses pointes, comme sur autant de béquilles, roule son tonneau de Diogène, et, comme il peut, atteint le port.

Là, renfermé de nouveau et dans sa coque hérissée, et dans le petit nid qu'il trouve presque toujours commencé, il se renfonce en lui-même, en sa jouissance solitaire de sécurité bienheureuse. Que mille ennemis rôdent au dehors, que la vague tonne et mugisse : tout cela c'est pour son plaisir. Que le roc tremble aux coups de mer : il sait bien qu'il n'a rien à craindre, que c'est sa bonne nourrice qui fait ce bruit. Il est bercé, il sommeille et lui dit : « Bonsoir ! ».

VIII

COQUILLES, NACRE, PERLE

L'oursin a posé la borne du génie défensif. Sa cuirasse, ou, si l'on veut, son fort de pièces mobiles, résistantes, cependant sensibles, rétractiles et réparables en cas d'accident; ce fort, appliqué et ancré invinciblement au rocher, bien plus le rocher creusé logeant le tout, de sorte que l'ennemi n'ait nul jour pour faire sauter la citadelle, — c'est un système complet qui ne sera pas surpassé. Nulle coquille n'est comparable, encore bien moins les ouvrages de l'industrie humaine.

L'oursin est la fin des êtres circulaires et rayonnés. En lui ils ont leur triomphe, leur plus haut développement. Le cercle a peu de variantes. Il est la forme absolue. Dans le globe de l'oursin, si simple, si compliqué, il atteint une perfection qui finit le premier monde.

La beauté du monde qui vient sera l'harmonie des formes doubles, leur équilibre, la grâce de leur oscillation. Des mollusques jusqu'à l'homme, tout être est fait désormais de deux moitiés associées. En chaque animal se trouve (mieux que l'unité) l'*union*.

Le chef-d'œuvre de l'oursin avait dépassé le but même; ce miracle de la défense avait fait un prisonnier; il s'était non seulement enfermé, mais enseveli, s'était creusé une tombe. Sa perfection d'isolement l'avait séquestré, mis à part, privé de toute relation qui fait le progrès.

Pour que le progrès reprenne par une ascension régulière, il faut descendre très bas, à l'embryon élémentaire, qui d'abord n'aura de mouvement que celui des éléments. Le nouvel être est le serf de la planète; à ce point que, dans son œuf, il tourne comme la terre, décrivant sa double roue, sa rotation sur elle-même et sa rotation générale.

Même émancipé de l'œuf, grandissant, devenant adulte, il restera embryon; c'est son nom, *mou* ou *mollusque*. Il représentera dans une vague ébauche le progrès des vies supérieures. Il en sera le fœtus, la larve ou nymphe, comme celle de l'insecte, en qui, repliés et cachés, se trouvent pourtant les organes de l'être ailé qui doit venir.

J'ai peur pour un être si faible. Le polype, non moins mou, risquait moins. Une vie égale étant dans toutes ses parties, la blessure, la mutilation, ne le tuaient pas; il vivait, semblait même oublier la partie détruite. Le mollusque centralisé est bien autrement vulnérable. Quelle porte est ouverte à la mort!

Le mouvement incertain que possédait la méduse et qui parfois au hasard pouvait encore la sauver, le mollusque l'a bien peu, au moins dans les commencements. Tout ce qui lui est accordé, c'est de pouvoir, de sa mue, de la gelée qu'il exsude, se créer deux murs qui remplacent et la cuirasse de l'oursin, et le roc où il s'appliquait. Le mollusque a l'avantage de tirer de soi sa défense. Deux valves forment une maison. Maison légère et fragile ; ceux qui flottent l'ont transparente. A ceux qui veulent s'attacher, le mucus filant, collant, procure un câble d'ancrage qu'on appelle leur byssus. Il se forme précisément, comme la soie, d'un élément d'abord tout gélatineux. La gigantesque tridacne (le bénitier des églises) tient si ferme par ce câble, que les madrépores s'y trompent. Ils la prennent pour une île, bâtissent dessus, l'enveloppent, finissent par l'étouffer.

Vie passive, vie immobile. Elle n'a d'autre événement que la visite périodique du soleil et de la lumière, d'autre action que d'absorber ce qui vient et de sécréter la gelée qui fit la maison, et peu à peu fera le reste. L'attraction de la lumière toujours dans le même sens centralise la vue. Voilà l'œil. La sécrétion, fixée dans un effort toujours le même, fait un appendice, un organe qui tout l'heure était le câble, et qui plus tard devient le pied, masse informe, inarticulée, qui peut se prêter à tout. C'est la nageoire de ceux qui flottent, le poinçon de ceux qui se cachent et veulent enfoncer dans le sable, enfin le pied des rampants, un pied peu à peu contractile, qui leur permet de se traîner. Quelques-uns se hasarderont à le bander comme un arc pour sauter maladroitement.

Pauvre troupeau, bien exposé, poursuivi de toutes tribus, heurté par la vague et froissé des rocs. Ceux qui ne réussissent pas à se bâtir une maison cherchent pour leur tente fragile un lit vivant. Ils demandent abri aux polypes, se perdent dans la mollesse des alcyons flottants. L'Avicule qui donne la perle cherche un peu de tranquillité dans la coupe des éponges. La Pinne cassante n'ose habiter que l'herbe vaseuse. La Pholade niche dans la pierre, recommence les arts de l'oursin, mais dans quelle infériorité ! au lieu du ciseau admirable qui peut faire l'envie des tailleurs de pierre, elle n'a qu'une petite râpe, et pour creuser un abri à sa coquille fragile, elle use cette coquille même.

Sauf très peu d'exceptions, le mollusque est l'être craintif qui se sait la pâture de tous. Le Cône sent si bien qu'on le guette, qu'il n'ose sortir de chez lui, et y meurt de peur de mourir. La Volute, la Porcelaine traînent lentement leurs jolies maisons, et les cachent autant qu'elles peuvent. Le Casque, pour mouvoir son palais, n'a qu'un petit pied de Chinoise. Il renonce presque à marcher.

Telle vie et telle habitation. Dans nul autre genre, plus d'identité entre l'habitant et le nid. Ici, tiré de sa substance, l'édifice est la continuation de son manteau de chair. Il en suit les formes et les teintes. L'architecte, sous l'édifice, en est lui-même la pierre vive.

Art fort simple pour les sédentaires. L'huître inerte, que la mer viendra nourrir, ne veut qu'une bonne boîte à charnière, qu'on puisse entre-bâiller un peu quand l'ermite prendra son repas, mais qu'il referme brusquement s'il craint d'être lui-même le repas de quelque voisin avide.

La chose est plus compliquée pour le mollusque voyageur, qui se dit : « Je possède un pied, un organe pour marcher; donc je dois marcher. » La chère maison, il ne peut, à volonté, la quitter et la reprendre. En marche, elle lui est nécessaire; c'est alors qu'on l'attaquera. Il faut qu'elle abrite du moins le plus délicat de son être, l'arbre par lequel il respire et celui qui puise la vie par ses petites racines, le nourrit et le répare. La tête est bien moins importante; plusieurs la perdent impunément; mais, si les viscères n'étaient toujours sous le bouclier, s'ils étaient blessés, il mourrait.

Ainsi prudent, cuirassé, il cherche sa petite vie. Sa journée faite, la nuit sera-t-il en sécurité dans un logis tout ouvert? Les indiscrets n'iront-ils pas y mettre un regard curieux? qui sait, peut-être la dent!... L'ermite y songe, il y emploie tout ce qu'il a d'industrie; mais nul instrument que le pied, qui lui sert à toutes choses. De ce pied, qui voudrait fermer, se développe à la longue un appendice résistant qui tient lieu de porte. Il le met à l'ouverture, et le voilà fermé chez lui.

La difficulté toutefois permanente, la contradiction qui reste encore dans sa nature, c'est qu'il faut qu'il soit garanti, mais en même temps en rapport avec le monde extérieur. Il ne peut, comme l'oursin, s'isoler. Ses éducateurs, l'air, la lumière, peuvent seuls affermir ce corps si mou, l'aider à se faire des organes. Il faut qu'il acquière des sens, l'ouïe, l'odorat, guides de l'aveugle. Il faut qu'il acquière la vue. Il faut surtout qu'il respire.

Grande fonction si impérieuse! nul n'y songe quand elle est facile. Mais, si elle s'arrête un moment, quel trouble terrible! Que notre poumon s'engorge, que le larynx seulement s'embarrasse pour une nuit, l'agitation, l'anxiété sont extrêmes; on n'y tient pas; souvent même, à grand péril, on ouvre toutes les fenêtres. On sait que, chez les asthmatiques, cette torture va si loin, que, ne pouvant se servir de l'organe naturel, ils se créent un moyen supplémentaire de respirer. — De l'air! de l'air! ou bien mourir!

La nature ainsi pressée est terriblement inventive. Il ne faut pas s'étonner si ces pauvres enfermés, étouffant sous leur maison, ont trouvé mille appareils, mille genres de soupapes qui les soulagent un peu. Tel respire par des lamelles qui se rangent autour du pied, tel par une sorte de peigne, tel par un disque, un bouclier, d'autres par des fils allongés; quelques-uns ont sur le côté de jolis panaches, ou sur le dos un mignon petit arbre qui tremble, va, vient, respire.

Ces organes si sensibles, qui craignent tant d'être blessés, affectent des formes charmantes; on dirait qu'ils veulent plaire, attendrir, qu'ils demandent grâce. Leur innocente comédie joue toute la nature, prend toute forme et toute couleur. Ces petits enfants de la mer, les mollusques, en grâce enfantine d'illusion, en riches nuances, lui font sa fête éternelle, sa parure. Tant soit-elle austère, elle est forcée de sourire.

Avec cela, la vie craintive est toute pleine de mélancolie. On ne peut s'empêcher de croire qu'elle ne souffre, la belle des belles, la fée des mers, l'Haliotide, de sa sévère réclusion. Elle a le pied, peut se traîner, mais ne l'ose. « Qui t'en empêche? — J'ai peur... le crabe me guette; que j'entr'ouvre, il est chez moi. Un monde de poissons voraces flotte au-dessus de ma tête. L'homme, mon cruel admirateur, me punit de ma beauté; poursuivie aux mers des Indes, jusque dans les eaux du pôle, maintenant en Californie, on me charge par vaisseaux. »

L'infortunée, n'osant sortir, a trouvé un moyen subtil de faire arriver l'air et l'eau. A sa maison elle fait de minimes fenêtres qui vont à ses petits poumons. La faim cependant l'oblige de se hasarder. Vers le soir, elle rampe un peu alentour et paît quelques plantes, son unique nourriture.

Remarquons ici en passant que ces merveilleuses coquilles, non seulement l'Haliotide, mais la Veuve (blanche et noire), mais Bouche-d'Or (à nacre dorée), sont de pauvres herbivores, de la plus sobre nourriture. — Vivante réfutation de ceux qui croient aujourd'hui la beauté fille de la mort, du sang, du meurtre, d'une brutale accumulation de substance.

Il ne faut à celles-ci presque rien pour vivre. Leur aliment, c'est surtout la lumière qu'elles boivent, dont elles se pénètrent, dont elles colorent et irisent leur appartement intérieur. C'est aussi l'amour solitaire qu'elles cachent en cette retraite. Chacune est double; en une seule se trouvent l'amant et l'amante. Comme les palais de l'Orient ne montrent au dehors que de tristes murs et dissimulent leurs merveilles, ici le dehors est rude et l'intérieur éblouit. L'hymen s'y fait aux lueurs d'une petite mer de nacre, qui, multipliant ses miroirs, donne à la maison, même close, l'enchantement d'un crépuscule féerique et mystérieux.

C'est une grande consolation d'avoir, sinon le soleil, au moins une lune à soi, un paradis de douces nuances, qui, changeant toujours sans danger, donne à cette vie immobile ce peu de variété dont tout être a le besoin.

Les enfants qui travaillent aux mines demandent aux visiteurs, non des vivres, non de l'argent, mais « de quoi faire de la lumière. » Il en est de même de ces enfants-ci, nos Haliotides. Chaque jour, quoique aveugles, elles sentent la lumière revenir, s'ouvrent à elles avidement, la reçoivent, la contemplent de tout leur corps transparent. Disparue, elles la conservent en elles-mêmes, elles la couvent de leur amoureuse pensée. Elles l'attendent, elles l'espèrent; elles se font leur petite âme de cet espoir, de ce désir. Qui doutera qu'à son retour elles n'aient bien autant que nous le ravissement du réveil? plus que nous, distraits par la vie, si multiple et si variée?

Pour elles, l'éternité se passe à sentir et deviner, à rêver et à regretter le grand amant, le Soleil. Sans le voir à notre manière, elles perçoivent certainement que cette chaleur, cette gloire lumineuse, leur vient du dehors, d'un grand centre puissant et doux. Elles aiment cet autre Moi, ce grand Moi qui les caresse, les illumine de joie, les inonde de vie. Si elles pouvaient, sans doute, elles iraient au-devant de ses rayons. Du moins, attachées à leur seuil, comme le brahme méditant aux portes de la pagode, elles lui offrent silencieusement... quoi? la félicité qu'il donne, et ce doux mouvement vers lui. — Fleur première du culte instinctif. C'est déjà aimer et prier, dire le petit mot qu'un saint préférait à toute prière, le : *Oh!* dont le ciel se contente. Quand l'Indien le dit à l'aurore, il sait que ce monde innocent : nacre, perle, humbles coquilles, s'unit à lui du fond des mers.

Je comprends très bien ce que sent, en présence de la perle, le cœur ignorant et charmant de la femme qui rêve, est émue, sans savoir pourquoi. Cette perle n'est pas une personne, mais ce n'est pas une chose. Il y a là une destinée.

Quelle adorable blancheur! non, c'est candeur que je veux dire; — virginale? non; c'est bien mieux; les vierges et les petites filles ont toujours, tant douces soient-elles, un peu de jeune verdeur. La candeur de celle-ci serait plutôt celle de l'innocente épouse, si pure, mais soumise à l'amour.

Nulle ambition de briller. Elle adoucit, presque éteint ses lueurs. On n'y voit d'abord qu'un blanc mat. Ce n'est qu'au second regard qu'on commence à découvrir son iris mystérieuse, et, comme on dit, *son orient*.

Où vécut-elle? Demandez au profond Océan. De quoi? demandez au soleil. Elle a vécu de lumière et d'amour de la lumière, comme eût fait un pur esprit.

Grand mystère!... Mais elle-même, elle le fait assez comprendre. On sent que cet être si doux a vécu longtemps immobile, résigné, dans la quiétude qui fait « attendre en attendant », ne veut rien faire et rien vouloir que ce que voudra l'être aimé.

L'enfant de la mer avait mis son beau rêve dans sa

coquille, et celle-ci dans sa nacre, et cette nacre dans sa perle, qui n'est qu'elle-même concentrée.

Mais cette dernière n'arrive, dit-on, que par une blessure, une permanente souffrance, une douleur quasi-éternelle, qui attire, absorbe tout l'être, anéantit sa vie vulgaire en cette divine poésie.

J'ai ouï dire que les grandes dames de l'Orient et du Nord, tout autrement délicates que les lourdes enrichies, évitaient les feux du diamant, et n'accordaient de toucher leur fine peau qu'à la douce perle.

En réalité, l'éclair du diamant fait tort à l'éclair de l'amour. Un collier, deux bracelets de perles, c'est l'harmonie d'une femme[1], l'ornement vraiment féminin, qui, au lieu d'amuser, émeut, attendrit l'attendrissement. Cela dit : « Aimons! Point de bruit! »

La perle paraît amoureuse de la femme, elle de la perle. Ces dames du Nord, dès qu'elles les ont une fois mises, ne les quittent plus. Elles les portent jour et nuit, les cachent sous les vêtements. Dans de rares occasions, à travers les riches fourrures, toujours doublées de satin blanc, on aperçoit l'heureux bijou, l'inséparable collier.

C'est comme la tunique de soie que l'odalisque porte en dessous, qu'elle aime tant. Elle ne quitte cette favorite qu'elle ne soit usée, déchirée et sans remède hors de combat, sachant que c'est un talisman, l'infaillible aiguillon d'amour.

---

1. Voir la note à la fin du volume.

Il en est ainsi de la perle. Comme la soie, elle s'imprègne du plus intime et boit la vie. Une force inconnue y passe, une vertu de celle qu'on aime. Quand elle a dormi tant de nuits sur son sein, dans sa chaleur, quand elle s'est ambrée de sa peau et a pris ces teintes blondes qui font délirer le cœur, le bijou n'est plus un bijou, c'est une partie de la personne que ne doit plus voir l'œil indifférent. Un seul a droit de le connaître, et, sur ce collier, de surprendre le mystère de la femme aimée.

IX

L'ÉCUMEUR DE MER (POULPE, ETC.)

Les méduses et les mollusques ont été généralement d'innocentes créatures, on pourrait dire des enfants, et j'ai vécu avec eux dans un monde aimable de paix. Peu de carnassiers jusqu'ici. Ceux mêmes qui étaient forcés de vivre ainsi ne détruisaient que pour le besoin, et encore vivaient la plupart aux dépens de la vie commencée à peine, d'atomes, de gelée animale, qui n'est pas même organisée. Donc, la douleur était absente. Nulle cruauté et nulle colère. Leurs petites âmes, si douces, n'en avaient pas moins un rayon, l'aspiration vers la lumière, et vers celle qui nous vient du ciel, et vers celle de l'amour, révélé en changeante flamme, qui, la nuit, fait la joie des mers.

Maintenant, il me faut entrer dans un monde bien autrement sombre : la guerre, le meurtre. Je suis obligé d'avouer que, dès le commencement, dès l'apparition de la vie, apparut la mort violente, épuration rapide, utile purification, mais cruelle, de tout ce qui languissait, traînait ou aurait langui, de la création lente et faible dont la fécondité eût encombré le globe.

Dans les terrains les plus anciens, on trouve deux bêtes meurtrières, le *Mangeur* et le *Suceur*. Le premier nous est révélé par l'empreinte du Trilobite, espèce aujourd'hui perdue, destructeur éteint des êtres éteints. Le second subsiste en un reste effrayant, un bec presque de deux pieds qui fut celui du grand suceur, seiche ou poulpe. (Dujardin.) D'après un tel bec, ce monstre, s'il lui était proportionné, aurait eu un corps énorme, des bras-suçoirs épouvantables de vingt ou trente pieds peut-être, comme une prodigieuse araignée.

Chose tragique : ces êtres de mort sont les premiers que l'on trouve au fond de la terre. Est-ce donc à dire que la mort ait pu précéder la vie ? Non, mais les animaux mous qui alimentèrent ceux-ci ont fondu, n'ont pas laissé trace ni même empreinte d'eux-mêmes.

Les mangeurs et les mangés étaient-ils deux nations de différente origine ? Le contraire est plus probable. Du mollusque, forme indécise, matière encore propre à tout, la force surabondante du jeune monde, sa riche pléthore, prodiguant l'alimentation, dut de bonne heure dégager deux formes, contraires d'apparence, qui allaient au même but. Elle enfla, souffla, sans mesure, le mollusque en un ballon, une vessie absorbante, qui, de plus en plus gonflée et d'autant plus affamée, — mais d'abord sans dents, — suça. D'autre part, la même force, développant le mollusque en membres articulés dont chacun se fit sa coquille, durissant cet être encroûté, le durcit surtout aux pinces, aux mandibules pour mordre, broyer les choses les plus dures.

Parlons seulement d'abord du premier dans ce chapitre.

Le suceur du monde mou, gélatineux, l'est lui-même. En faisant la guerre aux mollusques, il reste mollusque aussi, c'est-à-dire toujours embryon. Il offre l'aspect étrange, ridicule, caricatural, s'il n'était terrible, de l'embryon allant en guerre, d'un fœtus cruel, furieux, mou, transparent, mais tendu, soufflant d'un souffle meurtrier. Car ce n'est pas pour se nourrir uniquement qu'il guerroie. Il a besoin de détruire. Même rassasié, crevant, il détruit encore. Manquant d'armure défensive, sous son ronflement menaçant, il n'en est pas moins inquiet; sa sûreté, c'est d'attaquer. Il regarde toute créature comme un ennemi possible. Il lui lance à tout hasard ses longs bras, ou plutôt ses fouets armés de ventouses. Il lui lance, avant tout combat, ses effluves paralysantes, engourdissantes, un magnétisme qui dispense du combat.

Double force. A la puissance mécanique de ses bras-ventouses qui enlacent, immobilisent, ajoutez la force magique de cette foudre mystérieuse; ajoutez l'ouïe très fine, l'œil perçant. Vous êtes effrayés.

Qu'était-ce donc, quand la richesse débordante du premier monde, où ils n'avaient point à chercher, plongés qu'ils étaient toujours dans une mer vivante d'alimentation, les gonflait indéfiniment, ces monstres d'élastique enveloppe qui prêtait à volonté? Ils ont décru. Cependant Rang atteste qu'il en a vu un de la grosseur d'un tonneau. Péron, dans la mer du Sud, en a rencontré un autre, non moins gros. Il roulait, ronflait, dans la vague, avec grand bruit. Ses bras de six ou sept pieds, se déroulant en tous sens, simulaient une furieuse pantomime d'horribles serpents.

D'après ces récits sérieux, on n'aurait pas dû, ce semble, repousser avec risée celui de Denis de Monfort, qui atteste avoir vu un énorme poulpe frapper de ses fouets électriques, enlacer, étouffer un dogue, malgré ses morsures, ses efforts, ses hurlements de douleur.

Le poulpe, cette machine terrible, peut, comme la machine à vapeur, se charger, surcharger de force, et alors prendre une puissance incalculable d'élasticité, un élan jusqu'à sauter de la mer sur un vaisseau. (D'Orbigny, article *Céphal.*) Ceci explique la merveille qui fit accuser de mensonge les anciens navigateurs. Ils avaient eu, disaient-ils, la rencontre d'un poulpe géant qui, sautant sur le tillac, embrassant de ses prodigieux bras les mâts, les cordages, eût pris le vaisseau, dévoré les hommes, si l'on n'eût à coups de hache tranché ses bras. Mutilé, il retomba dans la mer.

Quelques-uns avaient cru lui voir des bras de soixante pieds. D'autres soutenaient avoir vu dans les mers du Nord une île mouvante d'une demi-lieue de tour, qui aurait été un poulpe, l'épouvantable kraken, le monstre des monstres, capable de lier et d'absorber une baleine de cent pieds de long.

Ces monstres, s'ils ont existé, eussent mis en danger la nature. Ils auraient sucé le globe. Mais, d'une part, les oiseaux géants (peut-être l'épiornis) purent leur faire la guerre. D'autre part, la terre, mieux réglée, dut affaiblir, dégonfler l'affreuse chimère en réduisant la gent mangeable, diminuant l'alimentation.

Grâce à Dieu, nos poulpes actuels sont un peu moins redoutables. Leurs espèces élégantes, l'argonaute, gracieux nageur dans son onduleuse coquille, le calmar, bon navigateur, la jolie seiche aux yeux d'azur, se promènent sur l'Océan, n'attaquent que de petits êtres.

En eux apparaît une idée, une ombre du futur appareil vertébral (l'os de seiche qu'on donne aux oiseaux). Ils brillent de toutes couleurs. Leur peau en change à chaque instant. On pourrait les appeler les caméléons de la mer. La seiche a le parfum exquis, l'ambre gris, qu'on ne trouve dans la baleine que comme résidu des seiches en nombre infini qu'elle absorbe. Les marsouins en font aussi une immense destruction. Les seiches, qui sont sociables et vont par troupeaux, au mois de mai, viennent toutes au rivage pour y déposer des grappes qui sont leurs œufs. Les marsouins les attendent là et en font des banquets splendides. Ces seigneurs sont si délicats, qu'ils ne mangent que la tête, les huit bras, morceau fort tendre et de facile digestion. Ils rejettent le plus dur, l'arrière-corps. Toute la plage (exemple, à Royan est couverte de milliers de ces misérables seiches ainsi mutilées. Les marsouins en font la fête avec des bonds inouïs, d'abord pour les effrayer, ensuite pour leur donner la chasse ; enfin, après le repas, ils se livrent aux exercices salutaires de la gymnastique.

La seiche, avec l'air bizarre que le bec lui donne, n'en excite pas moins l'intérêt. Toutes les nuances de l'iris la plus variée se succèdent et se fondent sur sa peau transparente selon le jeu de la lumière, le mouvement de la respiration. Mourante, elle vous regarde encore de son œil d'azur et trahit les dernières émotions de la vie par des lueurs fugitives qui montent du fond à la surface, apparaissent par moments pour disparaître aussitôt.

La décadence générale de cette classe, si énormément importante aux premiers âges, est moins frappante dans les navigateurs (seiches, etc.), mais visible chez le poulpe proprement dit, triste habitant de nos rivages. Il n'a pas, pour naviguer, la fermeté de la seiche, bâtie sur un os intérieur. Il n'a pas, comme l'argonaute, un extérieur résistant, une coquille qui garantit les organes les plus vulnérables. Il n'a pas l'espèce de voile qui seconde la navigation et dispense de ramer. Il barbote un peu sur la rive, où, tout au plus, on pourrait le comparer au caboteur qui serre la côte. Son infériorité lui donne des habitudes de ruse perfide, d'embuscade, de craintive audace, si on ose dire. Il se dissimule, se tient coi aux fentes des rochers. La proie passe, il lui allonge prestement son coup de fouet. Les faibles sont engourdis, les forts se dégagent. L'homme ainsi frappé en nageant ne peut se troubler dans sa lutte avec un si misérable ennemi. Il doit, malgré son dégoût, l'empoigner, et, chose aisée, le retourner comme un gant. Il s'affaisse alors et retombe.

On est choqué, irrité, d'avoir eu un moment de peur, au moins de saisissement. Il faut dire à ce guerrier qui vient soufflant, ronflant, jurant : « Faux brave, tu n'as rien au dedans. Tu es un masque plus qu'un être. Sans base, sans fixité, de la personnalité tu n'as que l'orgueil encore. Tu ronfles, machine à vapeur, tu ronfles, et tu n'es qu'une poche, — puis, retourné, une peau flasque et molle, vessie piquée, ballon crevé, et demain un je ne sais quoi sans nom, une eau de mer évanouie. »

X

CRUSTACÉS. — LA GUERRE ET L'INTRIGUE

Si l'on visite d'abord notre riche collection des armures du moyen âge, et qu'après avoir contemplé ces pesantes masses de fer dont s'affublaient nos chevaliers, on aille immédiatement au Musée d'histoire naturelle voir les armures des crustacés, on a pitié des arts de l'homme. Les premières sont un carnaval de déguisements ridicules, encombrants et assommants, bons pour étouffer les guerriers et les rendre inoffensifs. Les autres, surtout les armes des terribles décapodes, sont tellement effrayantes, que, si elles étaient grossies seulement à la taille de l'homme, personne n'en soutiendrait la vue; les plus braves en seraient troublés, magnétisés de terreur.

Ils sont là, tous en arrêt, dans leurs allures de combat, sous ce redoutable arsenal, offensif et défensif, qu'ils portaient si légèrement, fortes pinces, lances acérées, mandibules à trancher le fer, cuirasses hérissées de dards qui n'ont qu'à vous embrasser pour vous poignarder mille fois. On rend grâce à la nature qui les fit de cette grosseur. Car qui aurait pu les combattre? Nulle arme à feu n'y eût mordu. L'éléphant se fût caché; le tigre eût monté aux arbres; la peau du rhinocéros ne l'eût pas mis en sûreté.

On sent que l'agent intérieur, le moteur de cette machine, centralisé dans sa forme (presque toujours circulaire), eut par cela seul une force énorme. La svelte élégance de l'homme, sa forme longitudinale, divisée en trois parties, avec quatre grands appendices, divergents, éloignés du centre, en font, quoi qu'on dise, un être très faible. Dans ces armures de chevaliers, les grands bras télégraphiques, les lourdes jambes pendantes, donnent la triste impression d'un être décentralisé, impuissant et chancelant, qu'un choc léger couchait par terre. Au contraire, chez le crustacé, les appendices tiennent de si près et si bien à la masse ronde, courte, ramassée, que le moindre coup qu'il donna fut donné par toute la masse. Quand l'animal pinça, piqua, trancha, ce fut de tout son être, qui, même au bout de son arme, avait sa complète énergie.

Il a deux cerveaux (tête et tronc); mais, pour se serrer, obtenir cette terrible centralisation, l'animal a pris un parti, c'est de n'avoir pas de cou, d'avoir sa tête dans son ventre. Merveilleuse simplification. Cette tête unit les yeux, les palpes, les pinces et les mâchoires. Dès que l'œil perçant a vu, les palpes tâtent, les pinces serrent, les mâchoires brisent, et derrière elles, sans intermédiaire, l'estomac, qui lui-même a une machine pour broyer, triture et dissout. En un moment tout est fini, la proie disparue, digérée.

Tout est supérieur en cet être : Les yeux voient devant et derrière. Convexes, extérieurs, à facettes, ils sont à même d'embrasser une grande partie de l'horizon.

Les palpes ou antennes, organes d'essai, d'avertissement, de triple expérimentation, ont le tact au bout, à la base l'ouïe, l'odorat. Avantage immense que nous n'avons pas. Que serait-ce si la main humaine flairait, entendait? Combien notre observation serait rapide et d'ensemble ! Dispersée entre trois sens qui travaillent séparément, l'impression par cela seul est souvent inexacte, ou s'évanouit.

Des dix pieds (du décapode), six sont des mains, des tenailles, et, de plus, par l'extrémité, ce sont des organes de respiration. Le guerrier se tire ici par un expédient révolutionnaire du problème qui a tant embarrassé le pauvre mollusque : « Respirer, malgré la coquille. » Il a répondu à cela : « Je respirerai par le le pied, la main. Cet endroit faible où je pourrais donner prise, je le mets dans l'arme de guerre. Et qu'on vienne l'attaquer là ! »

Leurs seuls ennemis redoutables sont la tempête et le rocher. Peu voyagent en haute mer, peu au fond. Ils sont presque tous au rivage à guetter des proies. Souvent, pendant qu'ils sont là à attendre que l'huître bâille pour en faire leur déjeuner, la mer grossit, les prend, les roule. Leur armure fait leur péril. Dure, sans élasticité, elle reçoit tous les chocs à sec, rudement et de manière cassante. Leurs pointes aux pointes du roc s'écachent, éclatent, se brisent. Ils ne s'en tirent que mutilés. Heureusement, comme l'oursin, ils peuvent se réparer, substituer au membre brisé un membre supplémentaire. Ils comptent tellement là-dessus que, pris, eux-mêmes ils se cassent un membre pour se délivrer.

Il semble que la nature favorise spécialement des serviteurs si utiles. Contre son infini fécond, elle a dans les crustacés un infini d'absorption. Ils sont partout, sur toutes plages, aussi diversifiés que la mer. Ses vautours, goélands, mouettes, partagent avec les crustacés la fonction essentielle d'agents de la salubrité. Qu'un gros animal échoue, à l'instant l'oiseau dessus, le crabe dessous et dedans, travaillent à le faire disparaître.

Le crabe minime et sauteur qu'on prendrait pour un insecte (le talitre), occupe les plages sablonneuses habite dessous. Qu'un naufrage jette en quantité les méduses ou autres corps, vous voyez le sable onduler, se mouvoir, puis se couvrir des nuées de ces croquemorts danseurs, qui, fourmillants, sautillants, approprient gaiement la plage, s'efforçant de balayer tout entre deux marées.

Grands, robustes, pleins de ruse, les crabes ou cancres sont un peuple de combat. Ils ont si bien l'instinct de la guerre, qu'ils savent employer jusqu'au bruit pour effrayer leurs ennemis. En attitude menaçante, ils vont au combat les tenailles hautes et faisant claquer leurs pinces. Avec cela, circonspects devant une force supérieure. Au moment de la basse mer, du haut du roc, je les voyais. Mais, quoique je fusse bien haut, dès qu'ils se sentaient regardés, l'assemblée battait en retraite; les guerriers, courant de travers, comme ils font, en un moment, rentraient chacun sous sa guérite. Ce ne sont pas des Achille, mais plutôt des Annibal. Dès qu'ils se sentent forts, ils attaquent. Ils mangent les vivants et les morts. L'homme blessé a tout à craindre. On conte qu'en une île déserte ils mangèrent plusieurs des marins de Drake, assaillis, accablés de leurs grouillantes légions.

Nul être vivant ne peut les combattre à armes égales. Le poulpe géant qui étouffe le plus petit crustacé y risque ses tentacules. Le poisson le plus glouton hésite pour avaler un être si épineux.

Dès que le crustacé grossit, il est le tyran, l'effroi des deux éléments. Son inattaquable armure est en état d'attaquer tout. Il multiplierait à l'excès, romprait la balance des êtres, s'il n'avait dans cette armure son entrave et son danger. Fixe et dure, ne prêtant pas aux variations de la vie, elle est pour lui une prison.

Pour s'ouvrir, à travers ce mur, la voie de la respiration, il a dû en placer la porte dans un membre casuel qu'il perd fréquemment, la patte. Pour faire place à la croissance, à l'extension progressive de ses organes intérieurs, il faut, chose si dangereuse! que la cuirasse, amollie par moments et flasque, ne soit qu'une peau. Elle n'admet un tel changement qu'en se dépouillant, se pelant, jetant une partie d'elle-même. Mue complète. Les yeux, les branchies qui leur tiennent lieu de poumons, la subissent, comme tout le reste.

C'est un spectacle de voir l'écrevisse se renverser, s'agiter, se tourmenter, pour s'arracher d'elle-même. L'opération est si violente, qu'elle y brise quelquefois ses pattes. Elle reste épuisée, faible, molle. En deux ou trois jours, le calcaire reparaît, cuirasse la peau. Le crabe n'en est pas quitte ainsi; il lui faut beaucoup de temps pour reprendre sa carapace. Et jusque-là tous les êtres, les plus faibles, en font curée. La justice et l'égalité reviennent ici terribles. Les victimes ont leur revanche. Le fort subit la loi des faibles, tombe à leur niveau, comme espèce, au grand balancement de la mort.

Si l'on ne mourait qu'une fois ici-bas, il y aurait moins de tristesse. Mais tout être qui a une vie doit mourir un peu tous les jours, c'est-à-dire muer, subir la petite mort partielle qui renouvelle et fait vivre. De là un état de faiblesse et aussi de mélancolie qu'on n'avoue pas facilement. Mais que faire? L'oiseau, qui change de plumage par saison, est triste. Plus triste la pauvre couleuvre à son grand changement de peau. La personne humaine aussi mue de peau et de tout tissu, par mois, par jour, par instants; elle perd un peu d'elle-même incessamment, doucement. Elle n'en est pas abattue, elle est seulement affaiblie, dans un moment vague et rêveur, où pâlit la flamme vitale pour revenir plus lucide.

Combien la chose est plus terrible chez l'être où tout doit changer à la fois, la charpente se disjoindre, l'inflexible enveloppe s'écarter, s'arracher. Il est accablé, assommé, défaillant, absent de lui-même, livré au premier venu.

Il est des crustacés d'eau douce qui doivent mourir ainsi vingt fois en deux mois. D'autres (des crustacés suceurs) succombent à cette fatigue, ne peuvent pas se refaire les mêmes, mais se déforment et perdent le mouvement. Ils donnent, pour ainsi dire, leur démission d'êtres chasseurs. Ils cherchent lâchement une vie paresseuse et parasitique, un honteux abri aux viscères des grands animaux, qui, malgré eux, les nourrissent, s'épuisent à leur profit, quêtent et travaillent pour eux.

L'insecte, dans sa chrysalide, paraît s'oublier, s'ignorer, rester étranger aux souffrances, on dirait plutôt jouir de cette mort relative, comme un nourrisson dans le berceau tiède. Mais le crustacé, dans la mue, se voit, se sait tel qu'il est; précipité tout à coup de la vie la plus énergique à une déplorable impuissance. Il semble effaré, éperdu. Tout ce qu'il sait faire, c'est de passer sous une pierre, d'attendre tremblant. N'ayant jamais rencontré d'ennemi sérieux ni d'obstacle, dispensé de toute industrie par la supériorité de ses armes terribles, au jour où elles lui manquent, il n'a nulle ressource. L'association pourrait le protéger peut-être si la mue ne venait pour tous, et si chacun à ce moment n'était également désarmé, hors d'état de protéger les malades, l'étant lui-même. On dit pourtant qu'en certaines espèces le mâle veut défendre sa femelle, la suit, et que, si on la prend, les époux sont pris tous les deux.

Cette terrible servitude de la mue, l'âpre recherche de l'homme (de plus en plus roi des rivages), enfin la disparition d'espèces antiques qui les nourrissaient richement, ont dû amener pour eux une certaine décadence. Le poulpe, qui n'est bon à rien, qu'on ne chasse ni ne mange, a bien déchu de taille et de nombre. Combien plus le crustacé, dont la chair est si excellente, et dont toute la nature a le goût et l'appétit.

Ils ont l'air de le savoir. Ceux d'entre eux qui sont les moins forts, imaginent, on ne peut dire des arts pour se protéger, mais de grossières petites fraudes. Ils s'ingénient et s'intriguent. Ce dernier mot est le vrai. Ils font l'effet d'intrigants, de gens déclassés, qui, sans métier avouable, vivent d'expédients, de ressources peu choisies. Factotums bâtards, ni chair ni poisson, ils s'arrangent un peu de tout, des morts, des mourants, des vivants, parfois d'animaux terrestres. L'Oxystome se fait un masque, une visière, et vole la nuit. Le Birgus, le soir venu, quitte la mer, va à la maraude, monte même sur les cocotiers, mange des fruits, ne trouvant mieux. Les Dromies se dissimulent en se faisant un habit de corps étrangers. Le Bernard-l'Ermite, qui ne peut pas achever de durcir sa carapace, imagine, pour garder mieux la partie qui reste molle, de se faire un faux mollusque. Il avise une coquille bien à sa taille, mange l'habitant, s'accommode du logis volé, si bien qu'il le porte avec lui. Le soir, dans ce déguisement, il va aux vivres; on l'entend, on le reconnaît, le pèlerin, au bruit de sa coquille, qu'il ne peut s'empêcher de faire en boitant et trébuchant.

D'autres enfin, plus honnêtes, découragés du mouvement et des combats de la mer, se laissent gagner à la terre, moins guerrière et moins agitée. L'hiver, et presque toujours, ils l'habitent, y font des terriers. Peut-être ils changeraient tout à fait et se constitueraient insectes, si la mer ne leur restait chère, comme leur patrie d'amour. De même qu'une fois par an les douze tribus d'Israël s'en allaient à Jérusalem pour la fête des Tabernacles, on voit sur certaines plages ces fidèles enfants de la mer qui s'en vont, en corps de peuple, lui présenter leurs hommages, lui confier leurs tendres œufs, à cette grande et bonne nourrice, et recommander leurs petits à celle qui berça leurs aïeux.

XI

LE POISSON

Le libre élément, la mer, doit tôt ou tard nous créer un être à sa ressemblance, un être éminemment libre, glissant, onduleux, fluide, qui coule à l'image du flot, mais en qui la mobilité merveilleuse vienne d'un miracle intérieur, plus grand encore, d'un organisme central, fin et fort, très élastique, tel que jusqu'ici nul être n'eut rien d'approchant.

Le mollusque rampant sur le ventre fut le pauvre serf de la glèbe. Le poulpe, avec son orgueil, son enflure, son ronflement, mauvais nageur et point marcheur, n'est guère moins le serf du hasard; sans sa puissance d'engourdir, il n'eût pas vécu. Le crustacé belliqueux, tour à tour si haut et si bas, la terreur, la risée de tous, subit les morts alternatives où il est l'esclave, la proie, le jouet même du plus faible.

Grandes et terribles servitudes : comment nous en dégager?

La liberté est dans la force. Dès l'origine, à tâtons,

la vie, en cherchant la force, semblait confusément rêver la future création d'un axe central qui ferait l'être un et décuplerait la vigueur du mouvement. Les rayonnés, les mollusques, en eurent des pressentiments, en ébauchèrent quelques essais. Mais ils étaient trop distraits par le problème accablant de la défense extérieure. L'enveloppe, toujours l'enveloppe, c'est ce qui préoccupait obstinément ces pauvres êtres. En ce genre, ils firent des chefs-d'œuvre : boule épineuse de l'oursin, conque tout à la fois ouverte et fermée de l'haliotide, enfin l'armure du crustacé à pièces articulées, perfection de la défense, et terriblement offensive! Quoi de plus? Qu'ajoutera-t-on? Rien, ce semble.

Rien? Non, tout. Qu'il vienne un être qui se fie au mouvement, un être de libre audace, qui méprise tous ces gens comme infirmes ou tardigrades, qui considère l'enveloppe comme chose subordonnée et concentre la force en soi.

Le crustacé s'entourait comme d'un squelette extérieur. Le poisson se le fait au centre, en son intime intérieur, sur l'axe où les nerfs, les muscles, tout organe viendra s'attacher.

Fantasque invention, ce semble, et au rebours du bon sens : placer le dur, le solide, précisément à l'endroit que garde si bien la chair! L'os, si utile au dehors, le mettre à la place profonde où sa dureté sert si peu!

Le crustacé dut en rire, quand il vit la première fois un être mou, gros, trapu (les poissons de la mer des Indes), qui, s'essayant, glissait, coulait, sans coquille, armure ni défense, n'ayant sa force qu'au dedans, protégé uniquement par sa fluidité gluante, par le mucus exubérant qui l'entoure et qui, peu à peu, se fixe en écailles élastiques. Molle cuirasse qui prête et plie, qui cède sans céder tout à fait.

C'était une révolution analogue à celle de Gustave-Adolphe quand il allégea son soldat des pesantes armures de fer, ne lui couvrant plus la poitrine que d'un justaucorps de chamois, d'une peau forte, légère et souple.

Révolution hardie, mais sage. Notre poisson n'étant plus, comme le crabe, captif d'une armure, est du même coup délivré de la condition cruelle à laquelle tenait cette armure, la *mue*, le danger, la faiblesse, l'effort, la déperdition énorme de force qui se fait en ce moment. Il mue peu et lentement, comme l'homme et les grands animaux. Il épargne, amasse la vie, se crée le trésor d'un puissant système nerveux, à nombreux fils télégraphiques qui vont sonner, retentir à l'épine et au cerveau. Que l'os soit absent ou très mou, que le poisson garde encore l'apparence embryonnaire, il n'en a pas moins sa grande harmonie par ce riche écheveau des filets nerveux.

Nous n'avons pas dans le poisson les faiblesses élégantes du reptile et de l'insecte, si sveltes qu'on peut, à telles places, couper comme un fil. Il est segmenté comme eux, mais ces segments sont dessous, bien cachés et bien gardés. Il s'en aide pour se contracter, sans s'exposer, comme ils font, à être aisément divisé.

Comme le crustacé, le poisson préfère la force à la beauté, et, pour cela, il supprime le cou. Tête et tronc, tout est d'une masse. Principe admirable de force, qui fait que pour couper l'eau, un élément si divisible, il frappe énormément fort, s'il veut, mille fois plus qu'il ne faut. Alors c'est un trait, une flèche, la rapidité de la foudre.

L'os intérieur, qui dans la seiche apparut unique et informe, ici est un grand système, *un, mais très multiple*, — un pour la force d'unité, — multiple pour l'élasticité, pour s'approprier aux muscles qui, contractés, dilatés tour à tour, font le mouvement. Merveille, véritable merveille que cette forme du poisson, si compacte (à voir du dehors) et si contractible au dedans, cette carène de fines côtes si flexibles (dans le hareng, dans l'alose, etc.), où s'attachent les muscles moteurs qui poussent d'un choc alternatif. Aussi il n'expose au dehors que des rames auxiliaires, courtes nageoires qui risquent peu, qui, fortes, piquantes et gluantes, blessent, éludent, échappent. Que tout cela est supérieur au poulpe ou à la méduse, qui présentait à tout venant de molles tentacules de chair, friand morceau pour l'appétit des crustacés ou des marsouins!

Au total, ce vrai fils de l'eau, mobile autant que sa mère, glisse à travers par son mucus, fend de sa tête, choque des muscles (contractés sur ses vertèbres, sur ses fines côtes onduleuses), enfin de ses fortes nageoires il coupe, il rame, il dirige.

La moindre de ces puissances suffirait. Il les unit toutes, — type absolu du mouvement.

L'oiseau même est moins mobile, en ce sens qu'il

a besoin de *poser*. Il est fixé pour la nuit. Le poisson jamais. Endormi, il flotte encore.

Mobile à ce point, il est en même temps au plus haut degré robuste et vivace. Partout où on voit de l'eau, on est sûr de le trouver; c'est l'être universel du globe. Aux plus hauts lacs des Cordillères et des montagnes d'Asie, où l'air est si raréfié, où nul être ne vit plus, là, dans une grande solitude, le poisson seul s'obstine à vivre. C'est le goujon, le poisson rouge, qui ont la gloire de voir ainsi toute la terre au-dessous d'eux. De même, aux grandes profondeurs, sous des pesanteurs effroyables, habitent les harengs, les morues. Forbes, qui divise la mer en une dizaine de couches ou étages superposés, les a trouvés tous habités, et au dernier, qu'on croit si sombre, il a trouvé un poisson muni d'admirables yeux, qui voit par conséquent et trouve assez de lumière dans ce qui nous semble la nuit.

Autre liberté du poisson. Nombre d'espèces (saumons, aloses, anguilles, esturgeons, etc.) supportent également l'eau douce et l'eau de mer, alternent et régulièrement vont de l'une à l'autre. Plusieurs familles de poissons ont des espèces marines et d'autres fluviatiles (exemples, les raies, les bars).

Toutefois, tel degré de chaleur, telle nourriture, telle habitude, semblent les fixer, les parquer dans cet élément si libre. Les mers chaudes sont comme un mur pour les espèces polaires, qui les trouvent infranchissables. D'autre part, ceux des mers chaudes sont arrêtés aux courants froids du cap de Bonne-Espérance. On ne connaît que deux ou trois espèces de poissons cosmopolites. Peu fréquentent la haute mer. La plupart sont littoraux et n'aiment que certains rivages. Ceux des États-Unis ne sont point ceux de l'Europe. Ajoutez des spécialités de goût qui ne les enchaînent pas absolument, mais les retiennent. La raie barbote sur la vase et les soles aux fonds sablonneux; les cottes rampent sur les hauts-fonds, la murène se plaît sur les roches et la perche sur les grèves, les balistes dans l'eau peu profonde sur un lit de madrépores. La scorpène tour à tour nage et vole; poursuivie par les poissons, elle s'élance, se soutient dans l'air, et si les oiseaux la chassent, elle plonge à l'instant dans les flots.

Le proverbe populaire : « Heureux comme un poisson dans l'eau », exprime une vérité. Dans les temps calmes, un ballon d'air, plus ou moins chargé et qui lui permet de se faire plus ou moins pesant, le fait naviguer à son aise, suspendu entre deux eaux. Il va, paisible, bercé, caressé du flot, dort, s'il veut, en route. Il est tout à la fois embrassé et isolé par la substance onctueuse qui rend sa peau, ses écailles glissantes et imperméables. Son milieu est peu variable, toujours à peu près le même, pas trop froid et pas trop chaud. Quelle terrible différence entre une vie si commode et celle qui nous est départie, à nous, habitants de la terre! Chaque pas que nous faisons nous fait rencontrer des aspérités, des obstacles. La rude terre nous met des pierres au passage, nous fatigue, nous épuise à monter, descendre, remonter ses pentes. L'air varie selon les saisons, et souvent très cruellement. L'eau, la froide pluie, pendant des nuits et des jours, tombe impitoyablement, nous pénètre, nous morfond, parfois gèle à nos cheveux et nous entoure frissonnants des pointes aiguës de ses cristaux.

La félicité du poisson, sa bienheureuse plénitude de vie, s'expriment sous les tropiques par le luxe de ses couleurs, et se traduit dans le nord par la vigueur du mouvement. Dans l'Océanie et la mer des Indes ils jouent, errent et vagabondent, sous les formes les plus bizarres, les plus fantastiques parures ; ils prennent leurs ébats joyeux entre les coraux, sur les fleurs vivantes. Nos poissons des mers froides et tempérées sont les grands voiliers, les rameurs puissants, les vrais navigateurs. Leurs formes allongées et sveltes en font des flèches de vitesse. Ils peuvent en remontrer à tout constructeur de vaisseaux; quelques-uns ont jusqu'à dix nageoires qui, à volonté rames et voiles, peuvent être tenues toutes ouvertes, ou bien en partie pliées. La queue, merveilleux gouvernail, est aussi la principale rame. Les meilleurs nageurs l'ont fourchue. C'est l'épine entière qui aboutit là et qui, contractant ses muscles, fait avancer le poisson.

La raie a deux nageoires immenses, deux grandes ailes pour battre les flots. Sa queue, longue, souple et déliée, est une arme pour frapper, un fouet pour fendre et diviser la densité de la lame. Mince et déplaçant si peu d'eau, filant dans un sens oblique, elle est par cela même aisément soulevée et n'a que faire de la vessie qui soutient les poissons épais. Ainsi tous ont des appareils appropriés à leur milieu. La sole est ovale, aplatie, pour se glisser dans le sable. L'anguille, pour se rouler aux vases, prend des formes serpentines et se fait un long ruban. Les lophies, qui doivent vivre souvent accrochées aux rochers, ont des nageoires-mains qui rappellent le poisson moins que la grenouille.

La vue est le sens de l'oiseau, l'odorat celui du poisson. Le faucon dans les nuages perce du regard l'espace profond, voit le gibier presque invisible. De même, des profondeurs de l'eau, à l'odeur d'une proie tentante, la raie est avertie, remonte. Dans ce monde demi-obscur, de lueurs douteuses et trompeuses, on se fie à l'odorat, parfois au toucher. Ceux qui, comme l'esturgeon, fouillent la vase, ont le tact exquis. Le requin, la raie, la morue (avec ses gros yeux écartés), voient mal, mais flairent et sentent. Chez la raie, l'odorat est si sensible qu'elle a un voile tout exprès pour le fermer par moments et en annuler la puissance, qui sans doute l'importunerait et la prendrait au cerveau.

A ce puissant moyen de chasse ajoutez des dents admirables, acérées, parfois en scie, multipliées chez quelques-uns en plusieurs rangées, au point de paver la bouche, le palais et le gosier. La langue même en est armée. Ces dents, fines, partant fragiles, en ont d'autres, derrière, toutes prêtes, si elles cassent, pour les remplacer.

Nous l'avons dit dès l'ouverture de ce second livre, il a fallu que la mer produisît ces êtres terribles, ces tout-puissants destructeurs, pour combattre, guérir elle-même l'étrange mal qui la travaille, l'excès de la fécondité. La Mort, chirurgien secourable, par une saignée persévérante, d'abondance immense, la soulage de cette pléthore dont elle eût été noyée. L'épouvantable torrent de génération qui s'y fait, le déluge du hareng, les milliards d'œufs de la morue, tant d'effrayantes machines à multiplier qui, décuplant, centuplant, combleraient les océans, étoufferaient la nature, elle s'en défend surtout par l'engouffrement rapide de la machine de mort, le nageur armé, le poisson.

Beau spectacle, grand, saisissant. Le combat universel de la Mort et de l'Amour ne semble rien sur la terre lorsqu'on oppose vis-à-vis ce qu'il est au fond de la mer. Là, d'inconcevable grandeur, il effraye par sa furie; mais en regardant de plus près on le voit très harmonique et d'un surprenant équilibre. Cette furie est nécessaire. Cet échange de la substance, si rapide (à éblouir!), cette prodigalité de la mort, c'est le salut.

Rien de triste; une joie sauvage semble régner dans tout cela. De cette vie de la mer, âprement mêlée des deux forces qui semblent se détruire l'une l'autre, ressort une santé merveilleuse, une pureté incomparable, une beauté terrible et sublime. Dans les morts et dans les vivants, elle triomphe également. Sans en faire grande différence, elle leur prête et leur reprend l'électricité, la lumière; elle en tire ce jeu d'étincelles et cet infini d'éclairs pâles qui, jusque sous la nuit du pôle, fait sa sinistre féerie.

La mélancolie de la mer n'est pas dans son insouciance à multiplier la mort. Elle est dans son impuissance de concilier le progrès avec l'excès du mouvement.

Elle est cent fois et mille fois plus riche que la terre,

plus rapidement féconde. Elle édifie même et bâtit. Les accroissements que prend la terre (on l'a vu par les coraux), elle les tient de la mer encore, car la mer n'est pas autre chose que le globe en son travail, en son plus actif enfantement. Elle a son obstacle unique dans cette rapidité. Son infériorité paraît à la difficulté qu'elle a (elle si riche de génération) pour organiser l'Amour.

On est triste quand on songe que les milliards et milliards des habitants de la mer n'ont que l'amour vague encore, élémentaire, impersonnel. Ces peuples qui, chacun à son tour, montent et viennent en pèlerinage vers le bonheur et la lumière, donnent à flots le meilleur d'eux-mêmes, leur vie, à la chance inconnue. Ils aiment et ils ne connaîtront jamais l'être aimé où leur rêve, leur désir se fût incarné. Ils enfantent sans avoir jamais cette félicité de renaissance qu'on trouve en sa postérité.

Peu, très peu, des plus vivants, des plus guerriers, des plus cruels, ont l'amour à notre manière. Ces monstres si dangereux, le requin et sa requine, sont forcés de s'approcher. La nature leur a imposé le péril de s'embrasser. Baiser terrible et suspect. Habitués à dévorer, engloutir tout à l'aveugle (animaux, bois, pierre, n'importe), cette fois, chose admirable! ils s'abstiennent. Quelque appétissants qu'ils puissent être l'un pour l'autre, impunément, ils s'approchent de leur scie, de leurs dents mortelles. La femelle, intrépidement, se laisse accrocher, maîtriser, par les terribles grappins qu'il lui jette. Et, en effet, elle n'est pas dévorée. C'est elle qui l'absorbe et l'emporte. Mêlés, les monstres furieux roulent ainsi des semaines entières, ne pouvant, quoique affamés, se résigner au divorce, ni s'arracher l'un de l'autre, et, même en pleine tempête, invincibles, invariables dans leur farouche embrassement.

On prétend que, séparés même, ils se poursuivent encore d'amour, que le fidèle requin, attaché à ce doux objet, la suit jusqu'à sa délivrance, aime son héritier présomptif, unique fruit de ce mariage, et jamais, jamais ne le mange. Il le suit et veille sur lui. Enfin, s'il vient un péril, cet excellent père le ravale et l'abrite dans sa vaste gueule, mais non pas pour le digérer.

Si la vie des mers a un rêve, un vœu, un désir confus, c'est celui de la fixité. Le moyen violent, tyrannique, du requin, ces prises d'acier, ce grappin sur la femelle, la fureur de leur union, donnent l'idée d'un amour de désespérés. Qui sait en effet si dans d'autres espèces, douces et propres à la famille, qui sait si cette impuissance d'union, cette fluctuation sans fin d'un voyage éternel sans but, n'est pas une cause de tristesse? Ils deviennent, ces enfants des mers, tout amoureux de la terre. Beaucoup remontent dans les fleuves, acceptent la fadeur de l'eau douce, si pauvre et si peu nourrissante, pour lui confier, loin des tempêtes, l'espoir de leur postérité. Tout au moins ils se rapprochent des rivages de la mer, cherchent quelque anse sinueuse. Ils deviennent même industrieux, et, de sable, de limon, d'herbe, essayent de faire de petits nids. Effort touchant. Ils n'ont nullement les instruments de l'insecte, merveille d'industrie animale. Ils sont dépourvus bien plus que l'oiseau. C'est à force de persévérance, sans mains, ni pattes, ni bec, uniquement de leur pauvre corps, qu'ils rassemblent un paquet d'herbes, le percent, y passent et repassent, jusqu'à obtenir une certaine cohésion. (Voir Coste sur les Épinoches.) Mais que de choses les entravent! La femelle, aveugle et gourmande, trouble le travail, menace les œufs. Le mâle ne les quitte pas, les défend, les protège, plus mère que la mère elle-même.

Cet instinct se trouve dans plusieurs espèces, spécialement chez les plus humbles, les gobies, un petit poisson, ni beau, ni bon, si méprisé qu'on ne daigne pas le pêcher; ou, pêché, on le rejette. Eh bien, ce dernier des derniers est un tendre père de famille, laborieux, qui, si petit, si faible, si dépourvu, n'en est pas moins l'architecte ingénieux, l'ouvrier du nid, et, de sa volonté seule, de sa tendresse, vient à bout de construire le berceau protecteur.

C'est pitié, cependant, de voir, qu'un tel effort de cœur n'atteigne pas tout son but, que cet être soit arrêté à ce premier élan de l'art par la fatalité du monde où sa nature le retient. On tombe dans la rêverie. On sent que ce monde des eaux ne se suffit pas à lui-même.

Grande mère qui commenças la vie, tu ne peux la mener à bout. Permets que ta fille, la Terre, continue l'œuvre commencée. Tu le vois, dans ton sein même, au moment sacré, tes enfants rêvent la Terre et sa fixité; ils l'abordent, lui rendent hommage.

A toi de commencer encore la série des êtres nouveaux par un prodige inattendu, une ébauche grandiose de la chaude vie amoureuse, de sang, de lait, de tendresse, qui dans les races terrestres aura son développement.

XII

LA BALEINE

« Le pêcheur, attardé dans les nuits de la mer du Nord, voit une île, un écueil, comme un dos de montagne, qui plane, énorme, sur les flots. Il y enfonce l'ancre... L'île fuit et l'emporte. Léviathan fut cet écueil. » (Milton.)

Erreur trop naturelle. Dumont-d'Urville y fut trompé. Il voyait au loin des brisants, un remous tout autour. En avançant, des taches blanches semblaient désigner un rocher. Autour de ce banc l'hirondelle et l'oiseau des tempêtes, le pétrel, se jouaient, s'ébattaient, tournoyaient. Le rocher surnageait, vénérable d'antiquité, tout gris de coronules, de coquilles et de madrépores. Mais la masse se meut. Deux énormes jets d'eau, qui partent de son front, révèlent la baleine éveillée.

L'habitant d'une autre planète qui descendrait sur la nôtre en ballon, et, d'une grande hauteur, observerait la surface du globe, voulant savoir s'il est peuplé, dirait : « Les seuls êtres qu'il m'est donné de découvrir ici sont d'assez belle taille, de cent à deux cents pieds de long ; leurs bras n'ont que vingt-quatre pieds, mais leur superbe queue, de trente, bat royalement la mer, la maîtrise, les fait avancer avec une rapidité, une aisance majestueuse, auxquelles on reconnaît très bien les souverains de la planète. »

Et il ajouterait : « Il est fâcheux que la partie solide de ce globe soit déserte, ou n'ait que des animalcules trop petits pour qu'on les distingue. La mer seule est habitée, et d'une race bonne et douce. La famille y est en honneur, la mère allaite avec tendresse, et quoique ses bras soient bien courts, elle trouve moyen, dans la tempête, de serrer contre elle-même et de protéger son petit. »

Ils vont ensemble volontiers. On les voyait jadis naviguer deux à deux, parfois en grandes familles de dix ou douze dans les mers solitaires. Rien n'était magnifique comme ces grandes flottes, parfois illuminées de leur phosphorescence, lançant des colonnes d'eau de trente à quarante pieds qui, dans les mers polaires, montaient fumantes. Ils approchaient paisibles, curieux, regardant le vaisseau comme un frère d'espèce nouvelle ; ils y prenaient plaisir, faisaient fête au nouveau venu. Dans leurs jeux ils se mettaient droits et retombaient de leur hauteur, à grand fracas, faisant un gouffre bouillonnant. Leur familiarité allait jusqu'à toucher le navire, les canots. Confiance imprudente, trompée si cruellement ! En moins d'un siècle la grande espèce de la baleine a presque disparu.

Leurs mœurs, leur organisation, sont celles de

nos herbivores. Comme les ruminants, ils ont une succession d'estomacs où s'élabore la nourriture ; les dents leur sont peu nécessaires, ils n'en ont pas. Ils paissent aisément les vivantes prairies de la mer ; j'entends les fucus gigantesques, doux et gélatineux ; j'entends des couches d'infusoires, des bancs d'atomes imperceptibles. Pour de tels aliments, la chasse n'est pas nécessaire. N'ayant nulle occasion de guerre, ils ont été dispensés de se faire les affreuses mâchoires et les scies, ces instruments de mort et de supplice, que le requin et tant de bêtes faibles ont acquis à force de meurtres. Ils ne poursuivent point. (Boitard.) C'est l'aliment plutôt qui va à eux, apporté par le flot. Innocents et paisibles, ils engouffrent un monde à peine organisé qui meurt avant d'avoir vécu, passe endormi à ce creuset de l'universel changement.

Nul rapport entre cette douce race de mammifères qui ont, comme nous, le sang rouge et le lait, et les monstres de l'âge précédent, horribles avortons de la fange primitive. Les baleines, bien plus récentes, trouvèrent une eau purifiée, la mer libre et le globe en paix.

Il avait rêvé son vieux rêve discordant des lézards-poissons, des dragons volants, le règne effrayant du reptile ; il sortait du brouillard sinistre, pour entrer dans l'aimable aurore des conceptions harmoniques. Nos carnivores n'avaient pas pris naissance. Il y eut un petit moment (quelque cent mille années peut-être) de grande douceur et d'innocence, où sur terre parurent les êtres excellents (sarigues, etc.), qui aiment tant leur famille, la portent sur eux et en eux, la font, s'il le faut, rentrer dans leur sein. Sur l'eau parurent les bons géants.

Le lait de la mer, son huile, surabondaient ; sa chaude graisse animalisée fermentait dans une puissance inouïe, voulait vivre. Elle gonfla, s'organisa en ces colosses, enfants gâtés de la nature, qu'elle doua de force incomparable, et de ce qui vaut plus, du beau sang rouge ardent. Il parut pour la première fois.

Ceci est la vraie fleur du monde. Toute la création à sang pâle, égoïste, languissante, végétante relativement, a l'air de n'avoir pas de cœur, si on la compare à la vie généreuse qui bouillonne dans cette pourpre, y roule la colère ou l'amour. La force du monde supérieur, son charme, sa beauté, c'est le sang. Par lui commence une jeunesse toute nouvelle dans la nature, par lui une flamme de désir, l'amour, et l'amour de famille, de race, qui, étendu par l'homme, donnera le couronnement divin de la vie : la Pitié.

Mais, avec ce don magnifique, augmente infiniment la sensibilité nerveuse. On est bien plus vulnérable, bien plus capable de jouir, de souffrir. La baleine n'ayant guère le sens du chasseur, l'odorat, ni l'ouïe très développée, tout en elle profite au toucher. La graisse, qui la défend du froid, ne la garde nullement d'aucun choc. Sa peau, finement organisée, de six tissus distincts, frémit et vibre à tout. Les papilles tendres qu'on y trouve sont des instruments de tact délicats. Tout cela animé, vivifié d'un riche flot de sang rouge, qui, même en tenant compte de la taille différente, surpasse infiniment en abondance celui des mammifères terrestres. La baleine blessée en inonde la mer en un moment, la rougit à grande distance. Le sang que nous avons par gouttes lui fut prodigué par torrents.

La femelle porte neuf mois. Son agréable lait, un peu sucré, a la tiède douceur du lait de femme. Mais, comme elle doit toujours fendre la vague, des mamelles en avant, placées sur la poitrine, exposeraient l'enfant à tous les chocs; elles ont fui un peu plus bas, dans un lieu plus paisible, au ventre d'où il est sorti. Le petit s'y abrite, profite du flot déjà brisé.

La forme de vaisseau, inhérente à une telle vie, resserre la mère à la ceinture et ne lui permet pas d'avoir la riche ceinture de la femme, ce miracle adorable d'une vie posée, assise et harmonique, où tout se fond dans la tendresse. Celle-ci, la grande femme de mer, quelque tendre qu'elle soit, est forcée de faire tout dépendre de son combat contre les flots. Du reste, l'organisme est le même sous cet étrange masque; même forme, même sensibilité. Poisson dessus, femme dessous.

Elle est infiniment timide. Un oiseau parfois lui fait peur et la fait plonger si brusquement, qu'elle se blesse au fond.

L'amour, chez eux, soumis à des conditions difficiles, veut un lieu de profonde paix. Ainsi que le noble éléphant, qui craint les yeux profanes, la baleine n'aime qu'au désert. Le rendez-vous est vers les pôles, aux anses solitaires du Groënland, aux brouillards de Behring, sans doute aussi dans la mer tiède qu'on a trouvée près du pôle même. La retrouvera-t-on? On n'y va qu'à travers les défilés horribles que la glace ouvre, ferme et change à chaque hiver, comme pour empêcher le retour. Pour eux, on croit qu'ils passent sous les glaces, d'une mer à l'autre, par la voie ténébreuse. Voyage téméraire. Forcés de venir respirer de quart d'heure en quart d'heure, quoiqu'ils aient des réserves d'air qui peuvent leur suffire un peu plus, ils s'exposent beaucoup sous cette énorme croûte percée à peine de quelques soupiraux. S'ils ne les trouvent à temps, elle est si dure et si épaisse, que nulle force, nul coup de tête ne la briserait. Là on peut se noyer aussi bien que Léandre dans l'Hellespont. Ne sachant cette histoire, ils s'engagent hardiment et passent.

La solitude est grande. C'est un théâtre étrange de mort et de silence pour cette fête de l'ardente vie. Un ours blanc, un phoque, un renard bleu peut-être, témoins respectueux, prudents, observent à distance. Les lustres et girandoles, les miroirs fantastiques, ne manquent pas. Cristaux bleuâtres, pics, aigrettes de glace éblouissante, neiges vierges, ce sont les témoins qui siègent tout autour et regardent.

Ce qui rend cet hymen touchant et grave, c'est qu'il y faut l'expresse volonté. Ils n'ont pas l'arme tyrannique du requin, ces attaches qui maîtrisent le plus faible. Au contraire, leurs fourreaux glissants les séparent, les éloignent. Ils se fuient malgré eux, échappent, par ce désespérant obstacle. Dans un si grand accord, on dirait un combat. Des baleiniers prétendent avoir eu ce spectacle unique. Les amants, d'un brûlant transport, par instant, dressés et debout, comme les deux tours de Notre-Dame, gémissant de leurs bras trop courts, entreprenaient de s'embrasser.

Ils retombaient d'un poids immense... L'ours et l'homme fuyaient épouvantés de leurs soupirs.

La solution est inconnue. Celles qu'on a données semblent absurdes. Ce qui est sûr, c'est qu'en toute chose, pour l'amour, pour l'allaitement, pour la défense même, l'infortunée baleine subit la double servitude et de sa pesanteur et de la difficulté de respirer. Elle ne respire que hors de l'eau, et si elle y reste elle étouffe. Donc elle est animal terrestre, appartient à la terre? Point du tout. Si, par accident, elle échoue à la côte, la pesanteur énorme de ses chairs, de sa graisse, l'accable; ses organes s'affaissent. Elle est également étouffée.

Dans le seul élément respirable pour elle, l'asphyxie lui vient aussi bien que dans cette eau non respirable où elle vit.

Tranchons le mot. De la création grandiose du mammifère géant n'est sorti qu'un être impossible, premier jet poétique de la force créatrice, qui d'abord visa au sublime, puis revint par degrés au possible, au durable. L'admirable animal avait tout, taille et force, sang chaud, doux lait, bonté. Il ne lui manquait rien que le moyen de vivre. Il avait été fait sans égard aux proportions générales de ce globe, sans égard à la loi impérieuse de la pesanteur. Il eut beau par-dessous se faire des os énormes. Ses côtes gigantesques ne sont pas assez résistantes pour tenir sa poitrine suffisamment libre et ouverte. Dès qu'il échappe à l'eau son ennemie, il trouve la terre son ennemie, et son pesant poumon l'écrase.

Ses évents magnifiques, la superbe colonne d'eau qu'il lance à trente pieds, ce sont les signes, les témoins d'une organisation enfantine et barbare encore. En la lançant au ciel par ce puissant effort, le *souffleur essoufflé* (c'est le vrai nom du genre), semble dire : « O nature ! pourquoi m'avoir fait serf ? »

Sa vie fut un problème, et il ne semblait pas que l'ébauche splendide, mais manquée, pût durer. L'amour furtif, si difficile, l'allaitement au roulis des tempêtes, entre l'asphyxie et le naufrage, les deux grands actes de la vie presque impossibles, se faisant par effort et par volonté héroïques ! — Quelles conditions d'existence !

La mère n'a jamais qu'un petit, et c'est beaucoup. Elle et lui sont tiraillés par trois choses : le travail de la nage, l'allaitement, et la fatale nécessité de remonter ! L'éducation, c'est un combat. Battu, roulé de l'Océan, l'enfant prend le lait comme au vol, quand la mère peut se coucher de côté. Elle est, dans ce devoir, admirable d'élan. Elle sait qu'en son petit effort pour téter, il lâcherait prise. Dans cet acte, où la femme est passive, laisse faire l'enfant, la baleine est active. Profitant du moment, par un puissant piston, elle lui lance un tonneau de lait.

Le mâle la quitte peu. Leur embarras est grand, quand le pêcheur féroce les attaque dans leur enfant. On harponne le petit pour les faire suivre, et en effet ils font d'incroyables efforts pour le sauver, pour l'entraîner ; ils remontent, s'exposent aux coups pour le ramener à la surface et le faire respirer. Mort, ils le défendent encore. Pouvant plonger et échapper, ils restent sur les eaux en plein péril pour suivre le petit corps flottant.

Les naufrages sont communs chez eux, pour deux raisons. Ils ne peuvent, comme les poissons, rester dans les tempêtes aux couches inférieures et paisibles. Puis, ils ne veulent pas se quitter ; les forts suivent le destin du faible. Ils se noient en famille.

En décembre 1725, à l'embouchure de l'Elbe, huit femelles échouèrent, et près de leurs cadavres on trouva leurs huit mâles. En mars 1784, en Bretagne, à Audierne, même scène. D'abord des poissons, des marsouins, vinrent à la côte effarés. Puis on entendit des mugissements étranges, épouvantables. C'était une grande famille de baleines que poussait la tempête, qui luttaient, gémissaient, ne voulaient point mourir. Ici encore les mâles périssaient avec les femelles. Nombreuses, enceintes, et sans défense contre l'impitoyable flot, elles furent (elles et eux) lancées à terre, assommées par le coup.

Deux accouchèrent sur le rivage, avec des cris perçants, comme auraient fait des femmes, et aussi de navrantes lamentations de désespoir, comme si elles pleuraient leurs enfants.

XIII

LES SIRÈNES

J'aborde, et me voici à terre. J'ai assez et trop de naufrages. Je voudrais des races durables. Le cétacé disparaîtra. Réduisons nos conceptions, et de cette poésie gigantesque des premiers-nés de la mamelle, du lait et du sang chaud, conservons tout, moins le géant.

Conservons surtout la douceur, l'amour et la tendresse de famille. Ces dons divins, gardons-les bien dans les races, plus humbles, mais bonnes, où les deux éléments vont mettre en commun leur esprit.

Les bénédictions de la terre se font sentir déjà. En quittant la vie du poisson, plusieurs choses, à lui impossibles, vont s'harmoniser aisément.

Ainsi la baleine, mère tendre, connut l'étreinte et serra son enfant, mais elle ne le serra pas sur la mamelle ; son bras était trop haut, et la mamelle, dans ce vaisseau vivant, ne pouvait être qu'à l'arrière. Chez les êtres nouveaux qui nagent, mais qui rampent aussi sur la terre (morses, lamantins, phoques, etc.), la mamelle, pour ne pas traîner, heurter dessous, remonte à la poitrine. Nous voyons apparaître une ombre de la femme, forme et attitude gracieuse qui fait illusion à distance.

En réalité, vue de près, avec moins de blancheur, de charme, c'est bien pourtant la mamelle féminine, ce globe qui, gonflé d'amour et du besoin d'allaiter, reproduit dans son mouvement tous les soupirs du cœur qui est dessous. Il réclame l'enfant pour le porter, lui donner l'aliment, le repos. Tout cela fut refusé à la mère qui nageait. Celle qui pose en a le bonheur. La fixité de la famille, la tendresse, à fond ressentie, et approfondie chaque jour (disons plus, la Société), ces grandes choses commencent, dès que l'enfant dort sur son sein.

Mais comment se fit le passage du cétacé à l'amphibie ? Essayons de le deviner.

Leur parenté d'abord est évidente. Maints amphibies traînent encore, à leur très grand dommage, la lourde queue de la baleine. Et celle-ci (chez une espèce du moins) a cachée dans sa queue l'ébauche et les commencements distincts des deux pieds de derrière qu'auront les plus hauts amphibies.

Dans les mers semées d'îles, coupées de terres à chaque instant, les cétacés, constamment arrêtés, durent modifier leurs habitudes. Leur effort moins rapide, leur vie captive, diminua leur taille, la réduisit de la baleine à l'éléphant. L'éléphant de mer apparut. Gardant le souvenir des superbes défenses qui avaient armé certains cétacés dans leur grande vie marine, il montre encore de fortes dents en avant, mais peu offensives. Même les dents de mastication ne sont bien nettement ni herbivores ni carnivores. Elles se prêtent mal aux deux régimes et doivent opérer lentement.

Deux choses allégeaient la baleine, sa masse d'huile qui la faisait flotter sur l'eau, et cette queue puissante dont le choc alternatif frappant des deux côtés la poussait en avant. Mais tout cela accable l'amphibie barbotant dans des eaux peu profondes, et rampant aux rochers, comme un lourd limaçon. Le poisson, si agile, rit d'un tel être qui n'en peut faire sa proie. Il n'atteint guère que les mollusques, lents comme lui. Il se fait peu à peu à manger les fucus abondants, gélatineux, qui nourrissent et engraissent, sans donner la vigueur de la nourriture animale.

Tel on peut voir dans la mer Rouge, dans la mer des îles Malaises et celles d'Australie, traîner, siéger ce rare colosse, le dudong, qui domine l'eau de la poitrine et des mamelles. On le nomme parfois le dudong des tabernacles, inerte idole qui impose, mais se défend à peine, et qui disparaîtra bientôt, rentrera dans le domaine de la fable, parmi ces légendes réelles dont nous rions étourdiment.

Qui a fait ce grand changement, créé ce cétacé terrestre, le dudong et le morse, son frère? La douceur de la terre, vraiment pacifique avant l'homme, — l'attrait d'aliments végétaux qui ne fuient pas comme la proie marine, — l'amour aussi sans doute, si difficile à la baleine, si facile dans la vie posée de l'amphibie.

L'amour n'est plus fuite et hasard. La femelle n'est plus ce fier géant qu'il fallait suivre au bout du monde. Celle-ci est là soumise, sur les algues onduleuses, pour obéir à son seigneur. Elle lui rend la vie douce et molle. Peu de mystères. Les amphibies vivent bonnement au soleil. Les femelles, étant fort nombreuses, s'empressent et font sérail. De la sauvage poésie, on tombe aux mœurs bourgeoises, ou, si l'on veut, patriarcales, des plaisirs trop faciles. Lui, le bon patriarche, respectable par sa forte tête, ses moustaches et ses défenses, il trône entre Agar et Sarah, Rébecca et Lia, qu'il aime fort, ainsi que ses enfants qui lui font un petit troupeau. Dans sa vie immobile, la grande force de cet être sanguin tourne toute aux tendresses de famille. Il embrasse les siens. Un amour tendre, orgueilleux, colérique. Il est vaillant, prêt à mourir pour eux. Hélas! sa force et sa fureur lui servent peu. Sa masse énorme le livre à l'ennemi. Il rugit, il se traîne, veut combattre et ne peut, gigantesque avorton, manqué entre deux mondes, pauvre Caliban désarmé!

La pesanteur, fatale à la baleine, l'est bien plus à ceux-ci. Réduisons donc la taille encore, allégeons l'embonpoint, assouplissons l'épine, supprimons surtout cette queue, ou plutôt fendons-en la fourche en deux appendices charnus qui vont être bien plus utiles. Le nouvel être, le phoque, plus léger, bon nageur, bon pêcheur, vivant de la mer, mais ayant son amour à terre (son petit paradis), emploiera sa vie dans l'effort d'y revenir toujours, à cette terre, de gravir le rocher où sa femme, ses enfants l'appellent, où il leur porte le poisson. Son gibier à la bouche, n'ayant pas les défenses dont le morse s'aidait pour gravir, il y met les quatre membres du haut, du bas, s'accrochant au varech, distendant, divisant chacun d'eux selon son pouvoir, de sorte qu'à la longue ramifié, il montre cinq doigts.

Ce qui est très beau dans le phoque, ce qui émeut dès qu'on voit sa ronde tête, c'est la capacité du cerveau. Nul être, sauf l'homme, ne l'a développé à ce point. (Boitard.) L'impression est forte, et bien plus que celle du singe, dont la grimace nous est antipathique. Je me souviendrai toujours des phoques du Jardin d'Amsterdam, charmant musée, si riche, si bien organisé, et l'un des beaux lieux de la terre. C'était le 12 juillet, après une pluie d'orage; l'air était lourd : deux phoques cherchaient le frais au fond de l'eau, nageaient et bondissaient. Quand ils se reposèrent, ils regardèrent le voyageur; intelligents et sympathiques, posèrent sur moi leurs doux yeux de velours. Le regard était un peu triste. Il leur manquait, il me manquait aussi la langue intermédiaire. On ne peut pas en détacher les yeux. On regrette, entre l'âme et l'âme, d'avoir cette éternelle barrière.

La terre est leur patrie de cœur : ils y naissent, ils y aiment; blessés, ils y viennent mourir. Il y mènent leurs femelles enceintes, les couchent sur les algues et les nourrissent de poisson. Ils sont doux, bons voisins, se défendent l'un et l'autre. Seulement, au temps d'amour, ils délirent et se battent. Chacun a trois ou quatre épouses, qu'il établit à terre sur un rocher mousseux d'étendue suffisante. C'est son quartier à lui, et il ne souffre pas qu'on empiète, fait respecter son droit d'occupation. Les femelles sont douces et sans défense. Si on leur fait du mal, elles pleurent, s'agitent douloureusement avec des regards de désespoir.

Elles portent neuf mois, et élèvent l'enfant cinq ou six mois, lui enseignant à nager, à pêcher, à choisir les bons aliments. Elles le garderaient bien plus, si le mari n'était jaloux. Il le chasse, craignant que la trop faible mère ne lui donne un rival en lui.

Une si courte éducation a limité sans doute les progrès que le phoque aura faits. La maternité n'est complète que chez les lamantins, excellente tribu, où les parents n'ont pas le courage de renvoyer l'enfant. La mère le garde très longtemps. Enceinte de nouveau, allaitant un second enfant, on la voit mener avec elle l'aîné, un jeune mâle que le père ne maltraite pas, qu'il aime aussi, et qu'il laisse à la mère.

Cette extrême tendresse, particulière aux lamantins, s'est exprimée dans l'organisation par un progrès physique. Chez le phoque, grand nageur, chez l'éléphant marin, si lourd, le bras reste nageoire. Il est serré et engagé au corps; il ne peut pas se délier. Enfin, le lamantin femelle, tendre femme amphibie, *mama di l'eau*, disent nos nègres, accomplit le miracle. Tout se délie par un effort constant. La nature s'ingénie dans l'idée fixe de caresser l'enfant, de le prendre et de l'approcher. Les ligaments cèdent, s'étendent, laissent aller l'avant-bras, et de ce bras rayonne un polype palmé. — C'est la main.

Donc celle-ci a ce bonheur suprême, elle embrasse son enfant de sa main pour l'embrasser de sa poitrine. Elle le prend et le met sur son cœur.

Voilà deux grandes choses qui pouvaient mener loin ces amphibies :

Déjà chez eux la main est née, l'organe d'industrie, l'essentiel instrument du travail à venir. Qu'elle s'assouplisse, aide les dents, comme chez le castor, et l'art commencera, d'abord l'art d'abriter la famille.

D'autre part, l'éducation est devenue possible. L'enfant posé sur le cœur de la mère et lentement s'imbibant de sa vie, restant longtemps près d'elle et à l'âge où il peut apprendre, tout cela tient à la bonté du père qui garde l'innocent rival. Et c'est ce qui permet le progrès.

Si l'on en croyait certaines traditions, le progrès eût continué. Les amphibies développés, rapprochés de la forme humaine, seraient devenus demi-hommes, hommes de mer, tritons ou sirènes. Seulement, au rebours des mélodieuses sirènes de la fable, ceux-ci seraient restés muets, dans l'impuissance de se faire un langage, de s'entendre avec l'homme, d'obtenir sa pitié. Ces races auraient péri, comme nous voyons périr l'infortuné castor, qui ne peut parler, mais qui pleure.

On a dit fort légèrement que ces figures étranges étaient des phoques. Mais put-on s'y tromper? Le phoque, en toutes ses espèces, est connu fort anciennement. Dès le septième siècle, au temps de saint Colomban, on le pêchait, on l'apportait et l'on mangeait sa chair.

Les hommes et femmes de mer, dont on parle au seizième siècle, ont été vus non un moment sur l'eau, mais amenés sur terre, montrés, nourris dans les grands centres, Anvers et Amsterdam, chez Charles-Quint et Philippe II : donc, sous les yeux de Vésale et des premiers savants. On mentionne une femme marine qui vécut longues années en habit de religieuse, dans un couvent où tous pouvaient la voir. Elle ne parlait pas, mais travaillait, filait. Seulement elle ne pouvait se corriger d'aimer l'eau et de faire effort pour y revenir.

On dira : Si ces êtres ont existé réellement, pourquoi furent-ils si rares? Hélas! nous n'avons pas à chercher bien loin la réponse. C'est que généralement on les tuait. Il y avait péché à les laisser en vie, « car ils étaient *des monstres* ». C'est ce que disent expressément les vieux récits.

Tout ce qui n'était pas dans les formes connues de l'animalité, et tout ce qui, au contraire, approchait de celles de l'homme, passait pour *monstre*, et on le dépêchait. La mère qui avait le malheur de mettre au monde un fils mal conformé ne pouvait le défendre; on l'étouffait entre des matelas. On supposait qu'il était fils du Diable, une invention de sa malice pour outrager la création, calomnier Dieu. D'autre part, ces Sirénéens, trop analogues à l'homme, passaient d'autant plus pour une illusion diabolique. Le moyen âge en avait tant d'horreur, que leurs apparitions étaient comptées dans les affreux prodiges que Dieu permet dans sa colère pour terrifier le péché. A peine osait-on les nommer. On avait hâte de les faire disparaître. Le hardi seizième siècle les crut encore « des diables en fourrure d'hommes », qu'on ne devait toucher que du harpon. Ils devenaient très rares, lorsque des mécréants firent la spéculation de les garder, de les montrer.

En reste-t-il au moins des débris, des ossements ? On le saura quand les Musées d'Europe commenceront à faire l'exposition complète de leurs immenses dépôts. La place manque, je le sais bien, et elle manquera toujours, s'il faut pour cela des palais. Mais le plus simple abri, un toit vaste (et très peu coûteux) permettrait d'étaler des choses aussi solides. Jusqu'ici, on n'en voit que des échantillons et des pièces choisies.

Ajoutons que l'exposition des amphibies empaillés, pour être vraie, doit présenter ces *monstres* trop ressemblants à l'homme, par les côtés et dans les poses où ils firent cette illusion. Laissez-leur cet honneur ; il l'ont assez payé. Que la mère Phoque ou la mère Lamantine m'apparaisse sur son rocher en sirène, dans le premier usage de la main et de la mamelle, tenant son enfant sur son sein.

Est-ce à dire que ces êtres auraient pu monter jusqu'à nous ? Est-ce à dire qu'ils aient été les auteurs, les aïeux de l'homme ? Maillet l'a cru. Moi, je n'y vois aucune vraisemblance.

La mer commença tout, sans doute. Mais ce n'est

pas des plus hauts animaux de mer que sortit la série parallèle des formes terrestres dont l'homme est le couronnement. Ils étaient trop fixés déjà, trop spéciaux, pour donner l'ébauche molle d'une nature si différente. Ils avaient poussé loin, presque épuisé la fécondité de leurs genres. Dans ce cas, les aînés périssent ; et c'est très bas, chez les cadets obscurs de quelque classe parente, que surgit la série nouvelle qui montera plus haut. (Voy. nos Notes.)

L'homme leur fut, non un fils, mais un frère, — un frère cruellement ennemi.

Le voilà arrivé, le fort des forts, l'ingénieux, l'actif, le cruel roi du monde. Mon livre s'illumine. Mais aussi que va-t-il montrer? Et que de choses tristes il me faut maintenant amener dans cette lumière?

Ce créateur, ce Dieu tyran, il a su faire une seconde nature dans sa nature. Mais qu'a-t-il fait de l'autre, la primitive, la nourrice et sa mère? Des dents qu'elle lui fit, il lui mordit le sein.

Tant d'animaux qui vivaient doucement, s'humanisaient et commençaient des arts, aujourd'hui effarés, abrutis, ne sont que des bêtes. Les singes rois de Ceylan, dont la sagesse fut célébrée dans l'Inde, sont devenus d'effroyables sauvages. Le brahme de la création, l'Éléphant, chassé, asservi, n'est plus qu'une bête de somme.

Les plus libres des êtres, qui naguère égayaient la mer, ces bons phoques, ces douces baleines, le pacifique orgueil de l'Océan, tout cela a fui aux mers des pôles, au monde affreux des glaces. Mais ils ne peuvent tous supporter une vie si dure; encore un peu de temps, ils disparaîtront tout à fait.

Une race infortunée, celle des paysans polonais, a trouvé dans son cœur le sens, l'intelligence de l'exilé muet réfugié aux lacs de la Lithuanie. Ils disent : « Qui fait pleurer le castor ne réussit jamais. »

L'artiste est devenu une bête craintive, qui ne sait plus, ne peut plus rien. Ceux qui subsistent encore en Amérique, reculant et fuyant toujours, n'ont le courage de rien faire. Un voyageur naguère en trouva un qui, loin, très loin vers les hauts lacs, timidement reprenait son métier, voulait bâtir le foyer de famille, coupait du bois. Quand il aperçut l'homme, le bois lui échappa; il n'osa même fuir, et il ne sut que fondre en larmes.

LIVRE III

CONQUÊTE DE LA MER

I

LE HARPON

« Le marin qui arrive en vue du Groënland n'a (dit naïvement John Ross) aucun plaisir à voir cette terre. » Je le crois bien. C'est d'abord une côte de fer, d'aspect impitoyable, où le noir granit escarpé ne garde pas même la neige. Partout ailleurs des glaces. Point de végétation. Cette terre désolée, qui nous cache le pôle, semble un pays de mort et de famine.

Pendant le temps très court où l'eau n'est pas gelée, on pourrait vivre encore. Mais elle l'est neuf mois sur douze. Tout ce temps-là, que faire? et que manger? On ne peut guère chercher. La nuit dure plusieurs mois, et parfois si profonde, que Kane, entouré de ses chiens, ne les retrouvait qu'à leur souffle, à leur haleine humide. Dans cette longue, si longue obscurité, sur cette terre désespérée, stérile, vêtue d'impénétrables glaces, errent cependant deux solitaires qui s'obstinent à vivre là, dans l'horreur d'un monde impossible. L'un d'eux est l'ours pêcheur, âpre rôdeur sous sa riche fourrure et dans sa graisse épaisse, qui lui permet des intervalles de jeûne. L'autre, figure bizarre, fait l'effet, à distance, d'un poisson dressé sur la queue, poisson mal conformé et gauche, à longues nageoires pendantes. Ce faux poisson, c'est l'homme. Ils se flairent et se cherchent. Ils ont faim l'un de l'autre. L'ours fuit pourtant, décline le combat, croyant l'autre encore plus féroce et plus cruellement affamé.

L'homme qui a faim est terrible. Armé d'une simple arête de poisson, il poursuit cette bête énorme. Mais il aurait péri cent fois, s'il n'avait eu à manger que ce redoutable compagnon. Il ne vécut que par un crime. La terre ne donnant rien, il chercha vers la mer, et comme elle était close, il ne trouva à tuer que son ami le phoque. En lui il trouvait concentrée la graisse de la mer, l'huile, sans laquelle il serait mort de froid, encore plus de faim.

Le rêve du Groënlandais, c'est, à sa mort, de passer dans la lune, où il y aura du bois de chauffage, le feu, la lumière du foyer. L'huile ici-bas tient lieu de tout cela. Bue à flots, elle le réchauffe.

Grand contraste entre l'homme et les amphibies somnolents, qui, même en ce climat, savent vivre sans grandes souffrances. L'œil doux du phoque l'indique assez. Nourrisson de la mer, il est toujours en rapport avec elle. Il y reste des interstices où l'excellent nageur sait se pourvoir. Tout lourd qu'on le croirait, il monte adroitement sur un glaçon et se fait voiturer. L'eau épaisse de mollusques, grasse d'atomes animés, nourrit richement le poisson pour l'usage du phoque, qui, bien repu, s'endort sur son rocher d'un lourd sommeil que rien ne rompt.

La vie de l'homme est toute contraire. Il semble être là malgré Dieu, maudit, et tout lui fait la guerre. Sur les photographies que nous avons de l'Esquimau, on lit sa destinée terrible dans la fixité du regard, dans son œil dur et noir, sombre comme la nuit. Il semble pétrifié d'une vision, du spectacle habituel d'un infini lugubre. Cette nature de Terreur éternelle a caché d'un masque d'airain sa forte intelligence, rapide cependant et pleine d'expédients dans une vie de dangers imprévus.

Qu'aurait-il fait? Sa famille avait faim et ses enfants criaient; sa femme enceinte grelottait sur la neige. Le vent du pôle leur jetait infatigablement ce déluge de givre, ce tourbillon de fines flèches qui piquent et entrent, hébètent, font perdre la voix et le sens. La mer fermée, plus de poisson. Mais le phoque était là. Et que de poissons dans un phoque, quelle richesse d'huile accumulée! Il était là endormi, sans défense. Même éveillé, il ne fuit guère. Il se laisse approcher, toucher. Comme le lamantin, il faut le battre, si on veut l'éloigner. Ceux qu'on prend jeunes, on a beau les rejeter à la mer, ils vous suivent obstinément. Une telle facilité dut troubler l'homme et le faire hésiter, combattre la tentation. Enfin, le froid vainquit, et il fit cet assassinat. Dès lors, il fut riche et vécut.

La chair nourrit ces affamés. L'huile absorbée à flots, les réchauffa. Les os servirent à mille usages domestiques. Des fibres on fit des cordes et des filets. La peau du phoque, coupée à la taille de la femme, la couvrit frissonnante. Même habit pour les deux, sauf la pointe un peu basse qu'elle allonge. Plus un petit ruban de cuir rouge qu'elle met galamment en bordure pour lui plaire et pour être aimée. Mais ce qui fut bien plus utile, c'est qu'industrieusement, de peaux cousues, ils firent la machine légère, forte pourtant, où cet homme intrépide ose monter, et qu'il nomme une barque.

Misérable petit véhicule long, mince et qui ne pèse rien. Il est très strictement fermé, sauf un trou, où le rameur se met, serrant la peau à sa ceinture. On gagerait toujours que cela va chavirer... Mais point. Il file comme une flèche sur le dos de la vague, disparaît, reparaît dans les remous durs, saccadés, que font les glaces autour, entre les montagnes flottantes.

Homme et canot, c'est un. Le tout est un poisson artificiel. Mais qu'il est inférieur au vrai! Il n'a pas l'appareil, la vessie natatoire qui soutient l'autre, le fait à volonté lourd ou léger. Il n'a pas l'huile, qui, plus légère que l'eau, veut toujours surnager et remonter à la surface. Il n'a pas surtout ce qui fait, chez le vrai poisson, la vigueur du mouvement, sa vive contraction de l'épine pour frapper de forts coups de queue. Ce qu'il imite seulement, faiblement, ce sont les nageoires. Ses rames qui ne sont pas serrées au corps, mais mues au loin par un long bras, sont bien molles en comparaison, et bien promptes à se fatiguer. Qui répare tout cela? La terrible énergie de l'homme, et, sous ce masque fixe, sa vive raison, qui, par éclairs, décide, invente et trouve, de minute en minute, remédie sans cesse aux périls de cette peau flottante qui seule le défend de la mort.

Très souvent on ne peut passer : on trouve une barre de glace. Alors les rôles changent. La barque portait l'homme et maintenant il porte la barque, la prend sur son épaule, traverse la glace craquante et se remet à flot plus loin. Parfois les monts flottants, venant à sa rencontre, n'offrent entre eux que d'étroits corridors qui s'ouvrent, se ferment tout à coup. Il peut y disparaître, s'ensevelir vivant. Il peut, de moment en moment, voir les deux murs bleuâtres, s'approchant, peser sur sa barque, sur lui, d'une si épouvantable pression qu'il en soit aminci jusqu'à l'épaisseur d'un cheveu. Un grand navire eut cette destinée. Il fut coupé en deux, les deux moitiés écrasées, aplaties.

Ils assurent que leurs pères ont pêché la baleine. Moins misérables alors, leur terre étant moins froide, ils s'ingéniaient mieux, avaient du fer sans doute. Peut-être il leur venait de Norvège ou d'Islande. Les baleines ont toujours surabondé aux mers du Groënland. Grand objet de concupiscence pour ceux dont l'huile est le premier besoin. Le poisson la donne par gouttes et le phoque à flots; la baleine en montagne.

Ce fut un homme, celui, qui le premier tenta un pareil coup, qui mal monté, mal armé et la mer grondant sous ses pieds, dans les ténèbres, dans les glaces, seul à seul, joignit le colosse.

Celui qui se fia tellement à sa force et à son courage, à la vigueur du bras, à la roideur du coup, à la pesanteur du harpon. Celui qui crut qu'il percerait et la peau et le mur de lard, la chair épaisse.

Celui qui crut qu'à son réveil terrible, dans la tempête que le blessé fait de ses sauts et de ses coups de queue, il n'allait pas l'engouffrer avec lui. Comble d'audace ! il ajoutait un câble à son harpon pour poursuivre sa proie, bravait l'effroyable secousse, sans songer que la bête effrayée pouvait descendre brusquement, s'enfuir en profondeur, plonger la tête en bas.

Il y a un bien autre danger. C'est qu'au lieu de la baleine, on ne trouve à sa place l'ennemi de la baleine, la terreur de la mer, le cachalot. Il n'est pas grand, n'a guère que soixante ou quatre-vingts pieds. Sa tête, à elle seule, fait le tiers, vingt ou vingt-cinq. dans ce cas, malheur au pêcheur ! c'est lui qui devient le poisson, il est la proie du monstre. Celui-ci a quarante-huit dents énormes et d'horribles mâchoires, à tout dévorer, homme et barque. Il semble ivre de sang. Sa rage aveugle épouvante tous les cétacés, qui fuient en mugissant, s'échouent même au rivage, se cachent dans le sable ou la boue. Mort même, ils le redoutent, n'osent approcher de son cadavre. La plus sauvage espèce du cachalot est l'Ourque, ou le Physétère des anciens, tellement craint des Islandais, qu'ils n'osaient le nommer en mer, de peur qu'il n'entendît et n'arrivât. Ils croyaient au contraire qu'une espèce de baleine (la Jubarte) les aimait et les protégeait, et provoquait le monstre afin de les sauver.

Plusieurs disent que les premiers qui affrontèrent

une si effrayante aventure avaient besoin d'être exaltés, *excentriques et cerveaux brûlés*. La chose, selon eux, n'aurait pas commencé par les sages hommes du Nord, mais par nos Basques, les héros du vertige. Marcheurs terribles, chasseurs du Mont-Perdu et pêcheurs effrénés, ils couraient en batelet leur mer capricieuse, le golfe ou gouffre de Gascogne. Ils y pêchaient le thon. Ils y virent jouer des baleines et se mirent à courir après, comme ils s'acharnent après l'isard dans les fondrières, les abîmes et les plus affreux casse-cou. Cet énorme gibier, énormément tentant pour sa grosseur et pour le péril, ils le chassèrent à mort et n'importe où, quelque part qu'il les conduisît. Sans s'en apercevoir, ils poussaient jusqu'au pôle.

Là, le pauvre colosse croyait en être quitte, et, ne supposant pas, sans doute, qu'on pût être si fou, il dormait tranquillement, quand nos étourdis héroïques approchaient sans souffler.

Serrant sa ceinture rouge, le plus fort, le plus leste, s'élançait de la barque, et, sur ce dos immense, sans souci de sa vie, d'un *han!* enfonçait le harpon.

II

DÉCOUVERTE DES TROIS OCÉANS

Qui a ouvert aux hommes la grande navigation ? qui révéla la mer, en marqua les zones et les voies ? enfin, qui découvrit le globe ? La baleine et le baleinier.

Tout cela bien avant Colomb et les fameux chercheurs d'or, qui eurent toute la gloire, retrouvant à grand bruit ce qu'avaient trouvé les pêcheurs.

La traversée de l'Océan, que l'on célébra tant au quinzième siècle, s'était faite souvent par le passage étroit d'Islande en Groënland, et même par le large ; car les Basques allaient à Terre-Neuve. Le moindre danger était la traversée pour des gens qui cherchaient au bout du monde ce suprême danger, le duel avec la baleine. S'en aller dans les mers du Nord, se prendre corps à corps avec la montagne vivante, en pleine nuit, et, on peut le dire, en plein naufrage, le pied sur elle et le gouffre dessous, ceux qui faisaient cela étaient assez trempés de cœur pour prendre en grande insouciance les événements ordinaires de la mer.

Noble guerre, grande école de courage. Cette pêche n'était pas comme aujourd'hui un carnage facile qui se fait prudemment de loin avec une machine : on frappait de sa main, on risquait vie pour vie. On tuait peu de baleines, mais on gagnait infiniment en habileté maritime, en patience, en sagacité, en intrépidité. On rapportait moins d'huile et plus de gloire.

Chaque nation se montrait là dans son génie particulier. On les reconnaissait à leurs allures. Il y a cent formes de courage, et leurs variétés graduées étaient comme une gamme héroïque. Au Nord, les Scandinaves les races rousses (de la Norvège en Flandre), leur sanguine fureur. — Au Midi, l'élan basque et la folie lucide qui se guida si bien autour du monde. — Au centre, la fermeté bretonne, muette et patiente, mais, à l'heure du danger, d'une excentricité sublime. — Enfin, la sagesse normande, armée de l'association et de toute prévoyance, courage calculé, bravant tout, mais pour le succès. Telle était la beauté de l'homme, dans cette manifestation souveraine du courage humain.

On doit beaucoup à la baleine : sans elle, les pêcheurs se seraient tenus à la côte, car presque tout poisson est riverain ; c'est elle qui les émancipa, et les mena partout. Ils allèrent, entraînés, au large, et, de proche en proche, si loin qu'en la suivant toujours ils [se trouvèrent avoir passé, à leur insu, d'un monde à l'autre.

Il y avait moins de glace alors, et ils assurent avoir touché le pôle (à sept lieues seulement de distance). Le Groënland ne les séduisit pas : ce n'est pas la terre qu'ils cherchaient, mais la mer seulement et les routes de la baleine. L'Océan entier est son gîte, et elle s'y promène, en large surtout. Chaque espèce habite de préférence une certaine latitude, une zone d'eau plus ou moins froide. Voilà ce qui traça les grandes divisions de l'Atlantique.

La populace des baleines inférieures qui ont une nageoire sur le dos (baléinoptères) se trouvent au plus chaud et au plus froid, sous la ligne et aux mers polaires.

Dans la grande région intermédiaire, le cachalot féroce incline au sud, dévaste les eaux tièdes.

Au contraire, la baleine franche les craint, ou les craignait plutôt (car elle est si rare aujourd'hui!). Nourrie spécialement de mollusques et autres vies élémentaires, elle les cherchait dans les eaux tempérées, un peu au nord. Jamais on ne la trouvait dans le chaud courant du midi; c'est ce qui fit remarquer le courant, et amena cette découverte essentielle *de la vraie voie d'Amérique en Europe*. D'Europe en Amérique, on est poussé par les vents alizés.

Si la baleine franche a horreur des eaux chaudes et ne peut passer l'équateur, elle ne peut tourner l'Amérique. Comment donc se fait-il qu'une baleine blessée de notre côté dans l'Atlantique se retrouve parfois de l'autre, entre l'Amérique et l'Asie ? *C'est qu'un passage existe au nord.* Seconde découverte. Vive lueur jetée sur la forme du globe et la géographie des mers.

De proche en proche, la baleine nous a menés partout. Rare aujourd'hui, elle nous fait fouiller les deux pôles, le dernier coin du Pacifique au détroit de Behring, et l'infini des eaux antarctiques. Il est même une région énorme qu'aucun vaisseau d'État ni de commerce ne traverse jamais, à quelques degrés au delà des pointes d'Amérique et d'Afrique. Nul n'y va que les baleiniers.

Si l'on avait voulu, on eût fait bien plus tôt les grandes découvertes du quinzième siècle. Il fallait s'adresser aux rôdeurs de la mer, aux Basques, aux Islandais ou Norvégiens, et à nos Normands. Pour des raisons diverses, on s'en défiait. Les Portugais ne voulaient employer que des hommes à eux, et de l'école qu'ils avaient formée. Ils craignaient nos Normands, qu'ils chassaient et dépossédaient de la côte d'Afrique. D'autre part, les rois de Castille tinrent toujours pour suspects leurs sujets, les Basques, qui, par leurs privilèges, étaient comme une république, et de plus passaient pour des têtes dangereuses, indomptables. C'est ce qui fit manquer à ces princes plus d'une entreprise. Ne parlons que d'une seule, l'Invincible Armada. Philippe II, qui avait deux vieux amiraux basques, la fit commander par un Castillan. On agit contre leur avis : de là le grand désastre.

Une maladie terrible avait éclaté au quinzième siècle, la faim, la soif de l'or, le besoin absolu de l'or. Peuples et rois, tous pleuraient pour l'or. Il n'y avait plus aucun moyen d'équilibrer les dépenses et les recettes. Fausse monnaie, cruels procès et guerres atroces, on employait tout, mais point d'or. Les alchimistes en promettaient, et on allait en faire dans peu ; mais il fallait attendre. Le fisc, comme un lion furieux de faim, mangeait des Juifs, mangeait des Maures, et de cette riche nourriture il ne lui restait rien aux dents.

Les peuples étaient de même. Maigres et sucés jusqu'à l'os, ils demandaient, imploraient un miracle qui ferait venir l'or du ciel.

On connaît la très belle histoire de Sinbad (*Mille et une Nuits*), son début, d'histoire éternelle, qui se renouvelle toujours. Le pauvre travailleur Hindbad, le dos chargé de bois, entend de la rue les concerts, les galas qui se font au palais de Sinbad, le grand voyageur enrichi. Il se compare, envie. Mais l'autre lui raconte tout ce qu'il a souffert pour conquérir de l'or. Hindbad est effrayé du récit. L'effet total du conte est d'exagérer les périls, mais aussi les profits de cette grande loterie des voyages, et de décourager le travail sédentaire.

La légende qui au quinzième siècle brouillait toutes les cervelles, c'était un réchauffé de la fable des Hespérides, un *Eldorado*, terre de l'or, qu'on plaçait dans les Indes et qu'on soupçonnait être le paradis terrestre, subsistant toujours ici-bas. Il ne s'agissait que de le trouver. On n'avait garde de le chercher au nord. Voilà pourquoi on fit si peu d'usage de la découverte de Terre-Neuve et du Groënland. Au midi, au contraire, on avait déjà trouvé en Afrique de la poudre d'or. Cela encourageait.

Les rêveurs et les érudits d'un siècle pédantesque entassaient, commentaient les textes. Et la découverte, peu difficile d'elle-même, le devenait à force de lectures, de réflexions, d'utopies chimériques. Cette terre de l'or était-elle, n'était-elle pas le paradis ?

Était-elle à nos antipodes? et avions-nous des antipodes?... A ce mot, les docteurs, les robes noires, arrêtaient les savants, leur rappelaient que là-dessus la doctrine de l'Église était formelle, l'hérésie des antipodes ayant été expressément condamnée.

Voilà une grave difficulté! On était là arrêté court.

Pourquoi l'Amérique, déjà découverte, se trouvat-elle encore si difficile à découvrir? C'est qu'on désirait à la fois et qu'on craignait de la trouver.

Le savant libraire italien, Colomb, était bien sûr de son affaire. Il avait été en Islande recueillir les traditions; et, d'autre part, les Basques lui disaient tout ce qu'ils savaient de Terre-Neuve. Un Gallicien y avait été jeté et y avait habité. Colomb prit pour associés des pilotes établis en Andalousie, les Pinzon, qu'on croit être identiques aux Pinçon de Dieppe.

Ce dernier point est vraisemblable. Nos Normands et les Basques, sujets de la Castille, étaient en intime rapport. Ce sont ceux-ci, qu'on nommait *Castillans*, qui, sous le Normand Béthencourt, firent la célèbre expédition des Canaries. (Navarrete.) Nos rois donnèrent des privilèges aux *Castillans* établis à Honfleur et à Dieppe; et, par contre, les Dieppois avaient des comptoirs à Séville. Il n'est pas sûr qu'un Dieppois ait trouvé l'Amérique quatre ans avant Colomb; mais il est presque sûr que ces Pinçon d'Andalousie étaient des armateurs normands.

Ni Basques, ni Normands, n'auraient pu, en leur propre nom, se faire autoriser par la Castille. Il y fallut un Italien habile et éloquent, un Génois obstiné qui poursuivît quinze ans la chose, qui trouvât le moment unique, empoignât l'occasion, sût lever le scrupule. Le moment fut celui où la ruine des Maures coûta si cher à la Castille, où l'on criait de plus en plus : « De l'or! » Le moment fut celui où l'Espagne victorieuse frémissait de sa guerre de croisade et d'inquisition. L'Italien saisit ce levier, fut plus dévot que les dévots. Il agit par l'Église même : on fit scrupule à Isabelle de laisser tant de nations païennes dans les ombres de la mort. On lui démontra clairement que découvrir la terre de l'or, c'était se mettre à même d'exterminer le Turc et reprendre Jérusalem.

On sait que, sur trois vaisseaux, les Pinçon en fournirent deux et les menèrent eux-mêmes. Ils allèrent en avant. L'un d'eux, il est vrai, se trompa; mais les autres, François Pinçon et son jeune frère Vincent, pilote du vaisseau la *Nina*, firent signe à Colomb qu'il devait les suivre au sud-ouest (12 octobre 1492). Colomb, qui allait droit à l'ouest, eût rencontré dans sa plus grande force le courant chaud qui va des Antilles à l'Europe. Il n'aurait traversé ce mur liquide qu'avec grande difficulté. Il eût péri ou navigué si lentement que son équipage se fût révolté. Au contraire, les Pinçon, qui peut-être avaient là-dessus des traditions, naviguèrent comme s'ils avaient connaissance de ce courant; ils ne l'affrontèrent pas à sa sortie, mais, déclinant au sud, passèrent sans peine, et abordèrent au lieu même où les vents alizés poussent les eaux, d'Afrique en Amérique, aux parages d'Haïti.

Ceci est constaté par le journal même de Colomb, qui, franchement, avoue que les Pinçon le dirigèrent.

Qui vit le premier l'Amérique? Un matelot des Pinçon, si l'on en croit l'enquête royale de 1513.

Il semblait d'après tout cela qu'une forte part du gain et de la gloire eût dû leur revenir. Ils plaidèrent. Mais le roi jugea en faveur de Colomb. Pourquoi? Parce que, vraisemblablement, les Pinçon étaient des Normands, et que l'Espagne aima mieux reconnaître le droit d'un Génois sans consistance et sans patrie que celui des Français, de la grande nation rivale, des sujets de Louis XII et de François Ier, qui un jour auraient pu transférer ce droit à leurs maîtres. Un des Pinçon mourut de désespoir.

Du reste, qui avait levé le grand obstacle des répugnances religieuses, fait décider l'expédition, avec tant d'éloquence, d'adresse et de persévérance? Colomb, le seul Colomb. Il était le vrai créateur de l'entreprise, et il en fut aussi l'exécuteur très héroïque. Il mérite la gloire qu'il garde dans la postérité.

Je crois, comme M. Jules de Blosseville (un noble cœur, bon juge des grandes choses), je crois qu'il n'y eut réellement de difficile en ces découvertes que le tour du monde, l'entreprise de Magellan et de son pilote, le Basque Sébastien del Cano.

Le plus brillant, le plus facile, avait été la traversée de l'Atlantique, sous le souffle des vents alizés, la rencontre de l'Amérique, dès longtemps découverte au nord.

Les Portugais firent une chose bien moins extraordinaire encore en mettant tout un siècle à découvrir la côte occidentale de l'Afrique. Nos Normands, en peu de temps, en avaient trouvé la moitié. Malgré ce qu'on a dit de l'école de Lisbonne et de la louable persévérance du prince Henri qui la créa, le Vénitien Cadamosto témoigne dans sa relation du peu d'habileté des pilotes portugais. Dès qu'ils en eurent un vraiment hardi et de génie, Barthélemy Diaz, qui doubla le Cap, ils le remplacèrent par Gama, un grand seigneur de la maison du roi, homme de guerre surtout. Ils étaient plus préoccupés de conquêtes à faire et de trésors à prendre que de découvertes proprement dites. Gama fut admirable de courage; mais il ne fut que trop fidèle aux ordres qu'il avait de ne souffrir personne dans les mêmes mers. Un vaisseau de pèlerins de la Mecque, tout chargé de familles, qu'il égorgea barbarement, exaspéra toutes les haines, augmenta dans tout l'Orient l'horreur du nom chrétien, ferma de plus en plus l'Asie.

Est-il vrai que Magellan ait vu le Pacifique marqué d'avance sur un globe par l'Allemand Behaim? Non, ce globe qu'on a ne le montre pas. Aurait-il vu chez son maître, le roi de Portugal, une carte qui l'indiquait? On l'a dit, non prouvé. Il est bien plus probable que les aventuriers qui déjà, depuis une vingtaine d'années, couraient le continent américain, avaient vu, de leurs yeux vu la mer Pacifique. Ce bruit qui circulait s'accordait à merveille avec l'idée que donnait le calcul d'un tel contrepoids, nécessaire à l'hémisphère que nous habitons et à l'équilibre du globe.

Il n'y a pas de vie plus terrible que celle de Magellan. Tout est combat, navigations lointaines, fuites et procès, naufrages, assassinat manqué, enfin la mort chez les barbares. Il se bat en Afrique, il se bat dans les Indes. Il se marie chez les Malais, si braves et si féroces. Lui-même semble avoir été tel.

Dans son long séjour en Asie, il recueille toutes les lumières, prépare sa grande expédition, sa tentative d'aller par l'Amérique aux îles même des épices, aux Moluques. Les prenant à la source, on était sûr de les avoir à meilleur prix qu'on n'avait pu encore, en les tirant de l'occident de l'Inde. L'entreprise, dans son idée originaire, fut ainsi toute commerciale. (Voy. Navarrete, F. Denis, Charton.) Un rabais sur le poivre fut l'inspiration primitive du voyage le plus héroïque qu'on ait fait sur cette planète.

L'esprit de cour, l'intrigue, dominait tout alors en Portugal. Magellan, maltraité, passa en Espagne, et magnifiquement Charles-Quint lui donna cinq vaisseaux. Mais il n'osa se fier tout à fait au transfuge portugais; il lui imposa un associé castillan. Magellan partit entre deux dangers, la malveillance castillane et la vengeance portugaise, qui le cherchait pour l'assassiner. Il eut bientôt révolte sur la flotte, et déploya un terrible héroïsme, indomptable et barbare. Il mit aux fers l'associé, se fit seul chef. Il fit poignarder, égorger, écorcher les récalcitrants. — A travers tout cela, naufrage! et des vaisseaux perdus. — Personne ne voulait plus le suivre, quand on vit l'effrayant aspect de la pointe de l'Amérique, la désolée Terre de feu, et le funèbre cap Forward. Cette contrée arrachée du continent par de violentes convulsions, par la furieuse ébullition de mille volcans, semble une tourmente de granit. Boursouflée, crevassée par un refroidissement subit, elle fait horreur. Ce sont des pics aigus, des clochers excentriques, d'affreuses et noires mamelles, des dents atroces à trois pointes, et toute cette masse de lave, de basalte, de fontes de feu, est coiffée de lugubre neige.

Tous en avaient assez. Il dit : « Plus loin ! » Il chercha, il tourna, il se démêla de cent îles, entra dans une mer sans bornes, ce jour-là *pacifique*, et qui en a gardé le nom.

Il périt dans les Philippines. Quatre vaisseaux périrent. Le seul qui resta, la *Victoire*, à la fin n'eut plus que treize hommes, mais il avait son grand pilote, l'intrépide et l'indestructible, le Basque Sébastien, qui revint seul ainsi (1521), ayant le premier des mortels fait le tour du monde.

Rien de plus grand. Le globe était sûr désormais de sa sphéricité. Cette merveille physique de l'eau uniformément étendue sur une boule où elle adhère sans s'écarter, ce miracle était démontré. Le Pacifique enfin était connu, le grand et mystérieux laboratoire où, loin de nos yeux, la nature travaille profondément la vie, nous élabore des mondes, des continents nouveaux.

Révélation d'immense portée, non matérielle seulement, mais morale, qui centuplait l'audace de l'homme et le lançait dans un autre voyage sur le libre océan des sciences, dans l'effort (téméraire, fécond) de faire le tour de l'infini.

III

LA LOI DES TEMPÊTES

C'est d'hier qu'on a su construire des vaisseaux propres à la navigation australe, à la lame si longue et si forte, qui, sur ces eaux sans bornes, va roulant, s'entassant, et fait de vraies montagnes. Que dire de ces premiers, les Diaz et les Magellan, qui s'y hasardèrent sur les lourdes petites coques de ce temps-là?

Pour les mers polaires surtout, arctiques et antarctiques, il faut des navires faits exprès. Ils furent vaillants, ceux qui, comme un Cabot, un Barentz, un Willoughby, sur des chaloupes informes, remontant le torrent de glaces, affrontèrent le Spitzberg, ouvrirent le Groënland par son entrée funèbre, le cap *Adieu*, percèrent jusqu'à ce coin où, de nos jours encore, furent brisés deux cents baleiniers.

Ce qui fait le sublime de ces anciens héros, c'est leur ignorance même, leur aveugle courage, leur résolution désespérée. Ils ne connaissaient rien à la mer, bravaient d'effrayants phénomènes dont ils ne soupçonnaient pas la cause. Ils ne savaient pas mieux le ciel. La boussole fut tout leur bagage. Nul de ces instruments physiques qui nous guident et nous parlent en langage si précis. Ils allaient comme les yeux fermés et dans la nuit. Ils étaient effrayés, ils le disent eux-mêmes, mais n'en démordaient pas. Les tempêtes de mer, les tourbillons de l'air, les tragiques dialogues de ces deux océans, les orages magnétiques qu'on appelle aurores boréales, toute cette fantasmagorie leur semblait la fureur de la nature troublée et irritée, la lutte des démons.

Les progrès ont été lents pendant trois siècles. On voit dans Cook et dans Péron combien, même en ces temps si près de nous, la navigation était difficile, périlleuse, incertaine.

Cook, de si grand courage, mais de vive imagination, en est ému, et dit dans son journal : « Les dangers sont si grands, que j'ose dire que personne ne se hasardera à aller plus loin que moi. »

Or c'est précisément depuis que les voyages ont commencé de manière régulière et poussé au plus loin.

Un grand siècle, un siècle titan, le dix-neuvième, a froidement observé ces objets. Il a le premier osé regarder l'orage à la face, noter sa furie, écrire, pour ainsi dire, sous sa dictée. Ses présages, ses caractères, ses résultats, tout a été enregistré. Puis on a expliqué et généralisé. Un système a surgi, nommé d'un titre hardi qui jadis eût semblé impie : « *Loi des tempêtes.* »

Donc ce qu'on avait cru un caprice se ramènerait

à une loi. Ces faits terribles, rentrant dans certaines formes régulières, perdraient en grande partie leur puissance de vertige. Calme et fort, l'homme en plein péril aviserait si l'on ne peut leur opposer des moyens de défense non moins réguliers. En deux mots, si la tempête arrive à faire une *science*, ne peut-on créer un *art* du salut ? un art d'éviter l'ouragan, et d'*en profiter* même ?

Cette science ne put commencer tant qu'on se tint aux vieilles idées qui attribuaient la tempête au « caprice des vents ». Une observation attentive fit connaître que les vents n'ont point de caprice, — qu'ils sont l'accident, parfois l'agent de la tempête, mais qu'elle est en général un *phénomène électrique* et souvent se passe des vents.

Le frère du conventionnel Romme (principal auteur du calendrier) posa les premières bases. Les Anglais avaient remarqué que, dans les tempêtes de l'Inde, ils naviguaient longtemps sans avancer et se retrouvaient au point de départ. Romme réunit toutes les observations, montra qu'il en était de même dans les ouragans de la Chine, de l'Afrique, de la mer des Antilles. Le premier il nota que les coups de vents rectilignes sont plus rares, et qu'en général la tempête a le *caractère circulaire*, est un tourbillon.

La tempête tourbillonnante des États-Unis en 1815, celle de 1821 (l'année d'une grande éruption de l'Hécla), où les vents soufflaient de tous les points vers un centre, éveillèrent l'attention de l'Amérique et de l'Europe. Brande en Allemagne, et en même temps

Redfield, de New-York, firent le premier pas après Romme. Ils établirent cette loi, que la tempête était généralement un *tourbillon progressif qui avance en tournant sur lui-même.*

En 1838, l'ingénieur anglais Reid, envoyé à la Barbade, après la célèbre tourmente qui tua quinze cents personnes, précisa le double mouvement de rotation. Mais sa découverte capitale, c'est qu'il observa, formula : *Que dans notre hémisphère boréal la tempête tourne de droite à gauche*, c'est-à-dire part de l'est, va au nord, tourne à l'ouest, au sud, pour revenir à l'est. *Dans l'hémisphère austral, la tempête tourne de gauche à droite.*

Observation de grande utilité pratique, qui guide désormais la manœuvre.

Reid très justement prit pour son livre ce grand titre : *De la loi des tempêtes.*

C'était la loi de leur *mouvement*, non l'explication de leur cause. Cela ne disait pas ce qui les fait et ce qu'elles sont en elles-mêmes.

Ici la France reparaît. Peltier (*Causes des trombes*, 1840) a établi, et par un grand nombre de faits et par ses ingénieuses expériences, que les trombes de terre et de mer *sont des phénomènes électriques*, où les vents jouent un rôle secondaire. Beccaria, il y a cent ans, l'avait soupçonné. Mais il était réservé à Peltier de pénétrer la chose en la reproduisant, de faire des trombes en miniature et des tempêtes d'agrément.

Les trombes électriques naissent volontiers près des volcans, aux soupiraux du monde souterrain ;

donc elles sont plus communes dans les mers d'Asie que dans les nôtres.

L'Atlantique, ouvert aux deux bouts et tout traversé par les vents, doit avoir moins de trombes, plus de coups de vent rectilignes. Cependant Piddington en cite une infinité de circulaires.

De 1840 à 1850, se sont faites à Calcutta et New-York les immenses compilations de Piddington et de Maury. Le second, si illustre par ses cartes, ses *Directions*, sa *Géographie de la mer*, évangile de la marine d'aujourd'hui. Piddington, moins artiste, non moins savant, dans son *Guide du marin*, l'encyclopédie des tempêtes, donne les résultats d'une expérience infinie, les moyens minutieux de calculer l'éloignement du cyclone ou tourbillon, d'en déterminer la vitesse, d'apprécier la courbe des vents, la nature des diverses lames. Il a corroboré les idées de Peltier, adopté la cause électrique, réfuté les explications qu'on cherchait dans les vents en prenant l'effet pour la cause.

L'art ancien des augures, la science des présages, nullement méprisable, reçoit dans cet excellent livre un heureux renouvellement.

Le coucher du soleil n'est point indifférent. S'il est rouge, si la mer en garde des lames sanglantes, l'autre océan, celui de l'air, te prépare un orage. Un anneau autour du soleil, une lueur rouge dans un cercle pâle, des étoiles changeantes et qui semblent descendre, ce sont des signes d'un travail menaçant dans la région supérieure.

C'est bien pis si tu vois, sur un ciel sale, de petits nuages filer comme des flèches d'un pourpre sombre, si des masses compactes se mettent à figurer des édifices étranges, des arcs-en-ciel brisés, des ponts en ruine et cent autres caprices. Tu peux croire que déjà le drame a commencé là-haut. Tout est calme, mais à l'horizon tremblent des éclairs pâles. Tout est calme, et, dans ce silence, on surprend par instants des bruits roulants qui s'arrêtent soudain. La mer vient au rivage, plaintive et gonflée de soupirs. Parfois même, du fond, monte un bruit sourd... Ici sois attentif : « *C'est l'appel de la mer.* » (Locution anglaise.)

L'oiseau est averti. S'il n'est pas loin des côtes, on le voit (cormoran, goéland ou mouette) qui regagne la terre à tire-d'aile, quelque trou de rocher. En haute mer, ton vaisseau leur sert d'île et de point de repos. Ils tournent tout autour, et parfois franchement te demandent l'hospitalité, perchent un moment sur tes mâts. Bientôt viendra le pétrel sombre, l'oiseau au vol sinistre, qui, si habilement, entre lui et l'orage, sait mettre le vaisseau en danger.

Réjouis-toi s'il tonne. La décharge électrique se fait en haut. Autant de moins sur la tempête. Observation antique, mais confirmée scientifiquement par Peltier, et par l'expérience de Piddington et de tant d'autres.

Si l'électricité, accumulée en haut, descend silencieuse, s'il ne pleut pas, la décharge se fera en bas, créera des courants circulaires. Il y aura trombe et tempête.

La trombe parfois vous prend en rade. En 1698,

le capitaine Langford, au port et bien ancré, vit la trombe venir, et sur-le-champ partit, se mit sous la protection de la mer. Les navires plus prudents restèrent et furent brisés.

A Madras et à la Barbade, des signaux sont donnés pour avertir les vaisseaux à l'ancre. Au Canada, le télégraphe électrique, plus prompt encore que l'électricité du ciel, fait circuler de port en port l'avis de la tempête qui doit aller de l'un à l'autre.

Pour le marin en pleine mer, le baromètre est le grand conseiller. Sa sensibilité parfaite révèle les degrés précis du poids dont l'orage l'opprime. Muet d'abord, il a l'air de dormir. Mais un léger coup l'a frappé, coup d'archet qui prélude. Le voilà inquiet. Il répond, vibre, oscille ; il se replie, descend. L'atmosphère élastique, sous les lourdes vapeurs, pèse, puis tout à coup rebondit et remonte. Le baromètre a son orage à lui. Des lueurs de pâle lumière lui échappent parfois du mercure et remplissent son tube (Péron l'observa à Maurice). Dans les rafales, il semble respirer. « Le baromètre à eau, dans ses fluctuations, disent Daniel et Barlow, avait l'haleine, le souffle d'un animal sauvage. »

Il avance pourtant, le cyclone, et parfois franchement, s'illuminant dans sa vaste épaisseur de toutes ses lueurs électriques. Parfois il s'annonce par des jets, des boules de feu. En 1772, au grand ouragan des Antilles où la mer monta de soixante-dix pieds, dans le noir de la nuit, les mornes des rivages s'éclairèrent de globes enflammés.

L'approche est plus ou moins rapide. Dans l'océan Indien, semé d'îles et d'obstacles, la trombe ne fait souvent que deux milles à l'heure, tandis qu'au courant chaud qui nous vient des Antilles, elle se précipite à raison de quarante-trois milles. Sa force de translation serait incalculable si elle n'avait en elle-même une oscillation sous la lutte des vents du dedans, du dehors.

Lente ou rapide, sa fureur est la même. En 1789, il suffit d'un moment et d'une lame pour briser dans le port de Coringa tous les vaisseaux, les lancer dans les plaines ; seconde lame, la ville est noyée ; à la troisième elle s'écroule ; vingt mille habitants écrasés. En 1822, au contraire, aux bouches du Bengale, on vit la trombe, pendant vingt-quatre heures, aspirer l'air, et l'eau monter d'autant ; et cinquante mille hommes engloutis.

L'aspect est différent. En Afrique, c'est la *tornada*. Par un temps calme et clair, on sent de l'oppression à la poitrine. Un point noir apparaît au ciel, comme une aile de vautour. Ce vautour fond ; il est immense ; tout disparaît, tout tourne. C'est fait en un quart d'heure. Terre dévastée, mer bouleversée. Du vaisseau nulle nouvelle. La nature ne s'en souvient plus.

Vers Sumatra et au Bengale, vous voyez, vers le soir ou dans la nuit (point au matin), se faire un arc en haut. Dans un moment il a grandi, et de cette arche noire descendent, sur une lumière terne, des nappes de tristes éclairs pâles. Malheur à qui reçoit le premier vent qui sort de là ! Il peut sombrer, être englouti.

Mais la forme ordinaire est celle d'un entonnoir. Un marin qui s'y laissa prendre dit : « Je me vis comme au fond d'un cratère énorme de volcan : autour de nous, rien que ténèbres ; en haut, une échappée et un peu de lumière. » C'est ce que l'on appelle techniquement l'*œil de la tempête*.

Engrené, il n'y a plus à s'en dédire ; elle vous tient. Rugissements sauvages, hurlements plaintifs, râle et cris de noyade, gémissements du malheureux vaisseau qui redevient vivant, comme dans sa forêt, se lamente avant de mourir, tout cet affreux concert n'empêche pas d'entendre aux cordages d'aigres sifflements de serpents. Tout à coup un silence... Le noyau de la trombe passe alors dans l'horrible foudre, qui rend sourd, presque aveugle... Vous revenez à vous. Elle a rompu les mâts sans qu'on en ait rien entendu.

L'équipage parfois en garde longtemps les ongles noirs et la vue affaiblie. (Seymour.) On se souvient alors avec horreur qu'au moment du passage la trombe, aspirant l'eau, aspirait aussi le navire, voulait le boire, le tenait suspendu dans l'air et hors de l'eau, puis elle le lâchait, le faisait plonger dans l'abîme.

En la voyant ainsi se gorger et s'enfler, absorber et vagues et vaisseaux, les Chinois l'ont conçue comme une horrible femme, la mère Typhon, qui, en planant au ciel, choisissant ses victimes, conçoit, s'emplit et se fait grosse, pleine d'enfants de mort, les *tourbillons de fer*. (Keu Woo.)

On lui a fait des temples et des autels. On la prie, on l'adore, dans l'espoir de l'humaniser.

Le brave Piddington ne l'adore pas. Tout au contraire. Il en parle sans ménagement. Il l'appelle un corsaire trop fort, un coquin de pirate qui abuse de ses forces, et qu'on ne doit pas se piquer de combattre. Il faut le fuir, sans point d'honneur.

Ce perfide ennemi vous tend parfois un piège. Par *un bon vent*, il vous invite. Il a hâte de vous embrasser. Laissez là ce *bon vent*, et tournez-lui le dos, s'il est possible. Naviguez au plus loin de ce dangereux compagnon. N'allez pas voguer de conserve. Il prendrait son moment pour vous engrener dans sa danse, vous maîtriser, vous avaler.

Je voudrais suivre cet excellent homme dans tous ses conseils paternels. Ils seraient inutiles si les deux adversaires, la trombe et le vaisseau, étaient dans un petit espace enfermés en champ clos. Mais rarement il en est ainsi. Le plus souvent, ce tournoiement d'air et d'eau est immense, dans un cercle de dix, vingt, trente lieues. Cela donne au vaisseau des chances pour observer et se tenir à une honnête distance. Le point est de savoir surtout *où elle est centrale*, cette trombe, où elle a son foyer d'attraction ; puis de connaître son allure, sa vitesse à venir vous joindre.

C'est une belle lumière pour le marin de marcher aujourd'hui entre ces deux flambeaux! D'un côté, son Maury lui enseigne les lois générales de l'air et de la mer, l'art de choisir et suivre les courants ; il le dirige par des voies calculées, qui sont comme les rues de l'Océan. D'autre côté, son Piddington, dans un petit volume, lui résume et lui met en main l'expérience des tempêtes, ce qu'on fit pour les éviter, parfois pour en profiter même.

Cela explique et justifie les belles paroles d'un Hollandais, le capitaine Jansen : « Sur mer, la première impression est le sentiment de l'abîme, de l'infini, de notre néant. Sur le plus grand navire, on se sent toujours en péril. Mais, lorsque les yeux de l'esprit ont sondé l'espace et la profondeur, le danger disparaît pour l'homme. Il s'élève et comprend. Guidé par l'astronomie, instruit des routes liquides, dirigé par les cartes de Maury, il trace sa route sur la mer en *sécurité*. »

Cela est simplement sublime. La tempête n'est pas supprimée. Mais ce qui l'est, c'est l'ignorance, c'est le trouble et le vertige qui fait l'obscurité de ce péril, et le pire de tout péril, ce qu'il eut de fantastique. — Du moins, si l'on périt, on sait pourquoi. Grande, très grande *sécurité*, de conserver l'esprit lucide, l'âme en pleine lumière, résignée aux effets quelconques des grandes lois divines du monde qui, au prix de quelques naufrages, font l'équilibre et le salut.

IV

LES MERS DES PÔLES

Le plus tentant pour l'homme, c'est l'inutile et l'impossible. De toutes les entreprises maritimes, celle où il a mis le plus de persévérance, c'est la découverte d'un passage au nord de l'Amérique pour aller tout droit d'Europe en Asie. Le plus simple bon sens eût fait juger d'avance que, si ce passage existait, dans une latitude si froide, dans la zone hérissée des glaces, il ne servirait point, que personne n'y voudrait passer.

Notez que cette région n'a pas la platitude des côtes Sibériques, où l'on glisse en traîneau. C'est une montagne de mille lieues horriblement accidentée, avec de profondes coupures, des mers qui dégèlent un moment pour regeler, des corridors de glaces qui changent tous les ans, s'ouvrent et se referment sur vous. Il vient d'être trouvé, ce passage, par un homme qui, engagé très loin et ne pouvant plus reculer, s'est jeté en avant et a passé (1853). On sait maintenant ce que c'est. Voilà les imaginations calmées et personne n'en a plus envie.

Quand j'ai dit l'*inutile*, je l'ai dit pour le but qu'on s'était proposé, de créer une voie commerciale. — Mais, en suivant cette folie, on a trouvé maintes choses nullement folles, très utiles pour la science, pour la géographie, la météorologie, l'étude du magnétisme de la terre.

Que voulait-on dès l'origine? S'ouvrir un chemin court au pays de l'or, aux Indes orientales. L'Angleterre et autres États, jaloux de l'Espagne et du Portugal, comptaient les surprendre par là au cœur de leur lointain empire, au sanctuaire de la richesse. Du temps d'Élisabeth, des chercheurs ayant trouvé ou cru trouver quelques parcelles d'or au Groënland, exploitèrent la vieille légende du Nord, le *trésor caché sous le pôle*, les masses d'or gardées par les gnômes, etc. Et les têtes se prirent. Sur un espoir si raisonnable, une grande flotte de seize vaisseaux fut envoyée, emmenant comme volontaires les fils des plus nobles familles. On se disputa à qui partirait pour cet Eldorado polaire. Ce qu'on trouva, ce fut la mort, la faim, les murs de glaces.

Cet échec n'y fit rien. Pendant plus de trois siècles, avec une persévérance étonnante, les explorateurs s'y acharnent. C'est une succession de martyrs. Cabot, le premier, n'est sauvé que par la révolte de son équipage qui l'empêche d'aller plus loin. Barentz meurt de froid et Willoughby de faim. Cortereal périt, corps et biens. Hudson est jeté par les siens, sans vivres, sans voiles, dans une chaloupe, et l'on ne sait ce qu'il devient. Behring, en trouvant le détroit qui sépare l'Amérique de l'Asie, périt de fatigue, de froid, de misère, dans une île déserte. De nos jours, Franklin est perdu dans les glaces; on ne le retrouve que mort, ayant eu, lui et les siens, la nécessité terrible d'en venir *à la dernière ressource* (de se manger les uns les autres)!

Tout ce qui peut décourager les hommes se trouve réuni dès l'entrée de ces navigations du Nord. Bien avant le cercle polaire, un froid brouillard pèse sur la mer, vous morfond, vous couvre de givre. Les cordages se roidissent; les voiles s'immobilisent; le pont est glissant de verglas; la manœuvre difficile. Les écueils mouvants qu'on a à craindre se distinguent à peine. Au haut du mât, dans sa logette chargée de frimas, le veilleur (vraie stalactite vivante) signale, de moment en moment, l'approche d'un nouvel ennemi, d'un blanc fantôme gigantesque, qui souvent a deux cents, trois cents pieds au-dessus de l'eau.

Mais cette procession lugubre qui annonce le monde des glaces, ce combat pour les éviter, donnent plutôt envie d'aller plus loin. Il y a dans l'inconnu du Pôle je ne sais quel attrait d'horreur sublime, de souffrance héroïque. Ceux qui, sans tenter le passage, ont seulement été au Nord, et contemplé le Spitzberg, en gardent l'esprit frappé. Cette masse de pics, de chaînes, de précipices, qui porte à quatre mille cinq cents pieds son front de cristaux, est comme une apparition dans la sombre mer. Ses glaciers, sur les neiges mates, se détachent en vives lueurs, vertes, bleues, pourpres, en étincelles, en pierreries, qui lui font un éblouissant diadème.

Pendant la nuit de plusieurs mois, l'aurore boréale éclate à chaque instant dans les splendeurs bizarres d'une illumination sinistre. Vastes et effrayants incendies qui remplissent tout l'horizon, éruption de jets magnifiques; un fantastique Etna, inondant de lave illusoire la scène de l'éternel hiver.

Tout est prisme dans une atmosphère de particules glacées, où l'air n'est que miroirs et petits cristaux. De là de surprenants mirages. Nombre d'objets, vus à l'envers, pour un moment apparaissent la tête en bas. Les couches d'air qui produisent ces effets sont en révolution constante ; ce qui y devient plus léger monte à son tour et change tout; la moindre variation de température abaisse, élève, incline le miroir; l'image se confond avec l'objet, puis s'en sépare, se disperse; une autre image redressée monte au-dessus, une troisième apparaît pâle, affaiblie, de nouveau renversée.

C'est le monde de l'illusion. Si vous aimez les songes, si, rêvant éveillé, vous vous plaisez à suivre la mobile improvisation et le jeu des nuages, allez au Nord; tout cela se retrouve réel, et non moins fugitif, dans la flotte des glaces mouvantes. Sur le chemin, elles donnent ce spectacle. Elles singent toutes les architectures. Voici du grec classique, des portiques et des colonnades. Des obélisques égyptiens apparaissent, des aiguilles qui pointent au ciel, appuyées d'aiguilles tombées. Puis voici venir des montagnes, Ossa sur Pélion, la cité des Géants, qui, régularisée, vous donne des murs cyclopéens, des tables et dolmens druidiques. Dessous s'enfoncent des grottes sombres. Mais tout cela caduc; tout, aux frissons du vent, ondule et croule. On n'y prend pas plaisir, parce que rien ne s'assceoit. A chaque instant, dans ce monde à l'envers, la loi de pesanteur n'est rien : le faible, le léger, portent le fort; c'est, ce semble, un art insensé, un gigantesque jeu d'enfant, qui menace et peut écraser.

Il arrive parfois un incident terrible. A travers la grande flotte qui majestueusement, lentement, descend du Nord, vient brusquement du Sud un géant de base profonde, qui, enfonçant de six, de sept cents pieds sous la mer, est violemment poussé par les courants d'en bas. Il écarte ou renverse tout; il aborde, il arrive à la plaine de glaces, mais il n'est pas embarrassé. « La banquise fut brisée en une minute sur un espace de plusieurs milles. Elle craqua, tonna, comme cent pièces de canon; ce fut comme un tremblement de terre. La montagne courut près de nous; tout fut comble, entre elle et nous, de blocs brisés. Nous périssions; mais elle fila, rapidement emportée au nord-est. » (Duncan, 1826.)

C'est en 1818, après la guerre européenne, qu'on reprit cette guerre contre la nature, la recherche du grand passage. Elle s'ouvrit par un grave et singulier événement. Le brave capitaine John Ross, envoyé avec deux vaisseaux dans la baie de Baffin, fut dupe des fantasmagories de ce monde des songes. Il vit distinctement une terre qui n'existait pas, soutint qu'on ne pouvait passer. Au retour, on l'accable, on lui dit qu'il n'a pas osé; on lui refuse même de prendre sa revanche et de rétablir son honneur. Un marchand de liqueurs de Londres se piqua de faire plus que l'empire britannique. Il lui donna cinq cent mille francs, et Ross retourna, déterminé à passer ou mourir. Ni l'un ni l'autre ne lui fut accordé! Mais il resta, je ne sais combien d'hivers, ignoré, oublié, dans ces terribles solitudes. Il ne fut ramené que par des baleiniers qui, trouvant ce sauvage, lui demandèrent si jadis il n'avait pas rencontré par hasard *feu le capitaine John Ross.*

Son lieutenant Parry, qui s'était cru sûr de passer, fit quatre efforts obstinés : tantôt par la baie de Baffin et l'Ouest, tantôt par le Spitzberg et le Nord. Il fit des découvertes, s'avança hardiment avec un traîneau-barque, qui tour à tour flottait ou passait les glaçons. Mais ceux-ci, invariables dans leur route du Sud, l'emportaient toujours en arrière. Il ne passa pas plus que Ross.

En 1832, un courageux jeune homme, un Français, Jules de Blosseville, voulut que cette gloire appartînt à la France. Il y mit sa vie, son argent, il paya pour périr. Il ne put même avoir un vaisseau de son choix : on lui donna la *Lilloise*, qui fit eau le jour même du départ. (Voir la Notice de son frère.) Il la raccommoda à ses frais, pour quarante mille francs. Dans ce hasardeux véhicule, il voulait attaquer la côte de fer, le Groënland oriental. Selon toute apparence, il n'y arriva même pas. On n'en eut nulle nouvelle.

Les expéditions des Anglais étaient tout autrement

préparées, avec grande prudence, grande dépense, mais ne réussissaient guère mieux. En 1845, l'infortuné Franklin se perdit dans les glaces. Douze ans durant, on le chercha. L'Angleterre y montra une honorable obstination. Tous y aidèrent. Des Américains, des Français, y ont péri. Les pics, les caps de la région désolée, à côté du nom de Franklin, gardent celui de notre Bellot et des autres qui se dévouèrent à sauver un Anglais. De son côté, John Ross avait offert de diriger les nôtres dans la recherche de Blosseville, d'organiser l'expédition. Le sombre Groënland est paré de tels souvenirs, et le désert n'est plus désert, lorsque l'on y retrouve ces noms, qui y témoignent de la fraternité humaine.

Lady Franklin fut admirable de foi. Jamais elle ne voulut se croire veuve. Elle sollicita incessamment de nouvelles expéditions. Elle jura qu'il vivait encore, et elle le persuada si bien que, sept années après qu'il fut perdu, on le nomma contre-amiral. Elle avait raison, il vivait. En 1850, les Esquimaux le virent, disent-ils, avec une soixantaine d'hommes. Bientôt ils ne furent plus que trente, ne purent plus marcher ni chasser. Il leur fallut manger ceux qui mouraient. Si l'on eût écouté lady Franklin, on l'aurait retrouvé. Car elle disait (et le bon sens disait) qu'il fallait le chercher au Sud; qu'un homme, dans cette situation désespérée, n'irait pas l'aggraver en marchant vers le Nord. L'Amirauté, qui probablement s'inquiétait bien moins de Franklin que du fameux passage, poussait toujours ses envoyés au Nord. La pauvre femme désolée finit par faire elle-même ce qu'on ne voulait pas faire. Elle arma à grands frais un vaisseau pour le

Sud. Mais il était trop tard. On trouva les os de Franklin.

Pendant ce temps, des voyages plus longs, et cependant plus heureux, furent faits vers le pôle antarctique. Là, ce n'est pas ce mélange de terre, de mer, de glaces et de dégels tempétueux qui fait l'horreur du Groënland. C'est une grande mer sans bornes, de lame forte et violente. Une immense glacière, bien plus étendue que la nôtre. Peu de terre. La plupart de celles qu'on a vues ou cru voir laissent toujours ce doute, si leurs changeants rivages ne seraient pas une simple ligne de glaces continues et accumulées. Tout varie selon les hivers. Morel en 1820, Weddell en 1824, Ballerry en 1839, trouvèrent une échancrure, pénétrèrent dans une mer libre que plusieurs n'ont pu retrouver.

Le Français Kerguelen et l'Anglais James Ross ont eu des résultats certains, trouvé des terres incontestables.

Le premier, en 1771, découvrit la grande île Kerguelen, que les Anglais appellent la *Désolation*. Longue de deux cents lieues, elle a d'excellents ports, et, malgré le climat, une assez riche vie animale, de phoques, d'oiseaux, qui peuvent approvisionner un vaisseau. Cette glorieuse découverte, que Louis XVI à son avènement récompensa d'un grade, fut la perte de Kerguelen. On lui forgea des crimes. La furieuse rivalité des nobles officiers d'alors l'accabla. Ses jaloux servirent de témoins contre lui. C'est d'un cachot de six pieds carrés qu'il data le récit de sa découverte (1782).

En 1838, la France, l'Angleterre, l'Amérique, firent toutes trois trois expéditions dans l'intérêt des sciences. L'illustre Duperré avait ouvert la voie des observations magnétiques. On eût voulu les continuer sous le pôle même. Les Anglais chargèrent de cette étude une expédition confiée à James Ross, neveu, élève et lieutenant de John Ross, dont nous avons parlé. Ce fut un armement modèle, où tout fut calculé, choisi, prévu. James revint *sans avoir* perdu un seul homme ni *eu même un malade*.

L'Américain et le Français Wilkes et Dumont-d'Urville n'étaient nullement armés ainsi. Les dangers et les maladies furent terribles pour eux. Plus heureux, James, tournant le cercle arctique, entra dans les glaces et trouva une terre réelle. Il avoue, avec une remarquable modestie, qu'il dut ce succès uniquement au soin admirable avec lequel on avait préparé ses vaisseaux. L'*Érèbe* et la *Terreur*, de leurs fortes machines, de leur scie, de leur proue, de leur poitrail de fer, ouvrirent la ceinture de glaces, naviguèrent à travers la croûte grinçante et au delà trouvèrent une mer libre, avec des phoques, des oiseaux, des baleines. Un volcan, de douze mille pieds, aussi haut que l'Etna, jetait des flammes. Nulle végétation, nul abord ; un granit escarpé où la neige ne tient même pas. C'est la terre, point de doute. L'Etna du pôle, qu'on a nommé *Érèbe*, avec sa colonne de feu, reste là pour le témoigner.

Donc un noyau terrestre centralise la glace antarctique (1841).

Pour revenir à notre pôle arctique, les mois d'avril et mai 1853 sont pour lui une grande date.

En avril, on trouva le passage cherché pendant trois cents ans. On dut la chose à un heureux coup de désespoir.

Le capitaine Maclure, entré par le détroit de Behring, enfermé dans les glaces, affamé, au bout de deux ans, ne pouvant retourner, se hasarda à marcher en avant. Il ne fit que quarante milles, et trouva dans la mer de l'Est des vaisseaux anglais. Sa hardiesse le sauva et la grande découverte fut enfin consommée.

Au même moment, mai 1853, partit une expédition de New-York pour l'extrême Nord. Un jeune marin, Elischa Kent Kane, qui n'avait pas trente ans, et qui déjà avait couru toute la terre, venait de lancer une idée, hasardée, mais très belle, qui piquait vivement l'ambition américaine. De même que Wilkes avait promis de découvrir un monde, Kane s'engageait à trouver une mer, une mer libre sous le pôle. Tandis que les Anglais, dans leur routine, cherchaient d'est en ouest, Kane allait monter droit au nord et prendre possession de ce bassin inexploré. Les imaginations furent saisies. Un armateur de New-York, M. Grinnell, donna généreusement deux vaisseaux. Les sociétés savantes aidèrent et tout le public. Les dames, de leurs mains, travaillaient aux préparatifs avec un zèle religieux. Les équipages, choisis, formés de volontaires, jurèrent trois choses : obéissance, abstinence de liqueurs et de tout langage profane. Une première expédition, qui manqua, ne découragea pas M. Grinnell ni le public américain. Une seconde fut organisée avec le secours de certaines sociétés de Londres qui avaient en vue ou la propagation biblique ou une dernière recherche de Franklin.

Peu de voyages sont plus intéressants. On s'exprime à merveille l'ascendant que le jeune Kane avait exercé. Chaque ligne est marquée de sa force, de sa vivacité brillante, et d'un merveilleux *en avant!* Il sait tout, il est sûr de tout, ardent, mais positif. Il ne mollira pas, on le sent, devant les obstacles. Il ira loin, et aussi loin qu'on peut aller. Le combat est curieux entre un tel caractère et l'impitoyable lenteur de la nature du Nord, rempart d'obstacles terribles. A peine est-il parti, qu'il est déjà pris de l'hiver, forcé d'hiverner six mois sous les glaces. Au printemps même, un froid de soixante-dix degrés! A l'approche du second hiver, au 28 août, il est abandonné; il ne lui reste que huit hommes sur dix-sept. Moins il a d'hommes et de ressources, plus il est âpre et dur, voulant, dit-il, se faire mieux respecter. Ses bons amis les Esquimaux qui aident à le nourrir, et dont il est même forcé de prendre quelques petits objets, se sont accommodés chez lui de trois vases de cuivre. En retour, il leur prend deux femmes. Châtiment excessif, sauvage. Entre huit matelots qui lui sont restés à grand'peine, et dans un relâchement forcé de la discipline, il n'était guère prudent d'amener là ces pauvres créatures. Elles étaient mariées. « Sivu, femme de Metek, et Aningna, femme de Marsinga », restent à pleurer cinq jours. Kane s'efforce d'en rire et de nous en faire rire : « Elles pleuraient, dit-il, et chantaient des lamentations, mais ne perdaient pas l'appétit. » Les maris, les parents arrivent avec les objets pris et prennent tout en douceur, comme des hommes intelligents, qui n'ont d'armes que des arêtes de poissons contre des revolvers. Ils souscrivent à tout, promettent amitié, alliance. Mais, quelques jours après, ils ont fui, disparu! dans quels sentiments d'amitié, on le devine. Ils diront sur leur route aux peuplades errantes combien il faut fuir l'homme blanc. Voilà comme on se ferme un monde.

La suite est bien lugubre. Si cruelles sont les misères que les uns meurent, les autres veulent retourner. Kane ne lâche pas prise : il a promis une mer, il faut qu'il en trouve une. Complots, désertions, trahisons, tout ajoute à l'horreur de la situation. Au troisième hivernage, sans vivres, sans chauffage, il serait mort si d'autres Esquimaux ne l'eussent nourri de leur pêche : lui, il chassait pour eux. Pendant ce temps, quelques-uns de ses hommes, envoyés en expédition, ont la bonne fortune de voir la mer dont il a tant besoin. Ils rapportent du moins qu'ils ont aperçu une grande étendue d'eau libre et non gelée, et autour, des oiseaux, qui semblaient s'abriter dans ce climat moins rude.

C'est tout ce qu'il fallait pour revenir. Kane, sauvé par les Esquimaux, qui n'abusèrent pas de leur nombre ni de son extrême misère, leur laisse son vaisseau dans les glaces.

Faible, épuisé, il réussit encore, par un voyage de quatre-vingt-deux jours, à revenir au sud; mais c'est pour y mourir. Ce jeune homme intrépide, qui approcha du pôle plus près qu'aucun mortel, mourant, emporta la couronne que les sociétés savantes de la France ont mise à son tombeau, le grand prix de géographie.

Dans ce récit, où il y a tant de choses terribles, il y en a une touchante. Elle donne la mesure des souffrances excessives d'un tel voyage : c'est la mort de ses chiens. Il en avait de Terre-Neuve, admirables ; il avait des chiens esquimaux ; c'étaient ses compagnons plus qu'aucun homme. Dans ses longs hivernages, des nuits de tant de mois, ils veillaient autour du vaisseau. Sortant dans les ténèbres épaisses, il rencontrait le souffle tiède de ces bonnes bêtes, qui venaient réchauffer ses mains. Les terre-neuve d'abord furent malades : il l'attribue à la privation de lumière ; quand on leur montrait des lanternes, ils allaient mieux. Mais, peu à peu, une mélancolie étrange les gagna, ils devinrent fous. Les chiens esquimaux les suivirent : il n'y eut pas jusqu'à sa chienne Flora, *la plus sage*, la plus réfléchie, qui ne délirât comme les autres et qui ne succombât. C'est le seul point, je crois, dans son âpre récit, où ce ferme cœur semble ému.

V

LA GUERRE AUX RACES DE LA MER

En revenant sur tout ce qui précède et sur toute l'histoire des voyages, on a deux sentiments contraires :

1° L'admiration de l'audace, du génie, avec lesquels l'homme a conquis les mers, maîtrisé sa planète ;

2° L'étonnement de le voir si inhabile en tout ce qui touche l'homme ; de voir que, pour la conquête des choses, il n'a su faire nul emploi des personnes ; que partout le navigateur est venu en ennemi, a brisé les jeunes peuples, qui, ménagés, eussent été, chacun dans son petit monde, l'instrument spécial pour le mettre en valeur.

Voilà l'homme en présence du globe qu'il vient de découvrir : il est là comme un musicien novice devant un orgue immense, dont à peine il tire quelques notes. Sortant du moyen âge, après tant de théologie et de philosophie, il s'est trouvé barbare : de l'instrument sacré il n'a su que casser les touches.

Les chercheurs d'or ont commencé, comme on a vu, ne voulant qu'or, rien de plus, brisant l'homme. Colomb, le meilleur de tous, dans son propre journal, montre cela avec une naïveté terrible qui, d'avance, fait frémir de ce que feront ses successeurs. Dès qu'il touche Haïti : « Où est l'or ? et qui a de l'or ? » ce sont ses premiers mots. Les naturels en souriaient, étaient étonnés de cette faim d'or. Ils lui promettaient d'en chercher. Ils s'ôtaient leurs propres anneaux pour satisfaire plus tôt ce pressant appétit.

Il nous fait un touchant portrait de cette race infortunée, de sa beauté, de sa bonté, de son attendrissante confiance. Avec tout cela, le Génois a sa mission d'avarice, ses dures habitudes d'esprit. Les guerres turques, les galères atroces et leurs forçats, les ventes d'hommes, c'était la vie commune. La vue de ce jeune monde désarmé, ces pauvres corps tout nus d'enfants, de femmes innocentes et charmantes, tout cela ne lui inspire qu'une pensée tristement mercantile, c'est qu'on pourrait les faire esclaves.

Il ne veut pas pourtant qu'on les enlève : « car ils appartiennent au roi et à la reine ». Mais il dit ces sombres paroles, bien significatives : « Ils sont craintifs et faits pour obéir. Ils feront tous les travaux qu'on leur commandera. Mille d'entre eux fuient devant trois des nôtres. Si Vos Altesses m'ordonnaient de les emmener ou de les asservir ici, rien ne s'y opposerait ; il suffirait de cinquante hommes. » (14 oct. et 16 déc.)

Tout à l'heure reviendra d'Europe l'arrêt général de ce peuple. Ils sont les serfs de l'or, tous employés à le chercher, tous soumis aux travaux forcés. Lui-même nous apprend que, douze ans après, les six septièmes de la population ont disparu ; et Herrera ajoute qu'en vingt-cinq ans elle tomba d'un million d'âmes à quatorze mille.

Ce qui suit, on le sait. Le mineur, le planteur, exterminèrent un monde, le repeuplant sans cesse aux dépens du sang noir. Et qu'est-il arrivé? Le noir seul a vécu, et vit dans les terres basses et chaudes, immensément fécondes. L'Amérique lui restera : l'Europe a fait précisément l'envers de ce qu'elle a voulu.

Son impuissance coloniale a éclaté partout. L'aventurier français n'a pas vécu ; il venait sans famille, et apportait ses vices, fondait dans la masse barbare, au lieu de la civiliser. L'Anglais, sauf deux pays tempérés où il a passé en masse et en famille, ne vit pas davantage au delà des mers; l'Inde ne saura pas dans un siècle qu'il y vécut. Le missionnaire protestant, catholique, a-t-il eu influence, a-t-il fait *un* chrétien? « *Pas un* », me disait Burnouf, si informé. Il y a entre eux et nous trente siècles, trente religions. Si l'on veut forcer leur cerveau, il advient ce que M. de Humboldt observa dans les villages américains qu'on appelle encore *les Missions;* ayant perdu la sève indigène sans rien prendre de nous, vivants de corps et morts d'esprit, stériles, inutiles à jamais, ils restent de grands enfants, hébétés, idiots.

Nos voyages de savants, qui font tant d'honneur aux modernes, le contact de l'Europe civilisée qui va partout, ont-ils profité aux sauvages? Je ne le vois pas. Pendant que les races héroïques de l'Amérique du

Nord périssent de faim et de misère, les races molles et douces de l'Océanie fondent, à la honte de nos navigateurs, qui, là, au bout du monde, jettent le masque de décence, ne se contraignent plus. Population aimable et faible, où Bougainville trouva l'excès de l'abandon, où les marchands apôtres de l'Angleterre gagnent de l'argent et point d'âmes, elle s'écoule misérablement dévorée de nos vices, de nos maladies.

La longue côte de Sibérie avait naguère des habitants. Sous ce climat si dur, des nomades vivaient, chassant les animaux à fourrures précieuses, qui les nourrissaient, les couvraient. La police russe, insensée, les a forcés de se fixer et de se faire agriculteurs, là où la culture est impossible. Donc, ils meurent, et plus d'hommes. D'autre part, le commerce, insatiable et imprévoyant, n'épargnant pas la bête à ses saisons d'amour, l'a également exterminée. Solitude, aujourd'hui, parfaite solitude, sur une côte de mille lieues de long. Que le vent siffle, que la mer gèle. Que l'aurore boréale transfigure la longue nuit. La nature aujourd'hui n'a plus de témoin qu'elle-même.

Le premier soin, dans les voyages arctiques du Groënland, aurait dû être de former à tout prix une bonne amitié avec les Esquimaux, d'adoucir leurs misères, d'adopter leurs enfants, et d'en élever en Europe, de faire au milieu d'eux des colonies, des écoles de découvreurs. On voit dans John Ross, et partout, qu'ils sont intelligents et très vite acceptent les arts de l'Europe. Des mariages se seraient faits entre leurs filles et nos marins : une population mixte serait née, à laquelle ce continent du Nord aurait appartenu. C'était le vrai moyen de trouver aisément, de régulariser le passage qu'on désirait tant. Il y fallait trente ans; on en a mis trois cents, et il se trouve qu'on n'a rien fait, parce qu'en effrayant ces pauvres sauvages qui vont au Nord et meurent, on a brisé définitivement l'*homme du lieu* et le génie du lieu! Qu'importe d'avoir vu ce désert, s'il devient à jamais inhabitable et impossible?

On peut juger que si l'homme a ainsi traité l'homme, il n'a pas été plus clément ni meilleur pour les animaux. Des espèces les plus douces il a fait d'horribles carnages, les a ensauvagées et barbarisées pour toujours.

Les anciennes relations s'accordent à dire qu'à nos premières approches ils ne montraient que confiance et curiosité sympathique. On passait à travers les familles paisibles des lamantins et des phoques, qui laissaient approcher. Les pingouins, les manchots, suivaient le voyageur, profitaient du foyer, et la nuit venaient se glisser sous l'habit des matelots.

Nos pères supposaient volontiers, et non sans vraisemblance, que les animaux sentent comme nous. Les Flamands attiraient l'alose par un bruit de clochettes (Valenc., 20, 327). Quand on faisait de la musique sur les barques, on ne manquait pas de voir venir la baleine (Noël, 223); la jubarte spécialement se plaisait avec les hommes, venait tout autour jouer et folâtrer.

Ce que les animaux avaient de meilleur, et ce qu'on a presque détruit à force de persécutions, c'était le *mariage*. Isolés, fugitifs, ils n'ont maintenant que l'amour passager, sont tombés à l'état d'un misérable célibat, qui de plus en plus est stérile.

Le *mariage*, fixe, réel, c'est la vie de nature qui se trouvait presque chez tous. Le mariage, et d'un seul amour, fidèle jusqu'à la mort, existe chez le chevreuil, chez la pie, le pigeon, l'inséparable (espèce de joli perroquet), chez le courageux kamichi, etc. Pour les autres oiseaux, il dure au moins jusqu'à ce que les petits soient élevés. La famille est alors forcée de se séparer par le besoin qu'elle a d'étendre le rayon où elle cherche sa nourriture.

Le lièvre dans sa vie agitée, la chauve-souris dans ses ténèbres, sont très tendres pour la famille. Il n'est pas jusqu'aux crustacés, aux poulpes, qui ne s'aiment et ne se défendent; la femelle prise, le mâle se précipite et se fait prendre.

Combien plus l'amour, la famille, le mariage au sens propre, existent-ils chez les doux amphibies! Leur lenteur, leur vie sédentaire, favorisent l'union fixe. Chez le Morse (éléphant marin), cet animal énorme et de figure bizarre, l'amour est intrépide; le mari se fait tuer pour la femme, elle pour l'enfant. Mais ce qui est unique, ce qu'on ne retrouve nulle part, même chez les plus hauts animaux, c'est que le petit, déjà sauvé et caché par la mère, la voyant combattre pour lui, accourt pour la défendre, et, d'un cœur admirable, vient combattre et mourir pour elle.

Chez l'Otarie, autre amphibie, Steller vit une scène étrange (que conte aussi Hartwig), une scène de ménage absolument humaine :

Une femelle s'était laissé voler son petit. Le mari,

furieux, la battait. Elle rampait devant lui, le baisait, pleurait à chaudes larmes : « Sa poitrine était inondée. »

Les baleines, qui n'ont pas la vie fixe de ces amphibies, dans leurs courses errantes à travers l'Océan, vont cependant volontiers deux à deux. Duhamel et Lacépède disent qu'en 1723, deux baleines qu'on rencontra ainsi, ayant été blessées, aucune ne voulut quitter l'autre. Quand l'une fut tuée, l'autre se jeta sur son corps avec d'épouvantables mugissements.

S'il était dans le monde un être qu'on dût ménager, c'était la baleine franche, admirable trésor, où la nature a entassé tant de richesses. Être, de plus, inoffensif, qui ne fait la guerre à personne, et ne se nourrit point des espèces qui nous alimentent. Sauf sa queue redoutable, elle n'a nulle arme, nulle défense. Et elle a tant d'ennemis! Tout le monde est hardi contre elle. Nombre d'espèces s'établissent sur elle et vivent d'elle, jusqu'à ronger sa langue. Le Narval, armé de perçantes défenses, les lui enfonce dans la chair. Des Dauphins sautent et la mordent ; et le Requin, au vol, d'un coup de scie lui arrache un lambeau sanglant.

Deux êtres, aveugles et féroces, s'attaquent à l'avenir, font lâchement la guerre aux femelles pleines ; c'est le cachalot et c'est l'homme. L'horrible cachalot, où la tête est le tiers du corps, où tout est dents, mâchoires, de ses quarante-huit dents, la mord au ventre, lui mange son petit dans le corps. Hurlante de douleur, il la mange elle-même. L'homme la fait souffrir plus longtemps : il la saigne, lui fait, coup sur coup, de cruelles blessures. Lente à mourir, dans sa cruelle agonie, elle tressaille, elle a des retours terribles de force et de douleur. Elle est morte, et sa queue, comme galvanisée, frémit d'un mouvement redoutable. Ils vibrent, ces pauvres bras, naguère chauds d'amour maternel; ils semblent vivre encore et chercher encore le petit.

On ne peut se représenter ce que fut cette guerre, il y a cent ans ou deux cents ans, lorsque les baleines abondaient, naviguaient par familles, lorsque des peuples d'amphibies couvraient tous les rivages. On faisait des massacres immenses, des effusions de sang telles qu'on n'en vit jamais dans les plus grandes batailles. On tuait en un jour des quinze ou vingt baleines et quinze cents éléphants marins! C'est-à-dire qu'on tuait pour tuer. Car comment profiter de colosses dont un seul a tant d'huile et tant de sang? Que voulait-on, dans ce sanglant déluge? Rougir la terre? souiller la mer?

On voulait le plaisir des tyrans, des bourreaux, frapper, sévir, jouir de sa force et de sa fureur, savourer la douleur, la mort. Souvent on s'amusait à martyriser, désespérer, faire mourir lentement, des animaux trop lourds, ou trop doux, pour se revenger. Péron vit un matelot qui s'acharnait ainsi sur la femelle d'un phoque; elle pleurait comme une femme, gémissait, et chaque fois qu'elle ouvrait sa bouche sanglante, il rappait d'un gros aviron et lui cassait les dents.

Aux Nouvelles-Shetlands du Sud, dit Dumont-d'Urville, les Anglais et Américains ont exterminé les phoques en quatre ans. Par une fureur aveugle, ils égorgeaient les nouveau-nés, tuaient les femelles pleines. Souvent, ils tuent pour la peau seule, et perdent des quantités énormes d'huile dont on aurait profité.

Ces carnages sont une école détestable de férocité, qui déprave indignement l'homme. Les plus hideux instincts éclatent dans cette ivresse de bouchers. Honte de la nature! On voit alors en tous (même, à l'occasion, chez les plus délicates personnes), on voit quelque chose surgir d'inattendu, d'horrible. Chez un aimable peuple, au plus charmant rivage, il se fait une étrange fête. On réunit jusqu'à cinq cents ou six cents thons, pour les égorger en un jour. Dans une enceinte de barques, le vaste filet, la madrague divisée en plusieurs chambres, soulevée par des cabestans, les fait peu à peu arriver en haut dans la *chambre de mort*. Autour, deux cents hommes cuivrés, avec des harpons, des crochets, attendent. De vingt lieues à la ronde arrive le beau monde, les jolies femmes et leurs amants. Elles se mettent au bord et au plus près, pour bien voir la tuerie, parent l'enceinte d'un cercle charmant. Le signal est donné, on frappe. Ces poissons qu'on dirait des hommes, bondissent, piqués, percés, tranchés, rougissant l'eau de plus en plus. Leur agitation douloureuse et la furie de leurs bourreaux, la mer qui n'est plus mer, mais je ne sais quoi d'écumant qui vit et fume, tout cela porte à la tête. Ceux qui venaient pour regarder agissent, ils trépignent, ils crient, ils trouvent qu'on tue lentement. Enfin, on circonscrit l'espace; la masse fourmillante des blessés, des morts, des mourants, se concentre dans un seul point : sauts convulsifs, coups furieux, l'eau jaillit et la rosée rouge...

Et cela a comblé l'ivresse. Même la femme délire et s'oublie ; elle est emportée du vertige. Tout fini, elle soupire, épuisée, mais non satisfaite, et dit en partant : « Quoi! c'est tout? »

VI

LE DROIT DE LA MER

Un grand écrivain populaire qui donne à tout ce qu'il touche un caractère de simplicité lumineuse et saisissante, Eugène Noël, a dit : « On peut faire de l'Océan une fabrique immense de vivres, un laboratoire de subsistances plus productif que la terre même ; fertiliser tout : mers, fleuves, rivières, étangs. On ne cultivait que la terre ; voici venir l'art de cultiver les eaux... Entendez-vous, nations ! » (*Pisciculture*.)

Plus productif que la terre ? Comment cela ? M. Baude l'explique très bien dans un important travail sur la pêche. C'est que le poisson est, entre tous les êtres, susceptible de prendre, avec une nourriture minime, le plus énorme accroissement. Pour l'entretenir seulement, il ne faut rien ou presque rien. Rondelet raconte qu'une carpe qu'il garda trois ans dans une bouteille d'eau sans lui donner à manger, grossit cependant de sorte qu'elle n'aurait pu être tirée de la bouteille. Le saumon, pendant le séjour de deux mois qu'il fait dans l'eau douce, s'abstient presque de nourriture et pourtant ne dépérit pas. Son séjour dans les eaux salées lui donne en moyenne (accroissement prodigieux!) six livres de chair. Cela ne ressemble guère au lent et coûteux progrès de nos animaux terrestres. Si l'on mettait en un tas ce que mange pour s'engraisser un bœuf, ou seulement un porc, on serait effrayé de voir la montagne de nourriture qu'ils consomment pour en venir là.

Aussi celui de tous les peuples où la question de subsistance a été la plus menaçante, le peuple chinois, si prolifique, si nombreux, avec ses trois cents millions d'hommes, s'est adressé directement à cette grande puissance de génération, la plus riche manufacture de vie nourrissante. Sur tout le cours de ses grands fleuves, de prodigieuses multitudes ont cherché dans l'eau une alimentation plus régulière que celle de la culture des plantes. L'agriculture tremble toujours; un coup de vent, une gelée, le moindre accident lui enlève tout et la frappe de famine. Au contraire, la moisson vivante qui pousse au fond de ces fleuves nourrit invariablement les innombrables familles qui la couvrent de leurs barques, et qui, sûres de leurs poissons, fourmillent et multiplient de même.

En mai, sur le fleuve central de l'Empire, se fait un commerce immense de frai de poisson, que des marchands viennent acheter pour le revendre partout à ceux qui veulent déposer dans leurs viviers domestiques l'élément de fécondation. Chacun a ainsi sa réserve, qu'il nourrit tout bonnement avec les débris du ménage.

Les Romains agissaient de même. Ils poussaient l'art

de l'acclimatation jusqu'à faire éclore dans l'eau douce les œufs des poissons de mer.

La fécondation artificielle, trouvée au dernier siècle par Jacobi, en Allemagne, pratiquée au nôtre en Angleterre avec le plus fructueux succès, a été réinventée chez nous, vers 1840, par un pêcheur de la Bresse, Remy, et c'est depuis ce temps qu'il est devenu populaire et en France et en Europe.

Entre les mains de nos savants, Coste, Pouchet, etc., cette pratique est devenue une science. On a connu, entre autres choses, les relations régulières de la mer et de l'eau douce, je veux dire les habitudes de certains poissons de mer qui viennent dans nos rivières à certaines saisons. L'anguille, quel qu'en soit le berceau, dès qu'elle a acquis seulement la grosseur d'une épingle, s'empresse de remonter la Seine, en tel nombre et d'un tel torrent, que le fleuve s'en trouve blanchi. Ce trésor, qui, ménagé, donnerait des milliards de poissons pesant chacun plusieurs livres, est indignement dévasté. On vend par baquets, à vil prix, ces germes si précieux. Le saumon n'est pas moins fidèle. Il revient invariablement de la mer à la rivière où il a pris naissance. Ceux qu'on a marqués d'un signe se représentent sans qu'aucun presque manque à l'appel. Leur amour du fleuve natal est tel que, s'il est coupé par des barrages, des cascades même, ils s'élancent et font de mortels efforts pour y remonter.

La mer, qui commença la vie sur ce globe, en serait encore la bienfaisante nourrice, si l'homme savait seulement respecter l'ordre qui y règne et s'abstenait de le troubler.

Il ne doit pas oublier qu'elle a sa vie propre et sacrée, ses fonctions tout indépendantes, pour le salut de la planète. Elle contribue puissamment à en créer l'harmonie, à en assurer la conservation, la salubrité. Tout cela se faisait, pendant des millions de siècles peut-être, avant la naissance de l'homme. On se passait à merveille de lui et de sa sagesse. Ses aînés, enfants de la mer, accomplissaient entre eux parfaitement la circulation de substance, les échanges, les successions de vie, qui sont le mouvement rapide de purification constante. Que peut-il à ce mouvement, continué si loin de lui, dans ce monde obscur et profond? Peu en bien, davantage en mal. La destruction de telle espèce peut être une atteinte fâcheuse à l'ordre, à l'harmonie du tout. Qu'il prélève une moisson raisonnable sur celles qui pullulent surabondamment, à la bonne heure; qu'il vive sur des individus, mais qu'il conserve les espèces; dans chacune il doit respecter le rôle que toutes elles jouent, de fonctionnaires de la nature.

Nous avons déjà traversé deux âges de barbarie.

Au premier, on dit comme Homère : « La mer stérile. » On ne la traverse que pour chercher au delà des trésors fabuleux, ou exagérés follement.

Au second, on aperçut que la richesse de la mer est surtout en elle-même, et l'on mit la main dessus, mais de manière aveugle, brutale, violente.

A la haine de la nature qu'eut le moyen âge, s'est ajoutée l'âpreté mercantile, industrielle, armée de machines terribles, qui tuent de loin, tuent sans péril, tuent en masse. A chaque progrès dans l'art, progrès de barbarie féroce, progrès dans l'extermination.

Exemple : le harpon lancé par une machine foudroyante. Exemple : la drague, le filet destructeur, employé dès 1700, filet qui traîne, immense et lourd, et moissonne jusqu'à l'espérance, a balayé le fond de l'Océan. On nous le défendait. Mais l'étranger venait et *draguait* sous nos yeux. (Voy. Tifaigne.) Des espèces s'enfuirent de la Manche, passèrent vers la Gironde. D'autres ont défailli pour toujours. Il en sera de même d'un poisson excellent, magnifique, le maquereau, qu'on poursuit barbarement en toute saison. (Valenc., *Dict.*, X, 352.) La prodigieuse génération de la morue ne la garantit pas. Elle diminue même à Terre-Neuve. Peut-être elle s'exile vers des solitudes inconnues.

Il faut que les grandes nations s'entendent pour substituer à cet état sauvage un état de civilisation, où l'homme plus réfléchi ne gaspille plus ses biens, ne se nuise plus à lui-même. Il faut que la France, l'Angleterre, les États-Unis, proposent aux autres nations et les décident à promulguer, toutes ensemble, un *Droit de la mer*..

Les vieux règlements spéciaux des pêches riveraines ne peuvent plus servir à rien dans la navigation moderne. Il faut un code commun des nations, applicable à toutes les mers, un code qui régularise, non seulement les rapports de l'homme à l'homme, mais ceux de l'homme aux animaux.

Ce qu'il se doit, ce qu'il leur doit, c'est de ne plus faire de la pêche une chasse aveugle, barbare, où l'on tue plus qu'on ne peut prendre, où le pêcheur immole sans profit le petit qui, dans un an, l'aurait richement nourri, et qui, par la mort d'un seul, l'eût dispensé de donner la mort à une foule d'autres.

Ce que l'homme se doit et leur doit, c'est de ne pas prodiguer sans cause la mort et la douleur.

Les Hollandais et les Anglais ont l'attention de tuer immédiatement le hareng. Les Français, plus négligents, le jettent dans la barque et l'entassent, le laissent mourir d'asphyxie. Cette longue agonie l'altère, lui ôte de son goût, de sa fermeté. Il est macéré de douleur, il lui advient ce qu'on observe dans les bestiaux qui meurent de maladie. Pour la morue, nos pêcheurs la découpent au moment où elle est prise; celle qui tombe la nuit aux filets, et qui a de longues heures d'efforts, d'agonie désespérée, ne vaut rien en comparaison de celle qu'on tue du premier coup (excellentes observations de M. Baude).

Sur terre, les temps de la chasse sont réglés; ceux de la pêche doivent l'être également, en ayant égard aux saisons où se reproduit chaque espèce.

Elle doit être aménagée, comme on fait pour la coupe des bois, en laissant à la production le temps de se réparer.

Les petits, les femelles pleines, doivent être respectés, spécialement dans les espèces qui ne sont pas surabondantes, spécialement chez les êtres supérieurs et moins prolifiques, les cétacés, les amphibies.

Nous sommes forcés de tuer : nos dents, notre estomac, démontrent que c'est notre fatalité d'avoir besoin de la mort. Nous devons compenser cela en multipliant la vie.

Sur terre, nous créons, défendons les troupeaux, nous faisons multiplier nombre d'êtres qui ne naîtraient pas, seraient moins féconds, ou périraient jeunes, dévorés des bêtes féroces. C'est un quasi-droit que nous avons sur eux.

Dans les eaux, il y a encore plus de jeunes vies annulées : en les défendant, en les propageant, et les rendant très nombreuses, nous nous créons un droit de vivre du trop-plein. La génération y est susceptible d'être dirigée comme un élément, indéfiniment augmentée. L'homme, en ce monde-là surtout, apparaît le grand magicien, le puissant promoteur de l'amour et de la fécondité. Il est l'adversaire de la mort; car, s'il en profite lui-même, la part qu'il s'adjuge n'est rien, en comparaison des torrents de vie qu'il peut créer à volonté.

Pour les espèces précieuses qui sont près de disparaître, surtout pour la baleine, l'animal le plus grand, la vie la plus riche de toute la création, il faut la paix absolue pour un demi-siècle. Elle réparera ses désastres. N'étant plus poursuivie, elle reviendra dans son climat naturel, la zone tempérée; elle y retrouvera son innocente vie de paître la prairie vivante, les petits êtres élémentaires. Replacée dans ses habitudes et dans son alimentation, elle refleurira, reprendra ses proportions gigantesques; nous reverrons des baleines de deux cents, trois cents pieds de long. Que ses anciens rendez-vous d'amour soient sacrés! Cela aidera beaucoup à la rendre de nouveau féconde. Jadis elle préférait une baie de la Californie. Pourquoi ne pas la lui laisser ? Elle n'irait plus chercher les glaces atroces du pôle, les misérables retraites où l'on va follement la troubler encore, de manière à rendre impossible l'amour dont on eût profité.

La paix pour la baleine franche ; la paix pour le dugong, le morse, le lamantin, ces précieuses espèces, qui bientôt auraient disparu. Il leur faut une longue paix, comme celle qui très sagement a été ordonnée en Suisse pour le bouquetin, bel animal qu'on avait traqué, et presque détruit ; on le croyait perdu même, et bientôt il a reparu.

Pour tous, amphibies et poissons, il faut une saison de repos : il faut une *Trêve de Dieu*.

La meilleure manière de les multiplier, c'est de les épargner au moment où ils se reproduisent, à l'heure où la nature accomplit en eux son œuvre de maternité.

Il semble qu'eux-mêmes ils sachent qu'à ce moment ils sont sacrés : ils perdent leur timidité, ils montent à la lumière, ils approchent des rivages ; ils ont l'air de se croire sûrs de quelque protection.

C'est l'apogée de leur beauté, de leur force. Leurs livrées brillantes, leur phosphorescence, indiquent le suprême rayonnement de la vie. En toute espèce qui n'est point menaçante par l'excès de la fécondité, il faut religieusement respecter ce moment. Qu'ils meurent après, à la bonne heure ! S'il faut les tuer, tuez-les ! mais que d'abord ils aient vécu.

Toute vie innocente a droit au moment du bonheur, au moment où l'individu, quelque bas qu'il semble placé, dépasse la limite étroite de son moi individuel, veut au delà de lui-même, et de son désir obscur pénètre l'infini où il doit se perpétuer.

Que l'homme y coopère! Qu'il aide à la nature! Il en sera béni, de l'abime aux étoiles. Il aura un regard de Dieu, s'il se fait avec lui promoteur de la vie, de la félicité, s'il distribue à tous la part que les plus petits même ont droit d'en avoir ici-bas.

LIVRE IV

LA RENAISSANCE PAR LA MER

I

L'ORIGINE DES BAINS DE MER

La mer, si mal traitée par l'homme dans cette guerre impitoyable, n'en a pas moins été pour lui généreuse et bienfaisante. Lorsque la terre qu'il aime tant, la rude terre l'usait, l'épuisait, c'est cette mer redoutée, maudite, qui l'accueillait sans rancune, le reprenait sur son sein, lui rendait la sève et la vie.

N'est-ce pas d'elle en effet que surgit la vie primitive ? Elle en a tous les éléments dans une merveilleuse plénitude. Pourquoi, quand nous défaillons, n'irions-nous pas nous refaire à la source débordante qui nous invite à puiser ?

Elle est bonne et large pour tous, mais plus bienfaisante, ce semble, plus sympathique pour les créatures moins éloignées de la vie naturelle, pour les enfants innocents qui souffrent des péchés de leurs pères, pour les femmes, victimes sociales, dont les fautes sont surtout d'amour, et qui, moins coupables que nous, portent cependant bien plus le poids de la vie. La mer, qui est une femme, se plaît à les relever; elle donne sa force à leur faiblesse; elle dissipe leurs langueurs; elle les pare et les refait belles, jeunes de son éternelle fraîcheur. Vénus, qui jadis sortit d'elle, en renaît encore tous les jours, — non pas la Vénus énervée, la pleureuse, la mélancolique, — la vraie Vénus victorieuse, dans sa puissance triomphale de fécondité, de désir.

Comment entre cette grande force, salutaire, mais âpre, sauvage, et notre grande faiblesse peut se faire le rapprochement? Quelle union entre deux partis à ce point disproportionnés? C'était une grande question. Un art, une initiation, y furent nécessaires. Pour les comprendre, il faut connaître le temps et l'occasion où cet art commença à se révéler.

Entre deux âges de force, la force de la Renaissance, la force de la Révolution, il y eut un temps d'affaissement, où des signes graves accusèrent une énervation morale et physique. Le vieux monde qui s'en allait, et le jeune qui n'arrivait pas, laissèrent entre eux un entr'acte d'un siècle ou deux. Conçues du vide, naquirent des générations faibles, maladives. L'excès des plaisirs, l'excès des misères, les décimaient également. La France, trois fois ruinée de fond en comble en un siècle, s'acheva dans une orgie de malades, la Régence. L'Angleterre, qui pourtant alors grandissait sur nos ruines, ne semblait guère moins atteinte. L'idée puritaine y avait faibli et nulle autre ne venait. Aplatie sous Charles II, elle traversa plus tard le bourbeux marais des Walpole. Dans l'affaissement public, les bas instincts se firent jour. Le beau livre du *Robinson* laisse entrevoir l'apparition imminente de l'alcoolisme. Un autre livre (terrible), où la médecine s'aidait de toutes les menaces bibliques, dénonça le sombre suicide de dépravation égoïste qui fuyait le mariage.

Pensées troubles, habitudes mauvaises, vie molle et malsaine, tout cela se traduisait physiquement par le relâchement des tissus, l'affaissement morbide des chairs, les scrofules, etc. Des carnations charmantes cachaient les plus tristes maux. Anne d'Autriche, renommée pour son extrême fraîcheur, était morte d'un ulcère. La princesse de Soubise, cette blonde éblouissante, fondit, pour ainsi parler, s'en alla comme en lambeaux.

En Angleterre, un grand seigneur curieux, le duc de Newcastle, demande au docteur Russell pourquoi la race s'altère, va dégénérant, pourquoi ces lis et ces roses couvrent des scrofules?

Il est fort rare qu'une race entamée se raffermisse. La race anglaise le fit cependant. Elle reprit (pour soixante-dix ou quatre-vingts ans) une force extraordinaire et une extrême activité. Elle dut sa rénovation d'abord à ses grandes affaires (rien de sain comme le mouvement), et aussi, il faut le dire, au changement de ses habitudes. Elle adopta une autre alimentation, une autre éducation, une autre médecine; chacun voulut être fort pour agir, commercer, gagner.

Il n'y fallut pas de génie. Les grandes idées de cette rénovation étaient trouvées, mais il fallait les appliquer. Le Morave Coménius, devançant Rousseau d'un siècle, avait dit : « Revenez à la nature. Suivez-la dans l'éducation. » Le Saxon Hoffmann avait dit : « Revenez à la nature. Suivez-la dans la médecine. »

Hoffmann était venu à point, vers le temps de la Régence, après l'orgie des plaisirs et l'orgie de médicaments par laquelle on aggravait l'autre. Il dit : « Fuyez les médecins; soyez sobre et buvez de l'eau. » Ce fut une réforme morale. Ainsi nous avons vu Priessnitz (1830), après les bacchanales de la Restauration, imposer à la haute aristocratie de l'Europe la plus rude pénitence, la nourrir du pain des paysans, tenir en plein hiver les dames les plus délicates sous les cascades d'eau de neige, au milieu des sapins du Nord, dans un enfer de froid qui, par réaction, en fait un de feu. Tellement violent est, dans l'homme, l'amour de la vie, si forte est sa peur de la mort, sa dévotion à la Nature, quand il en espère un répit !

Au fait, pourquoi l'eau ne serait-elle pas le salut de l'homme? Selon Berzélius, il n'est qu'eau (aux quatre cinquièmes), et, demain, il va se résoudre en eau. Elle est, dans la plupart des plantes, juste en même proportion. Et de même, comme eau salée, elle couvre les quatre cinquièmes du globe. Elle est, pour l'élément aride, une constante hydrothérapie qui le guérit de sa sécheresse. Elle le désaltère, le nourrit, gonfle ses fruits, ses moissons. Étrange et prodigieuse fée ! Avec peu, elle fait tout; avec peu, elle détruit tout, basalte, granit et porphyre. Elle est la grande force, mais la plus élastique, qui se prête aux transitions de l'universelle métamorphose. Elle enveloppe, pénètre, traduit, transforme la nature.

Dans quel affreux désert, dans quelle sombre forêt

ne va-t-on pas chercher les eaux qui sortent de la terre ! Quelle religion superstitieuse pour ces sources redoutables qui nous apportent les vertus cachées et les esprits du globe ! J'ai vu des fanatiques qui n'avaient de Dieu que Carlsbad, ce miraculeux rendez-vous des eaux les plus contradictoires. J'ai vu des dévots de Barèges. Et, moi-même, j'eus l'esprit frappé devant les fanges bouillonnantes où l'eau sulfureuse d'Acqui fourmille, se travaille elle-même avec d'étranges pulsations qu'on ne voit qu'aux êtres animés.

Les thermes, c'est la vie ou la mort ; leur action est décisive. Que de malades auraient langui et leur ont dû une prompte fin ! Souvent ces puissantes eaux donnent une subite renaissance, ramènent un moment la santé et font un rappel redoutable des passions d'où est né le mal. Celles-ci reviennent violentes, à gros bouillons, comme les sources brûlantes qui les réveillent. Fumées, vapeurs sulfureuses, air enivrant de la contrée, tout cela semble l'*aura* qui gonflait, troublait la sibylle et la forçait de parler. C'est une éruption en nous qui fait éclater en dehors ce qu'on aurait caché le plus. Rien ne l'est dans ces babels où, sous prétexte de santé, on vit hors des lois de ce monde, comme dans les libertés de l'autre. Morts et mortes, aux tables de jeu, pâles, ouvrent leur nuit sinistre de jouissances effrénées qui souvent n'ont pas de réveil.

Autre est le souffle de la mer. De lui-même, il purifie.

Cette pureté vient aussi de l'air. Elle vient surtout de l'échange rapide qui se fait de l'un à l'autre, de la transformation mutuelle des deux océans. Nul repos; nulle part la vie ne languit et ne s'endort. La mer la fait, défait, refait. De moment en moment, elle passe, sauvage et vivace, par le creuset de la mort. L'air encore plus violent, battu et rebattu du vent, emporté des tourbillons, concentré pour éclater dans les trombes électriques, est en révolution constante.

Vivre à la terre, c'est un repos; vivre à la mer, c'est un combat, un combat vivifiant pour qui peut le supporter.

Le moyen âge avait l'horreur et le dégoût de la mer, « royaume du Prince des vents »; on nommait ainsi le Diable. Le noble dix-septième siècle n'avait garde d'aller vivre entre les rudes matelots. Le château d'aspect monotone, avec un jardin maussade, était presque toujours placé loin, au plus loin de la mer, dans quelque lieu sans air, sans vue, enveloppé de bois humides. De même, le manoir anglais, perdu dans l'ombre des grands arbres et dans le pesant brouillard, se mirait souvent dans la boue d'un insalubre marais. Ce qui frappe aujourd'hui dans l'Angleterre, ses nombreuses villas maritimes, l'amour du séjour de la mer, les bains jusqu'en plein hiver, tout cela est chose moderne, préméditée et voulue.

Les populations des côtes que la mer nourrit lui étaient plus sympathiques. Leur instinct y pressentait une grande puissance de vie. Elles étaient frappées d'abord de sa vertu purgative. Elles avaient fort bien remarqué que cette purgation aidait à neutraliser le mal du temps, les scrofules, les plaies qui en résultaient.

Elles croyaient son amertume excellente contre les vers qui tourmentent les enfants. Elles mangeaient volontiers des algues et certains polypes (*Halcyonia*), devinant l'iode dont ils sont chargés, et sa puissance constrictive pour assainir, raffermir les tissus. Ces recettes populaires furent connues et recueillies par Russell; elles le mirent sur la voie et l'aidèrent fort à répondre à la grave question que lui adressait le duc de Newcastle. De sa réponse il fit un livre important et curieux : *De tabe glandulari, seu de usu aquæ marinæ*, 1750.

Il y dit un mot de génie : « Il ne s'agit pas de guérir, mais de refaire et créer. »

Il se propose un miracle, mais un miracle possible : faire des chairs, créer des tissus. C'est dire assez qu'il travaille sur l'enfant de préférence, qui, quoique compromis de race, peut encore être refait.

C'était l'époque où Bakewell venait d'inventer la viande. Les bestiaux, dont jusque-là on ne tirait guère que du lait, allaient donner désormais une nourriture plus généreuse. Le fade régime lacté devait être délaissé par ceux qui de plus en plus se lançaient dans l'action.

Russell, de son côté, à point, dans ce petit livre, inventa la mer, je veux dire : la mit à la mode.

Le tout se résume en un mot, mais ce mot est à la fois une médecine et une éducation : 1° il faut boire l'eau de mer, s'y baigner et manger toute chose marine où sa vertu est concentrée; 2° il faut vêtir très peu l'enfant, le tenir toujours en rapport avec l'air. — De l'air, de l'eau, rien de plus.

Le dernier conseil était bien hardi. Tenir l'enfant

presque nu, sous un climat humide et variable, c'était se résigner d'avance à sacrifier les faibles. Les forts survécurent, et la race, perpétuée par eux seuls, en fut d'autant mieux relevée. Ajoutez que les affaires, le mouvement, la navigation, enlevant l'enfant aux écoles et l'émancipant de bonne heure, il fut quitte de l'éducation assise et de la vie de cul-de-jatte que l'Angleterre réserva aux seuls enfants de ses lords, aux nobles élèves d'Oxford et de Cambridge.

Dans son livre ingénieux, éclairé du seul instinct populaire, Russell était loin de deviner qu'en un siècle toutes les sciences viendraient lui donner raison, et que chacune révélant quelque aspect nouveau du sujet, en la mer on découvrirait toute une thérapeutique.

Les plus précieux éléments de l'animalité terrestre sont richement dans la mer, entiers et invariables, salubres, vivants, en dépôt pour refaire la vie.

Donc, la science a pu dire à tous : « Venez ici, nations, venez, travailleurs fatigués, venez, jeunes femmes épuisées, enfants punis des vices de vos pères ; — approchez, pâle humanité, — et dites-moi tout franchement, en présence de la mer, ce qu'il vous faudrait pour vous relever. Ce principe réparateur, quel qu'il soit, il se trouve en elle. »

La base universelle de vie, le mucus embryonnaire, la vivante gelée animale où l'homme naquit et renaît, où il prit et reprend sans cesse la moelleuse consistance de son être, la mer l'a tellement, ce trésor, que c'est la mer elle-même. Elle en fait, en enveloppe ses végétaux, ses animaux, la leur donne prodiguement.

Sa générosité fait honte à l'économie de la terre. Elle donne ; sachez donc recevoir. Sa richesse nourricière va vous allaiter par torrents.

« Mais, disent-ils, nous sommes atteints dans ce qui fait le soutien et comme la charpente de l'homme. Nos os plient, courbés, déjetés, par la trop faible nourriture qui ne fait que tromper la faim ; ils sont ramollis, chancellent. » Eh bien, le calcaire qui leur manque abonde tellement dans la mer, qu'elle en comble ses coquilles, ses madrépores constructeurs, jusqu'à faire des continents. Ses poissons le font voyager par bancs et par grandes flottes, si grandes, qu'échouées aux rivages, ce riche aliment sert d'engrais.

Et vous, jeune femme maladive qui, sans oser même vous plaindre, descendez vers le tombeau, qui ne le voit ? Vous fondez, vous vous écoulez de vous-même ; mais la puissance tonique, la salubre tonicité qui rassure tout tissu vivant, elle est triplement dans la mer. Elle l'a répandue dans ses eaux iodées à la surface ; elle l'a dans son varech, qui s'en imprègne incessamment ; elle l'a, tout animalisée, dans sa plus féconde tribu, les gades (morues, etc.). La morue et ses millions d'œufs suffirait à elle seule pour ioder toute la terre.

Est-ce la chaleur qui vous manque ? La mer l'a, et la plus parfaite, cette chaleur insensible que tous les corps gras recèlent, latente, mais si puissante que si elle n'était répandue, balancée, équilibrée, elle fondrait toutes les glaces, ferait du pôle un équateur.

Le beau sang rouge, le sang chaud, c'est le triomphe de la mer. Par lui elle a animé, armé d'incomparable force ses géants, tellement au-dessus de toute création terrestre. Elle a fait cet élément; elle peut bien, pour vous, le refaire, vous roser, vous relever, pauvre fleur penchée, pâlie. Elle en regorge, en surabonde. Dans ces enfants de la mer, le sang lui-même est une mer, qui, au premier coup, roule et fume, empourpre au loin l'Océan.

Voilà le mystère révélé. Tous les principes qui, en toi, sont unis, elle les a divisés, cette grande personne impersonnelle. Elle a tes os, elle a ton sang, elle a ta chaleur, chaque élément représenté par tel ou tel de ses enfants.

Et elle a ce que tu n'as guère, le trop-plein et l'excès de force. Son souffle donne je ne sais quoi de gai, d'actif, de créateur, ce qu'on pourrait appeler un héroïsme physique. Avec toute sa violence, la grande génératrice n'en verse pas moins l'âpre joie, l'alacrité vive et féconde, la flamme de sauvage amour dont elle palpite elle-même.

II

CHOIX DU RIVAGE

La terre est son médecin; chaque climat est un remède. La médecine, de plus en plus, sera une émigration.

Une émigration prévoyante. On agira pour l'avenir; on ne restera pas inerte, à couver des maux incurables, mais on ira au-devant par l'éducation, l'hygiène, surtout par des voyages, — non rapides et étourdis, nuisibles, comme ceux d'aujourd'hui, mais calculés habilement pour profiter des secours, des vivifications puissantes que la nature a partout en réserve.

La Jouvence de l'avenir se trouvera dans ces deux choses : une *science de l'émigration*, un *art de l'acclimatation*. L'homme est jusqu'ici un captif, comme l'huître sur le rocher. S'il émigre quelque peu hors de sa zone tempérée, ce n'est que pour mourir. Il ne sera libre et homme que quand cet art spécial l'aura fait véritablement l'habitant de sa planète.

Peu de maladies guérissent dans les circonstances

et les lieux où elles naissent et qui les ont faites. Elles tiennent à certaines habitudes que ces lieux perpétuent et rendent invincibles. Nulle réforme (physique ou morale) pour qui reste obstinément dans son péché originel.

La médecine, éclairée par toutes les sciences auxiliaires, en viendra à nous donner des méthodes, des directions, pour nous conduire avec prudence dans cette voie nouvelle. Les transitions surtout ont besoin d'être ménagées. Peut-on, sans préparation, sans quelque modification de vie, de régime, être brusquement transféré d'un climat tout intérieur (Paris, Lyon, Dijon, Strasbourg) dans un climat maritime? Peut-on, sans avoir longtemps respiré l'air de la côte, commencer les bains de mer? Peut-on, sans quelque habitude de prudente hydrothérapie, commencée dans l'intérieur, aller braver, au grand air, la constriction nerveuse, l'horripilation d'une eau froide qu'on garde sur soi au retour, et souvent sous un grand vent? Ces questions préalables attireront de plus en plus l'attention des médecins.

L'extrême rapidité des voyages en chemin de fer est une chose antimédicale. Aller, comme on fait, en vingt heures de Paris à la Méditerranée, en traversant d'heure en heure des climats si différents, c'est la chose la plus imprudente pour une personne nerveuse. Elle arrive ivre à Marseille, pleine d'agitation, de vertige. — Quand madame de Sévigné mettait un mois pour aller de Bretagne en Provence, elle franchissait peu à peu et par degrés ménagés la violente opposition de ces deux climats. Elle passait insensiblement de la zone maritime de l'ouest dans celle de l'est, dans le climat tout terrestre de Bourgogne. Puis, cheminant lentement sur le haut Rhône en Dauphiné, elle affrontait avec moins de peine les grands vents, Valence, Avignon. Enfin, se reposant à Aix, dans la Provence intérieure, hors du Rhône et hors des côtes, elle s'y faisait Provençale de poitrine, de respiration. Alors, seulement alors, elle approchait de la mer.

La France a l'avantage admirable d'avoir les deux mers. De là des facilités d'alterner selon les saisons, les tempéraments, les degrés de la maladie, entre la tonicité salée de la Méditerranée, et la tonicité plus moite, plus douce (n'étaient les tempêtes), que nous offre l'Océan.

Sur chacune des deux mers, il y a une échelle graduée de stations, plus ou moins douces, plus ou moins fortifiantes. Il est très intéressant d'observer cette double gamme, et le plus souvent de la suivre, en allant du faible au fort.

Celle de l'Océan, qui part des eaux fortes et fortifiantes, ventées, agitées, de la Manche, s'adoucit extrèmement au midi de la Bretagne, s'humanise encore en Gironde et trouve une grande douceur au bassin fermé d'Arcachon.

Celle de la Méditerranée, pour ainsi dire circulaire, a sa note la plus haute dans le climat sec et vif de Provence et de Gênes. Elle s'amollit vers Pise ; elle s'équilibre en Sicile, obtient à Alger un degré remarquable de fixité. Au retour, grande douceur à Valence et à

Majorque, aux petits ports du Roussillon, si bien abrités du nord.

La Méditerranée est belle surtout par deux caractères : son cadre si harmonique, et la vivacité, la transparence de l'air et de la lumière. C'est une mer bleue très amère, très salée. Elle perd par évaporation trois fois plus d'eau qu'elle n'en reçoit par les fleuves. Elle ne serait plus que sel, et deviendrait d'une âcreté comparable à la mer Morte, si des courants inférieurs, comme celui de Gibraltar, ne la tempéraient sans cesse par les eaux de l'Océan.

Tout ce que j'ai vu de ses rivages était beau, mais un peu âpre. Rien de vulgaire. La trace des feux souterrains qu'on y trouve partout, ses sombres rochers plutoniques, ne sont jamais ennuyeux, comme les longues dunes de sable ou les sédiments aqueux des falaises. Si les fameux bois d'orangers semblent un peu monotones, en revanche, aux coins abrités, la végétation africaine, les aloès et les cactus, dans les champs des haies exquises où dominent le myrte et le jasmin, enfin des landes odorantes, sauvagement parfumées, tout vous charme. Sur votre tête, il est vrai, le plus souvent de chauves et stériles montagnes vous suivent à l'horizon. Leurs longs pieds, leurs vastes racines, qui se continuent dans la mer, se distinguent jusqu'au fond des eaux. « Il me semblait que ma barque, dit un voyageur, nageât entre deux atmosphères, eût de l'air dessus et dessous. » Il décrit le monde varié de plantes et d'animaux qu'il contemplait sous ce cristal dans les parages de Sicile. Moins heureux, sur la mer de Gênes, dans une eau aussi transparente, je ne voyais que le désert. Les sèches roches volcaniques du rivage, avec leurs marbres noirs ou d'un blanc encore plus lugubre, me représentaient au fond du brillant miroir des monuments naturels, comme des sarcophages antiques, des églises renversées. J'y croyais voir parfois tels aspects des cathédrales de Florence ou de Pise. Parfois aussi, il me semblait voir des sphynx silencieux, des monstres innomés encore, baleines? éléphants? je ne sais, des chimères et d'étranges songes; mais, de vie réelle, aucune.

Telle qu'elle est, cette belle mer, avec ces climats puissants, elle trempe admirablement l'homme. Elle lui donne la force sèche, la plus résistante; elle fait les plus solides races. Nos hercules du Nord sont plus forts peut-être, mais certainement moins robustes, moins acclimatables partout, que le marin provençal, catalan, celui de Gênes, de Calabre, de Grèce. Ceux-ci, cuivrés et bronzés, passent à l'état de métal. Riche couleur qui n'est point un accident de l'épiderme, mais une imbibition profonde de soleil et de vie. Un sage médecin de mes amis envoyait ses clients blafards, de Paris, de Lyon, prendre là des bains de soleil; lui-même s'y exposait sur un rocher des heures entières. Il ne défendait que sa tête, et pour tout le reste acquérait le plus beau teint africain.

Les malades vraiment iront en Sicile, à Alger, à Madère, aux Canaries. Mais la régénération des faibles, des fatigués, des pâles populations urbaines se fera peut-être mieux dans les climats moins égaux. Elle doit être attendue surtout des pays qui ont donné la plus haute énergie du globe,—l'acier du genre humain, la Grèce,—et la race de silex, fine, aiguisée, indestructible, des Colomb et des Doria, des Masséna, des Garibaldi.

Nos ports de l'extrême Nord, Dunkerque, Boulogne, Dieppe, à la rencontre des vents et des courants de la Manche, sont encore une fabrique d'hommes qui les fait et les refait. Ce grand souffle et cette grande mer, dans leur éternel combat, c'est à ressusciter les morts. On y voit réellement des renaissances inattendues. Qui n'a pas de lésions graves est remis en un moment. Toute la machine humaine joue, bon gré, malgré, fortement; elle digère, elle respire. La nature y est exigeante et sait bien la faire aller. Les végétaux si robustes qui verdoient jusqu'à la côte sous les plus grands vents de mer nous font honte de nos langueurs. Chacun des petits ports normands est une percée dans la falaise où l'infatigable nord-ouest (le *Norouais* en bon normand) souffle et siffle et nous ravive. Tout cela, bien entendu, moins violent à l'entrée de la Seine, sous les pommiers d'Honfleur et de Trouville. La bonne rivière, en sortant, incline mollement à gauche et y porte les influences d'un aimable et doux caractère.

On a vu plus haut la mer véhémente, souvent terrible, de Granville, Saint-Malo, Cancale. C'est là la meilleure école où doivent aller les jeunes gens. Là est le défi de la mer à l'homme, la lutte où les forts deviendront très forts. La grande gymnastique navale doit se faire dans ces parages entre Normands et Bretons.

S'il s'agissait, au contraire, d'une vie entamée, fragile, d'un enfant faible et maladif, ou d'une femme trop aimée, fatiguée du travail d'amour, nous chercherions un lieu plus doux pour abriter ce trésor. Une plage tout à fait paisible et une eau déjà moins froide, sans aller beaucoup au Midi, c'est celle qu'on trouve au milieu des petites îles et presqu'îles endormies du Morbihan. Tous ces îlots font entre eux un labyrinthe mêlé plus que celui où jadis un roi cacha sa Rosamonde. Confiez la vôtre à cette mer discrète. Personne n'en saura rien que les vieilles pierres druidiques, qui, seules avec quelques pêcheurs, habitent ces lieux sauvages et doux. — « Mais, dit-elle, de quoi y vit-on ? — Surtout de pêche, madame. — Et de quoi encore ? — De pêche. » Ce n'est pas loin de Saint-Gildas, l'abbaye où les Bretons disent qu'Héloïse vint rejoindre Abailard. Ils y vécurent de peu de chose, du régime sobre et solitaire de Robinson, de Vendredi.

Des lieux plus civilisés, aimables, charmants, se trouvent en allant au Midi : Pornic, Royan et Saint-Georges, Arcachon, etc.

J'ai parlé ailleurs de Saint-Georges, la douce plage aux senteurs amères. Arcachon est aussi très doux dans ses pinadas résineuses qui ont si bonne odeur de vie. Sans l'invasion mondaine de cette grande et riche Bordeaux, sans la foule qui, à certains jours, afflue et se précipite, c'est bien là qu'on aimerait à cacher ses chers malades, les tendres et délicats objets pour qui l'on craint le choc du monde. Ce lieu, tant qu'il fut contenu dans son bassin intérieur, avait le contraste d'offrir un calme profond, absolu, à deux pas d'une mer terrible. Hors du phare, le furieux golfe de Gascogne. Au dedans, une eau somnolente et la langueur d'un flot muet qui ne fait guère plus de bruit que n'en peut faire le petit pied sur le coussin élastique de la molle algue marine dont on affermit un sable trop mou.

Dans un climat intermédiaire, qui n'est ni Nord, ni Midi, ni Bretagne, ni Vendée, j'ai vu, revu avec plaisir, l'aimable et sérieux abri de Pornic, ses bons marins, ses jolies filles, charmantes sous leurs bonnets pointus. C'est un petit lieu reposé, qui, ayant devant lui la longue île (presqu'île plutôt) de Noirmoutiers, ne reçoit qu'une mer oblique, indirecte et bien ménagée. Cette mer est à peine entrée qu'elle s'humanise; elle file, de sa vague ridée, du lin, ce semble, ou de la moire. Dans ce bassin de quelques lieues, elle s'en est creusé de petits, des anses étroites à pentes douces pour les femmes ou des baignoires pour les enfants. Ces jolies plages sablées, que de respectables rochers séparent et cachent aux indiscrets, amusent de leurs petits mystères. On y voit quelque vie marine, mais bien plus pauvre qu'autrefois. L'abri sert, mais il nuit aussi. Le monde des eaux ne reçoit pas dans ce bassin trop tranquille une riche alimentation, et il le délaisse. De moins en moins cette mer tire le grand flot de l'Océan. Elle met la sourdine à ses bruits. On ne les entend qu'affaiblis. Demi-silence d'un grand charme. Nulle part ailleurs je n'ai trouvé avec une plus grande douceur la liberté de rêverie, la grâce des mers mourantes.

III

L'HABITATION

Qu'on permette à un ignorant, qui a cependant acquis de l'expérience à ses dépens, de donner quelques conseils sur les points dont les livres ne parlent pas, et dont les médecins se préoccupent rarement jusqu'ici. Pour que ces conseils soient moins vagues, je les adresse à une personne malade qui voudrait se diriger. Est-ce une personne fictive? Point du tout. Celle à qui je parle, je l'ai réellement rencontrée, et plus d'une fois dans ma vie.

Voici une jeune dame malade, ou près de l'être, affaiblie, un enfant plus faible encore. On a traversé l'hiver, le printemps, fort péniblement. Cependant nulle lésion grave. Faiblesse, anémie seulement; rien qu'une difficulté de vivre. On les envoie à la mer pour y passer tout l'été.

Grande dépense pour une fortune médiocre et peu aisée. Pénible dérangement pour une maîtresse de maison. Dure séparation surtout pour des époux très unis. On négocie. On voudrait faire adoucir la sentence. Un mois ne suffirait-il pas? Mais le très sage médecin insiste. Il croit qu'un court séjour nuit souvent plus qu'il ne sert. L'impression brusque, violente des bains, sans préparation, est très propre à ébranler les santés les plus robustes. Toute personne raisonnable doit s'acclimater d'abord, respirer; le mois de juin est excellent pour cela; — juillet et août pour les bains; — septembre et parfois même octobre délassent des grandes chaleurs, adoucissent l'excitation qu'a produite l'âcreté saline, consolident les résultats, et même par leurs grands vents frais aguerrissent contre les froids de l'hiver.

Peu d'hommes sont libres tout l'été. C'est beaucoup si le mari pourra rejoindre sa femme un mois ou deux, en août, septembre. Quelque disposé qu'il soit à lui sacrifier tout intérêt secondaire, pour elle-même il doit rester. Il est, dans la vie serrée de l'homme de labeur, des chaînes qu'il ne pourrait rompre qu'au grand détriment de la famille. Donc il faut qu'elle parte seule. Et les voilà divorcés!

Seule? Elle ne l'a jamais été. Elle serait plus rassurée si elle suivait une famille d'amis riches, qui s'en va complète, mari, femme, enfants, domestiques. — Si j'osais donner mon avis, je dirais : « Qu'elle parte seule. »

Ce départ en compagnie, d'abord gai et agréable, a souvent des suites tout autres. On s'incommode, on se brouille, et l'on revient ennemis, — ou (pis encore) trop amis. Le désœuvrement des bains a trop souvent des résultats imprévus, qu'on regrette toute la vie. Le moindre inconvénient, qui, selon moi, n'est pas petit, c'est que des gens qui, séparés, auraient mieux senti la mer, et en auraient rapporté une bonne et grande impression, vont, s'il leur faut vivre ensemble, continuer la vie de la grande ville (frivolité, vulgarité, fausse gaieté, etc.). Seul, on s'occupe; et on pense. Ensemble, on jase, on médit. Ces amis riches et mondains traîneront la jeune dame à leurs amusements. Elle en aura l'agitation, une existence plus trouble, et plus antimédicale que celle qu'elle avait à Paris. Elle manquera tout à fait le but. Réfléchissez-y, madame. Soyez courageuse et prudente. C'est dans une solitude sérieuse, dans la petite vie innocente que vous aurez là avec votre enfant, vie, s'il le faut, enfantine, mais pure, mais noble, poétique, c'est, dis-je, dans une telle vie que vous trouverez vraiment le renouvellement désiré. La justice délicate et tendre qui vous fait craindre le plaisir, quand un autre qui reste au logis travaille pour la famille, elle vous comptera, croyez-le. La mer vous en aimera mieux, si vous ne voulez d'amie qu'elle. En ce repos, elle vous prodiguera son trésor de vie, de jeunesse. L'enfant croîtra comme un bel arbre, et vous fleurirez dans la grâce. Vous reviendrez jeune, adorée.

Elle se résigne. Elle part. La station est indiquée. Elle est connue. On apprécie par l'analyse chimique la valeur réelle des eaux. Mais il y a une infinité de circonstances locales qu'on ne devine pas de loin. Rarement le médecin les connaît. L'homme, si occupé, de la grande ville, n'a guère eu l'occasion ni le loisir d'étudier ces localités.

Pour quelques-unes, importantes, on a publié des guides, qui ne sont pas sans mérite. On y voit les maladies innombrables dont on peut guérir dans la station recommandée. Mais peu, très peu spécifient la chose essentielle qu'on y cherche, l'originalité du lieu ; ils n'osent en dire nettement le fort et le faible, la place que ce lieu occupe dans l'échelle des stations. C'est un éloge général, et tellement général qu'il est fort peu instructif.

Quelle est l'exposition précise ? Si vous regardez la carte, la côte est tournée au midi. Mais cela n'apprend rien du tout. Il peut se faire que telle courbe particulière du terrain place votre habitation sous une influence très froide, que, par exemple, un torrent qui débouche à la côte, un vallon caché, perfide, vous souffle le vent du Nord, ou que, par un pli de terrain, le vent d'Ouest s'engouffre et vous noie de ses torrents.

Y a-t-il des marais dans le voisinage ? Presque toujours on peut dire : oui. Mais la différence est grande si les marais sont salés, renouvelés, assainis par la mer, — ou des marais dormants d'eau douce qui, après les sécheresses, donnent des émanations fiévreuses.

La mer est-elle très pure, ou mêlée ? et dans quelle proportion ? Grand mystère qu'on craint d'éclaircir. Mais, pour les personnes nerveuses, pour les novices qui commencent la série des bains de mer, les plus doux sont les meilleurs. Une mer un peu mêlée, un air moins salé et moins âcre, une plage moins désolée qui offre les agréments de la campagne, ce sont les meilleures circonstances.

Un point grave et capital, c'est le choix de l'habitation. Qui vous dirigera? Personne. Il faut voir, observer soi-même. Vous tirerez fort peu de lumière de ceux qui ont visité le pays, qui même y ont séjourné. Ils le louent ou ils le blâment, moins selon son vrai mérite que selon les plaisirs qu'ils y ont trouvés, les amis qu'ils y ont laissés. Ils vous adressent à ces amis, qui vous reçoivent à merveille. Et, au bout de quelques jours, vous voyez les inconvénients. Vous vous trouvez habiter la maison la moins commode, parfois malsaine et dangereuse. N'importe, vous êtes lié. Vous blesseriez la personne qui vous a envoyé là, et cette famille aimable, bonne, hospitalière, qui vous a reçu.

« Eh bien, je resterai libre. Mais en arrivant, s'il se trouve un médecin honnête, estimé, je le prierai de m'éclairer. » — Honnête! ce n'est pas assez ; il faudrait qu'il fût intrépide, héroïque, pour parler franchement là-dessus. Il se brouillerait à mort avec tous les habitants. Ce serait un homme perdu. Il serait au ban du pays. Il vivrait seul comme un loup, heureux encore si quelque soir on ne lui faisait un mauvais parti.

J'ai l'horreur des constructions absurdement légères, que la spéculation nous fait pour un climat si variable. Ces maisonnettes de carton sont les pièges les plus dangereux. Comme on vient aux grandes chaleurs, on accepte ce bivac. Mais souvent on y reste en septembre, et parfois même en octobre, dans le grand vent, sous les pluies.

Les propriétaires du pays, pour eux, bien portants, se bâtissent de bonnes et solides maisons, très bien garanties. Et pour nous, pauvres malades, ils font des maisons en planches, d'absurdes chalets (non feutrés de mousse, à la suisse), mais ouverts, où rien ne joint. C'est trop se moquer de nous.

Dans ces villas, d'apparence luxueuse, au fond misérables, rien de prévu. Des salons, des pièces d'apparat en vue de la mer, mais nulle d'intérieur agréable. Rien de ce doux confortable dont une femme a besoin. Elle ne sait où se retirer. Elle vit comme en demi-tempête, et subit à chaque instant de brusques passages de température.

D'autre part, la maison solide du pêcheur, du bourgeois même, est souvent basse et humide, incommode, inconvenante par certaines dispositions. Souvent elle n'a pas de plafond double, épais, mais un simple plancher de bois, par où passe et monte l'air d'un froid rez-de-chaussée. De là, rhumes et rhumatismes, gastrites et vingt maladies.

Quel que soit votre choix, madame, entre ces deux habitations, savez-vous bien ce que je veux pour vous avant toute chose? Riez, si vous voulez, n'importe. Quoique nous soyons en juin, c'est une très bonne cheminée, et à l'épreuve du vent. Dans notre beau pays de France, avec son froid nord-ouest, avec son pluvieux sud-ouest, qui, cette année, a régné seulement neuf mois sur douze, il faut pouvoir faire du feu en tout temps. Il faut par un soir humide, quand votre enfant revient grelottant et ne peut reprendre chaleur avant le coucher, il faut un moment de feu clair.

Deux choses en tout logis doivent être prévues

d'abord : le feu et l'eau ; — une eau passable, chose assez rare près de la mer. Si elle est tout à fait mauvaise, essayez de suppléer par la bière ou quelque boisson du pays, qui vous dispense de l'eau.

Que ne puis-je bâtir pour vous d'une parole la villa de l'avenir, telle que je l'ai dans l'esprit ! Je ne parle pas de la maison de faste, du château, que les riches voudront se faire à la mer. Je parle de l'humble maison des médiocres fortunes. C'est un art nouveau à créer, dont on ne paraît pas se douter. Ce qu'on essaye est copié de types en contradiction avec nos climats et la vie des côtes. Ces kiosques, accidentés d'ornements légers, sont bons pour des lieux abrités, mais ici ils font trembler : on croit que le vent va les emporter. Les chalets, qui dans la Suisse étendent des toits immenses pour se défendre des neiges et serrer les foins, ont le grave inconvénient d'ôter trop de lumière. Le soleil (dans nos mers du Nord) ne doit pas être écarté, mais très précieusement recueilli. Quant aux imitations de chapelles, d'églises gothiques, si incommodes comme logement, laissons ces joujoux ridicules.

Le premier problème, à la mer, c'est une grande solidité, une fermeté, une épaisseur de murs qui exclue le tremblement, le roulis qu'on sent partout dans leurs frêles constructions, une assise rassurante, qui, dans les plus grandes tempêtes, donne à la femme timide la sécurité, le sourire, et ce bonheur du contraste qui fait dire : « Qu'on est bien ici ! »

Le second point, c'est que le côté de la maison qui regarde la terre soit si parfaitement abrité, qu'on puisse y oublier la mer, et qu'à côté de ce grand mouvement on y trouve le plus grand repos.

Pour répondre à ces deux besoins, je préférerais la forme qui donne le moins de prise au vent, la forme demi-circulaire, celle d'un croissant, dont la partie convexe me donnerait sur la mer un panorama varié, verrait le soleil tourner tout autour de fenêtre en fenêtre et le recevrait à toute heure.

Le concave de ce demi-cercle, l'intérieur, serait protégé par les cornes du croissant, de manière à embrasser le joli petit parterre de la maîtresse de maison. A partir de ce parterre, l'abaissement progressif du sol permettrait de faire un jardin d'une certaine étendue, garanti des vents de mer. Souvent un pli de terrain en neutralise l'influence.

« Flore fuit la mer », nous dit-on. Ce qu'elle fuit, c'est la négligence de l'homme. Je vois d'ici à Étretat, devant une très forte mer, au plus haut de la falaise, et au plus grand vent, une ferme avec un verger et des arbres admirables. Quelle précaution a-t-on prise? Un simple remblai de cinq pieds de haut, en laissant venir dessus toute végétation fortuite, un buisson. Derrière ce remblai a poussé une ligne d'ormes assez forts qui ont abrité tout le reste. Telles localités de Bretagne auraient pu aussi me servir d'exemple. Qui ne sait tout ce que Roscoff produit de fruits, de légumes, jusqu'à en fournir à bas prix la Normandie même.

Pour revenir à l'édifice, je le veux fort peu élevé. Seulement un rez-de-chaussée, avec un premier étage pour les chambres à coucher. Point de haut grenier, mais quelques chambres basses, qui isolent le premier du toit.

Donc, la maison sera petite. En revanche, qu'elle

soit épaisse, qu'elle ait deux lignes de chambres, un appartement sur la mer et un autre vers la terre.

Le rez-de-chaussée, vers la terre, serait un peu abrité par le premier étage qui déborderait de quatre ou cinq pieds seulement. Cela ferait dans ce croissant intérieur une sorte de galerie pour le mauvais temps. Les chambres du bas seront la salle à manger, une petite pièce peut-être pour les livres (voyages, histoire naturelle), une autre pour la baignoire. Je n'entends nullement une vraie bibliothèque, ni une luxueuse salle de bains. L'essentiel, le très simple, le commode, et rien de plus.

J'aimerais, dans les jours violents où la plage n'est pas tenable pour une faible poitrine, j'aimerais à voir la dame, assise bien à l'abri, lire, travailler, dans son parterre. Elle y aurait un peu de vie, fleurs, volière, un petit bassin qu'on remplirait d'eau de mer, et où elle pourrait chaque jour rapporter ses découvertes, les petites curiosités que lui donneraient les pêcheurs.

Pour la volière, j'aimerais mieux que ce fût la libre volière que j'ai conseillée ailleurs, celle où les oiseaux viennent chercher la protection de la nuit et un peu de nourriture. On la ferme sur eux le soir pour les garder de la chouette, et on la leur ouvre le matin. Ils reviennent fort exactement. Je crois même que si la volière était grande et qu'on y plaçât l'arbre qui leur est ordinaire, ils y couveraient volontiers, sous votre protection, et vous confieraient leurs petits.

Vie sérieuse, vie charmante. Quelle grâce de solitude est dans ce petit entr'acte de la vie, dans ce court veuvage! La situation est nouvelle. Plus de ménage, plus d'affaires. Avec l'enfant, elle est seule bien plus qu'elle ne serait sans lui. Si elle n'avait avec elle le petit compagnon, une compagne lui viendrait, la rêverie, menant les vains songes. Mais cet innocent gardien, l'enfant, ne le permet pas. Il l'occupe, il la fait parler. Il rappelle la maison. Avec lui, elle a toujours ce sentiment que quelqu'un travaille là-bas pour eux et compte aussi les jours.

Fleurissez, pure, aimable fleur. Plus jeune aujourd'hui que jamais, vous vous retrouvez demoiselle, libre, et de liberté bien douce, sous la garde de votre enfant.

IV

PREMIÈRE ASPIRATION DE LA MER

C'est un grand et brusque passage de quitter Paris en ce beau moment pour la plage déserte; Paris alors éblouissant de ses jardins magnifiques et de ses marronniers en fleurs. Juin serait très beau à la côte si l'on s'y trouvait à deux, avant l'invasion de la foule. Mais, lorsque l'on y vient seul, le tête-à-tête avec la mer et la noble société de cette grande solitaire ne sont pas sans quelque tristesse.

Aux premières visites qu'on fait à la plage, l'impression est peu favorable. C'est monotone et c'est sauvage, aride. La grandeur inusitée du spectacle fait, par contraste, sentir qu'on est faible et petit; le cœur est un peu serré. La délicate poitrine qui respirait dans une chambre et qui, tout à coup, se trouve en cette chambre de l'univers, au soleil et au grand vent, éprouve de l'oppression. L'enfant joue, va, vient, court. Elle s'asseoit, et, immobile, elle frissonne à ce souffle froid. La tiédeur du nid délaissé lui revient à la pensée. Cependant l'enfant s'amuse. Cela la console un peu.

Tout cela changera, madame. Affermissez-vous. L'impression sera tout autre lorsque, connaissant mieux la mer, vous la sentirez si peuplée. La constriction pénible que vous sentez à la poitrine disparaîtra par l'habitude. Il faut se faire à cet air frais, mais salé et âpre, qui ne rafraîchit nullement. Il faut s'y faire lentement, ne pas vouloir expressément l'aspirer. Peu à peu, n'y songeant plus, dans les recoins abrités, en jouant avec votre enfant, vous respirerez librement et vous vous dilaterez. Mais, pour les commencements, restez peu de temps à la plage. Dirigez vos promenades vers l'intérieur du pays.

La terre, votre amie d'habitude, vous rappelle. Les forêts de pins rivalisent avec la mer en émanations salubres. Les leurs, toutes résineuses, sont tonifiantes comme elles, et elles n'en ont pas l'âcreté. Elles pénètrent tout notre être, nous entrent par tous les pores, modifient le sang, l'assainissent, nous parfument d'un subtil arome. Aux landes, derrière les pins, les simples et les herbes un peu dures que vous foulez vous prodiguent des senteurs, — non fades, enivrantes, comme celle des dangereuses roses, — mais agréablement amères. Asseyez-vous au milieu d'elles, et, comme elles, bien abritée par ce léger pli de terrain. Ne dirait-on pas qu'on est ici à cent lieues de la mer? Aspirez-les, ces purs esprits, l'âme de ces sauvages fleurs, vos sœurs par la pureté. Cueillez-en, s'il le faut, madame. Elles ne demandent pas mieux. Un peu rudes, mais si suaves! elles ont ce singulier mystère, dans leur parfum virginal, de calmer et d'affermir. Ne craignez pas de les cacher dans votre sein, sur votre cœur.

N'oublions pas de remarquer que ces landes abritées sont brûlantes à certaines heures. Elles absorbent, elles concentrent les rayons du soleil. La faible femme y sécherait. La jeune fille, riche de vie, s'enflammerait, bouillonnerait, aurait de redoutables fièvres. Sa tête se perdrait de mirages étonnants et dangereux. Pour y aller, il faut choisir des jours couverts, moites et doux, ou bien se lever de bonne heure, quand tout est frais, quand le thym garde un peu de sa rosée, lorsque le lapin agile erre encore et fait tous ses tours.

Mais revenons à l'Océan. Aux heures où il se retire, il manifeste lui-même et vous offre en quelque sorte la riche vie qu'il nourrit en lui. Il faut le suivre pas à pas, avancer sur le sable humide, qui alors enfonce peu. N'ayez peur. Le flot amolli tout au plus veut baiser vos pieds. Si vous regardez, vous verrez que ce sable n'est pas mort, qu'ici et là s'agitent nombre de retardataires que le reflux a surpris. Des petits poissons s'y cachent, sur certaines plages. A l'embouchure des rivières, l'anguille frétille dessous et fait de petits tremblements de terre. Le crabe, trop acharné au repas ou au combat, a voulu, mais un peu tard, rejoindre la mer. Sa fuite laisse à la surface une mosaïque étrange, le zigzag de sa marche oblique. Où cette ligne finit, vous le découvrez blotti qui attend la marée prochaine. Le solen (manche de couteau) a plongé, mais sa retraite est trahie par l'entonnoir qu'il réserve pour respirer. La vénus l'est par un fucus attaché à sa coquille qui dépasse à la surface et révèle son logis. Les ondulations du sol vous dénoncent les galeries des annélides guerrières; leur arsenal vous charmerait, et l'iris (vue au microscope) de leurs changeantes couleurs.

Le plus beau coup de théâtre se fait aux grandes marées. L'Océan qui monta beaucoup, d'autant plus, au reflux, recule. Il découvre alors, il livre des espaces immenses, inconnus. Le mystérieux fond de la mer, sur lequel on fait tant de rêves, apparaît. Vous surprenez là, dans le mouvement, dans la vie, dans le secret de leurs retraites, des populations étonnées qui se croyaient bien à l'abri et qui, jamais, presque jamais, n'avaient été sous le soleil, encore moins sous les yeux de l'homme.

Rassurez-vous, peuple effrayé. C'est ici l'œil curieux, mais compatissant, d'une femme. Ce n'est pas la main du pêcheur. Que veut celle-ci? Rien que vous voir, vous saluer, vous montrer à son enfant et vous laisser à votre élément naturel, en vous souhaitant bonne santé et toute prospérité.

Parfois il n'est pas nécessaire d'errer bien loin. On trouve tout en un point. L'Océan s'amuse à faire dans le rocher creusé des océans en miniature qui n'en sont pas moins complets, un monde de quelques pieds carrés. On s'asseoit et l'on regarde. Plus on regarde longtemps, plus on voit des vies, d'abord inaperçues, qui se détachent. On y resterait indéfiniment, si le maître, le souverain impérieux de la plage, ne vous en chassait par le flux.

Demain, on y retournera. C'est l'école, c'est le muséum, l'intarissable amusement pour l'enfant et pour la mère. Là, la pénétrante finesse de la femme, et son tendre cœur, tout d'abord saisissent et devinent. La maternité lui dit tout, comment la vie va se créant, s'enfantant. Voulez-vous savoir pourquoi son instinct si vite lui révèle la création, pourquoi elle entre de plain-pied (comme quelqu'un rentrerait chez soi) dans le mystère de la nature? Elle est la nature elle-même.

Au fond de l'eau onctueuse, de petites algues, petites, mais grasses et nourrissantes, d'autres plantes lilliputiennes de fins et jolis dessins, sont là, prairie patiente, pour alimenter leurs bestiaux, les mollusques, qui broutent dessus. Patelle et buccin, turbot, moules violettes, tellines roses ou lilas, tous, gens tranquilles, attendront. Mieux garanties, les balanes, dans leur ville fortifiée, ferment leurs quadruples volets. Demain ils y seront encore. Est-ce à dire qu'en leur inertie ils ne rêvent pas le mouvement, qu'ils n'aient pas la confuse idée et l'amour de l'inconnu, de quelqu'un de bienveillant qui viendra à certaines heures les rafraîchir et les nourrir?... Oh! ils y songent, ils attendent. Veufs du grand époux l'Océan, ils savent qu'il va revenir vers la terre et la caresser. D'avance, ils regardent vers lui, et ceux qui ont des maisons fixes ont bien soin de tenir la porte en ce sens et prête à ouvrir. S'il est un peu violent, tant mieux, ils n'en sont que plus aises, trop heureux de ce flot vivant qui va puissamment les bercer.

« Vois, mon enfant, à notre approche, ces immobiles ont resté seuls. Mais d'autres, plus vifs, avaient fui. Les voilà qui se rassurent. La crevette sautillante, de ses palpes fines et légères, irise l'eau; elle se charge de faire la vague et la tempête à la mesure d'un tel océan. L'araignée de mer, lente et incertaine, se livre par sa craintive audace; elle remonte à la lumière, à la surface tiède. Un personnage prudent, tapi au fond du goëmon, sous les corallines violettes, le crabe, s'avance curieux et, après un coup d'œil furtif, se replonge en sa forêt.

« Mais que vois-je, et qu'est ceci? Une grosse coquille immobile prend vie, entreprend d'avancer... Oh! ceci n'est pas naturel. La fraude est grossière. L'intrus se trahit par ses étranges culbutes... Qui ne vous reconnaîtrait, beau masque, sire Bernard-l'Ermite, crabe rusé, qui voulez faire l'innocent mollusque! Votre mauvaise conscience vous trouble et vous agite trop. »

Au rivage de notre océan, étrangères à ces mouvements, les fleurs animées épanouissent leur corolle. Près de la lourde anémone, de charmantes petites fées, des annélides, apparaissent et se produisent au soleil. D'un tube tortueux surgit un disque, une ombrelle blanche ou lilas, et parfois de couleur de chair. Rejetée un peu de côté, elle a dégagé d'elle-même un objet qui n'a rien de comparable dans le monde végétal. Pas une n'est semblable à sa sœur; toutes sont inimitables par le délicat velouté.

En voici une, sans ombrelle, qui laisse flotter une nuée de filets légers, floconneux, à peine teintée d'un gris d'argent; cinq filets s'échappent plus longs, richement colorés de cerise. Ils ondulent, se nouent, se dénouent, s'enchevêtrent aux cheveux d'argent, en faisant sous l'eau de charmants mirages. Ce n'est rien pour nos sens grossiers; c'est beaucoup pour celle où la vie nerveuse, le fin génie maladif de la femme vibre à toute chose. A ces couleurs rougissantes, pâlissantes, tour à tour, elle se sent et se reconnaît, elle sent la flamme de la vie, qui flamboie, brille et s'éteint. Attendrissante vision! Elle replonge ses regards au charmant petit océan et elle y voit mieux la Nature, mère féconde, mais si sévère, qui, à se dévorer soi-même, semble trouver une âpre joie.

Elle resta bien rêveuse, oppressée de cette pensée. La femme ne serait pas la femme, c'est-à-dire le charme du monde, si elle n'avait un don touchant : *la tendresse pour toute vie, la pitié et ses belles larmes.*

Elle ne pleurait pas encore, mais elle était si près de pleurer! L'enfant le vit. Étant déjà, comme ils sont, attentifs, de sens rapide, il se tut. Ils revinrent silencieux.

C'était l'aimable premier jour où, pour lui, elle commença à épeler avec son cœur la langue de la Nature. Et cette langue du premier coup lui avait adressé des mots d'un mystère si émouvant, que le pauvre cœur fut atteint.

Le jour baissait. L'oiseau de mer attardé forçait de rames, regagnait la terre et son nid. En remontant par la falaise et le jardin déjà obscur, un premier cri d'oiseau de nuit, aigu, sinistre, s'entendit. Mais la volière de refuge était bien fermée, les oiseaux dormaient la tête sous l'aile. Elle s'en assura elle-même, elle vit tout en sûreté. Son cœur s'allégea d'un soupir, et elle embrassa son fils.

V

BAINS. — RENAISSANCE DE LA BEAUTÉ

Si, comme disent certains médecins français, les bains de mer n'ont qu'une action mécanique, ne donnent au sang aucun principe nouveau, et ne *sont qu'une simple branche de l'hydrothérapie*, — il faut avouer que c'est, des formes de l'hydrothérapie, la plus dure, la plus hasardeuse. Du moment que cette eau, si riche de vie, n'en donne pas plus que de l'eau claire, il est insensé de faire de telles expériences en plein air, à tous les hasards du vent, du soleil, de mille accidents.

Quiconque voit sortir de l'eau la pauvre créature qui prend un des premiers bains, qui la voit pâle, hâve, effrayante, avec un frisson mortel, sent la dureté d'un tel essai, tout ce qu'il a de danger pour certaines constitutions. Soyez sûr que personne n'ira affronter une chose si pénible, si l'on peut chez soi suppléer, sans danger, par une douce et prudente hydrothérapie.

Ajoutez que l'impression, comme si elle n'était assez

forte, s'aggrave pour la femme nerveuse de la présence de la foule. C'est une cruelle exhibition devant un monde critique, devant les rivales charmées de l-trouver laide une fois, devant les hommes légers, sottement rieurs et sans pitié, qui observent, la lorgnette en main, les tristes hasards de toilette d'une pauvre femme humiliée.

Pour endurer tout cela, il faut que la malade ait foi, une foi forte à la mer, qu'elle croie qu'aucun autre remède ne servirait, qu'elle veuille à tout prix *s'imbiber* des vertus de ses eaux.

« Pourquoi pas ? disent les Allemands. Si le premier moment du bain vous *contracte* et ferme vos pores, le second, la réaction de la chaleur qui vient ensuite, les rouvre, dilate la peau et la rend fort susceptible d'*absorber* la vie de la mer. »

Les deux opérations se font presque toujours en cinq ou six minutes. Au delà, le bain nuit souvent.

Du reste, il ne faut arriver à cette violente émotion des bains froids que préparé par l'usage des bains tièdes qui facilitent l'absorption. Notre peau, qui, tout entière, se compose de petites bouches, et qui à sa façon absorbe et digère comme l'estomac, a besoin de s'habituer à cette forte nourriture, à boire le *mucus* de la mer, ce lait salé qui est sa vie, dont elle fait et refait les êtres. Dans la succession graduée des bains chauds, tièdes et presque froids, la peau prendra cette habitude, ce besoin ; elle en prendra soif, et boira de plus en plus.

Pour la rude cérémonie des premiers bains froids, il faut du moins éviter l'odieux regard des foules. Qu'elle se fasse en lieu sûr, sans témoin que l'indispensable, une personne dévouée, qui secoure au besoin, qui veille, soutienne, frictionne au dur moment du retour avec de très chaudes laines, donne un léger cordial d'une boisson chaude, où l'on met quelques gouttes d'élixir puissant.

« Mais, dira-t-on, le danger est moindre sous les yeux de tous. Nous sommes loin de Virginie, qui, dans un extrême péril, aima mieux se noyer que de prendre un bain. » — Erreur. Nous sommes plus nerveux que nous ne fûmes jamais. Et l'impression dont je parle, est si vive et si révoltante, j'entends pour certaines personnes, qu'elle peut entraîner des effets mortels, anévrisme, apoplexie.

J'aime le peuple, et je hais la foule : surtout la foule bruyante des viveurs, qui viennent attrister la mer de leur gaieté, de leurs modes, de leurs ridicules. Quoi! la terre n'est pas assez grande ? Il faut que vous veniez ici faire la guerre aux pauvres malades, vulgariser la majesté de la mer, la sauvage et la vraie grandeur!

J'eus le malheureux hasard de passer un jour du Havre à Honfleur sur un bateau chargé, surchargé de ces imbéciles. Dans cette traversée si courte, ils eurent le temps de s'ennuyer et organisèrent un bal. Je ne sais qui (un maître de danse?) avait sa pochette en poche, et jouait des contredanses devant l'Océan. Il est vrai qu'on n'entendait rien. A peine une petite note aigre grinçait à travers la basse solennelle, formidable, qui grondait autour de nous.

Je conçois bien la tristesse de la dame qui voit en

juillet sa chère solitude troublée par cette invasion, tant de fats, tant d'incroyables, de causeuses, de curieuses. La liberté a cessé. La demeure la plus écartée a toute la nuit l'écho des élégantes guinguettes, de café, de casino. Le jour, des nuées d'agréables, en gants jaunes et bottes vernies, papillonnent sur la plage. Une personne seule est remarquée. Seule? Pourquoi? On se le demande. On approche, on veut par l'enfant entamer conversation; on lui ramasse des coquilles. Bref, la dame, embarrassée, excédée, reste chez elle ou ne sort que le matin. Là-dessus, mille commentaires malveillants. Il lui en revient quelque chose. Elle n'est pas sans inquiétude. Ces importuns qu'elle écarte sont parfois des gens influents, qui pourraient nuire à son mari.

Nulle part plus qu'aux bains de mer on n'est imaginatif. Les longues nuits de juillet et d'août, ardentes et de peu de sommeil, sont agitées de tout cela. Si au matin elle s'endort, elle n'en est pas plus tranquille. Les bains, loin de rafraîchir, ajoutent l'irritation saline à la chaleur caniculaire. De la jeunesse, elle a repris non la force, mais le bouillonnement. Faible encore, et toute nerveuse, elle est d'autant plus troublée de cet orage intérieur.

Intérieur, mais non caché. La mer, l'impitoyable mer amène et révèle à la peau toute cette excitation qu'on voudrait garder secrète. Elle la trahit par des rougeurs, de légères efflorescences. Toutes ces petites misères, dont souffrent encore plus les enfants, et que les mères aiment en eux comme un retour de santé, elles en sont humiliées, quand elles les ont elles-mêmes Elles craignent d'en être moins aimées. Tant elles connaissent peu l'homme ! Elles ignorent que le grand attrait, le plus vif aiguillon d'amour, c'est moins la beauté que l'orage.

« Mais, s'il allait me trouver laide ! » C'est ce qu'elle dit chaque matin en se regardant au miroir. Elle craint, tout en le désirant, l'arrivée de celui qu'elle aime. Elle se sent pourtant bien seule, elle a peur sans savoir pourquoi, au milieu de cette foule. Elle n'ose plus s'écarter, se promener à distance. Son agitation va croissant. Elle prend fièvre, elle s'alite... A peine vingt-quatre heures après, elle le voit auprès d'elle.

Qui l'a averti ? Non pas elle. Mais, de sa grosse écriture, une petite main a écrit : « Mon cher papa, venez vite. Maman est au lit. Elle a dit l'autre jour : S'il était là ! »

Il a paru. Elle est guérie. Voilà un homme bienheureux ! Heureux de la voir remise, heureux d'être nécessaire, heureux de la voir si belle. Elle a bruni, mais qu'elle est jeune ! quelle vie dans son charmant regard ! quel doux rayonnement de santé dans la soie de ses beaux cheveux qui ondoient indépendants !

Est-ce un conte que l'on vient de lire ? Cette renaissance si prompte de vie, de beauté, de tendresse, cette charmante aventure de retrouver dans sa femme une jeune maîtresse émue, si heureuse du retour, ce miracle, est-ce une fiction ? Point du tout. C'est l'agréable spectacle qu'on a très souvent. S'il est rare chez les riches, il ne l'est point dans les familles laborieuses et captives de leurs devoirs. Leurs séparations forcées sont pénibles; les échappées, qui permettent enfin de se réunir, ont un charme qu'on ne cache point; on n'y rougit pas d'être heureux.

Quand on connaît la tension prodigieuse de la vie moderne pour les hommes de travail (c'est-à-dire pour tout le monde, moins quelques oisifs), on est trop heureux d'observer ces scènes de joie où la famille réunie dilate un moment son cœur. Ceux qui n'en ont pas diront que c'est *bourgeois*, prosaïque. La forme importe peu, quand le fond est si touchant. Le négociant soucieux qui, d'échéance en échéance, a sauvé encore la barque où est la destinée des siens, la victime administrative, l'employé qu'usent l'injustice et la tyrannie des bureaux, ces captifs ont quitté leur chaîne, et, dans ce repos trop court, une aimable et tendre famille voudrait leur faire tout oublier. La mère, l'enfant, y sont habiles. De leur gaieté, de leurs caresses, des distractions de la mer, ils s'emparent de l'esprit chagrin, éveillent en lui d'autres pensées. C'est leur triomphe; ils le mènent, lui font visiter *leur* plage, contempler *leur* mer, jouissent de son admiration. Car tout cela est *à eux*. L'océan où ils se baignent, ils en ont pris possession et se plaisent à lui en faire part.

La femme redevient tout aimable, bienveillante à cette foule même qui jusqu'ici l'inquiétait. Elle se sent si bien près de lui, tellement dans son harmonie! Elle est plus qu'en sécurité, elle est brave; elle est familière avec la mer, avec la vague. Elle assure qu'elle va nager : « elle veut dompter la mer ». Ambition un peu bien forte. Elle est tout d'abord primée par son concurrent, son enfant, tout autrement leste et hardi. Se croyant tenue, elle nage. Autrement, elle a peur, enfonce...

Elle se dédommagera à force de bains. Car elle est tombée amoureuse de la mer; elle en est jalouse. Cette mer, en effet, ne fait pas de médiocres passions. Je ne sais quelle ivresse électrique est en elle, qu'on voudrait toute absorber.

VI

LA RENAISSANCE DU CŒUR ET DE LA FRATERNITÉ

Trois formes de la nature étendent et grandissent notre âme, la font sortir d'elle-même et voguer dans l'infini.

Le variable océan de l'air, avec sa fête de lumière, ses vapeurs et son clair-obscur, sa fantasmagorie mobile de créations capricieuses, si promptement évanouies.

Le fixe océan de la terre, son ondulation que l'on suit du haut des grandes montagnes, les soulèvements qui témoignent de sa mobilité antique, la sublimité des sommets, de leurs glaces éternelles.

Enfin l'océan des eaux, moins mobile que le premier, et moins fixe que le second, docile aux mouvements célestes dans son balancement régulier.

Ces trois choses font la gamme où l'infini parle à notre âme. Toutefois notons la différence :

La première est si mobile, que nous l'observons à peine : elle trompe, elle leurre, elle amuse ; elle disperse et rompt nos pensées. C'est par moments l'espoir immense, un jour subit dans l'infini ; on va voir jusqu'au fond de Dieu... Non, tout s'enfuit ; le cœur est chagrin, trouble et plein de doute. Pourquoi m'avoir fait entrevoir ce sublime songe de lumière ? je ne puis l'oublier, et le monde en reste obscur.

Le fixe océan des montagnes ne fuit pas ainsi. Au contraire. Il nous arrête à chaque pas, nous impose une très dure et salutaire gymnastique. La contemplation s'y achète par la plus violente action. Cependant l'opacité de la terre, comme la transparence de l'air, souvent nous trompe et nous égare. Qui ne sait que Ramond, dix ans, chercha en vain le Mont-Perdu, qu'on voit et qu'on ne peut atteindre ?

Grande, très grande différence entre les deux éléments : la terre est muette, et l'Océan parle. L'Océan est une voix. Il parle aux astres lointains, répond à leur mouvement dans sa langue grave et solennelle. Il parle à la terre, au rivage, d'un accent pathétique, dialogue avec leurs échos ; plaintif, menaçant tour à tour, il gronde ou soupire. Il s'adresse à l'homme surtout. Comme il est le creuset fécond où la création commença et continue dans sa puissance, il en a la vivante éloquence ; c'est la vie qui parle à la vie. Les êtres qui, par millions, milliards, naissent de lui, ce sont ses paroles. La mer de lait dont ils sortent, la féconde gelée marine, avant même de s'organiser, blanche, écumante, elle parle. Tout cela ensemble, mêlé, c'est la grande voix de l'Océan.

Que dit-il ? *Il dit la vie*, la métamorphose éternelle. Il dit l'existence fluide. Il fait honte aux ambitions pétrifiées de la vie terrestre.

Que dit-il? *Immortalité*. Une force indomptable de vie est au plus bas de la nature. Combien plus au plus haut, dans l'âme!

Que dit-il? *Solidarité*. Acceptons le rapide échange qui, dans l'individu, existe entre ses éléments divers. Acceptons la loi supérieure qui unit les membres vivants d'un même corps : humanité. Et, au-dessus, la loi suprême qui nous fait coopérer, créer, avec la grande Ame, associés (dans notre mesure) à l'aimante Harmonie du monde, solidaires dans la vie de Dieu.

La mer, très distinctement, dans ses voix que l'on croit confuses, articule ces graves paroles. Mais l'homme n'entend pas aisément quand il arrive au rivage assourdi par les bruits vulgaires, las, surmené, prosaïsé. Le sens de la haute vie, même chez le meilleur, a baissé. Il est en garde contre elle. Qui aura prise sur lui? La Nature? Non, pas encore. Adouci par la famille, par l'innocence de l'enfant, par la tendresse de la femme, l'homme reprend d'abord intérêt aux choses de l'humanité. On voit là que les âmes ont des sexes et sentent très diversement. Elle, elle est plus touchée de la mer, de la poésie de l'infini; mais lui, de l'homme de mer, de ses dangers, de son drame de chaque jour, de la flottante destinée de sa famille. Quoique la femme soit tendre aux misères individuelles, elle ne donne pas aux classes un aussi sérieux intérêt. Tout homme laborieux qui vient à la côte fixe son attention principale sur la vie des hommes de travail, pêcheurs, marins, cette vie rude, hasardeuse, de grand péril, de peu de gain.

Je le vois, pendant que la femme se lève et qu'on habille l'enfant, se promener sur la grève. Par une froide matinée, après une nuit de grande pluie, une à une, les barques reviennent; tout est trempé, morfondu, les habits de ces gens dégouttent. Les jeunes enfants aussi ont passé la nuit en mer. Que rapporte-t-on? Pas grand'chose. On revient en vie pourtant. Au vent violent de cette nuit, les bateaux embarquaient des lames. On a vu de près la mort. Grande occasion pour l'homme qui se plaignait tant hier, de revenir sur lui-même, de dire : « Mon sort est plus doux. »

Le soir, par le couchant douteux, où des nuages cuivrés montent sur une mer sinistre, il les voit déjà partir. « N'aurons-nous pas de mauvais temps? leur dit-il. — Monsieur, il faut vivre. » Ils partent, avec eux leurs enfants. Leurs femmes, plus que sérieuses, suivent des yeux, et plus d'une fait tout bas quelques prières. Qui ne s'y joindrait? L'étranger fait des vœux lui-même; il dit : « La nuit sera mauvaise. On voudrait les voir revenus. »

Ainsi la mer ouvre le cœur. Et les plus durs y sont pris. Quoi qu'on fasse, on se retrouve homme. Ah! on n'en a que trop sujet! Toutes les formes de misères s'y trouvent chez des populations braves, intelligentes, honnêtes, qui sont incomparablement les meilleures de notre pays. J'ai beaucoup vécu à la côte. Toute vertu héroïque, qu'on noterait dans l'intérieur comme chose rare, est la vie commune. Et, ce qui est curieux, nul orgueil! Tout l'orgueil en France est pour la vie militaire. Hors de là, les plus grands dangers ne comptent pas; on trouve tout simple de les braver chaque jour, et sans jamais s'en vanter. Je n'ai jamais vu des hommes plus modestes (j'allais dire timides) que nos pilotes de Gironde, qui, de Royan, de Saint-Georges, vont intrépidement sans cesse au grand combat de Cordouan. Là, comme à Granville (et partout), les femmes seules parlaient, criaient, réglaient tout, faisaient les affaires. Ces braves gens, une fois à terre, ne soufflaient mot, aussi paisibles que leurs vaillantes épouses étaient bruyantes et superbes, exerçant sur les enfants toute l'autorité paternelle. Le mari suivait à la lettre le mot du poète romain : « Heureux de n'être rien chez moi. »

Les dames, fort intéressées avec l'étranger et dans toute la vie commune, n'avaient pas moins, il faut le dire, dans les grandes circonstances, un cœur royal, magnifique et généreux. A Saint-Georges, elles donnaient tous leurs draps pour la charpie des blessés de Solferino. A Étretat, trois Anglais s'étant brisés presqu'à la côte, dans un endroit inaccessible : toute la population se précipita au secours, et, tant qu'ils furent en péril, se désespéra ; hommes et femmes donnèrent tous les signes d'une violente sensibilité. Sauvés, on les recueillit avec des cris, avec des larmes. Ils furent hébergés, rhabillés, comblés d'amitiés, de dons. (Avril 1859.)

Oh ! le bon peuple de France ! Et combien pourtant jusqu'ici il a la vie triste et dure ! Dans le régime des *classes* (qui du reste est si utile et nous donne une si grande force), il faut qu'il quitte à chaque instant les avantages du commerce pour la marine de l'État, très sévère, et de plus en plus. La manœuvre, il y a quarante ans, s'y faisait encore en chantant. Aujourd'hui, elle est muette. (Jal, *Arch.*, II, 522.) Dans la marine du commerce, les grandes pêches ont cessé. Les primes de la baleine ne profitaient qu'aux armateurs. (Boitard, *Dict.*, art. *Cétacés, Baleine.*) La morue a diminué, le maquereau faiblit, le hareng s'éloigne. Un très précieux petit livre (*Histoire de Rose Duchemin par elle-même*) donne un tableau saisissant de cette misère. Le spirituel Alphonse Karr, qui a écrit sous la dictée de cette femme de pêcheur, a eu le tact excellent de n'y changer pas un seul mot.

Étretat n'est pas proprement un port. Fort bas, au niveau de la mer, il en est défendu uniquement par une montagne de galets, barrière dont la tempête est le seul ingénieur, y poussant, y ajoutant de nouvelles jetées de cailloux. Aucun abri. Donc il faut, selon l'ancien et rude usage celtique, que chaque barque qui arrive soit remontée sur le quai, tirée par une corde qui se roule sur un cabestan. Le cabestan, à quatre barres, est fort péniblement tourné par la famille du pêcheur, sa femme, ses filles et leurs amies; car les garçons sont en mer. On comprend la difficulté. La lourde barque, en montant, se heurte de galet en galet, d'obstacle en obstacle, et ne les franchit que par sauts. Chaque saut et chaque secousse retentit à ces poitrines de femmes, et ce n'est point une figure de dire que ce retour si dur se fait sur leur chair froissée, sur leur sein, leur propre cœur.

Je fus d'abord attristé, blessé. Mon premier élan était de me mettre aussi de la partie et d'aider. La chose eût paru singulière, et je ne sais quelle fausse honte m'arrêta. Mais, chaque jour, j'assistais, au moins de mes vœux. Je venais, je regardais. Ces jeunes et charmantes filles (rarement jolies, mais charmantes) n'avaient point le court jupon rouge de l'ancien costume des côtes, mais de longues robes ; elles étaient pour la plupart affinées de race et d'esprit, et plusieurs fort délicates ; elles tenaient de la demoiselle. Courbées sur cette œuvre rude (filiale, et, partant, relevée), elles n'étaient pas sans grâce ni fierté ; leur jeune cœur, dans ce très pénible effort, ne donnait à la faiblesse pas une plainte, pas un soupir.

Ce petit quai de galets, très petit, est encore trop grand. J'y voyais nombre de barques abandonnées, inutiles. La pêche est devenue stérile. Le poisson a fui. Étretat languit, périt, près de Dieppe languissante. De plus en plus, il est réduit à la ressource des bains ; il attend sa vie des baigneurs, du hasard des logements, qui tantôt loués, tantôt vides, rapportent un jour, et l'autre appauvrissent. Ce mélange avec Paris, le Paris mondain, quelque cher que celui-ci paye, est un fléau pour le pays.

Nos populations normandes, qui découvrirent l'Amérique, qui, dès le quatorzième siècle, conquirent la côte d'Afrique, de moins en moins aiment la mer. Beaucoup tournent désormais le dos à la côte et regardent vers l'intérieur. Le descendant de celui qui jadis lança le harpon se résigne au métier de femme, devient un cotonnier blême de Monville ou de Bolbec.

C'est à la science, à la loi d'arrêter cette décadence. La première, par sa direction habile, si elle est fermement suivie, créera l'économie de la mer et reconstituera la pêche, école de la marine. La seconde, moins exclusivement influencée de l'intérêt de la terre, gardera dans le marin la fleur du pays, élite à part, nullement comparable aux grandes masses dont nous tirons le soldat, et qui sera le vrai soldat dans telles circonstances qui trancheraient le nœud du monde.

Telle était ma rêverie sur ce petit quai d'Étretat dans le sombre été de 1860, où la pluie tombait à flots, pendant que le dur cabestan grinçait, que la corde criait, que la barque montait lentement.

Elle traîne aussi, celle du siècle, et elle a peine à monter. Il y a lenteur, il y a fatigue, comme en 1730. Il serait bon qu'on aidât et qu'on se mît à la barre. Mais plusieurs perdent le temps, jouent aux coquilles, aux cailloux.

On dit que Scipion, le vainqueur de Carthage, et Térence, captif échappé de ce naufrage d'un monde, ramassaient des coquilles au bord de la mer, bons amis dans l'indifférence et dans l'abandon du passé. Ils y goûtaient ce bonheur d'oublier, d'effacer la vie, de redevenir enfants. Rome ingrate, Carthage détruite, leurs deux patries, leur pesaient peu, ne laissant guère trace à leur âme, pas plus que la ride du flot.

Nous, ce n'est pas là notre vœu. Nous ne voulons pas être enfants. Nous ne voulons pas oublier, mais de persévérante ardeur, aider la manœuvre pénible de ce grand siècle fatigué. Nous voulons remonter la barque, et pousser |de nos fortes mains au cabestan de l'avenir.

VII

VITA NUOVA DES NATIONS

Pendant que j'achevais ce livre, en décembre 1860, la ressuscitée, l'Italie, notre glorieuse mère à tous, m'envoie de belles étrennes. Une nouvelle, une brochure, m'arrivent de Florence.

C'est un pays d'où il nous vient souvent de grandes nouvelles : en 1300, celle de Dante; en 1500, celle d'Amerigo; en 1600, Galilée. Quelle sera donc aujourd'hui la nouvelle de Florence?

Oh! bien petite en apparence! Mais qui sait? immense par les résultats! C'est un discours de quelques pages, un opuscule médical; le titre n'a rien qui attire; il éloignerait plutôt. Et pourtant il y a là un germe de conséquence incalculable, et qui peut changer le monde.

En regard du titre, je vois le portrait de deux enfants, l'un mort et l'autre mourant aux hôpitaux de Florence. L'auteur est le médecin, qui (chose rare) avait tellement pris à cœur ses petits malades, pauvres enfants inconnus, qu'il a voulu écrire sa douleur et ses regrets.

Le premier, de sept ou huit ans, de fine et austère noblesse, dans l'amertume, ce semble, d'un grand destin inachevé, a sur l'oreiller une fleur. Sa mère, trop pauvre pour lui donner autre chose, lui en apportait en venant le voir; il les gardait avec tant de soin, tant de religion, qu'on lui a laissé celle-ci.

L'autre, plus petit, dans la grâce attendrissante de son âge de quatre ou cinq ans, visiblement va mourir; ses yeux flottent dans le dernier rêve. Ces enfants avaient témoigné de la sympathie l'un pour l'autre. Sans pouvoir parler, ils aimaient à se voir, à se regarder, et le compatissant médecin les avait fait placer en face l'un de l'autre. Il les a rapprochés dans la gravure comme ils l'ont été en mourant.

C'est une chose tout italienne. On se garderait bien ailleurs de se montrer faible et tendre; on craindrait le ridicule. En Italie, point. Le docteur écrit devant le public tout comme s'il était seul. Il s'épanche sans réserve avec une abondance, une sensibilité féminine, qui fait sourire et pleurer. Il faut avouer aussi que la langue y fait beaucoup, langue charmante de femmes et d'enfants, si tendre, et pourtant brillante, jolie dans la douleur même. C'est une pluie de larmes et de fleurs.

Puis il s'arrête et s'excuse. S'il a parlé ainsi, ce n'est pas sans cause. « C'est que ces enfants ne seraient pas morts *si on avait pu les envoyer à la mer.* » Conclusion: il faudrait établir à la côte un hospice d'enfants.

Voilà un homme bien habile. Il a pris le cœur. Tout suivra. Les hommes sont attentifs, touchés, les dames en pleurs. Elles prient, elles veulent, elles exigent. On ne peut rien leur refuser. Sans attendre le gouvernement, une libre société fonde sur-le-champ les *Bains d'enfants* à Viareggio.

On connaît cette belle route, ce demi-cercle enchanteur que fait la Méditerranée quand on a quitté l'âpreté de Gênes, qu'on a dépassé la rade magnifique de la Spezzia et qu'on s'enfonce sous les oliviers virgiliens de la Toscane. A mi-chemin de Livourne, une côte conquise sur la mer offre le petit port solitaire que consacre désormais la charmante fondation.

Florence a eu l'initiative de la charité sur toute l'Europe, des hospices avant l'an 1000. En 1287, quand la divine Béatrix inspira Dante, son père fonda celui de S. Maria Nuova. Luther, dans son voyage, peu favorable à l'Italie, n'admire pas moins ses hôpitaux, les belles dames italiennes qui, voilées, sans gloriole, allaient y servir les malades.

La nouvelle fondation sera pour l'Europe un modèle. Nous devons cela aux enfants. La vie d'enfer que nous menons, cette vie de travail terrible et d'excès plus meurtriers, c'est sur eux qu'elle retombe.

On ne peut se dissimuler la profonde altération dont sont visiblement atteintes nos races de l'Occident. Les causes en sont nombreuses. La plus frappante, c'est l'immensité, la rapidité croissante de notre travail. Elle est forcée pour la plupart, imposée par le métier. Mais ceux même à qui le métier ne commande pas ne se précipitent pas moins. Je ne sais quelle ardeur d'aller de plus en plus vite est maintenant dans le tempérament, l'humeur, l'âcreté du sang. Tous les siècles furent paresseux, stériles, si on les compare. Nos résultats sont immenses. Nous versons de notre cerveau un merveilleux fleuve de sciences, d'arts, d'inventions, d'idées, de produits, dont nous inondons le globe, le présent, même l'avenir. Mais à quel prix tout cela? Au prix d'une effusion épouvantable de force, d'une dépense cérébrale qui d'autant énerve la génération. Nos œuvres sont prodigieuses et nos enfants misérables.

Notez que ce grand effort, cette excessive production, c'est le fait d'un petit nombre. L'Amérique fait peu, l'Asie rien. Et dans l'Europe elle-même tout se fait par quelques millions d'hommes de l'extrême Occident. Les autres rient de les voir s'user et croient les remplacer. Pauvres barbares, pensez-vous donc que tel Russe ou tel pionnier des États-Unis de l'Ouest sera demain un artiste, un mécanicien d'Angleterre ou un opticien de Paris? Nous sommes tels par l'affinement et l'éducation des siècles. Une longue tradition est en nous. Qu'adviendra-t-il si nous mourons? Nul n'est prêt pour nous succéder.

Ce travail exterminateur, ce suicide de fécondité, s'il nous plaît de l'accepter pour l'intérêt du genre humain, nous ne pouvons en conscience vouloir y perdre nos enfants et les enterrer avec nous. Et c'est pourtant ce qui arrive. Ils naissent tout préparés; ils ont nos arts dans le sang, mais aussi notre fatigue. D'effrayante précocité, ils savent, ils peuvent, ils feraient. Mais ils ne font rien; ils meurent.

L'enfance de l'homme, comme celle des plantes et de toute chose, a besoin de repos, d'air, de douce liberté. Ici tout lui est contraire; nos mérites autant que nos vices. Tout semblerait combiné pour étouffer les enfants. Les aimons-nous? Oui, sans doute. Et cependant nous les tuons. Une société si agitée, si violente, c'est (qu'elle le sache ou non) une vraie guerre à l'enfance.

Il est des moments, surtout dans son développement, des crises où elle tient à un fil. La vie a l'air d'hésiter, de se demander : « Durerai-je ? » A ces moments décisifs, notre contact, le séjour des villes et la vie des foules, pour ces créatures chancelantes, c'est la mort. Ou (pis encore) c'est l'entrée d'une longue carrière de maladies. Un misérable commence qui, tombant, se relevant, retombant, les trois quarts du temps se traînera à la charge de la charité publique.

Il faut couper court à cela. Il faut prévoir. Il faut tirer l'enfant de ce milieu funeste, l'ôter à l'homme, le donner à la Nature, lui faire aspirer la vie dans les souffles de la mer. L'enfant malade y guérirait. L'enfant trouvé y grandirait. Affermi, fortifié, plus d'un y prendrait une vocation maritime; au lieu d'un ouvrier débile, d'un habitué d'hôpital, l'État aurait un robuste et hardi marin.

Du reste, pourquoi l'État? Florence nous a prouvé que cœur royal vaut royauté. La femme est une royauté. Il lui appartient d'ordonner.

Si j'étais une belle jeune dame, je sais bien ce que je ferais. J'aurais ma magnificence, mon luxe et je dirais un jour, dans ces moments où l'amour atteste, proteste, jure, éprouve le besoin de donner, je dirais :

« Je vous prends au mot. Mais ne croyez pas m'amuser avec les présents ordinaires. Je hais vos gros cachemires d'aujourd'hui qu'on fait dans l'Inde sur les dessins de Londres. Je fais peu de cas des diamants. Les diamants vont courir les rues. M. Berthelot, qui refait la nature en partie double, qui crée tant de choses vivantes, bien plus aisément encore va nous prodiguer les diamants.

« J'aime le solide. Je veux une bonne maison à la côte, un peu abritée et bien soleillée, pour loger cinquante enfants. Il n'y faut pas grand mobilier. Une fois établis là, ils ne mourront pas de faim. Il n'y aura pas une dame allant à la mer qui n'y aide avec grande joie. Si les Béatrix de Florence ont fondé de telles maisons, pourquoi pas celles de France? Est-ce que nous sommes moins belles, et vous autres moins amoureux?

« Si la mer m'a embellie, comme vous me le dites du matin au soir, vous lui devez de donner un souvenir à son rivage. Et, si vous m'aimez, je suppose que vous devez être heureux d'être encore ici de moitié, de créer ensemble une chose, de commencer avec moi ce petit monde d'enfants près de la grande nourrice. Qu'elle garde un gage durable de tendresse et de pur amour! Qu'elle témoigne, par une œuvre vive, que nous fûmes, devant l'infini, unis d'une sainte pensée. »

Une femme ainsi commencerait. Et une autre continuerait, la mère commune, la France. Nulle institution plus utile; nuls sacrifices mieux placés. Mais il n'en faudrait pas beaucoup. Il suffirait d'y transférer quelques établissements de l'intérieur. Ce serait un allègement. Car tel de ces établissements est d'immense dépense en pure perte; il pourrait être défini une fabrique de malades qui toute la vie mendieront de nouveaux secours.

Les Romains ne savaient pas ce que c'est que marchander en ce qui touche la santé publique et la vie de tous. Quand on voit leur munificence, leurs travaux pour amener les eaux salubres même aux villes secondaires, leurs prodigieux aqueducs, leurs Ponts-du-Gard, etc., les thermes immenses où la foule venait se baigner gratis (tout au plus pour une obole), on sent leur haute sagesse. Ils eurent aussi des piscines d'eau de mer, où l'on nageait. Ce qu'ils firent pour une plèbe oisive et improductive, hésiterions-nous à le faire pour sauver la race de ces créatures uniques qui font tout le progrès du globe?

Je ne parle pas ici des enfants seuls, mais de tous. Chaque ville a aujourd'hui dans son sein une autre ville encombrée, c'est l'hôpital, où le travailleur défaillant vient, revient sans cesse. Il coûte ainsi énormément, à qui? aux autres travailleurs, qui, en dernière analyse, portent toute dépense publique. Il meurt jeune, laisse les siens à leur charge. Il serait bien plus aisé de prévenir que de guérir. L'homme pour qui l'on peut beaucoup, c'est moins le malade que celui qui va le devenir, qui est au bout de ses forces. Dix jours de repos à la mer le remettraient, conserveraient un solide travailleur. Le transport, le très simple abri d'un si court séjour d'été, une table publique à bas prix, coûteraient infiniment moins qu'un long séjour d'hôpital. Et l'homme serait sauvé, la famille et les enfants; un homme souvent irréparable; car, je l'ai dit, chacun d'eux est la production tardive d'une longue tradition d'industrie; il est lui-même une œuvre d'art, de l'art humain, si inconnu, où l'humanité va s'élevant, se formant, comme puissance de création.

Qui me donnera de voir cette élite de la terre, cette foule du peuple inventeur, créateur et fabricateur, qui sue et s'use pour le monde, reprendre incessamment ses forces à la grande piscine de Dieu! Toute l'humanité en profite; elle fleurit du labeur énorme de ceux-ci. Elle leur doit toute jouissance, toute élégance, toute lumière. Elle prospère de leurs bienfaits, vit de leur moelle et de leur sang. Qu'on donnât à ceux-ci la rénovation de nature, l'air, la mer, un jour de repos, ce serait une justice, un bienfait encore pour le genre humain, à qui ils sont si nécessaires, et qui, demain, par leur mort, se trouvera orphelin.

Ayez pitié de vous-mêmes, pauvres hommes d'Occident. Aidez-vous sérieusement, avisez au salut commun. La Terre vous supplie de vivre; elle vous offre ce qu'elle a de meilleur, la mer, pour vous relever. Elle se perdrait en vous perdant. Car vous êtes son génie, son âme inventive. De votre vie elle vit, et, vous morts, elle mourrait.

NOTES

« Le gros animal la Terre, qui a pour cœur un aimant, a à sa surface un être douteux, électrique et phosphorescent, plus sensible que lui-même, infiniment plus fécond.

« Cet être, qu'on nomme la Mer, est-ce un parasite du grand animal? Non. Elle n'a pas une personnalité distincte et hostile. Elle féconde, vivifie la Terre de ses vapeurs. Elle semble être la Terre même en ce qu'elle a de plus productif, autrement dit son organe principal de fécondité. »

Voilà des rêves allemands. Est-ce à dire que tout y soit rêve? Plus d'un grand esprit, sans aller jusque-là, semble admettre pour la Terre, pour la Mer, une sorte de personnalité obscure. Ritter et Lyell ont dit : « La Terre se travaille elle-même. Serait-elle impuissante pour s'organiser? Comment supposer que la force créatrice qu'on trouve en tout être du globe soit refusée au globe même? »

Mais comment le globe agit-il? Comment aujourd'hui s'accroît-il? Par la Mer et la vie marine.

La solution de ces hautes questions supposerait une étude profonde de sa physiologie, que l'on n'a pas faite encore. Cependant, depuis vingt ans, tout gravite de ce côté : 1° on a étudié le côté irrégulier, extérieur, des mouvements de la Mer, cherché la *loi des tempêtes;* 2° on y a approfondi les mouvements propres à la Mer, *ses courants,* le jeu de ses artères et de ses veines, dont les premières lancent l'eau salée de l'équateur aux pôles, les secondes la ramènent dessalée du pôle à l'équateur;

3° la troisième question, la plus intérieure, dont la nouvelle chimie donnera l'éclaircissement, c'est celle de la nature propre du *mucus* marin, de ce gluant gélatineux qu'offre partout l'eau de mer, et qui paraît être un liquide vivant.

C'est tout récemment que la sonde de Brooke, et spécialement les sondages du câble transatlantique, ont commencé à révéler le *fond* de la mer. — *Est-elle peuplée* dans ses profondeurs? On le niait; Forbes, James Ross, y ont trouvé partout la vie.

Avant ces belles découvertes, qui n'ont pas vingt années de date, on ne pouvait entreprendre le livre de la Mer. Celui de M. Hartwig en fut le premier essai. — Pour moi, j'étais encore loin de cette idée lorsqu'en 1845, préparant mon livre le *Peuple*, je commençai en Normandie l'étude de la population des côtes. Dans les quinze dernières années, ce sujet vaste et difficile a été grandissant pour moi et m'a suivi de plage en plage.

LIVRE Ier. *Un regard sur les mers*, n'est, comme ce titre l'indique, qu'une promenade préalable. Toutes les matières importantes reviendront dans les livres suivants.

J'en excepte deux, les *marées* et les *phares*. Ici, mon guide principal a été M. Chazallon; son important *Annuaire*, qui compte aujourd'hui vingt volumes. Le premier est de 1839. Si l'on donnait une couronne civique à celui qui sauve une vie humaine, combien n'en eût-il pas reçu! Jusqu'à lui, les erreurs sur les marées étaient énormes. Par un travail immense, il a rectifié les observations pour près de cinq cents ports, de l'Adour à l'Elbe. — Son *Annuaire* donne sur les phares les renseignements les plus précis. Rapprochez-en l'exposé clair et agréable que M. de Quatrefages (*Souvenirs*) a fait du système d'éclairage de Fresnel et Arago. L'admirable invention des phares à éclipses est due à Lemoine, maire de Calais.

Pour les noms divers de la mer, voir Ad. Pictet, *Origines Indo-Européennes*. — Sur l'eau, Introduction de l'*Annuaire des eaux de France* (par Deville); Aimé, *Annales de chimie*, II, V, XII, XIII, XV; Morren, *ibidem*, I, et Acad. de Bruxelles, XIV, etc. — Sur la salure de la mer, Chapmann, cité par Tricaut, *Ann. d'hydrographie*, XIII, 1857; et Thomassy, *Bulletin de la Société géographique*, 4 juin 1860.

Page 259. *Saint-Michel-en-Grève*. — Je n'ai bien compris cette plage et les questions qui s'y rattachent qu'en lisant dans la *Revue des Deux Mondes* les très beaux articles de M. Baude, tructifs, pleins de faits, pleins d'idées. Je parle ailleurs de ses vues excellentes sur la pêche.

En parlant de la Bretagne, j'aurais dû remercier le livre de Cambry, qui m'en a donné jadis la première impression. Il faut le lire dans l'édition que Souvestre a enrichie (et doublée, on peut le dire) de ses notes et notices excellentes, qui faisaient dès lors prévoir les *Derniers Bretons*. Dans plusieurs petits romans, admirables de vérité, Souvestre a donné les meilleurs tableaux que l'on ait de nos côtes de l'Ouest, spécialement pour le Finistère, et aussi pour les parages voisins de la Loire. J'aurais été heureux de citer quelque chose d'un si agréable écrivain (d'un ami si regrettable). Mais je me suis interdit dans ce livre toute citation littéraire.

Le mot remarquable d'Élie de Beaumont se trouve en tête d'un article qui est un grand livre, son article *Terrains*, dans le *Dictionnaire* de M. d'Orbigny.

CHAP. VII, p. 300. — Ce que je dis de Saint-Georges, on le retrouvera bien mieux dit dans les livres de Pelletan, sur *Royan*, et dans son *Pasteur du Désert*. Ce pasteur est, comme on sait, le grand-père de Pelletan, le ministre Jarousseau, admirable et héroïque pour sauver ses ennemis. La petite maison qui subsiste est un temple de l'Humanité.

LIVRE II. *Genèse de la mer*. — CHAP. I. *Fécondité*. Sur le Hareng, voir : l'anonyme hollandais, trad. par De Reste, tome Ier ; Noël de la Morinière, dans ses très bons ouvrages, imprimés et inédits; Valenciennes, *Poissons*, etc.

CHAP. II. *Mer de lait*. — Bory de Saint-Vincent, *Dict. classique*, articles *Mer* et *Matières*; Zimmermann, le *Monde avant l'homme*. Ce beau livre populaire est dans les mains de tout le monde. — A la p. 338, je suis l'ouvrage de M. Bronn, que l'Académie des Sciences a couronné. — Sur l'innocuité des plantes de la mer, voir la *Botanique* de Pouchet, livre de premier ordre. Pour les plantes qui se font animaux, Vaucher, *Conferves*, 1803; Decaisne et Thuret, *Annales des Sc. nat.*, 1845, tomes III, XIV, XVI, et *Comptes rendus de l'Acad.*, 1853, tome XXXVI; articles de Montagne, *Dict. d'Orb*. — Sur les volcans, voir Humboldt, *Cosmos*, IVe partie, et Ritter, trad. par Élisée Reclus, *Revue Germ.*, 30 novembre 1859.

CHAP. III. *L'Atome*. — J'ai cité dans les textes les maîtres, Ehrenberg, Dujardin, Pouchet, *Hétérogénie*. La génération spontanée vaincra à la longue.

Chap. IV, V, VI, etc. — Pour monter dans tout ce livre à la vie supérieure, j'ai pris pour fil conducteur l'hypothèse de la métamorphose, sans vouloir sérieusement construire une *chaine des êtres*. L'idée de métamorphose ascendante est naturelle à l'esprit, et nous est en quelque sorte imposée fatalement. Cuvier lui-même avoue (fin de l'Introduction aux *Poissons*) que, si cette théorie n'a pas de valeur historique, *elle en a une logique*. — Sur l'*éponge*, voir Paul Gervais, *Dict. d'Orb.*, V, 375; Grant, dans Chenu, 307, etc. — Sur les *polypes, coraux, madrépores* (ch. IV et V), outre Forster, Péron, Darwin, consulter aussi Quoy et Gaimard; Lamouroux, *Polypes flexibles;* Milne Edwards, *Polypes flexibles et ascidies de la Manche*, etc. Voir aussi sur le calcaire les deux *Géologies* de Lyell.

Chap. VI. *Méduses, physalies,* etc. — Voir Ehrenberg, Lesson, Dujardin, etc. Forbes montre par les analogies végétales que ces métamorphoses animales sont un phénomène très simple : *Ann. of the Natural History*, déc. 1844. Lire aussi ses excellentes dissertations : *Medusæ*, in-4°, 1848.

Chap. VII. *L'Oursin*. — Voir spécialement les curieuses dissertations où M. Caillaud a consigné sa découverte.

Chap. VIII. *Coquilles, nacre, perle (Mollusques)*. — L'ouvrage capital est la *Malacologie* de Blainville. — Sur la perle, Mœbius de Hambourg, *Revue Germ.*, 31 juillet 1858. J'ai consulté très utilement sur ce sujet notre célèbre joaillier M. Froment-Meurice.

Chap. IX. *Le Poulpe*. — Cuvier, Blainville, Dujardin, *Ann. des Sciences nat.*, 1re série, tome V, p. 214, et 2e série, tomes III, XVI et XVII; Robin et Second, *Locomotion des céphalopodes*, *Revue de zoologie*, 1849, p. 333.

Chap. X. *Crustacés*. — Outre l'ouvrage capital et classique de M. Milne Edwards, j'ai consulté d'Orbigny et divers voyageurs. Voir le bel *Atlas* de Dumont-d'Urville.

Chap. XI. *Le Poisson*. — L'Introduction de Cuvier, Valenciennes, article *Poisson* (*Dict. d'Orbigny*); c'est tout un livre, savant et excellent. Sur l'anatomie, voir la célèbre dissertation de Geoffroy. Ce que j'ai dit sur les nids, je le dois à MM. Coste et Gerbe.

Chap. XII et XIII. *Baleines, amphibies, sirènes.* — Lacépède est ici éloquent et instructif. Rien de meilleur que les articles de Boitard (*Dict. d'Orb.*).

LIVRE III. *Conquête de la mer*. — Tout ce livre est naturellement sorti de la lecture des voyageurs, depuis la primitive histoire de Dieppe (Vitet, Estancelin), jusqu'aux découvertes récentes. Voir surtout Kerguelen, John Ross, Parry, Weddell, Dumont-d'Urville, James Ross, et Kane; Biot, *Journal des Savants*, et l'abrégé judicieux, lumineux, que M. Laugel a donné de ces voyages (*Revue des Deux Mondes*). — Sur la pêche, outre le grand ouvrage de Duhamel, voir Tifaigne, *Histoire économique des mers occidentales de France*, 1760.

Chap. III. *Loi des tempêtes*. — Ajoutez aux livres cités dans le texte l'excellent résumé de M. F. Julien (*Courants*, etc.), et le curieux système de M. Adhémar, sur un déplacement de la mer qui se ferait tous les dix mille ans.

LIVRE IV. *Renaissance par la mer*. — Dès 1725, Marsigli semble avoir soupçonné l'iode. En 1730, un ouvrage anonyme, *Comes domesticus*, recommande les bains de mer.

La bibliographie de la mer serait infinie. Il y a beaucoup de bons livres. Je me rappelle entre autres : W. H. Smith, *The Mediterranean Sea* (1854), les Manuels et Guides de MM. Guadet, Roccas, Cochet, Ernst.

Sur la dégénérescence des races, voir : Morel (1857); Magnus Huss, *Alcoholismus* (1852), etc.

Je dois la connaissance de la brochure du docteur Barrellay (*Ospizi marini*) à mon illustre ami Montanelli, et aux charmants articles de M. Dall' Ongaro.

FIN DE LA MER.

TABLE DES MATIÈRES

L'OISEAU

INTRODUCTION. — Comment l'auteur fut conduit à l'étude de la nature. ... 1

PREMIÈRE PARTIE.

I. L'œuf 43
II. Le pôle. Oiseaux-poissons 49
III. L'aile 55
IV. Premiers essais de l'aile 63
V. Le triomphe de l'aile. La frégate 70
VI. Les rivages. Décadence de quelques espèces 77
VII. Les héronnières d'Amérique. Wilson 83
VIII. Le combat. Les tropiques 89
IX. L'épuration 98
X. La mort. Les rapaces 105

DEUXIÈME PARTIE.

I. La lumière. La nuit 119
II. L'orage et l'hiver. Migrations 127
III. Suite des migrations. L'hirondelle 137
IV. Harmonie de la zone tempérée 145
V. L'oiseau, ouvrier de l'homme 150
VI. Le travail. Le pic 158
VII. Le chant 168
VIII. Le nid. Architecture des oiseaux 176

IX. Ville des oiseaux. Essais de république. 183
X. Éducation. 189
XI. Le rossignol, l'art et l'infini. 198
XII. Suite du rossignol 207
Conclusion. 215
Éclaircissements 227

LA MER

LIVRE Ier. — Un regard sur les mers.

I. La mer vue du rivage. 251
II. Plages, grèves et falaises 259
III. Plages grèves et falaises (suite) 265
IV. Cercle des eaux, cercle de feux. Fleuves de la mer. 272
V. Le pouls de la mer 282
VI. Les tempêtes. 292
VII. La tempête d'octobre 1859. 299
VIII. Les phares. 313

LIVRE II. — La genèse de la mer.

I. Fécondité 323
II. La mer de lait. 331
III. L'atome. 342
IV. Fleur de sang 352
V. Les faiseurs de mondes 361
VI. Fille des mers. 371
VII. Le piqueur de pierres. 382
VIII. Coquilles, nacre, perle 390
IX. L'écumeur de mer (poulpe, etc.). 401
X. Crustacés. La guerre et l'intrigue 408
XI. Le poisson. 417
XII. La baleine. 430
XIII. Les sirènes. 439

LIVRE III. — Conquête de la mer.

I. Le harpon. 451
II. Découverte des trois océans. 458

TABLE DES MATIÈRES 579

Pages

III. La loi des tempêtes 469
IV. Les mers des pôles. 480
V. La guerre aux races de la mer 493
VI. Le droit de la mer. 503

LIVRE IV. — La renaissance par la mer.

I. L'origine des bains de mer 513
II. Choix du rivage 523
III. L'habitation 531
IV. Première aspiration de la mer 541
V. Bains. — Renaissance de la beauté. 548
VI. La renaissance du cœur et de la fraternité 553
VII. *Vita nuova* des nations. 563
Notes. 571

FIN DE LA TABLE DES MATIÈRES.

IMPRIMERIE E. FLAMMARION, 26, RUE RACINE, PARIS.

ŒUVRES COMPLÈTES
DE
J. MICHELET

ÉDITION DÉFINITIVE, REVUE ET CORRIGÉE

DÉTAIL DE L'ŒUVRE COMPLÈTE

Histoire de France (Moyen âge, Temps modernes, Révolution, XIXe siècle).......	26 vol.
Vico.............................	1 vol.
Histoire romaine.....................	1 vol.
L'Oiseau. — La Mer...................	1 vol.
Luther (Mémoires)....................	1 vol.
Le Peuple. — Nos Fils.................	1 vol.
Le Prêtre. — Les Jésuites..............	1 vol.
La Montagne. — L'Insecte..............	1 vol.
L'Amour. — La Femme.................	1 vol.
Précis d'histoire moderne. — Introduction à l'Histoire universelle..............	1 vol.
La Bible de l'Humanité. — Une année du Collège de France (1848).............	1 vol.
Les Origines du Droit. — La Sorcière.....	1 vol.
Les Légendes du Nord. — La France devant l'Europe........................	1 vol.
Les Femmes de la Révolution. — Les Soldats de la Révolution...............	1 vol.
Lettres inédites adressées à Mlle **Mialaret (M**[me] **Michelet).**...................	1 vol.
TOTAL......	40 vol.

Prix de chaque volume 7 fr. 50.
(Envoi franco contre mandat ou timbres).

IMPRIMERIE E. FLAMMARION, 26, RUE RACINE, PARIS.

www.ingramcontent.com/pod-product-compliance
Lightning Source LLC
Chambersburg PA
CBHW070331240426
43665CB00045B/1343